建設判例의 整理와
疑問의 提起

建設判例의 整理와 疑問의 提起

- 建設保證을 中心으로 -

이 동 헌 저

KSI 한국학술정보[주]

머리말

　지구를 아름답게 가꾸는 건설산업은 인류의 발전과 행복에 기여한 공로가 지극함에도 제대로 된 대접을 받지 못하고 있는 것이 사실이다. 노가다로 통칭되는 건설산업은 대표적인 3D 업종으로 분류되어 기피직종이 된지 오래이고 부실시공, 비자금 조성 등 부정적인 인식도 팽배해 있다. 우리나라의 경제발전에 기여한 공로가 다른 산업에 비하여 월등함에도 제대로 된 평가를 받지 못하는 것이 매우 안타깝다.

　필자는 건설보증을 취급하는 기관의 법무팀에 거의 10년을 근무하던중 건설산업과 관련한 대법원 판결과 논문들 가운데 그 내용에 의문이 있는 부분에 대한 나름대로의 생각을 정리하기 시작한 것이 拙作의 처음이다. 건설현장에는 그 나름대로의 rule이 있어서 정상적인 계약관계가 유지될 때에는 그 관행에 따라 아무런 문제없이 움직이지만 막상 당사자 사이에 분쟁이 발생하는 경우에 건설현장은 법률을 이해하지 못하고 법률은 건설현장의 관행을 외면하여 법원의 판결이 건설관행이나 당사자의 의사와 합치하지 않는 형태로 도출되어 건설인에게 있어서 보편적 타당성을 가지지 못하는 경우도 있었다.

　나아가 건설산업에 대한 학계의 전문적인 연구는 특히 토목건축 등 시공분야와 국토개발 등 건설정책의 문제에만 집중되고 법률문제에 대해서는 축적된 연구성과가 많지 않아 일련의 건설과정에서 발생하는 법적쟁점에 특별히 참고할 만한 자료를 구하기가 어렵고 특히 건설용어와 관행, 기술공법 등 쉽게 접할 수 없는 전문분야의 특성으로 건설인들과 직접 상담할 수 있는 법률실무가나 법학자도 많지 않아 국민경제에서 건설산업이 차지하는 비중에 비해 법학계의 연구나 노력이 많이 부족한 것이 현실이다.

　1996년부터 2005년까지 법원 주변학파로서 법정주위을 맴돌면서 지켜봐온 건설산업 관련 소송사건 중에서 계약보증, 하자보증, 선급금지급보증 등 건설보증의 법률적 쟁점과 하도급의 계약관계, 시공참여자 등 기타 쟁점에 대하여 대법원 판결을 중심으로 정리하고 그 중에서 문제가 있다고 생각되는 부분에 대한 견해를 피력했다. 재주와 노력이 부족하여 江湖諸賢님들이 보시기에 눈에 거슬리는 부분도 있고 바쁜 업무중에 틈틈이 시간을 내서 정리한 것이다 보니

내용에 있어서 많은 부족함이 있다는 것도 잘 알고 있다. 넓은 이해 있으시기 바란다.

어디까지나 이 勞作의 목적은 필자가 지금까지 품어온 의문을 여러 사람들 앞에 밝힘으로서 함께 고민하여 해답을 찾고자 하는 점과 함께 법률가와 법학자들이 건설산업에 더 많은 관심을 가지도록 단초를 제공하고자 하는 것이기 때문에 내용의 부족으로 인한 비판은 두렵지 않다. 다만 법률을 연구하시는 분들은 건설산업을, 건설산업에 종사하시는 분은 법률에 대해 좀 더 관심을 가지고 되고 나아가 건설산업 전반에 대한 법학계의 연구성과가 더 많이 축적되어 분쟁의 합리적 해결에 이 책이 조금이라도 기여가 된다면 너무나 큰 기쁨이고 행복이겠다.

돌아보면 학창시절에 공부와는 상당한 거리를 두고 살아온 이유에 부모님께 많은 불효와 심려를 끼치기도 했다. 이 拙作으로 인하여 부모님께 작은 효도라도 한 것이 무엇보다도 기쁘고 남편과 아버지의 역할에 부실했음에도 대체로 조용히 기다려준 아내와 밤늦게 들어와서 잘 놀아주지도 못했지만 그래도 애비라고 반갑게 맞아주는 아이들이 너무 고맙다.

이 책이 인쇄되기까지 자료실의 성정숙씨 도움이 많았음을 밝혀두며 기꺼이 출판을 허락해주신 한국학술정보(주)의 사장님 이하 임직원들과 늘 친절하게 대해주신 박혜경씨와 김주영씨께도 고마움을 표시하고자 한다.

아울러 회사에 입사하면서부터 분에 넘치게 훌륭한 선·후배님들의 많은 사랑과 가르침을 받았다. 일일이 이름을 거론할 수는 없지만 이 자리를 빌어 임직원님들과 자문변호사님들, 지도해 주신 교수님들 모두에게 감사의 말씀을 올리며 이 시간에도 비지땀을 흘리며 일하시는 모든 건설인들에게 신의 축복이 있기를 기원한다.

2006. 5.

신대방동 전문건설회관에서

저자 씀

차 례

제1장 건설산업의 발전과정

제2장 건설공사 도급계약의 체결과 해제

제3장 건설보증의 고찰

제4장 건설공사 도급계약에서 기타 문제

제1장

건설산업의 발전과정

제1절 건설산업 변천사

I. 序

　인류가 에덴동산에서 아담과 이브로 존재할 때부터 건설이라는 행위가 있어왔다는 논리는 다소 진부하지만, 너무나 당연한 건설의 태생을 알려주는 말이기도 하다. 다시 말하자면 건설산업은 인류역사상 가장 오랜 전통과 흔적을 가진 산업이면서 인류가 생존하는 한 영원한 지속성을 가지는 산업이다. 그러므로 건설산업은 인류의 발전과 그 궤도를 같이하고 있으며, 인류가 당면하는 사회적 환경과 기술적 발전을 모두 수용하면서 인류의 미래에 대한 가능성을 제시하고 과거의 성공적인 삶의 궤적을 창출해 온 산업이다.

　우리나라의 경우에는 우리 문화유산이 보여주듯이 조선시대까지 다양한 건설공사가 시행되어 왔다. 하지만 과거 역사적으로 이루어졌던 수많은 건설행위가 건설산업으로서의 역할을 했다고 보기에는 다소 무리가 있다. 특히 조선말기와 일제강점기에는 우리 자본과 기술에 의한 사업수행이 매우 어려웠고, 또한 기업이라는 자본주의적 시스템이 도입되지 못한 당시의 사회·경제적 여건을 감안할 필요가 있다. 그 결과 일제강점기에 놓인 대부분의 인프라 시설들은 일본 건설회사에 의해 건설되는 아픈 역사를 갖고 있기도 하다. 이러한 점에서 국내 건설업이 산업으로서의 역할을 한 것은 1945년 한국정부 수립 후부터 나타난 기업형태의 건설업체 등장시기부터라고 할 수 있다.

Ⅱ. 조선왕조까지의 건설산업

한국의 고대 및 중세 건설사업은 왕권의 위용을 표상하는 수도를 비롯한 地方官衙都市의 건설과 국방의 필요에 따른 성채축조공사, 불교를 위한 사찰의 건설이 대부분이었다. 국가는 이러한 건설사업을 전담하는 독립관서를 두고 관리하였는데, 고려시대에는 선공사, 조선시대에는 공조에 선공감을 두었고, 국가가 직접 관장하는 직영공사의 형태로 시행하였다. 건설사업에 필요한 기술자들을 국가 장적에 등록하여 장인으로 관리하고, 그 밖의 잡역들은 백성들의 노력을 징발하는 사역으로 충당하였다.

조선왕조 말기의 개항은 한국건설산업사에 있어서 중요한 전기가 되었으나 경복궁과 수원성같이 조선왕조가 건설한 대부분의 시설물은 국가 직속의 장인들과 백성들의 사역으로 건설되었고, 개항장의 거류지는 일본을 비롯한 외국인에 의해서 건설되어 건설산업이라는 근대기업의 형태는 찾아볼 수가 없다.

Ⅲ. 일제치하의 건설산업

한반도의 지배권을 장악한 일본은 대륙침략을 위한 교두보로서 항만과 종단 철도 그리고 주요도시를 연결하는 도로 등 대단위 건설사업을 본격화하였다. 부산항, 인천항, 목포항이 개항되고 경부선, 경원선, 호남선 등 철도가 개통되었으며, 농산물을 증산하기 위한 농업용수와 수력발전을 위한 수리댐, 군수산업과 광공업을 위한 제철소와 제련소를 건설하였다.

모든 건설사업은 조선총독부가 주도하여 일본인이 계획·설계하였으며, 우리 민족 기업의 참여는 전무한 상태였다. 우리 민족은 조선총독부 산하의 관서와 일본 건설업체에 소수의 인원이 참여하는 수준으로 우리의 건설산업이란 있을 수가 없었다. 이 시기의 건설사업은 우리 국민을 위한 건설사업이 아니라 조선총독부와 유착한 일본건설업이 우리 민족을 수탈하는 사업이 대부분이었다.

Ⅳ. 태동기(1945-1961)

광복 이후의 건설산업은 일제치하 건설공사에 참여한 소수의 경험자들에 의해 일제가 중단한 공사를 선별적으로 계속하여 영동선 철도를 개통하였고, 미군정청에서 발주하는 주택건설과 국도개수, 미군이 발주하는 미군 시설공사가 대부분이었다.

광복 당시 우리 건설산업의 상황은 일제총독부 산하 관서에서 종사한 중·하급 기술관료 출신과 일본 건설업에서 훈련된 약간의 기술직과 관리직이 있었고, 건설업계는 기능공과 건설노동을 공급하는 하도급자가 있었지만 건설업이라는 기업의 형태는 갖추지 못하였다.

미군관계 공사는 단일 업종을 일괄도급하는 방식으로 기존의 대기업체에 주로 발주되었다. 당시 토건업은 공사를 수주하기는 어려웠지만 수주만 하면 이익이 좋았다고 한다. 이런 환경에서 많은 기업들이 출현하기 시작했는데, 현재까지 한국건설산업의 부동의 1위를 지켜온 현대건설㈜가 1947년 5월에 현대토건사로 간판을 내걸었다. 이후 1950년 1월에 현대토건사와 현대자동차공업사를 합병하고 사옥을 중구 필동으로 옮겨 현대건설주식회사로 출범하였던 것이다. 또한 대림산업㈜는 1939년 10월에 부림상회로 출발하여 1947년 6월에 대림산업주식회사로 상호를 변경하면서 본격적으로 토건업에 뛰어들었다. 이들 업체 이외에도 1945년 6월 공영토건사(현 경향건설주식회사), 1945년 8월 충남토건사(현 동아건설산업주식회사), 1946년 4월 동신건설사(현 대아건설주식회사), 1947년 4월 대영건설사(현 극동건설주식회사), 1947년 7월 남광토건사(현 남광토건주식회사), 1948년 4월 삼부토건사(현 삼부토건주식회사) 1951년 8월 경남토건㈜(현 경남기업주식회사), 1954년 10월 풍림산업㈜(현 풍림산업주식회사), 1958년 11월 한국스레트공업㈜(현 벽산건설주식회사), 1959년 9월 평화건업사(현 롯데건설주식회사) 등이 설립되었다.

1950년대의 건설산업은 한국전쟁의 피해복구와 주한미군의 군사투자라는 특수한 경기를 만나 급속하게 투자축적이 이루어지면서 괄목할 만한 성장을 하였으나 광복 후 일제의 건설사업에 참여하였던 극소수의 경험자들이 기득권을 가지고 건설산업을 주도하면서 식민착취를 일삼던 일제 건설공사 도급체제의 잘못된 형태를 청산하지 못하고 그대로 이어왔다.

정부는 일제시대의 도급체제를 큰 수정 없이 그대로 유지하였고 건설업은 특별한 시설투자 없이 발주처와 유착함으로써 건설공사는 수주만 하면 큰 이익을 낼 수 있다는 고수익 사업으로 잘못 인식되어 영세한 건설업체가 우후죽순처럼 늘어났다.

이 시기에 허정 과도정부가 건설공사를 발주하는 과정에서 담합과 유착으로 인하여 입찰예정가격이 유출되고 폭력배를 동원하는 등 건설업체 선정과정에서 발생한 혼탁한 문제점 때문에 정부공사의 발주를 일시 중단한 바 있다.

박정희 정권은 건설업체들이 잘못된 행태를 지속하면서 폭리를 취한 데 대하여 부정축재처리법을 적용하여 일부 기업이 부당하게 형성한 재산을 국고에 환원토록 조치하였다. 그러나 정부시책이 건설업에 대한 세수의 확보에만 주안점을 두었을 뿐 일제시대의 잘못된 행태를 답습하여 생겨난 문제점을 개선하고 건설산업을 발전시키기 위한 조정통제나 보호육성책은 없었다.

1958년에는 법률 제477호로 건설업법을 제정·공포하여 건설업에 대한 면허제도를 실시하였으나 건설업체의 난립과 수주경쟁의 혼란상은 여전하였다. 1961년에는 전국에 1,500여 개의 건설업체가 난립하여 1962년 2월 건설업법을 개정하여 면허기준을 강화하였고 1,000여 개의 건설업체로 업계를 정비하였다.

정부는 경제개발계획을 효율적으로 수행하기 위해 건설시장에 적극적으로 개입하여 건설업의 면허기준 강화와 협회의 강제가입 등의 방법으로 건설산업을 통제·관리하였다.

V. 성장기(1962-1972)

1,2차에 걸친 경제개발계획을 통하여 정부는 발전소와 댐, 공업단지, 철도, 고속도로 등 산업기반시설의 건설공사를 발주하였고, 건설산업은 이들 건설공사의 도급에 의존하여 크게 성장하였다.

건설산업이 급성장한 이면에는 장기저리 자금으로 생산시설을 건설하는 민간기업이 건설공사를 발주하여 건설산업과 함께 취하는 폭리가 있었다. 그래서 제조업을 하는 기업은 시설투자를 위해 건설회사를 설립하였고, 건설회사는 제조업을 설립하여 산업생산시설을 건설하면서 여러 가지 방법으로 이익을 확대하여 기업을 확장해 나갔다.

즉, 기업은 제조업과 건설업을 함께 보유하였고, 고금리 경제에서 장기저리의 산업자금으로 산업생산시설을 건설하는 한편 양적으로도 급팽창한 결과 재벌이 형성되면서 국가경제개발에도 주도적인 역할을 하였다.

VI. 해외진출기(1973-1982)

1962년부터 3차에 걸친 경제개발계획으로 경인과 경부고속도로의 건설을 경험하였고, 1965년에 최초의 해외건설사업으로 태국의 고속도로공사를 수주하였지만 시행착오와 어려움을 겪었다. 그러나 한일국교 정상화와 베트남에 대한 파병 등의 해외진출로 외화를 취득하고 해외 현장관리를 경험하게 되어 점차 해외건설에 대한 자신감을 갖게 되었다.

그 후 우리경제는 1973년 월남전의 종전으로 월남특수가 위축되고, 제1차 오일쇼크로 배럴당 2달러이던 원유가격이 10달러로 5배나 상승하여 유가상승으로 외환사정이 악화되자 산업경쟁력을 잃게 되는 등 새로운 어려움에 직면하게 되었다.

우리 건설산업이 오일쇼크로 인한 국내경기 위축으로 해외진출이 불가피한 시점에서 중동 산유국은 매년 700억 불에 달하는 막대한 오일달러를 활용하여 근대화에 급속한 박차를 가하고 있었다. 이와 같이 세계경제를 불황의 늪으로 몰아넣은 중동의 오일달러가 오히려 우리 건설업체들을 유인하여 해외건설이 활성화되기 시작하였고 해외건설 수주가 급격하게 늘어나서 연간 해외수주 100억 달러를 달성하게 되었다.

1976년에는 해외건설촉진법을 제정하였고, 중동건설의 특수를 더욱 활성화하기 위하여 우리 건설업계에서는 건설기술자를 양산하는 체제를 확립하였다.

그러나 그동안 호황을 누리던 중동의 건설도 국내 건설산업의 무분별한 진출로 경쟁력을 상실하고, 국내 노무인력의 급격한 임금상승으로 제3국 노동자를 고용하면서 국내 송금액이 감소하기 시작하였다. 1979년 2차 오일쇼크와 중동전쟁 그리고 사우디아라비아에서의 수주 제한 조치로 해외건설시장이 급격하게 위축되면서 이라크와 이란을 포함한 중동건설시장의 철수가 불가피하게 되었다.

해외건설은 다시 동남아 시장에서 대형사업에 참여하여 1981년에는 137억 달러를 수주해서 미국에 이어 세계 제2의 해외건설 강국으로 부상하였다. 이러한 해외건설의 활성화는 당시 한국 경제가 1,2차 석유파동을 극복하는 데 결정적인 역할을 하였으며 한국을 대표하는 건설업체들의 확고한 성장발판을 만들며 세계적인 건설업으로 도약할 수 있는 기틀을 마련할 수 있었다.

Ⅶ. 국내건설 팽창기 (1983-1992)

중동에서 호황을 누리던 해외건설은 급상승한 인건비와 우리 업체 간의 과당경쟁으로 경쟁력을 상실하고, 중동건설시장이 위축되어 철수하면서 해외자금과 장비 그리고 인력들이 계속 국내로 유입되었다.

전두환 정권은 해외에서 유입된 건설자원을 활용하여 한강 고수부지 정리사업과 서울 아시안게임·88올림픽을 위한 체육시설을 준비하고, 동서 고속도로와 평화의 댐 등의 사업을 추진하여 건설 내수시장을 활성화하였다.

해외건설시장에서 유입된 선수금을 비롯한 외화는 신도시의 토지와 아파트 등 국내 부동산 경제를 활성화시켰고, 강남을 비롯한 분당, 일산, 평촌, 산본, 중동 수도권 5개 신도시와 레저 및 관광시설에 투자되었으며 이로 인하여 토지와 부동산 가격이 폭등하면서 전국적으로 부동산 투기가 확산되었다. 그 후 부동산 투기와 경기과열을 진정시키고자 토지초과이득세라는 세제상의 장치를 마련하였으나 토지초과이득세의 과세대상이 되는 유휴지 판정을 피하기 위하여 남아있던 나대지에까지 건설을 유도하는 결과를 초래하였다.

노태우 정권은 3저 현상과 88올림픽 특수에 따른 호황으로 수도권 5개 신도시를 중심으로 주택 200만 호를 건설하면서 골프장을 비롯한 레저관광까지 부추겨 건설경기를 과열시켰다. 국내 건설수요가 일시적으로 지나치게 집중되어 건설자재가 부족하게 되자 시멘트와 철근을 수입하고 하천모래 대신 바다모래를 사용하였으며 건설인력도 엄청나게 부족하였다.

노태우 정권 말기에 골프장과 관련된 인허가와 인천국제공항, 경부고속철도, 새만금 하구 개발 등 초대형 국책사업을 서둘러 조기 집행하면서 조성한 정치헌금 사건은 그에 연계된 비자금, 부조리, 부실 등 갖가지 건설산업의 악성관행을 고착시키는 결과를 초래하였다.

Ⅷ. 구조조정기 (1993-현재)

1996년에는 건설업법을 건설산업기본법으로 개정하여 성수대교와 삼풍백화점 붕괴 등 부실건설을 거울삼아 책임감리제도를 도입하였다. 건설산업은 거품경제 속에서 1997년의 건설 수주액이 80조원으로 절정에 이르렀다. 그러나 이후 건설업의 면허제도를 등록제로 전환하여 부실업체가 양산되는 반면 외환위기 과정에서 1998년 건설수주액이 48조원에도 미치지 못하여 전년대비 약 60%로 급락하는 급격한 불황으로 이어졌다.

2002년에 약 85조원의 수주로 다시 증가하여 극심한 수주경쟁으로 도산기업이 또 다시 증가하는 경향을 보인다. 2003년 수주금액은 약 93조 원으로 전년대비 10% 정도의 신장을 보였으나 최근에는 건설관계 예산이 축소되고 8.31 부동산 대책 등으로 건설물량이 줄어들어 건설산업은 조정국면에 접어든 것으로 볼 수 있다.

외환위기를 지나면서 건설업계에는 많은 변화가 있었다. 건설업체들은 매출액, 수주액 등 외형 중심에서 수익성과 현금흐름을 중시하는 경향을 보였다. 또한 업계의 관행이었던 담합구도는 사실상 치열한 수주경쟁구조로 바뀌었다. 정부는 건설경기 활성화를 위하여 사회간접자본의 투자를 확대하고 주택·부동산 경기 활성화와 건설업계의 자금조달 여건개선 그리고 재개발·재건축의 활성화 등에 힘입어 상황이 호전되기 시작하였다.

IX. 앞으로의 과제

여전히 국내 건설산업은 위기상황에서 벗어나지 못하고 있으며, 해외 건설시장에서의 경쟁력 약화, 노동인력의 건설산업 유입감소, 척결되지 못하고 있는 잘못된 관행 등은 건설산업의 미래를 어둡게 하고 있다. 이는 건설산업이 근본적인 큰 틀에서 변화와 혁신을 하지 않고서는 경쟁력을 갖출 수 없다는 인식을 확산시키게 하였다.

1958년 건설업법 제정 이후 국내 건설산업은 세계에 그 유래가 없을 만큼 국내·외 시장에서 빠르게 성장해 왔으며 단기간에 세계 최고수준의 건설업체들과 경쟁할 수 있는 능력을 갖추게 되었다. 이제는 한국건설업체들의 활동이 전세계 건설시장에서 빠짐없이 등장하고 있다. 바야흐로 미국, 유럽, 일본 등 선진국 업체들과 경쟁할 만큼 성장한 것이다.

미국에서는 주택착공이 늘어나면 주가가 오른다는 기록이 있다. 그리고 건축에 1단위의 금액을 투자하면 전 산업에 2.16배의 파급효과가 있다는 보고도 있었다. 건축에 투자하면 목재, 철강 그리고 페인트와 같은 화학공업에까지 파급효과가 있다. 경제를 활성화하기 위해서 건설투자를 늘려야 할 것이다. 일부국가는 선진국이 되기 위해 GNP의 20%에 달하는 SOC 투자를 하고 있다. 선진국의 SOC 투자는 10% 정도이다. 우리나라는 한때 GNP 의 18% 정도의 SOC 투자를 하였으나 이제 너무 적게 투자하고 있다. 선진국 진입을 서두르려면 SOC 투자를 과감하게 늘려야 할 것이다.

참고자료

김광남, 『건설산업 달라져야 한다』
신현식, 『건설발전 60년의 회고』
김수삼 외 『한국의 건설산업, 그 미래를 건설하자』

제2절 건설관련 단체들의 성립과정

I. 건설산업의 초기

우리나라 건설업이 근대적인 기업으로 형성되기 시작한 것은 일제가 우리나라를 침략하는 시대에 접어들면서부터 비롯된 것이라고 볼 수 있다. 예로부터 성곽, 궁궐, 수리시설 등의 대규모 토목공사가 있었지만 이것은 국가에서 직영한 것이고 건설에 참여한 자도 일반국민들이 국가에 대한 의무로서의 요역을 부담한 것이지 현대적 의미에서 건설업이나 건설업자가 국가의 중추시설 건설에 참여한 것이 아니므로 건설업이라고 할 수는 없는 것이다.

한일합방 이전의 건설업은 우리나라에 아직 '건설업'이라는 용어마저 존재하지 않았던 시기로서 일본청부업자들이 거의 독점한 상태였으며, 우리나라 사람들에 의한 건설업은 해방과 함께 여명기를 맞았다. 이 당시 건설업에 대한 제도적인 규제가 없고 다른 사업에 비하여 고정자본 없이 손쉽게 참여할 수 있다는 특성 때문에 해방 당시 서울을 중심으로 산재한 건설회사는 170개 사였으나 그 후 2, 3년 사이에 서울에서만 3천여 개의 건설업체가 난립하였다.

대부분의 건설업체는 영세성을 벗어나지 못하고 인력과 장비를 갖춘 업체는 극히 미미하였다. 자본과 기술 그리고 건설자재를 갖춘 업자는 미군정청이 발주한 공사를 토대로 창업기의 황금시대를 누렸다. 그러나 부실공사와 건설업자의 범람으로 황금기가 쇠퇴하던 과정에서 극도로 황폐했던 건설업계가 다시 자리를 잡게 된 것은 대한민국정부가 수립된 직후인 1949년부터라고 할 수 있다.

Ⅱ. 대한건설협회의 탄생과정

건설업체의 수가 많아지면 저절로 업자끼리의 이해를 조정하고 업계의 이익을 공동의 힘으로 지키려는 구심체가 생겨나게 마련이다. 따라서 1947년에 1천여 업체의 권익을 대변하고 업계 자체의 질서를 세우고자 조선토건협회가 만들어졌으며, 이 조선토건협회는 1947년 4월 20일 사단법인으로 개편되고 그해 5월 1일 설립등기를 마치게 되는데, 이 날을 현 대한건설협회의 창립일로 공식화하고 있다.

1948년 9월 그 명칭이 대한토건협회로 변경되고 6.25동란으로 기능이 와해된 협회는 수도 부산에서 임의단체인 한국건설업회로 재건되어 수복직후인 1953년 1월 8일 주무부장관의 승인을 얻어 사단법인 등기를 마치고 이 무렵부터 협회가 회원단체로서 기틀을 잡게 되었다.

1958년 3월 건설업법이 제정되면서 이 법에 건설업회에 관한 사항이 규정된바, 건설업자는 건설업회의 회원이 되고 이 기능을 한국건설업회가 행사한다는 것이 주요골자다. 1959년 3월 17일 건설업법의 명문조항을 충족시키는 새로운 법인단체의 설립을 추진하기 위하여 한국건설업회 창립발기준비위원회를 구성, 설립작업을 본격화하고 이해 5월 22일 창립총회를 개최, 정관을 의결하는 한편 협회의 명칭을 대한건설업회로 정하였다.

1962년 2월 7일자 건설업법 및 같은 법 시행령이 개정 공포되면서 건설업자의 협회가입의 무화 조항이 신설되고 협회명칭도 현재와 같이 대한건설협회로 변경되어 오늘에 이르고 있다.

Ⅲ. 건설은행 설립의 움직임

1957년의 어느 날 경인국도의 도로포장공사 준공식에 이승만 대통령이 참석했는데 그의 서투른 눈길로도 포장을 마쳤다는 도로가 여기저기 움푹진푹이었다. 이 시공업자는 이승만 대통령이 미국에서 잘 포장된 고속도로를 손수 운전하고 다닌 사실을 알지 못한 것이었다. 이승만 대통령은 행정책임자를 그 자리에서 불러 공사를 다시 하도록 지시한 후 "적어도 공사비에서 1할 정도를 이 보수공사가 끝나 완벽하다고 인정될 때까지 예치하였다가 1년쯤이

지나도 탈이 없으면 그때 내주라"는 지시를 하였다.

이 하자보수보증금적립제도는 부실공사에 대비하여 공사대금 지급을 유보하였다가 일정기간 하자가 발생하지 않으면 지급하는 것으로, 그 적립금은 예치한 자에게 되돌아오게는 되어 있었지만 그 관리에 대한 세칙이 마련되어 있지 않아 모호한 점이 많았다. 또한 예치기간 동안 업계 측에서 보면 자금의 사장이고 경우에 따라서는 이익의 50% 정도를 실질적으로 포기하는 결과가 되었다.

나아가 이승만 대통령은 대한건설업회가 제출한 '하자보수보증금적립제도 폐지에 관한 건의'에 대하여, '앞으로 모든 정부발주 건설공사는 지금까지의 지명경쟁입찰제도를 버리고 건설업자라면 누구나 참가할 수 있는 공개입찰제도를 택하며 이와 함께 지금까지 관례로서 시행해 오던 하자보수보증금의 적립도 제도로서 의무화하도록' 더욱 강경한 결정을 내렸다.

그해 가을부터는 업계가 크게 양보하여 하자보수보증금을 적립하기는 하되 그 적립률을 최소한도로 낮추어 줄 것을 요구하는 건의서를 당국에 제출하였지만 당국에서는 아무런 회답이 없었다.

업계는 공사비 총액의 약 1%를, 재무당국은 여전히 10% 선을 고집한 채였다. 장기교섭의 길밖에 남아있지 않음을 알게 된 대한건설업회는 이 문제를 전담할 임시집행부 '하자보수보증금적립제도 해결위원회'를 만들어 정부와의 절충을 꾀했다.

만일 이 위원회의 활동으로도 뜻대로 되는 것이 없으면 건설업계만을 전담하는 금융기관, 예컨대 건설금고 같은 것을 세우겠다는 구상도 업회 임원진에서 나오게 되었다. 대한건설업회의 회원들은 하자보수보증적립금 철폐보다 건설금고의 설치가 더 바람직하다는 의견이 많아 이 설치안도 당국에 건의하기에 이른다.

금고설립을 위한 자본금으로 정부가 약 20억 원을 출자하도록 짜여진 이 설치안은 결국 실현되지 못하였다. 정부당국에서는 그 필요성을 긍정적으로 받아들였지만 자금원을 쥐고 있는 재무부가 정부재정의 어려움을 들고 나오고 기존 금융기관이 유사금융기관설립을 막아 기득권을 지키려는 뜻에 밀려 성과를 거둘 수가 없었던 것이다.

그렇다면 남은 길은 오직 하나 건설업계 스스로 자본금을 마련하여 자체적으로 금융기관을 세우는 방법뿐이었다. 이 문제를 놓고 대한건설업회에서는 그 방안을 연구하게 되었으며 업계의 중진, 내무부 및 재무부의 고위직 관료와 여러 차례 협의를 거듭하였다.

건설업회에서 우여곡절 끝에 '건설금융기관설립구상안'을 마련하여 1959년 12월 28일 내무부와 재무부에 제출하였는데 하자보수보증금제도의 즉시 철폐를 요구하던 일부 회원들도

이 건설은행설립에 대해서는 반대하지 않았다. 하자보수보증금 제도를 철폐해도 건설금융전담기관은 필요했기 때문이다.

1960년 1월 10일 건설은행의 설치를 비롯하여 업계 전체가 앞으로 펼쳐나갈 모든 자조활동을 묶은 '공제사업계획서'를 만들어 내무부와 재무부에 제출, 정부의 지원을 정식으로 요청하였으며, 그해 4월 9일에 와서는 이 사업계획서에 제시된 각종 사업을 전개하기 위한 구체적 방안이라 할 수 있는 '대한건설업회 공제사업운영요강'에 대해서도 내무부장관의 승인을 얻어낼 수가 있었다.

이로써 재무부가 건설공사 발주처로 하여금 그때까지 적립시켜 온 하자보수보증금을 신설되는 건설은행의 설립자본금으로 전환시켜 주는 대신 보증기간에 발생한 하자에 대해서는 그 보수를 건설은행이 책임진다는 데 동의하기만 하면 건설금융전담은행이 탄생될 단계에까지 이르렀다. 그러나 그때 4·19가 일어났다. 그리고 모든 일이 중단되었다.

자유당 정권의 퇴진과 함께 건설업회는 재조사를 통하여 그때까지 각 발주기관에 예치되어 있는 하자보수보증금의 적립총액이 20억 환에 이르고 있다는 사실을 알아내고, 그것을 큰 어려움 없이 건설금융전담기관의 자본금으로 전환시킬 수 있다는 것도 알아냈다. 또한 이 일을 제대로 추진하기 위해서는 실무진을 떠받쳐 줄 수 있는 범업계적 지원이 필요하다고 판단, 1961년 2월 3일에는 '건설금고설치추진위원회'도 만들어졌다.

이 추진위원회대표는 건설업계뿐만 아니라 여러 관련업계에서 온갖 소청이 들어와 있었으므로 이를 해결하기 위한 재무부의 '중앙계약심의위원회'에 참석하여 당시 건설업계의 자금조달의 어려움에 관해 설명하였고, 재무당국도 이 건의를 조건 없이 받아들여 바야흐로 업계를 위한 새 건설환경이 마련되는가 했는데, 1961년 5월에 일어난 군사변란으로 모든 일이 다시 원점으로 되돌아가고 말았다.

1962년 2월 7일 법률 제1018호로 개정된 건설업법은 건설업계에 많은 변화를 일으켰다. "국토개발정책을 효과적으로 밀고 나가는 데 도움이 되도록 기준미달의 건설업자를 대폭 정비한다. 이 정비를 위하여 일정한 기준을 세우고 그 기준에 따라 면허를 가진 1,406개 업체가 모두 이 기준에 따른 진단을 받아야 하며, 기준에 미달인 업체는 면허를 취소한다"는 내용이 이 개정법의 시행령 부칙에 나와 있었던 것이다.

대한건설업회도 이 법에 따라 그 이름이 대한건설협회로 고쳐졌으며 고려대학교 부설 기업경영연구소가 건설업체 기업진단을 맡을 전문기관으로 선정되어 1962년 2월 27일 협회와 계약을 체결하고, 3월 1일에서 4월 20일까지 50일에 걸친 기업진단이 시작되었다. 이 기업진단을 통하여 다시 면허를 받을 수 있는 업체는 전체의 40%인 563개 업체로 줄어들었는데 상당수의 업체에서 온갖 이의가 제기되었다. 국토건설청에서는 기준미달 부분을 충족시켜 다시 면허를 신청하도록 하여, 1963년 2월 말 현재로 54개 업체가 추가로 면허를 얻어 전국 건설업체 수는 그동안 탈락한 24개 업체를 제외한 593개 업체로 매듭지어졌다.

사실 이 기업진단은 우리나라 건설업이 '뜨내기 사업'에서 안정적 사업으로 정착하는 계기를 마련한 것이라 할 수 있으며, 오로지 건설사업을 삶의 보람으로 삼는 사람만이 남게 되어 이후 건설업계가 내실을 다져 오늘날과 같은 건설업 성장을 이룩하게 했던 것이다.

Ⅳ. 건설공제조합의 탄생

국가재건최고회의 · 국토관리청 · 대한건설협회의 세 기관이 힘을 합쳐 건설업법을 고치는 등 건설금융기관 설치에 합의하였어도 하자보수보증적립금은 정부가 맡아서 관리하는 돈이므로 그 최종적 관리책임은 재무부의 국고국에 있다. 따라서 하자보수보증적립금을 전용하기 위해서는 재무부의 양해가 있어야 했지만, 제1안 건설은행, 제2안 건설금고로 한 제안에 대해서 금융통화정책에 미치는 영향이 클 것으로 예상이 된다는 재무부의 의견에 대해 농림부 산하에 있는 농업협동조합 모양으로 건설금융전담기관도 조합원의 공제형식에 따라 '공제조합' 법안으로 하자는 제안을 하자 모두가 수긍하게 되었다.

공제조합은 조합원의 자조기관인지라 수신업무는 말할 것도 없고, 여신마저도 제외되어야 하는 불만족스러운 점은 있으나 건설공제조합이 탄생 · 운영되면서 건설업계의 자금사정 호전은 물론이고, 조합의 보증기능에 따라 막대한 계약보증금과 하자보수보증금이 면제되어 자기 보유자금을 사장시키지 않고 최대한 활용할 길이 열리게 된 것이다.

1963년 7월 31일 박정희 대통령 권한대행의 재가를 얻어 법률 제1382호로 건설공제조합법이 공포되었다. 이로써 건설업계 10년래의 숙원이던 건설금융기관 설립근거가 마련되어 1963년 10월 21일 창립총회를 개최함으로써 그 역사의 서막을 올렸다.

V. 대한전문건설협회의 설립

1975년 12월 31일 건설업법 제8차 개정(법률 제2851호) 때에 건설업의 전문화와 하도 급의 계열화를 목적으로 기존의 일반건설업, 특수건설업 외에 다시 단종공사업(18개 공종) 면허제도가 우리나라에 처음으로 도입되고, 같은 법 시행령 개정(1976년 3월 29일 대통령 령 제8042호)으로 1976년 11월 10일 최초로 단종공사업면허가 발급되었다. 이로써, 그동 안 면허 없이 제도권 밖에서 음성적으로 시공을 전담해 온 단종공사업자들은 제도권 내로 흡 수되게 되었으며 이에 따라 1977년 1월 29일 단종공사업자들은 건설협회 산하에 단종건설 업자들의 권익증진 및 건설업 관련 제반제도 개선을 목적으로 단종회원 전국협의회를 구성, 설치함으로써 향후 대한전문건설협회가 태동할 수 있는 모체가 되었다.

이어 1981년 12월 31일 11차 건설업법 개정 시 단종공사업 명칭이 전문공사업으로 개칭 되고, 1985년 9월 18일 전경련회관 대강당에서 대한전문건설협회 창립총회를 개최하여 같 은 해 10월 12일 건설부장관의 인가를 받고 설립등기를 함으로써 대한전문건설협회의 탄생 을 보게 되었다.

VI. 설비공사협회의 설립

대한전문건설협회는 설립과 동시에 전문건설 19개 업종의 각기 상이한 고유문제의 자문을 위하여 협회 내에 업종별협의회를 설치하게 되었는데, 설비공사업은 시공기술, 장비, 기자재 사용, 현장관리 면에서 여타 전문공사업종과는 무관한 독자적인 특성을 갖고 있을 뿐 아니 라, 건설업의 국제화에 대비하여 설비공사업의 육성발전이 시급함을 강조하여 전국의 설비공 사업계는 별도의 독립단체 설립을 요구하는 탄원서를 정부와 국회에 제출하고 건설업법 개정 을 추진하였던바, 1988년 12월 건설업법의 개정으로 대한설비공사협회의 설립을 위한 법적 근거가 확정되었고 1989년 11월 25일 건설부장관으로부터 협회설립 승인을 받아, 같은 날 설립등기를 마침으로써 대한설비공사협회는 대한전문건설협회로부터 분리, 독립한 건설업 법정단체로 출범하여 업계의 권익보호와 설비건설업 발전에 기여할 대표기관이 되었다.

Ⅶ. 전문건설공제조합의 설립

　전문건설업은 하도급 내지 소규모 공사가 대부분이므로 원도급 내지 대규모 공사를 위주로 하는 일반건설업에 비하여 공사금액 및 기간이 소액이거나 단기이므로 일반건설업 중심으로 규정된 모든 건설공제조합의 제도가 전문건설업자에게는 부적절하였으며, 나아가 일반건설업의 원도급보증은 보증채권자가 대부분 공공기관인 데 비하여 전문건설업의 하도급보증은 보증채권자가 일반건설업자이므로 보증금 처리에 있어서 전문건설업자들은 상대적으로 불이익을 감수하게 되어 전문건설업의 특성에 맞는 새로운 제도의 필요성을 절감하게 되었다.

　특히, 건설공제조합은 자본단체로서 조합의 정책결정 등에 관한 의결권이 조합원의 출자좌수에 비례하여 행사되므로 총회와 같은 의결기관에서 다수출자자인 일반건설업자 위주로 의사가 결정되었으며, 전문건설업자들의 의사반영이 사실상 배제되었다.

　이에 따라 일반건설업과는 다른 별도의 대책이 필요하다고 판단되어 출자제한 규모를 10 / 100에서 8 / 100으로 낮추고 보증금 청구시효기간을 5년에서 2년으로 단축하며, 보증한도와 관련하여 신용평가제도 등을 포함한 전문건설공제조합법을 1987년 10월 24일자로 제정공포(법률 제3935호)하였으며, 이어서 같은 법 시행령을 1987년 12월 8일자로 공포(대통령령 제12303호)하여 1988년 3월 3일 창립총회를 거쳐 전문건설공제조합의 설립을 보게 되었고 같은 해 5월 2일에는 전국적으로 업무가 개시되었다.

Ⅷ. 대한설비건설공제조합의 설립

　설비공사업은 전문건설업종 중 시공기술, 장비, 기자재 등 여러 가지 면에서 독자성이 강

하고 고도의 기술을 필요로 하는 업종으로서 설비공사업의 전문적인 육성이 요구된다. 그러
나 그간 자금력이 뒷받침되지 않아 대한설비공사협회 단독만의 힘으로는 어려운 실정이어서
설비공사업종을 위한 독립된 공제조합의 필요성이 절실하게 요구되어 1992년 3월 6일 대한
설비공사협회 제6회 정기총회에서 독립된 공제조합설립을 결의하고 이를 정부에 건의한 결과
전문건설공제조합의 자본금 설비지분을 재원으로 분리·독립하여 마침내 1996년 5월 9일 창
립총회를 개최하고 출범하게 되었다.

참고자료

『건설산업 발전사』, 건설부 건설경제국(1992)
『건설공제조합 40년사』, 대한건설협회
『전문건설협회 20년사』, 대한전문건설협회
『설비건설협회 10년사』, 대한설비건설협회

제2장

건설공사 도급계약의 체결과 해제

제1절 건설공사 도급계약의 체결

I. 도급계약의 특징

1. 의 의

도급은 당사자 일방이 일정한 일을 완성할 것을 약정하고, 상대방이 그 일의 결과에 대하여 보수를 지급할 것을 약정함으로써 성립하는 계약이다.[1] 도급계약의 특성은 어떤 일을 완성하여 결과를 가져오는 데 있으므로 이와 같은 내용을 중심으로 채권채무를 살핀다면 수급인은 채무자이고 도급인은 채권자이다. 다만, 도급인은 일의 결과에 대하여 반대급부로서 보수를 지급할 채무를 부담한다.

도급계약에 있어서 수급인의 채무내용은 일의 완성이고 도급인은 일의 결과에 대하여 반대급부로서 보수를 지급할 채무를 부담하는 계약으로서 당사자가 의욕한 결과가 발생하지 않으면 채무의 본지에 따른 이행이 되지 않으므로 보수청구권도 발생하지 않게 된다.

2. 다른 계약과의 차이점

가. 도급은 고용, 현상광고, 위임, 임치와 더불어 '노무공급계약'의 일종이지만, '일의 완성'을 목적으로 하는 데에 그 특색이 있다. '일'은 물건의 제작이나 수리와 같은 유형적인 것일

---

1) 민법 제664조

수도 있고, 운반과 같은 무형적인 것일 수도 있으나, 노무 그 자체가 계약의 목적이 아니고, 노무에 의하여 이루어진 결과가 계약의 목적이다.

나. 이에 반하여 '고용'은 노무자 자신에 의한 노무의 공급 그 자체를 목적으로 하는 계약이며, 제공되는 노무에 의한 어떤 일의 완성이나 또는 어떤 통일적인 사무의 처리와 같은 일정한 결과의 달성 여부는 고려되지 않는다는 점에서 도급과 구별이 된다.

다. '위임'은 특정한 사건의 처리와 같은 일정한 사무를 처리하기 위한 통일적인 노무를 목적으로 하는 계약으로서, 어디까지나 신임을 기초로 하여 부탁한 사무를 처리한다는 데 주안이 있을 뿐, 사무처리에 따른 일의 완성을 목적으로 하지 않는 점에서 도급과 다르다.[2]

II. 도급계약의 법률적 성격

1. 낙성계약

도급은 당사자 일반이 어느 일을 완성할 것을 약정하고 상대방이 그 일의 결과에 대하여 보수를 지급할 것을 약정함으로써 성립하는 諾成契約이다.

2. 불요식계약

도급계약은 불요식계약이다. 건설공사의 도급에서는 서면으로 작성하지 않은 계약이 무효가 되는 것은 아니지만 계약내용을 서면으로 명백히 함으로써 사전에 분쟁을 예방하기 위한 것으로 풀이하고 있다. 국가를당사자로하는계약에관한법률·건설산업기본법·하도급거래공정화에관한법률 등 특별법에서는 계약서 작성을 의무화하는 경우도 있다.

---

2) 민법주해[XV], 429~430면, 이하 박영사(2000)

3. 유상·쌍무계약

도급인 일의 완성에 대해 보수를 지급하는 유상계약이며 수급인은 일을 완성할 채무를 부담하고 도급인은 대가를 지급할 채무를 부담하는 쌍무계약이다. 일의 완성과 보수의 지급이 대가관계에 있으므로 수급인에 의한 일의 완성이라는 이행이 없으면 도급인은 대가를 지급할 의무를 부담하지 않는다. 당사자 사이에 특별한 약정이 없는 한 수급인 이외의 자가 노무를 제공하더라도 일의 완성이 있으면 원칙적으로 채무의 이행이 된다.

도급인은 완성된 결과에 대해서만 보수를 지급하고 수급인이 노무를 제공했더라도 완성된 결과가 발생하지 않으면 채무를 이행한 것으로 볼 수 없어 보수를 청구할 수 없는 것이 원칙이다. 그러나 보수의 전부나 일부를 미리 지급하기로 하는 약정이 있는 경우에 수급인은 그 대가의 지급 시까지 일의 착수를 거절할 수 있으며, 이로 말미암아 일의 완성이 지연되더라도 수급인에게 채무불이행책임은 발생하지 않는다.

4. 노무의 전속성

도급에서는 수급인에게 노무의 전속성이 요구되지 않으며, 수급인은 도급인의 지시에 복종해야 할 의무를 지지 않는다. 이런 의미에서 도급은 고용과 구별된다. 수급인은 단순히 사무를 처리 또는 수행하는 데 그치지 않고 일정한 일을 완성해야 하기 때문에 도급은 위임과 구별된다.[3]

Ⅲ. 수급인의 의무

1. 일의 완성의무

가. 수급인은 일의 결과를 약정된 기한 내에 계약의 내용에 좇아 완성해야 할 의무를 부담

---

3) 주석민법 채권각칙(4), 177면, 이하 한국사법행정학회(2000)

한다. 일이라 함은 노무에 의하여 생긴 결과를 말하고, 완성이라 함은 노무에 의한 일정한 결과의 발생을 뜻한다.

건설공사 도급계약의 경우 건설업자가 최종공정을 마치고 행정적으로도 확인이 끝나 건물이 사회통념상 건물로서 완성되었다는 것이 일의 완성이고, 공사의 완료는 대체로 완성된 목적물에 대한 도급인의 검사를 통해 하자가 있으면 하자를 보수하여 도급인이 사용·수익할 수 있는 상태를 의미하는 것으로 일의 완성과 공사의 완료는 구별되어야 한다.4)

나. 공사도급계약에 있어서 당사자 사이에 특약이 있거나 일의 성질상 수급인 자신이 하지 않으면 채무의 본지에 따른 이행이 될 수 없다는 등의 특별한 사정이 없는 한 반드시 수급인 자신이 직접 일을 완성해야 하는 것은 아니고, 이행보조자 또는 이행대행자를 사용하더라도 공사도급계약에서 정한 대로 공사를 이행하는 한 계약을 불이행하였다고 볼 수 없다.5)

이 경우 이행보조자 또는 이행대행자의 고의·과실에 대하여 수급인은 자기의 귀책사유의 경우와 같이 책임을 지지 않으면 안 된다. 다만 하수급인의 사용에 관하여 도급인의 동의를 얻었거나 동의가 전제되어 있는 경우에 수급인은 원칙적으로 선임·감독상의 과실에 대해서만 책임을 부담한다.

2. 목적물 인도의무

수급인은 일을 완성할 의무를 부담할 뿐만 아니라 도급의 종류나 성질에 따라 다시 완성한 일을 도급인에게 인도할 의무가 있다. 도급인은 그의 보수지급의무를 목적물의 인도와 동시에 이행하여야 하므로, 목적물의 인도와 보수의 지급은 원칙적으로 동시이행의 관계에 있다. 목적물이 도급인의 소유물인 경우 수급인은 보수를 지급받을 때까지 그 목적물을 유치하여 유치권을 행사할 수 있다.6)

---

4) 주석민법 채권각칙(4), 177면
5) 대법원 2002. 4. 12. 선고 2001다82545 판결
6) 민법주해[XV], 439면

3. 완성물의 소유권귀속관계

도급인이 재료의 전부 또는 주요부분을 제공하는 경우에는, 완성된 목적물이 동산이건 부동산이건 소유권은 원시적으로 도급인에게 귀속하며, 가공에 관한 민법 제259조는 적용되지 않는다. 수급인이 재료의 전부 또는 주요부분을 제공하는 경우에는 완성된 목적물의 소유권은 원칙적으로 일단 수급인에게 귀속한 다음, 인도에 의하여 도급인에게 이전된다는 것이 판례의 입장이나 이에 관하여 당사자 사이에 다른 약정이 있으면 그에 따라 소유권의 귀속관계가 결정된다고 한다.[7]

그러나 대부분의 경우 기성률에 따라 도급대금 또는 도급공사대금을 수령하는 것이 관례이고, 수급인의 관심사는 도급공사대금의 수령에 있는 것이지 목적물의 소유권의 귀속에 있는 것이 아니며, 도급공사대금의 수령은 유치권이나 저당권설정청구권 등으로 확보가 되고 있는 것과 도급인의 토지 위에 건물을 신축하는 점, 처음부터 도급인의 명의로 건축허가 신청을 하고 등기도 처음부터 도급인 앞으로 보존등기하는 것이 관례인 점에 비추어 소유권은 원시적으로 도급인에 귀속한다고 봄이 타당하다.[8]

수급인이 자기의 재료와 노력으로 건물을 건축하였을 경우에 도급인이 도급대금을 지급하고 건물의 인도를 받기 전에는 그 소유권은 수급인에게 있다 할 것이나 특약이 있으면 그 특약에 따라 그 소유권의 귀속이 결정된다.[9]

4. 수급인의 담보책임

가. 책임의 성질

수급인의 담보책임이란 수급인이 완성한 목적물 또는 완성 전의 성취된 부분에 하자가 있는 경우에 도급인이 계약해제권·하자보수청구권·손해배상청구권을 행사하는 것을 말한다. 수급인의 하자담보책임은 무과실책임이다. 즉, 하자가 수급인의 귀책사유 없이 발생한 경우

---

7) 곽윤직, 채권각론, 415면, 이하 박영사(1988)
8) 주석민법 채권각칙(4), 184면
9) 대법원 1972. 2. 29. 선고 71다2541,2542 판결

에도 담보책임을 진다.

수급인의 하자담보책임은 법이 특별히 인정한 무과실책임으로서 여기에 민법 제396조의 과실상계 규정이 준용될 수는 없다 하더라도 담보책임이 민법의 지도이념인 공평의 원칙에 입각한 것인 이상 하자발생 및 그 확대에 가공한 도급인의 잘못을 참작할 수 있다.[10]

나. 담보책임의 내용

1) 계약의 해제

도급인은 계약의 목적을 달성할 수 없을 정도의 중대한 하자가 있으면 하자의 보수나 그에 갈음하는 손해배상의 청구 이외에 계약을 해제할 수도 있다. 민법은 도급인이 완성된 목적물의 하자로 인하여 계약의 목적을 달성할 수 없는 때에는 계약을 해제할 수 있다고 정하고 있다.

하자로 인하여 계약목적을 달성할 수 없는 것은, 하자가 중대하고 보수가 불가능하거나 수급인이 보수를 거절하며 보수가 가능해도 장기간을 요하기 때문에 계약해제권을 즉시 행사하는 것이 정당하다고 인정되어야 한다.[11] 그러나 중대한 하자가 없는 이상 수급인이 보수의무를 게을리하고 있더라도 계약을 해제하지 못한다.

건물기타 토지의 공작물에 관하여는 아무리 중대한 하자가 있어도 해제할 수는 없다. 이때에도 해제를 인정한다면 수급인에게 과대한 손실을 줄 뿐만 아니라, 이미 세워진 건물을 부숴서 원상회복한다는 것이 사회경제적으로도 손실이 크기 때문이다. 토지의 공작물이 완성된 경우에 하자담보책임을 물어서 해제를 할 수는 없으나 그 공작물이 완성되기 전에 채무불이행의 일반원칙에 따라서 해제할 수는 있다.[12]

2) 하자보수의무

여기에서 하자라고 함은 일의 결과가 도급인이 요구한 성질을 가지지 않거나, 통상적으로 또는 당사자가 계약에 의하여 일의 품질과 성능 등에 대하여 기대한 일정한 성상을 완전하게 구비하지 않은 불완전한 점을 말하고, 특히 건축도급계약의 경우 구체적인 하자판정의 기준은 설계도나 견적서 등과의 적합성, 공사내용이 공사대금에 상당한가의 여부, 사회통념상 최저한 기대할 수 있는 성상을 구비한 것인지의 여부 등이 될 것이다.[13]

---

10) 대법원 1980. 11. 11. 선고 80다923, 924 판결 등 참조
11) 조성민, 도급계약상 하자담보책임, 이하 고시계 1995년 8월호
12) 곽윤직, 채권각론, 421면

주택건축의 경우 건폐율과 용적률에 현저하게 위반하여 철거, 이전, 개축 등을 할 수밖에 없는 등의 법률적 하자, 채광의 부족이나 전면도로의 폭이 좁아 승용차를 출입할 수 없는 반지하 차고의 결함, 전기선설계도에 전등선과 전열선을 별도의 선으로 설치하도록 되어 있는데도 이를 하나의 선으로 연결한 경우 등은 모두 하자에 해당된다고 한다.[14]

민법은 제667조 제1항에서 완성된 목적물 또는 완성 전의 성취된 부분에 하자가 있는 때에는 도급인은 수급인에 대하여 상당한 기간을 정하여 그 하자의 보수를 청구할 수 있다. 그러나 하자가 중요하지 아니한 경우에 그 보수에 과다한 비용을 요할 때에는 그러하지 아니하다고 정하고 있다. 이것은 보수에 의하여 받게 되는 이익과 그것에 드는 비용을 비교하여 비용이 더 큰 경우도 보수청구를 인정하게 되면 무용의 사회적 손실을 초래하기 때문이라고 한다.[15]

도급인이 수급인에게 하자보수를 청구한 경우 그 보수가 끝날 때까지 보수의 지급을 거절할 수 있고 그 하자의 보수에 갈음하여 또는 보수와 함께 손해배상을 청구할 수 있는바, 이들 청구권은 특별한 사정이 없는 한 수급인의 보수지급청구권과 동시이행의 관계에 있다.[16]

그러나 하자가 극히 경미한 경우에는 보수의 전부에 관하여 항변권이 생기지 않는다고 새기는 것이 신의칙상 타당하다. 하자가 있는 경우에 그 보수나 손해배상을 청구함이 없이 단순히 목적물에 하자가 있다는 이유만으로 보수의 지급을 거절하지 못한다.[17]

3) 손해배상의무

도급인은 하자의 보수에 갈음하여 또는 보수와 함께 손해배상을 청구할 수 있다. 하자의 보수에 갈음하여 손해배상을 청구할 수 있다는 것은, 보수청구권과 손해배상청구권의 양자 중 어느 하나를 선택적으로 행사할 수 있다는 의미이다.

따라서 보수가 불가능하거나 하자가 중요하지 않으면서 그 보수에 과다한 비용을 요하는 경우뿐만 아니라 하자보수가 가능한 경우에도 보수를 청구하지 않고 바로 보수에 갈음하는 손해배상을 청구할 수 있다.[18]

---

13) 일의 완성을 경계로 하여 완성 전에는 일의 완성의무의 채무불이행책임이 문제로 되고, 완성 이후에는 하자담보책임의 규정이 적용된다.
14) 주석민법 채권각칙(4), 211~212면
15) 조성민, 도급계약상 하자담보책임
16) 대법원 2001. 6. 15. 선고 2001다21632,21649 판결, 대법원 1987. 9. 22. 선고 85다카2263 판결, 대법원 1989. 12. 12. 선고 88다카18788 판결 등 참조
17) 곽윤직, 채권각론, 419면
18) 조성민, 도급계약상 하자담보책임

다. 책임의 감면에 관한 특칙

목적물의 하자가 도급인이 제공한 재료의 성질 또는 도급인의 지시에 기인한 때에는 적용하지 아니한다. 그러나 수급인이 그 재료 또는 지시의 부적당함을 알고 도급인에게 고지하지 아니한 때에는 그러하지 아니하다.[19]

당사자가 담보책임을 부담하지 않는다는 뜻의 특약을 하거나 또는 담보책임을 경감하는 특약을 한 때에는, 그러한 특약은 원칙적으로 유효하다. 다만 그런 특약이 있더라도 수급인이 알고 있으면서 도급인에게 고지하지 않은 사실에 대해서는 그 책임을 면하지 못한다.[20]

라. 담보책임의 존속기간

토지, 건물 기타 공작물의 수급인은 목적물 또는 지반공사의 하자에 대하여 인도 후 5년간 담보의 책임이 있다. 그러나 목적물이 석조, 석회조, 연와조, 금속이나 기타 이와 유사한 재료로 조성된 것인 때에는 그 기간을 10년으로 한다.[21] 하자로 인하여 목적물이 멸실 또는 훼손된 때에는 도급인은 그 멸실 또는 훼손된 날로부터 1년 내에 하자보수나 손해배상을 청구하여야 한다.[22]

Ⅳ. 도급인의 의무

1. 목적물 수령의무

가. 수령의무

목적물의 인도를 요하는 도급에서 도급인에게 목적물을 수령할 의무를 인정하는 것이 오늘

---

19) 민법 제669조
20) 민법 제672조
21) 민법 제671조 제1항
22) 민법 제671조 제2항

날의 통설로서 이때의 수령은 점검을 통한 수령을 의미한다.

　나. 수령의 효과

　도급인의 수령에는 다음과 같은 효과가 발생한다.

　첫째, 수령함으로써 수급인의 이행은 완료한다.

　둘째, 이행기 전이라도 수령함으로써 반대급부의 위험은 도급인에게 이전한다. 즉, 수령 후 목적물이 멸실·훼손되어도 도급인은 보수를 지급해야 한다.

　셋째, 목적물의 하자에 대한 입증책임은 원칙적으로 도급인에게 이전한다. 그러므로 수령할 때까지는 수급인이 하자 없음을 입증해야 하고, 수령한 후에는 도급인이 하자 있음을 증명해야 한다.

　넷째, 이행기 전이라도 특별한 사정이 없는 한 보수를 지급하여야 한다.

　다섯째, 하자담보책임의 존속기간이 기산된다. 이행의무는 완성한 일로 한정되므로 도급인은 재이행을 청구할 수 없고 도급인은 보완청구와 담보책임만을 물을 수 있다.[23]

　다. 미완성과 완성되었으나 하자가 있는 경우의 구별

　건물 신축공사의 미완성과 완성은 되었으나 하자가 있는 경우의 구별에 관하여 법원에서는, "공사가 도중에 중단되어 예정된 최후의 공정을 종료하지 못한 경우에는 공사가 미완성된 것으로 볼 것이지만, 그것이 당초 예정된 최후의 공정까지 일단 종료하고 그 주요 구조 부분이 약정된 대로 시공되어 사회통념상 건물로서 완성되고, 다만 그것이 불완전하여 보수를 하여야 할 경우에는 공사가 완성되었으나 목적물에 하자가 있는 것에 지나지 않는다고 해석함이 상당하고, 개별적 사건에 있어서 예정된 최후의 공정이 일단 종료하였는지 여부는 당해 건물 신축공사 도급계약의 구체적 내용과 신의성실의 원칙에 비추어 객관적으로 판단할 수밖에 없다"고 판시하고 있다.[24]

---

23) 주석민법 채권각칙(4), 194면
24) 대법원 1997. 12. 23. 선고 97다44768 판결

라. 미완성과 하자의 구분실익

1) 여기에서 도급계약상 일의 완성이 불완전한 경우 미완성으로 볼 것인가 아니면 완성된 목적물에 하자가 있는 경우에 불과한 것이라고 볼 것인가는 큰 차이가 있다. 즉, 미완성인 경우 채무불이행이 되어 수급인은 보수 후급의 원칙에 따라 보수의 지급을 청구할 수 없게 되고, 수급인은 도급인이 미완성 부분이 있다고 주장하지 않더라고 일이 완성되었다는 점에 대한 입증책임이 있게 된다.

2) 반면, 완성된 목적물에 하자가 있는 경우에는 수급인은 도급인에게 보수의 지급을 청구할 수 있게 되나 도급인이 수급인의 하자의 보수 또는 그에 갈음하는 손해배상의 제공이 있을 때까지 보수의 지급을 거절할 수 있는 동시이행의 항변권을 행사할 수 있을 뿐이고, 이 경우 하자의 존재는 하자보수청구권 또는 손해배상청구권의 발생요건으로서 도급인이 입증책임을 부담한다.

3) 건축공사도급계약의 당사자 사이에 수급인이 일의 완성을 지체한 데 대하여 지체상금을 지급하기로 약정을 한 경우라도 목적물에 하자가 있음에 불과한 때에는 지체상금이 발생하지 않게 된다. 특히, 건축도급계약에 있어서는 일의 완성 전이면 도급인은 원칙적으로 언제든지 수급인에게 손해를 배상하고 계약을 해제할 수 있게 되는 반면, 일의 완성 후에는 계약의 목적을 달성할 수 없는 정도의 중대한 하자가 있는 경우에도 계약을 해제할 수 없게 되어 일의 완성의 전후에 따라 양자의 법률관계는 너무나 큰 차이가 있게 된다.[25]

2. 대금지급의무

도급인은 수급인에 대하여 보수를 지급할 의무가 있다. 이 도급인의 보수지급의무는 수급인의 일을 완성할 채무와 대가관계에 선다. 보수의 지급시기에 관하여 원칙적으로 당사자 사이의 약정에 따르고 약정이 없으면 관습에 의하고, 관습도 없으면 목적물인 인도와 동시에 지급하여야 한다.[26]

---

25) 주석민법 채권각칙(4), 212~213면

3. 보호의무

건축공사의 일부분을 하도급받은 자가 구체적인 지휘·감독권을 유보한 채 재료와 설비는 자신이 공급하면서 시공 부분만을 시공기술자에게 재하도급하는 경우와 같은 노무도급의 경우에, 그 도급인과 수급인의 관계는 실질적으로 사용자와 피용자의 관계와 다를 바가 없으므로 그 도급인은 수급인이 노무를 제공하는 과정에서 생명·신체·건강을 해치는 일이 없도록 물적 환경을 정비하고 필요한 조치를 강구할 보호의무를 부담하며, 이러한 보호의무는 실질적인 고용계약의 특수성을 고려하여 신의칙상 인정되는 부수적 의무로서 구 산업안전보건법 시행령(1995. 10. 19. 대통령령 제14787호로 개정되기 전의 것) 제3조 제1항에 의하여 사업주의 안전상 조치의무를 규정한 산업안전보건법 제23조가 적용되지 아니하는 사용자일지라도 마찬가지로 인정된다고 할 것이고, 만일 실질적인 사용관계에 있는 노무도급인이 고의 또는 과실로 이러한 보호의무를 위반함으로써 그 노무수급인의 생명·신체·건강을 침해하여 손해를 입힌 경우 그 노무도급인은 노무도급계약상의 채무불이행책임과 경합하여 불법행위로 인한 손해배상책임을 부담한다는 판결이 있다.[27]

4. 부동산공사 수급인의 저당권설정청구권

가. 저당권 설정 청구권의 내용

부동산공사수급인은 그 보수청구권을 담보하기 위하여 공사의 목적부동산 위에 저당권을 설정할 것을 도급인에게 청구할 수 있다.[28]

수급인이 자기의 재료와 노력으로 건물을 건축한 경우에는 특별한 의사표시가 없는 한 도급인이 도급대금을 지급하고 건물의 인도를 받기까지는 그 소유권은 수급인에게 있다고 할 것이고(대법원 1972.2.29. 선고 71다2541,2542 판결 참조), 민법 제666조는 부동산공사의 수급인은 같은 법 제665조에 규정된 보수에 관한 채권을 담보하기 위하여 그 부동산을 목적으로 한 저당권

---

26) 민법 제656조, 제665조
27) 대법원 1997. 4. 25. 선고 96다53086 판결
28) 민법 제666조

의 설정을 청구할 수 있다는 것뿐이지 완성된 수급 부동산의 소유권 귀속에 관한 것은 아니다.[29)

수급인의 저당권청구권은 순수한 청구권이므로 도급인이 그 청구에 응하여 승낙을 하고 등기를 갖추어야 비로소 저당권이 인정된다. 저당권설정청구권의 대상인 건물이 미등기인 경우에는 우선 도급인 앞으로 그 건물의 보존등기를 하여야 하고, 민법상 토지와 건물은 별개의 독립한 부동산이므로 수급인이 건물을 신축하여 그 위에 저당권을 갖게 되더라도 저당권의 효력은 대지에 미치지 않는다.

한편, 저당권설정청구권자는 부동산 공사의 수급인(원도급자)이다. 그러므로 수급인(원도급자)으로부터 하도급받은 하도급자는 저당권설정청구권을 행사할 수 없다. 왜냐하면 하도급자가 공사 대금을 청구하는 상대방은 수급인(원도급자)이고 수급인(원도급자)은 부동산 소유자가 아니므로 저당권설정을 해줄 수 있는 지위에 있지 아니하기 때문이다. 따라서 일반건설회사가 자체사업을 수행하기 위하여 전문건설업체에게 도급한 경우에는 저당권설정청구권이 부여되지만 원도급받은 공사를 하도급받은 전문건설업체는 저당권설정청구권이 존재하지 않는다.[30)

나. 유치권의 활용

저당권설정청구권은 이러한 성립 및 실행상의 한계로 인하여 실무상 거의 활용되지 않고, 현행 민법은 법정담보물권으로서 유치권을 인정하고 있으므로 수급인은 목적 부동산에 대하여 유치권을 행사함으로써 사실상 공사대금채권에 대한 우선변제를 받을 수 있다.[31)

V. 도급에 있어서 위험부담

1. 의   의

위험부담이라 함은 건설공사도급계약에서 수급인의 목적물완성의무가 수급인의 책임 없는

---

29) 대법원 1980.7.8. 선고 80다1014 판결
30) 이의섭, 하도급대금 지급보증제도의 문제점과 개선방안(2004. 7.), 한국건설산업연구원
31) 법원행정처, 건설재판 실무편람, 26면

사유로 이행불능이 되어 소멸한 경우에 그에 대응하는 도급인의 공사대금지급채무도 소멸하
는가 또는 그대로 존속하는가의 문제를 말한다. 우리 민법은 이 문제에 대하여 채무자주의를
취하고 있다.

2. 각 계약서의 내용

이러한 점에 대비하여　건설공사계약에서는 불가항력에 의한 손해에 대하여 보험에 가입할
것을 정한 것도 있고 그렇지 않고 당사자 사이의 협의에 의하여 처리할 것을 정한 것도 있다.

가. 회계예규 2200.04-104-13(2005.09.08)

제10조에서는 제1항에서 계약상대자는 당해 계약의 목적물 등에 대하여 손해보험에 가입
할 수 있으며, 시행령 제78조[32] 및 시행규칙 제23조 제1항[33])에 규정된 공사에 대하여는
특별한 사유가 없는 한 계약 목적물 및 제3자 배상책임을 담보할 수 있는 손해보험에 가입하
여야 한다고 정하고 있다.

나. 민간건설공사 표준계약서

제15조[응급조치]에서 수급인은 재해방지를 위하여 특히 필요하다고 인정될 때에는 미리

---

32) 제78조(적용대상 등) 대형공사계약 중 대안입찰 또는 일괄입찰에 의한 계약과 특정 공사의 계약에
　　관하여는 이 장에 규정한 바에 의하되, 이 장에 특별한 규정이 없는 사항에 관하여는 이 영의 다른
　　장에 규정한 바에 의한다.
33) ①영 제13조 제1항에서 '재정경제부령이 정하는 공사'라 함은 추정가격이 100억 원 이상인 공사(영
　　제6장의 규정을 적용받는 공사를 제외한다)로서 다음 각 호의 1의 공사를 말한다.
　　　1. 교량(기둥 사이의 거리가 50미터 이상이거나 길이 500미터 이상의 것에 한한다)건설공사, 2.
　　공항건설공사, 3. 댐축조공사, 4. 에너지저장시설공사, 5. 간척공사, 6. 준설공사, 7. 항만공사, 8.
　　철도공사, 9. 지하철공사, 10. 터널공사가 포함된 공사, 11. 발전소건설공사, 12. 쓰레기소각로건
　　설공사, 13. 폐수처리장건설공사, 14. 하수종말처리장건설공사, 15. 상수도(지름 1천밀리미터 이상
　　의 것에 한하며, 정수장을 포함한다)건설공사, 16. 하수도(단면적 20제곱미터 이상의 것에 한한다)
　　건설공사, 17. 관람집회시설공사, 18. 전시시설공사, 19. 공용청사(연면적 2만제곱미터 이상의 것
　　에 한한다)건설공사, 20. 송전공사, 21. 변전공사, 22. 공동주택(16층 이상의 것에 한한다)건설공
　　사

긴급조치를 취하고 즉시 이를 도급인에게 통지하여야 한다. 도급인이 재해방지 기타 공사의 시공상 부득이하다고 인정할 때에는 수급인에게 긴급조치를 요구할 수 있다.

이 경우 수급인은 즉시 이에 응하여야 하며, 수급인이 도급인의 요구에 응하지 않는 경우 도급인은 제3자로 하여금 필요한 조치를 하게 할 수 있고 응급조치에 소요된 경비는 실비를 기준으로 도급인과 수급인이 협의하여 부담한다.

제18조〔불가항력에 의한 손해〕에서 수급인은 검사를 마친 기성부분 또는 지급자재와 대여품에 대하여 태풍·홍수·악천후·전쟁·사변·지진·전염병·폭동 등 불가항력에 의한 손해가 발생한 때에는 즉시 그 사실을 도급인에게 통지하여야 하고 도급인은 이 통지를 받은 경우 즉시 그 사실을 조사·확인하고 그 손해의 부담에 있어서 기성검사를 필한 부분은 도급인이 부담하고, 기타 부분은 도급인과 수급인이 협의하여 결정하되 합의가 성립되지 못할 때에는 당사자는 건설산업기본법에 의하여 설치된 건설분쟁조정위원회에 조정을 신청하거나 다른 법령에 의하여 설치된 중재기관에 중재를 신청할 수 있다고 정하고 있다.

다. 건설공사 표준하도급계약서

제18조(손해의 부담)에서 공사의 목적물이 갑에게 인도되기 전에 도급인·수급인 쌍방의 책임 없는 사유로 공사의 목적물이나 제3자에게 손해가 생긴 경우 이는 수급인이 부담하고, 공사목적물 검사기간 중에는 도급인과 수급인이 협의하여 결정하고 인도 후에는 도급인이 부담한다.

수급인은 고의·과실로 인하여 하도급받은 공사를 조잡하게 하여 타인에게 손해를 가한 때에는 그 손해를 배상하고 도급인이 건설산업기본법 제44조(건설업자의 손해배상책임) 제3항의 규정에 따라 배상한 때에는 수급인에게 구상권을 행사할 수 있다.

도급인은 재해발생에 대비하여 수급인에게 사용자 배상책임보험, 영업배상책임보험, 공사보험수급인에게 가입토록 요구할 수 있고, 이 경우 동보험료 상당액을 지급한다.

3. 위험부담의 효과

현실에서 어떤 수급인이 교량공사를 도급받았다고 할 때에 그 공사도중에 거의 완성되었던 교량이 뜻하지 않은 대홍수로 전부 멸실되었다면, 이때에 수급인의 채무가 결코 이행불능이 되지는 않으며, 수급인은 당연히 처음부터 일을 다시 시작하여야 하고 수급인의 채무는 소멸하지 않는다. 수급인이 일을 완성하는 것이 불가항력으로 불가능하게 된다는 것은, 그 공작물을 건설할 장소가 천재지변으로 돌연히 없어져 버린 경우가 아니면 이행불능이 생기지 않고 나아가 위험부담의 문제도 생기지 않는다.[34]

따라서 건설공사 도급계약에서 수급인의 책임 없는 사유로 목적물의 인도 전에 멸실된 경우에 그 손실은 수급인이 부담하는 것이 되고, 지출한 비용은 물론이고 보수도 청구하지 못한다.[35] 그러나 도급인에게 책임 있는 사유로 이행불능이 된 경우에 그 위험은 도급인이 부담하는 것이 되어 수급인은 보수청구권을 잃지 않는다.[36]

그러나 이러한 결론은 수급인에게 너무나 가혹한 것이어서 타당하지 않다고도 할 수 있다. 이 문제에 대한 가장 무난한 해결방법은 계약을 맺을 때 당사자가 협의에 의하여 미리 실비 정산제도에 의한다는 특약을 하는 것이 한 가지 방법일 것이다.[37]

4. 위험부담에 대한 보험가입[38]

가. 연도별 보험가입현황

〔단위: 백만원〕

년 도	가입건수	총보험료	건당 평균보험료
1994	266	22,873	86
1995	428	54,834	128
1996	663	105,346	159
1997	574	97,899	171
1998	477	63,184	132
1999	457	51,675	113

34) 곽윤직, 채권각론, 429면
35) 민법 제537조
36) 민법 제538조 제1항
37) 곽윤직, 채권각론 430면
38) 조달청 건설공사 보험제도 현황, 이범 팀장, 2000. 9. 건설공사손해보험현황과 발전방향, 삼성화재해상보험㈜

나. 연도별 주요 손해액 현황

〔단위: 백만원〕

년 도	사고건수	총 손해액	건당 평균손해액	2억 이상 사고계약건수
1994	63	22,259	353	19
1995	110	31,648	288	29
1996	155	32,767	211	35
1997	98	23,814	243	26
1998	77	31,820	413	17
1999	36	3,812	106	3

제2절 도급계약의 해제

Ⅰ. 도급계약의 해제

1. 의 의

계약의 해제란 계약의 체결 후 발생한 유효한 계약의 효력을 계약당사자 일방의 의사표시로 그 계약이 처음부터 있지 않았던 것과 같은 상태로 복귀시키는 것을 말한다. 계약이 해제되면 그때까지 이행하지 않은 채무는 소멸하고, 이미 이행한 것은 법률상 원인을 잃게 되어 각 당사자는 원상회복의 의무를 부담하게 된다.[39]

해제의 소급효로 인하여 수급인은 공사대금을 청구할 수 없음은 물론 이미 수령한 공사대금은 반환하고 기시공 부분을 철거해야 된다. 그러나 건설공사에서는 계약체결 이후 계약이 해제되었다고 하여서 시공자가 기 시공한 공사부분까지 소급적용하여 원상회복의 의무를 부담한다는 것은 비현실적일 뿐만 아니라 사회적·경제적으로 상당한 손실이므로 건설공사 계약에서는 소급효를 인정한다는 것은 큰 의미가 없다.

대법원은 1986. 9. 9. 선고 85다카1751 판결에서, 건축도급계약에 있어서 미완성 부분이 있는 경우라도 공사가 상당한 정도로 진척되어 그 원상회복이 중대한 사회적, 경제적 손실을 초래하게 되고 완성된 부분이 도급인에게 이익이 되는 경우 수급인의 채무불이행을 이유로 도급인이 그 도급계약을 해제한 때에는 그 미완성 부분에 대해서만 도급계약이 실효된다고 보아야 할 것이고, 따라서 이 경우 수급인은 해제한 때의 상태 그대로 그 건물을 도급인에게 인도하고 도급인은 그 건물의 완성도 등을 참작하여 인도받은 건물에 상당한 보수를 지급하여야 할 의무가 있다고 판시하고 있다.

---

39) 민법 제548조

2. 계약의 해제·해지와 취소, 철회의 구별

가. 계약의 해제·해지와 취소, 철회의 공통점

계약의 해제·해지와 취소 또는 철회는 구별하여야 한다. 법률행위의 효력을 취소권자 또는 해제권자의 일방적 의사표시에 의하여 소급적으로 소멸시킨다는 점에서 해제와 취소는 양자 간 차이점이 없다.

나. 해제와 취소의 구별

1) 해제는 계약에만 고유하게 존재하는 제도임에 비하여 취소는 계약뿐만 아니라 모든 법률행위에서 존재한다. 해제는 계약당사자 일방의 채무불이행을 원인으로 하는 법정해제권 외에 계약당사자 쌍방의 약정에 의하여 발생하는 약정해제권도 있으나, 취소는 무능력, 의사표시의 하자 또는 착오 등이 있는 때에 법률의 규정에 의하여 발생한다.

2) 해제는 유효하게 성립된 계약의 효력을 당사자의 일방적인 의사표시에 의하여 없게 만드는 점에 비하여, 취소는 계약 성립상의 무능력·의사표시의 하자 등을 이유로 계약의 효력을 소멸시킨다는 점에서 차이가 난다. 해제의 경우에는 원상회복의무가 있으나 취소의 경우에는 부당이득반환의무가 있다.

다. 해제와 철회의 구별

철회는 아직 종국적인 법률효과가 발생하고 있지 않은 법률행위나 의사표시의 효력을 장차 발생하지 않도록 막는 것이다. 해제는 이미 효력을 발생하고 있는 계약을 취소케 하여 그 효력을 소급적으로 소멸케 하는 것이므로 철회와는 본질적으로 다르다.

라. 해제와 해지의 구별

한편, 해제와 해지도 구별이 된다. 해지란 계속적 계약에서 당사자 일방의 해지의 의사표시로서 장래 일정한 시점 이후의 계약채무를 소멸시키는 것을 말한다. 민법 제550조는 "당사자 일방이 계약을 해지한 때에는 계약은 장래에 대하여 그 효력을 잃는다"고 정하고 있다.

II. 계약해제의 종류

1. 들어가는 말

계약해제는 해제권 행사의 근거가 법률의 규정에 의한 것인가, 당사자가 약정한 계약조건에 의한 것인가에 따라 법정해제와 약정해제로 구별할 수 있다.

법정해제는 이행지체, 이행불능, 불완전이행, 공사완성 전 도급인의 임의해제, 도급인의 파산에 의한 수급인의 해제, 수급인의 영업정지처분 또는 등록말소에 의한 계약해제, 채권자의 수령지체를 원인으로 한 계약해제가 있고, 약정해제는 당사자 간의 계약에서 정한 일정한 사유에 의하여 해제권이 발생하는 것으로, 약정해제와 법정해제는 그 해제권이 발생하는 원인에 있어서 차이가 있을 뿐 그 밖의 해제권의 행사, 그 효과, 그 소멸에 있어서는 차이가 없다.

계약해제에 대한 귀책사유가 누구에게 있느냐 계약해제권을 누가 가지는가에 따라 도급인에 의한 계약해제와 수급인에 의한 계약해제로 나눌 수도 있다.

도급인과 수급인이 가지는 법정해제사유와 약정해제에 대하여 살펴보자.

2. 도급인의 계약해제

가. 법정해제사유

1) 이행지체
민법은 일반적인 이행지체와 정기행위의 이행지체를 구분하여, 일반적인 이행지체의 경우 계약의 해제를 위해서는 기간을 정하여 이행을 최고할 것과 그 기간 내에 이행하지 아니한 경우에 계약을 해제할 수 있다는 것을 정하고, 정기행위의 이행지체의 경우에는 이행의 최고 없이 계약을 해제할 수 있다고 정하고 있다.

당사자 사이에 착공시기에 관한 특약이 있는 경우에 수급인이 착공기일에 착공하지 않으면 그때부터, 특약이 없는 경우에는 도급인이 상당한 기간을 정하여 착공을 최고하고 그 기간 안에 이행이 없으면 이행지체에 빠지게 되므로 도급인은 계약을 해제할 수 있다.

도급인의 공사 부지의 제공이 늦어지거나 현장사무소나 재료하치장의 제공 등이 늦어져서 수급인의 착공이 지연 또는 공사가 중지되어도 수급인은 그 책임을 부담할 필요가 없다. 이 경우에 도급인은 공사착수의 지연을 이유로 계약을 해제할 수 없다.[40]

일부지체를 이유로 계약 전부를 해제할 수 있는지에 대해서는 도급계약을 체결한 목적과 신의성실의 원칙에 따라 판단하여야 할 것이다. 수급인이 부담하는 공사완성의무는 계약내용의 전부를 이행할 의무를 부담하므로 원칙적으로 도급인은 계약의 일부를 해제할 수 없다고 보아야 할 것이나 공사목적물이 가분이고 당사자가 이 가분급부에 대하여 이익을 가지는 때는 이미 완성된 부분에 대하여 계약을 해제할 수 없고 미완성 부분에 대해서만 해제할 수 있을 것이다.

그러나 이미 이행한 부분도 불완전한 것이고 그 정도가 계약의 목적을 달성할 수 없는 경우에는 이행된 부분에 대해서도 해제할 수 있다.

2) 이행불능

채무자의 책임 있는 사유로 이행이 불능하게 된 때에는 채권자는 계약을 해제할 수 있다.[41] 이 경우 일반적인 이행지체의 경우와는 달리 최고를 필요로 하지 않는다.

이행불능은 계약성립 후 후발적 불능으로서 주관적 불능은 포함하지 아니하고 객관적 불능에 한하지만 그것은 물리적 불능에 한하지 아니하고 거래통념에 의하여 결정된다.[42]

일부불능의 경우 급부의 내용이 가분이면 일부의 이행이 불능이라고 하여도 나머지 부분의 이행이 가능한 때에는 원칙적으로 불능으로 된 부분에만 해제할 수 있고, 나머지 부분만의 이행으로 계약의 목적을 달성할 수 없는 경우에는 계약의 전부해제가 인정된다.

급부의 내용이 불가분인 때에는 불능부분의 중요성에 의하여 판단된다. 불능으로 된 부분을 제외한 나머지 부분만의 이행으로는 계약의 목적을 달성할 수 없는 경우에 계약 전부의

---

40) 조성민, 건설도급계약상 계약의 해제사유와 효과, 이하 고시계 2003년 4월호
41) 민법 제546조
42) 주석민법 채권각칙(2), 102면

해제가 인정된다. 그렇지 않은 경우에 채권자는 불능의 부분에 관하여 손해배상을 청구할 수 있을 뿐이다.[43]

3) 불완전이행

불완전이행의 경우에 계약해제권을 인정하는 데에는 반대의견이 없으나 우리나라 민법상의 명시규정은 없다. 공사가 완성되었는데 완성부분에 잘못된 점이 있을 경우 이는 하자담보책임 문제로 되고 불완전이행이 문제되지 않는다. 따라서 불완전이행은 불완전한 시공부분으로 인하여 확대손해가 발생한 경우에 한정된다고 보아야 할 것이다.[44]

4) 도급인의 완성 전 임의해제

민법 제673조는 "수급인이 일을 완성하기 전에는 도급인은 손해를 배상하고 계약을 해제할 수 있다"고 정하고 있다. 이는 도급인에게 일의 완성이 무의미하거나 불필요하게 된 경우에 도급인을 도급계약으로부터 벗어나게 하려는 데 있다. 도급인은 수급인의 채무불이행 등과는 아무 상관없이 자유로이 계약해지권을 행사할 수 있다. 이러한 해제권은 수급인에게는 없고 오직 도급인에게만 인정되고 있는데, 이는 약정된 일의 완성은 오로지 도급인의 이익을 위한 것이고 수급인은 일의 완성에 대한 어떠한 청구권도 인정될 수 없다는 도급계약의 특질에 기초하고 있다.

반면에 수급인에게는 계약해제로 인한 손해배상을 보장함으로써 도급인의 일방적인 해제로 어떠한 불이익도 입지 않도록 보호하고 있다. 수급인의 계약상 목적은 일의 완성자체에 있는 것이 아니라 보수를 받는 데 있다. 따라서 수급인에게 당해 계약의 채무이행을 통하여 얻을 수 있는 이익을 배상해 준다면 도급인이 언제든지 계약을 해제하더라도 수급인의 이익은 침해되지 않으며 도급인의 해제사유를 물을 필요도 없다.[45]

수급인은 해제와 상당인과관계에 있는 모든 손해의 배상을 받아야 하는데 통상적으로 수급인이 이미 지출한 비용과 일을 완성하였더라면 얻었을 이익을 합한 금액에서 일을 중지함으로써 절약하게 되는 비용을 공제한 금원을 손해로서 배상받을 수 있다.[46] 물론 이 경우 수급인이 계약해제로 일을 완성할 의무를 면함으로써 비용의 지출을 절약하게 되고 그 노동력을 다른 곳에서 사용하게 되어 대가를 취득하게 된 경우에는 손익상계의 원리에 따라 이를

---

43) 주석민법 채권각칙(2), 105면
44) 윤재윤, 건설분쟁관계법, 117면
45) 김동훈, 일의 완성 전 도급인의 해제권
46) 곽윤직, 채권각론(1995), 468면

공제할 필요가 있다.[47]

　여기서 일을 완성하였더라면 얻었을 이익은 보수 중 수급인의 이윤에 해당하는 것으로 될 것이다. 이미 지출한 비용으로는 기성공사부분의 재료비, 그 일을 위하여 고용된 노무자에게 지급한 임금, 가설비용 및 기타 지출비용은 물론 미 시공부분의 공사를 위하여 구입한 재료, 기계 등과 고용한 노무자 등을 이후 사용할 수 없게 됨으로써 발생한 비용 등이 포함된다고 보아야 할 것이다.

5) 영업정지처분 등에 의한 해제

　영업정지처분 또는 등록말소처분을 받거나 일반건설업 또는 전문건설업의 등록이 효력을 잃거나 폐업신고에 의하여 말소된 경우에 일반건설업자 또는 전문건설업자 및 그 포괄승계인은 그 처분의 내용을 지체 없이 당해 건설공사의 발주자에게 통지하여야 하고, 건설공사의 발주자는 특별한 사유가 있는 경우를 제외하고는 당해 건설업자로부터 통지를 받거나 그 사실을 안 날부터 30일 이내에 한하여 도급계약을 해지할 수 있다.[48]

6) 수급인이 파산선고를 받은 경우 도급인의 해제

　쌍무계약에 관하여 채무자 및 그 상대방이 모두 파산선고 당시에 아직 그 이행을 완료하지 아니한 때에는 관리인은 계약을 해제 또는 해지하거나 채무자의 채무를 이행하고 상대방의 채무이행을 청구 할 수 있다.[49] 상대방은 관리인에 대하여 계약의 해제나 해지 또는 그 이행의 여부를 확답할 것을 최고할 수 있다. 이 경우 관리인이 그 최고를 받은 후 30일 이내에 확답을 하지 아니하는 때에는 관리인은 제1항의 규정에 의한 해제권 또는 해지권을 포기한 것으로 본다.[50] 관리인이 이행을 청구한 경우에는 상대방의 급부청구권은 재단채권이 된다.[51]

　파산법 제50조 제1항은 쌍무계약에 관하여 파산자 및 그 상대방이 모두 파산선고 당시에 아직 그 이행을 완료하지 아니한 때에는 파산관재인은 그 선택에 따라 계약을 해제하거나 파산자의 채무를 이행하고 상대방의 채무이행을 청구할 수 있다고 규정하고 있는데, 이 규정은 쌍무계약에서 쌍방의 채무가 법률적·경제적으로 상호 관련성을 가지고, 원칙적으로 서로 담

---

47) 주석민법 채권각칙(4), 284면
48) 건설산업기본법 제14조
49) 채무자회생및파산에관한법률 제119조 제1항
50) 채무자회생및파산에관한법률 제119조 제2항
51) 채무자회생및파산에관한법률 제79조 제7호

보의 기능을 하고 있는데 비추어 쌍방 미이행의 쌍무계약의 당사자의 일방이 파산한 경우에 파산법 제51조와 함께 파산관재인에게 그 계약을 해제하거나 또는 상대방의 채무의 이행을 청구하는 선택권을 인정함으로써 파산재단의 이익을 지키고 동시에 파산관재인이 한 선택에 대응한 상대방을 보호하기 위한 취지에서 만들어진 쌍무계약의 통칙인바, 수급인이 파산선고를 받은 경우에 도급계약에 관하여 파산법 제50조의 적용을 제외하는 취지의 규정이 없는 이상, 당해 도급계약의 목적인 일의 성질상 파산관재인이 파산자의 채무의 이행을 선택할 여지가 없는 때가 아닌 한 파산법 제50조의 적용을 제외하여야 할 실질적인 이유가 없다.

따라서 파산법 제50조는 수급인이 파산선고를 받은 경우에도 당해 도급계약의 목적인 일이 파산자 이외의 사람이 완성할 수 없는 성질의 것이기 때문에 파산관재인이 파산자의 채무 이행을 선택할 여지가 없는 때가 아닌 한 도급계약에도 적용된다고 할 것이다.[52]

나. 약정해제 사유

약정해제는 법정해제사유를 주의적으로 규정한 것 또는 수정한 것이 일반적이다. 건설계약 일반조건에서 규정하고 있는 해제조항은 대부분 약정해제에 해당한다.

1) 공공공사에 있어서 계약해지[53]
① 정당한 이유 없이 약정한 착공시일을 경과하고도 공사에 착수하지 아니할 경우
② 계약상대자의 책임 있는 사유로 인하여 준공기한까지 공사를 완성하지 못하거나 완성할 가능성이 없다고 인정될 경우
③ 제25조 제1항의 규정에 의한 지체상금이 시행령 제50조 제1항의 규정에 의한 당해 계약(장기계속공사계약인 경우에는 차수별 계약)의 계약보증금상당액(계약금액의 100분의 10 이상)에 달한 경우로서 계약기간을 연장하여도 공사를 완공할 가능성이 없다고 판단되는 경우
④ 장기계속공사의 계약에 있어서 제2차공사 이후의 계약을 체결하지 아니하는 경우

---

52) 대법원 2001. 10. 9. 선고 2001다24174 판결
53) 회계예규 2200.04-104-13(2005.09.08)

⑤ 계약의 수행 중 뇌물수수 또는 정상적인 계약관리를 방해하는 불법·부정행위가 있는 경우

⑥ 기타 계약조건을 위반하고 그 위반으로 인하여 계약의 목적을 달성할 수 없다고 인정될 경우

⑦ 기타 객관적으로 명백한 발주기관의 불가피한 사정이 발생한 때에는 계약을 해제 또는 해지할 수 있다.

2) 민간건설공사계약에서 정한 계약해제[54]

① 정당한 이유 없이 약정한 착공기일을 경과하고도 공사에 착수하지 아니한 경우

② 수급인의 책임 있는 사유로 인하여 준공기일 내에 공사를 완성할 가능성이 없음이 명백한 경우

③ 지체상금이 계약보증금 상당액에 도달한 경우로서 계약기간을 연장하여도 공사를 완공할 가능성이 없다고 판단되는 경우

④ 기타 계약조건 위반으로 인하여 계약의 목적을 달성할 수 없다고 인정되는 경우

3) 표준하도급계약에서 정한 계약해제[55]

① 갑 또는 을이 계약조건에 위반하여 그 위반으로 계약의 목적을 달성할 수 없다고 인정될 때

② 부도·파산 등 을의 귀책사유로 공기 내에 공사를 완성할 수 없는 것이 명백히 인정될 때

③ 갑이 정당한 이유 없이 계약내용을 이행하지 아니하고 그 위반으로 공사를 완성하는 것이 불가능한 때

④ 을이 정당한 이유 없이 약정한 착공기간을 경과하고도 공사에 착공하지 아니한 때

⑤ 갑이 공사내용을 변경함으로써 계약금액이 40 / 100 이상 감소한 때

⑥ 제14조 제1항에 의한 공사의 정지기간이 전체공사 기간의 50 / 100 이상인 때

---

54) 민간건설공사표준계약서 제31조
55) 건설공사 표준하도급계약서 제25조

3. 수급인의 계약해제

가. 들어가는 말

도급계약은 쌍무계약이므로 도급인이 계약을 불이행하는 경우 수급인도 계약을 해제할 수 있다. 이 경우 계약해제사유는 도급인의 계약해제와 유사하게 법정해제사유인 이행불능, 이행지체, 불완전이행의 경우를 상정할 수 있으나 큰 의미는 없어 보인다. 여기에서는 도급인의 파산에 의한 수급인의 해제와 약정해제에 관한 각 계약서의 내용을 살펴보자.

나. 도급인의 파산에 의한 수급인의 해제

1) 도급인이 파산선고를 받은 때에는 수급인 또는 파산관재인은 계약을 해제할 수 있다. 이 경우에는 수급인은 일의 완성된 부분에 대한 보수 및 보수에 포함되지 아니한 비용에 대하여 파산재단의 배당에 가입할 수 있다. 각 당사자는 상대방에 대하여 계약해제로 인한 손해의 배상을 청구하지 못한다.[56)

2) 도급인이나 위임의 당사자 일방이 파산선고를 받은 경우에는 당사자 쌍방이 이행을 완료하지 아니한 쌍무계약의 해제 또는 이행에 관한 파산법 제50조 제1항이 적용될 여지가 없고, 도급인이 파산선고를 받은 경우에는 민법 제674조 제1항에 의하여 수급인 또는 파산관재인이 계약을 해제할 수 있고, 위임의 당사자 일방이 파산선고를 받은 경우에는 민법 제690조에 의하여 위임계약이 당연히 종료된다고 할 것이며, 위와 같은 도급계약의 해제 및 위임계약의 종료는 그 각 조문의 해석상 장래에 향하여 도급 및 위임의 효력을 소멸시키는 것을 의미한다.[57)

3) 기성공사부분에 대한 대금을 지급하지 못한 상태에서 도급인인 회사에 대하여 회사정리절차가 개시되고, 상대방이 정리회사의 관리인에 대하여 법 제103조 제2항에 따라 계약의 해제나 해지 또는 그 이행의 여부를 확답할 것을 최고했는데 그 관리인이 그 최고

---

56) 민법 제674조
57) 대법원 2002. 8. 27. 선고 2001다13624 판결

를 받은 후 30일 내에 확답을 하지 아니하여 해제권 또는 해지권을 포기하고 채무의 이행을 선택한 것으로 간주될 때에는 상대방의 기성공사부분에 대한 대금청구권은 법 제208조 제7호에서 규정한 '법 제103조 제1항의 규정에 의하여 관리인이 채무의 이행을 하는 경우에 상대방이 가진 청구권'에 해당하게 되어 공익채권으로 된다고 한다.58)

4) 그러나 위 판결은 납득하기 어렵다. 회사정리절차 개시결정 이전에 건설공사 도급계약을 체결한 점, 회사정리법 제102조의 정리채권이라 함은 회사에 대하여 정리절차개시 전의 원인에 기해 생긴 재산상의 청구권을 말하는 것으로, 채권 발생의 원인이 정리절차개시 전의 원인에 기한 것인 한 그 내용이 구체적으로 확정되지 아니하였거나 변제기가 회사정리절차개시 후에 도래하더라도 상관없고,59) 도급인이 공사의 기성고에 맞추어 수급인에게 공사대금의 전부 또는 상당액을 공사완성 전에 미리 지급하는 경우에 완성된 목적물의 소유권은 도급인에게 (가분적으로) 귀속하는 것이 타당한 점,60) 건설공사 도급계약에서 기성고의 확정절차를 거쳐 분할 지급하는 경우에 기성고의 확정시점에 수급인이 구체적인 공사대금청구권을 취득한다고 할 것이므로 이 공사대금 채권이 회사정리절차 개시결정 이전에 발생한 경우에 공사대금 청구권은 정리채권으로 분류되는 것이 타당하고 정리절차 개시결정 이후에 완성된 공사분에 한하여 공익채권으로 인정하는 것이 타당하다고 생각한다.

5) 실제 우리나라 공사계약의 관행은 일단 총 공사도급액에 관한 공사계약을 체결하고 그 이후 중간공정마다 공사완성분에 대한 검사를 거친 후 기성고를 확정하고 그에 대한 공사대금을 지급하는 형태, 즉 분할 계약적인 형태를 취하는 것이 일반적이기 때문에 서울지방법원의 실무에서는 이러한 공사계약의 분할 계약적 성격을 중시하여 정리절차 개시결정 이후에 완성된 공사분에 한해서만 공익채권으로 취급하고 있으나 이에 대한 반대 의견도 적지 않음을 밝히고 있다.61)

6) 한편, 아파트분양계약에서 입주지연을 원인으로 한 지체상금에 대하여 대법원은 1999. 3.

---

58) 대법원 2004. 8. 20. 선고 2004다3512,3529 판결
59) 대법원 1989. 4. 11. 선고 89다카4113 판결
60) 대법원 1994. 12. 9. 자 94마2089 결정
61) 서울중앙지방법원 발행, 회사정리실무, 181면

12. 선고 97다37852,37869 판결과 1999. 2. 23. 선고 97다53588 판결에서는 지체상금이 정리채권이라는 전제하에서 정리회사의 관리인에게 지체상금의 지급을 명한 바 있고, 대법원 2002. 5. 28. 선고 2001다68068 판결에서는 지체상금은 회사정리법 제208조 제7호[62]에서 정한 공익채권에 해당한다고 판시한 바 있다. 이 역시 수긍하기 어렵다.

다. 채권자의 수령지체

반대의견이 있는 것은 사실이나 채권자의 수령지체도 채무불이행으로 간주하고 채무자는 상당한 기간을 정하여 수령을 최고한 후 계약을 해제할 수 있다는 것이 일반적인 견해이다.

라. 공공공사에 있어서 계약해제[63]

① 공사내용을 변경함으로써 계약금액이 100분의 40 이상 감소되었을 때
② 공사정지기간이 공기의 100분의 50을 초과하였을 경우

마. 민간건설공사계약에서 정한 계약해제[64]

① 공사내용을 변경함으로써 계약금액이 100분의 40 이상 감소된 때
② 도급인의 책임 있는 사유에 의한 공사의 정지기간이 계약서상 공사기간의 100분의 50을 초과한 때
③ 도급인이 정당한 이유 없이 계약내용을 이행하지 아니함으로써 공사의 적정이행이 불가능하다고 명백히 인정되는 때

바. 건설공사표준하도급계약서에서 정한 계약해제[65]

① 갑 또는 을이 계약조건에 위반하여 그 위반으로 계약의 목적을 달성할 수 없다고 인정될 때

---

62) 제103조 제1항의 규정에 의하여 관리인이 채무의 이행을 하는 경우에 상대방이 가진 채권
63) 회계예규 2200.04-104-13(2005.09.08) 제46조
64) 민간건설공사 표준계약서 제32조
65) 건설공사 표준하도급계약서 제25조

② 갑이 정당한 이유 없이 계약내용을 이행하지 아니하고 그 위반으로 공사를 완성하는 것
   이 불가능한 때

③ 갑이 공사내용을 변경함으로써 계약금액이 40 / 100 이상 감소한 때

④ 공사의 정지기간이 전체공사 기간의 50 / 100 이상인 때

4. 계약해제의 효과

가. 들어가는 말

해제의 효과 중에서 핵심을 이루는 것은 해제로 인하여 원래의 계약구속력 및 계약채무는 소멸하고 쌍무계약에서 해제권자가 자기의 채무를 면함으로써 계약의 구속력에서 벗어나 다른 계약상대방을 선택할 수 있는 자유를 갖게 된다.[66]

계약의 해제는 이미 수령한 급부에 대하여 당사자에게 원상회복의 의무를 부담시킨다. 그러나 건설공사 도급계약에 있어서는 원상회복의 범위가 제한된다. 또한 계약의 해제는 손해배상의 청구에 영향을 미치지 않는다.

원상회복은 채무이행으로서 급부한 것의 반환을 구하는 것인 반면에 손해배상은 채무불이행으로 발생한 손해를 전부하려는 것이므로 양자는 성격을 달리한다. 이미 발생한 손해는 해제권의 행사만으로는 전보될 수 없으므로 그 손해에 대한 배상금을 지급하여야 한다.[67]

나. 원상회복의 범위

원상회복은 원물반환을 원칙으로 한다. 채무의 이행으로서 인도받은 것이 특정물인 때에는 바로 그 물건을 반환하여야 하고, 종류물인 때에는 받은 물건 자체나 또는 동종·동질·동량의 다른 물건으로 반환하여야 한다.

원물반환이 불가능하거나 또는 수령자에게 이익이 되지 않는 경우에는 그 급부의 가액을 금전으로서 반환해야 한다.

---

66) 주석민법 채권각칙(2), 110면
67) 주석민법 채권각칙(2), 111면

다. 손해배상의 청구

손해배상의 범위는 채무불이행의 손해배상범위의 결정기준에 따라 채무불이행과 상당인과 관계에 있는 손해만이 배상된다. 원칙적으로 통상의 손해를 그 한도로 하되, 특별한 사정으로 인한 손해는 채무자가 그 사정을 알았거나 알 수 있었을 때에 한하여 배상책임이 있다.

5. 계약해제에 따른 손해배상의 범위

가. 수급인이 이행할 사항

1) 공공공사에 있어서 수급인이 이행할 사항[68]
① 해약통지서를 받은 부분에 대한 공사는 지체 없이 중지하고 모든 공사기구들을 공사장으로부터 철거한다.
② 정부의 대여품이 있을 때에는 지체 없이 발주기관에 반환하여야 한다. 당해 대여품이 멸실 또는 파손되었을 때에는 원상회복 또는 그 손해배상을 하여야 한다.
③ 관급재료 중 공사의 기성부분으로서 인수된 부분에 사용한 것을 제외한 잔여재료는 발주처에 반환하여야 한다. 이 경우 당해 재료가 계약상대자의 고의 또는 과실로 인하여 멸실 또는 파손되었을 때, 또는 공사의 기성부분으로서 인수되지 아니하는 부분에 사용된 때에는 원상회복 또는 그 손해배상을 하여야 한다.
④ 발주처가 요구하는 공사장의 모든 재료, 정보 및 편의를 제공하여야 한다.

2) 민간건설공사계약에서 수급인이 이행할 사항[69]
① 당해 공사를 지체 없이 중지하고 모든 공사용 시설·장비 등을 공사현장으로부터 철거하여야 한다.
② 제12조의 규정에 의한 지급재료의 잔여분과 대여품은 '갑'에게 반환하여야 한다.

---

68) 회계예규 2200.04-104-13(2005.09.08)
69) 민간건설공사 표준도급계약서 제31조 제3항

3) 건설공사표준하도급계약에서 수급인이 이행할 사항[70]

① 해약통지서를 받은 부분에 대한 공사를 지체 없이 중지하고 모든 공사관련 시설 및 장비 등을 공사현장으로부터 철거한다.

② 제12조에 의한 대여품이 있을 때에는 지체 없이 갑에게 반환한다. 이 경우 당해 대여품이 을의 고의 또는 과실로 인하여 멸실 또는 파손되었을 때에는 원상회복 또는 그 손해를 배상한다.

③ 제12조에 의한 지급자재 중 공사의 기성부분으로서 인수된 부분에 사용한 것을 제외한 잔여재료는 갑에게 반환한다. 이 경우 당해 재료가 을의 고의 또는 과실로 인하여 멸실 또는 파손되었거나 공사의 기성부분으로서 인수되지 아니한 부분에 사용된 때에는 원상으로 회복하거나 그 손해를 배상한다.

수급인이 계약에 의하여 이행하여야 할 사항을 이행하지 아니한 경우에는 그로 인하여 발생하는 도급인의 손해를 배상할 책임을 진다. 손해액에 대해서는 도급인이 입증하여야 한다.

나. 적극적 손해배상책임

원칙적으로 건설공사도급계약에서 도급인은 공사대금 지급채무를 부담하고, 수급인은 일을 완성할 채무를 부담하는 쌍무계약으로 양 당사자가 이행해야 할 채무를 부담하고 있다. 이때 일방이 자신이 이행하여야 할 채무를 지체하면 채무불이행 또는 이행지체에 빠지고 이 경우 상대방은 계약을 해제할 수 있으며 이에 따른 손해배상을 청구할 수 있는 권리가 발생한다.

계약이 해제 또는 해지된 경우 계약보증금은 도급인에게 귀속하고 계약의 해제 또는 해지에 따른 손해배상액이 계약보증금을 초과한 경우에는 그 초과분에 대한 손해배상을 청구할 수 있다.[71]

수급인이 계약상 의무를 이행하지 아니하여 계약의 전부 또는 일부를 해제 또는 해지한 경우 도급인은 보증금에 대해 계약의 해제 또는 해지에 따른 손실에 상당하는 금액의 지급을 청구할 수 있다. 손실액이 보증금을 초과하는 경우에는 그 초과액에 대하여 상대방에게 청구할 수 있다.[72]

---

70) 건설공사 표준하도급계약서 제25조 제4항
71) 민간건설공사 표준도급계약서 제5조
72) 건설공사 표준하도급계약서 제7조

다. 미정산 선급금에 대한 이자의 부담

계약이 해제 또는 해지되었을 때 계약상대자는 지급받은 선금에 대하여 미정산 잔액이 있을 경우 그 잔액에 대한 약정이자 상당액을 가산하여 발주기관에 상환하여야 한다.[73]

라. 잔여공사 수행비용의 부담

계약이 해제됨으로써 발주처가 잔여 부분의 수행을 위하여 새로운 입찰 또는 계약 등에 필요로 하는 비용과 새로운 계약금액과 해제되기 이전의 계약금액 간에 차이가 있을 때에는 그 차액도 변상하여야 한다.[74]

마. 지체상금의 부담

시공자의 책임 있는 사유로 계약이 해제될 경우 지체상금이 발생한다. 그러나 재정경제부의 유권해석상 계약의 해제로 인하여 공사의 완공이 지체되었으나 계약보증금이 국고에 귀속되는 경우에 시공자에게 지체상금을 부과하지 아니한다고 보아야 할 것이다.[75]

바. 계약보증금의 몰취·귀속

시공자가 정당한 이유 없이 계약상의 의무를 이행하지 아니하거나 장기계속공사에 있어서

---

73) 회계예규 2200.04-104-13(2005.09.08) 제44조 제5항
74) 대법원 2002. 11. 26. 선고 2000다31885 판결
　　"당초의 시공 회사가 공사를 중단함으로 인하여 도급인이 그 미시공 부분에 대하여 비용을 들여 다른 방법으로 공사를 시행할 수밖에 없고 그 비용이 당초 시공 회사와 약정한 공사대금보다 증가되는 경우라면 증가된 공사비용 중 합리적인 범위 내의 비용은 시공 회사의 공사도급계약위반으로 인한 손해라고 할 것이고, 당초의 시공 회사가 공사를 중단하여 도급인이 제3의 시공자로 하여금 같은 규모의 공사를 하게 하였으나 그 비용이 당초의 시공 회사와 약정한 공사대금보다 증가하게 되어 도급인의 자금사정상 부득이 공사 규모를 축소하게 됨으로써 건축하지 못하게 된 부분에 관한 공사비용 중 합리적인 범위 내의 비용도 시공 회사의 채무불이행으로 인한 손해라고 볼 수 있을 것이다."
75) 재경부 유권해석 회계45101-922('95. 6. 22)
　　"국가기관이 체결한 계약에 있어 계약상대자가 계약기간 내에 계약이행을 완료하지 못하여 지체되는 도중에 계약담당공무원이 동 계약을 해제 또는 해지하였다면, 예산회계법 시행령 제122조(현행 국가계약법 시행령 제50조)의 규정에 의거 계약보증금을 국고에 귀속시켜야 할 것임. 다만, 이 경우 동 시행령 제129조(현행 국가계약법 시행령 제74조)의 규정에 의한 지체상금은 부과할 수 없는 것임."

제2차 이후의 공사계약을 체결하지 아니하는 경우에는 계약보증금을 국고에 귀속시키도록 하고 있는바, 시공자의 책임 있는 사유로 인한 계약의 해제 시에는 당연히 계약보증금은 발주처나 도급인이 몰수하게 된다.

제3절 건설산업기본법의 도급계약

I. 계약서의 작성

1. 계약서 작성의 필요성

건설공사 도급계약은 낙성·불요식계약이라는 데 의견이 일치되어 있다. 따라서 건설공사 도급계약을 체결하는 경우에도 계약서의 작성은 꼭 필요한 것은 아니고 당사자 간의 의사표시의 합치만으로 계약은 성립한다.

건설산업기본법에서는 당사자 간에 계약서 작성을 의무화하고 있다. 계약서를 작성하지 않은 계약의 효력에 관하여 법원의 판단은 단순히 기계적으로 낙성·불요식계약으로는 인정하고 있지 않다. 이에 대해서는 뒤에서 살펴본다.

일반적으로 계약서의 작성이 필요한 이유는 당사자 사이의 의사표시의 합치만으로 계약은 성립하지만 후일 분쟁이 발생할 경우에 대비하여 계약의 내용을 명확히 서면으로 기재함으로써 그 다툼을 사전에 예방하고자 하는 목적에 기인한다.

2. 관련 법률의 내용

건설산업기본법 제22조 제1항에서 건설공사에 관한 도급계약은 당사자는 대등한 입장에서 합의에 따라 공정하게 계약을 체결하고, 신의에 따라 성실하게 계약을 이행하여야 한다고 정하고, 제2항에서는 계약당사자는 도급금액·공사기간 기타 대통령령이 정하는 사항을 계약서에 명시하여야 하며, 서명·날인한 계약서를 서로 교부하여 보관하여야 한다고 정하고 있다.

같은 법 제99조 제2호에서는 도급계약을 계약서로 체결하지 아니한 건설업자는 250만 원의 과태료를 부과한다고 정하고, 건설교통부장관은 계약당사자가 대등한 입장에서 공정하게 계약을 체결하도록 하기 위하여 건설공사의 도급, 건설사업관리위탁 및 시공참여 약정에 관한 표준계약서(하도급의 경우는 하도급법에 의하여 공정거래위원회가 권장하는 건설공사 표준도급계약서를 포함한다.)를 정하여 보급할 수 있다고 정하고 있다.[76]

한편, 하도급거래공정화에관한법률 제3조 제1항에서 정당한 사유가 없는 한 일정한 사항을 기재한 서면을 사전에 수급사업자에게 교부하여야 한다고 정하고,[77] 계약서를 서면으로 교부하지 않거나 허위의 서면을 교부한 원사업자, 수급사업자는 하도급 대금의 2배를 초과하지 아니하는 범위 안에서 과징금을 부과할 수 있다고 정하고 있다.[78]

3. 계약서 내용의 적용순위

여기서 계약서라고 함은 계약서, 설계서, 유의서, 공사계약일반조건, 공사계약특수조건 및 산출내역서로 구성이 된다. 이 경우 각 계약서 내용의 적용순위는 어떻게 되는가?

특수조건의 특수는 일반조건의 일반에 대한 특수를 뜻하므로 일반조건에 우선하여 특수조건이 우선하여야 한다는 견해, 우리나라의 관급공사에서 일반조건은 재정경제부가 작성하며, 특수조건 Ⅰ은 조달청이 작성하고, 특수조건 Ⅱ는 일반정부기관 또는 정부투자기관 등이 작성하므로 상위기관이 작성한 일반조건이 하위기관이 작성한 특수조건에 우선하여야 한다는 견해, 일반조건과 특수조건 사이에 우열을 인정하지 않고 상호보완적 효력이 있다는 견해, 시간적으로 나중에 작성된 것이 이전에 작성된 것보다 우선한다는 견해 등이 있다고 한다.[79]

---

76) 건설산업기본법 시행령 제25조 제2항
77) ①원사업자는 수급사업자에게 제조 등의 위탁을 하는 경우에는 정당한 사유가 없는 한 일정한 사항을 기재한 서면(전자거래기본법 제2조 제1호의 규정에 의한 전자문서를 포함한다. 이하 이 조에서 같다)을 사전(제조위탁의 경우에는 수급사업자가 목적물의 납품을 위한 작업에 착수하기 전을, 수리위탁의 경우에는 수급사업자가 계약이 체결된 수리행위에 착수하기 전을, 건설위탁의 경우에는 수급사업자가 계약공사를 착공하기 전을 말한다)에 수급사업자에게 교부하여야 한다.
78) 하도급거래공정화에관한법률 제25조의3
79) 박준기, 신건설계약론, 219~220면

계약서의 적용순위에 관하여 회계예규 2200.04-104-13(2005.09.08) 제3조에서 계약문서는 계약서, 설계서, 유의서, 공사계약일반조건, 공사계약특수조건 및 산출내역서로 구성되며 상호보완의 효력을 가진다. 다만, 제19조 제2항의 규정에 정한 공사[80]에 있어서의 산출내역서는 이 조건에서 규정하는 계약금액의 조정 및 기성부분에 대한 대가의 지급 시에 적용할 기준으로서 계약문서의 효력을 가진다고 정하고 있다.

한편, 계약당사자 간에 공사의 시공과 관련하여 작성되는 작업지시서 등의 문서도 계약서와 같은 효력이 인정되는데 그 인정근거는 회계예규 제3조 제3항과 민간공사 표준도급계약 일반조건 제3조가 된다.

II. 건설산업기본법상 도급계약에 명시할 사항[81]

1. 공사내용

공사의 내용은 특정이 될 수 있도록 공사의 장소와 공사의 내용이 구체적으로 표시하여야 한다. 공사의 내용을 누락한 경우 과태료 50만 원을 부과한다.[82] 계약서는 표지부분(통상 갑지라고 부르기도 한다), 일반조건, 특수조건으로 구분이 되는데, 계약서의 표지부분에 공사의 장소, 공사의 내용, 계약당사자, 공사금액을 표시하고 하도급공사의 경우에는 발주자와 원도급 공사명, 하도급 공사명 및 공사장소를 통하여 공사가 정해지고 각각의 공사의 내역서를 통해 구체적으로 시공할 공사의 내용이 정해진다.

---

80) 1. 추정가격이 1억 원 미만인 공사로서 입찰을 실시하여 체결한 공사의 산출내역서
   2. 수의계약으로 체결한 공사의 산출내역서
   3. 시행령 제78조의 규정에 의한 일괄입찰 실시설계·시공입찰에 의한 공사 및 대안입찰에 있어 대안이 채택된 공종의 공사에 있어서의 산출내역서
81) 건설산업기본법 시행령 제25조
82) 건설산업기본법 제99조 2호

2. 도급금액과 도급금액 중 노임에 해당하는 금액

가. 법률의 규정과 압류금지의 필요성

도급금액이란 수급인이 도급받은 총 계약금액을 말하는 것으로 이에는 내역서에 기재된 재료비, 노무비, 경비, 일반관리비, 이윤, 세금 및 공과금 등의 합계액으로 구성된다. 건설산업기본법에서는 도급금액과 도급금액 중에서 건설산업기본법 제88조 제2항, 같은 법 시행령 제84조 제1항의 규정에 의하여 산출한 노임 상당액을 계약서에 기재하도록 정하고 있다.

노임에 대한 압류를 금지하는 이유는 근로자의 생존권 최소한도를 보장하려는 헌법상의 사회보장적 요구에서 비롯된 것으로서, 근로자의 임금 등 채권에 대한 우선변제권을 인정하고 있는 근로기준법 규정과 함께 근로자의 생활안정을 실질적으로 보장하기 위한 것이고[83] 여기에서 특별히 노임에 해당하는 금액을 별도로 명시하는 이유는 수급인의 채권자가 공사기성금에 대해 압류할 경우 압류에서 제외되는 노임 액수를 미리 표시하기 위한 것이다.

압류대상에서 제외되는 노임의 산정방법은 당해 건설공사의 도급금액 중 산출내역서에 기재된 노임을 합산하여 이를 산정하고, 건설공사의 발주자(하도급의 경우에는 수급인을 포함한다)는 제1항의 규정에 의한 노임을 도급계약서 또는 하도급계약서에 명시하여야 한다.[84]

계약서 표지, 일반조건, 특수조건으로 구분할 경우 갑지라 불리는 표지부분에 계약금액과 공급가액, 부가세 및 노무비를 기재한다.

나. 관련 판례

1) 계약서에 노임액과 그 밖의 공사비 부분을 구분하여 기재하지 않아 공사대금채권 중에서 압류금지채권액이 얼마인지를 구분할 수 없는 경우 공사대금채권에 대하여 압류금지의 효력이 미치는 범위

압류가 금지되는 노임채권의 범위를 같은 법 소정의 건설공사의 도급금액 중 산출내역서에 기재된 노임을 합산한 것으로서 위 건설공사의 발주자(하도급의 경우에는 수급인을 포함)가 그 산정된 노임을 도급계약서 또는 하도급계약서에 명시한 금액에 국한됨을 분명히 하고 있는 이

---

83) 대법원 2000. 7. 4. 선고 2000다21048 판결
84) 건설산업기본법 시행령 제84조

상 도급계약서 또는 하도급계약서에서 노임액 부분과 그 밖의 공사비 부분을 구분하지 아니함
으로써 압류명령의 발령 당시 압류의 대상인 당해 공사대금채권 중에서 압류금지채권액이 얼마
인지를 도급계약서 그 자체의 기재에 의하여 형식적·획일적으로 구분할 수 없는 경우에는 위
공사대금채권 전부에 대하여 압류금지의 효력이 미치지 아니한다고 보아야 할 것이다.[85]

그러나 산출내역서와 기성조서, 작업일보 등을 대사하여 압류금지에 해당하는 노임의 액수가
확인된다면 합리적인 범위 내에서 압류금지의 효력이 미치는 범위는 한정할 필요가 있다고 본다.

2) 수급인의 채권자가 수급인의 발주자에 대한 도급대금채권 중 하수급인이 당해 하도급공사를 위하여 고용한 근로자에게 지급할 노임액에 해당하는 부분까지 압류할 수 있는지 여부

구 건설업법(1996. 12. 30. 법률 제5230호 건설산업기본법으로 전문 개정되기 전의 것) 제
55조 제1항에 의하면, 건설업자가 도급받은 건설공사의 도급금액 중 당해 공사의 근로자에게
지급하여야 할 노임에 상당하는 금액에 대하여는 이를 압류할 수 없다고 할 것인데, -중략-
수급인의 채권자가 수급인의 발주자에 대한 도급대금채권 중 수급인이 당해 도급공사를 위하
여 고용한 근로자에게 지급할 노임액에 해당하는 부분을 압류하지 못하고, 또한 하수급인의
채권자가 하수급인의 수급인에 대한 하도급대금채권 중 하수급인이 당해 하도급공사를 위하여
고용한 근로자에게 지급할 노임액에 해당하는 부분을 압류하지 못한다는 것일 뿐, 수급인의 채
권자가 수급인의 발주자에 대한 도급대금채권 중 하수급인이 당해 하도급공사를 위하여 고용한
근로자에게 지급할 노임액에 해당하는 부분까지 압류하지 못한다는 것은 아니라고 한다.[86]

3) 임금채권도 양도할 수 있는지 여부

구 건설업법 제36조의8 규정이 노임상당 공사대금의 압류를 금지하는 것을 넘어 그 양도까지
금지하는 취지라고 볼 수는 없다 할 것이므로(당원 1988. 2. 9. 선고 87다카1338 판결 참조) 이 사
건에 있어서 위 노임상당액에 해당하는 공사대금채권은 양도가 가능한 것이고, 따라서 원심이 위
채권양도통지가 있었던 때에 지급되지 아니한 금액 가운데 노임상당액에 해당하는 금
12,414,867원에 대하여는 이 사건 채권양도의 효력이 미치지 아니하여 여전히 소외 회사에 남아
있었다고 판단한 것은 구 건설업법 제36조의 제1항의 규정취지를 잘못 해석한 위법이 있다.[87]

그러나 압류금지에 해당하는 임금채권도 양도할 수 있다는 법원의 판단은 임금채권에 대한

---

85) 대법원 2005. 6. 24. 선고 2005다10173 판결
86) 대법원 1997. 10. 28. 선고 97다34716 판결
87) 대법원 1990. 2. 13. 선고 88다카8132 판결

압류를 금지하여 근로자의 생활안정을 기하고자 하는 본래의 취지에 탈출구를 제공하여 악용할 소지도 있는 만큼 문제가 있어 보인다.

근로자의 임금채권의 양도를 금지하는 법률의 규정이 없으므로 이를 양도할 수 있다는 원심의 판단부분에 잘못이 있다고 할 수는 없다. 그러나 근로기준법 제36조 제1항에서 임금직접지급의 원칙을 규정하고 그에 위반하는 자는 처벌을 하도록 하는 규정(같은 법 제109조)을 두어 그 이행을 강제하고 있는 이유는 임금이 확실하게 근로자 본인의 수중에 들어가게 하여 그의 자유로운 처분에 맡기고 나아가 근로자의 생활을 보호하고자 하는 데 있는 것이므로 이와 같은 근로기준법 규정의 취지에 비추어 보면 근로자가 그 임금채권을 양도한 경우라 할지라도 그 임금의 지급에 관하여는 같은 원칙이 적용되어 사용자는 직접 근로자에게 임금을 지급하지 아니하면 안 되는 것이고 그 결과 비록 양수인이라고 할지라도 스스로 사용자에 대하여 임금의 지급을 청구할 수는 없다고 해석하여야 할 것이며, 그렇게 하지 아니하면 임금직접지급의 원칙을 정한 근로기준법의 규정은 그 실효를 거둘 수가 없게 될 것이다.[88]

3. 공사착수의 시기와 공사완성의 시기[89]

가. 공사착수의 시기

건설공사 도급계약서에 계약기간을 명시하여야 한다. 계약의 이행에 기간을 정해 두고 있으므로 건설공사 도급계약은 정기행위가 된다고 할 것이고 정해진 기간까지 이행을 하지 못하는 경우에는 도급인은 계약의 이행을 최고하고 계약을 해지할 수 있다. 공사의 완성시기를 넘겨 계약을 이행한 경우 지체상금의 문제가 발생한다.

나. 공사완성의 시기

건설공사도급계약은 정기행위로서 정해진 기간 내에 계약이 이행되어야 한다. 계약의 이행시기는 통상 공사기간으로 표시가 되고 특별한 사정이 없는 한 수급인은 그 기간까지 계약을 이행

---

88) 대법원 1988. 12. 13. 선고 87다카2803 판결
89) 회계예규 2200.04-104-13(2005.09.08) 제17조, 민간공사 표준도급계약서 제8조, 제9조, 건설공사 표준하도급계약서 제3조, 제4조

하여야 한다. 정해진 기간까지 계약을 이행하지 못하는 경우에는 손해배상의 문제가 발생한다. 손해배상의 문제는 건설산업기본법 시행령 제25조 제1항 제15호[90]의 문제로 연결이 된다.

4. 도급금액의 선급금이나 기성금의 지급에 관하여 약정을 한 경우 각각 그 지급의 시기·방법 및 금액

가. 작성의 필요성

당사자 사이에 선급금이나 기성금을 지급하기로 약정했음에도 불구하고 도급인이 기성금이나 선급금을 지급하지 않는 것을 예방하기 위하여 도급계약서에 이러한 내용을 기재할 것을 건설산업기본법이 정하고 있는 것이다. 선급금이나 기성금을 제대로 지급하지 않는 경우 수급인은 이행을 거절할 수 있고 이로 인한 지연을 수급인의 책임으로 돌리기는 어려울 것이다.

나. 기성금 지급약정[91]

기성금의 지급에 관하여는 당사자 사이의 약정에 따라 정해진다. 하도급대금의 지급에 관해서는 건설산업기본법 제34조에서 정하고 있다.

다. 선급금 지급약정[92]

건설산업기본법 제34조(하도급대금의 지급 등) 제1항에서 수급인은 도급받은 건설공사에 대한 준공금을 받은 때에는 하도급대금을, 기성금을 받은 때에는 하수급인이 시공한 분에 상당한 금액을 각각 지급받은 날(수급인이 발주자로부터 공사대금을 어음으로 받은 때에는 그 어음만기일을 말한다)부터 15일 이내에 하수급인에게 현금으로 지급하여야 한다.

---

90) 계약이행지체의 경우 위약금·지연이자의 지급 등 손해배상에 관한 사항
91) 기성금 지급에 관하여 회계예규 2200.04-104-13(2005.09.08) 제39조, 민간건설공사 표준도급계약서 제25조, 건설공사 표준하도급계약서 제20조
92) 선급금에 관하여 회계예규 2200.04-131-11(2005.09.08), 민간건설공사 표준도급계약서 제10조, 건설공사 표준하도급계약서 제22조

또한 제4항에서 수급인은 발주자로부터 선급금을 받은 때에는 하수급인이 자재의 구입, 현장노동자의 고용, 기타 하도급공사를 착수할 수 있도록 그가 받은 선급금의 내용과 비율에 따라 하수급인에게 선급금을 지급하여야 한다. 이 경우 수급인은 하수급인이 선급금을 반환하여야 할 경우에 대비하여 하수급인에게 보증을 요구할 수 있다.[93]

자세한 내용은 선급금 부분에서 살펴본다.

5. 공사의 중지, 계약의 해제나 천재 · 지변의 경우 발생하는 손해의 부담에 관한 사항[94]

여기에 공사의 중지, 계약의 해제나 천재 · 지변의 경우 발생하는 손해의 부담에 관한 사항을 정한 건설산업기본법의 정확한 입법의도가 무엇인지 궁금하다.

공사의 중지라고 하는 것은 대단히 포괄적인 개념으로 도급인과 수급인 당사자 사이에 시공과 관련한 불일치가 있는 경우, 공사대금지급과 관련한 불일치가 있는 경우, 설계변경과 관련한 불일치가 있는 경우 등 건설공사 시공과정 전체에서 당사자 사이의 의견불일치가 있는 경우를 전제하여 공사의 중지를 정하고 있는 것인지, 아니면 계약불이행과 관련된 공사의 중지만을 정하고 있는 것인지 알기가 어렵다.

공사의 중지와 계약의 해제를 구분하는 것으로 보아 공사의 중지는 누구의 귀책사유에 속하지 않는 사항으로 인한 공사의 중지만을 의미하고 계약의 해제는 도급인과 수급인의 귀책사유로 인한 해제를 의미하는 것으로 추정된다.

회계예규에서는 감독관에 의한 공사의 일시정지와 계약상대자의 공사정지 등으로 규정하고 있다. 공사의 정지와 계약의 해제 또는 해지와의 차이는, 공사의 정지는 공사전체에 적용될 수도 있고 일부에 한하여 적용될 수도 있으나 계약의 해제 · 해지는 특별한 경우가 아닌 한 공사전체에 대하여 적용되며, 공사의 정지는 공사수행의 재개를 전제로 하나 계약의 해제 · 해지는 그와 같은 전제가 없다고 한다.[95]

---

93) 회계예규 2200.04-131-11(2005.09.08), 건설공사 표준도급계약서 제10조, 건설공사 표준하도급계약서 제22조
94) 회계예규 2200.04-104-13(2005.09.08) 제47조, 제47의2 제44조, 제45조, 제46조, 민간건설공사 표준도급계약서 제17조, 건설공사 표준하도급계약서 제13조, 제14조
95) 박준기, 건설계약의 이해, 391면

　가. 공사의 중지96)

　나. 계약의 해제97)

도급계약의 해제 편을 참고하기 바란다.

　다. 천재·지변의 경우 발생하는 손해의 부담에 관한 사항98)

도급계약의 위험부담 편을 참고하기 바란다.

6. 설계변경·물가변동 등에 기인한 도급금액 또는 공사내용의 변경에 관한 사항

　가. 법률의 규정

건설산업기본법 제36조(설계변경 등에 따른 하도급대금의 조정 등)

① 수급인은 하도급을 한 후 발주자로부터 설계변경 또는 경제상황의 변동에 따라 공사금액을 증액하여 지급받은 경우 동일한 사유로 목적물의 준공에 비용이 추가되는 때에는 그가 증액하여 받은 공사금액의 내용과 비율에 따라 하수급인에게 비용을 증액하여 지급하여야 한다. 이 경우 공사금액이 감소된 때에는 이에 준하여 감액하여 지급한다.

② 국가·지방자치단체 또는 대통령령이 정하는 공공기관99)은 발주한 건설공사의 금액을 설계변경 또는 경제상황의 변동에 따라 수급인에게 조정하여 지급한 경우에는 대통령령

---

96) 회계예규 2200.04-104-13(2005.09.08) 제47조, 제47조의2, 민간건설공사 표준도급계약서 제17조, 건설공사 표준하도급계약서 제13조, 제14조
97) 회계예규 2200.04-104-13(2005.09.08) 제44조, 제45조, 제46조, 민간건설공사 표준도급계약서 제31조, 제32조, 건설공사 표준하도급계약서 제25조
98) 회계예규 2200.04-104-13(2005.09.08) 제32조, 민간건설공사 표준도급계약서 제16조, 제17조, 제18조, 건설공사 표준하도급계약서 제18조
99) 법 제36조 제2항에서 "대통령령이 정하는 공공기관"이라 함은 국가 또는 지방자치단체가 출자 또는 출연한 법인을 말한다. 건설산업기본법 시행령 제34조의3 제1항

이 정하는 바에 의하여 공사금액의 조정사유와 내용을 하수급인에게 통보하여야 한다고
정하고 있다.[100]

나. 계약서의 내용

1) 회계예규 2200.04-104-13(2005.09.08)

제19조(설계변경 등), 제19조의2(설계서의 불분명·누락·오류 및 설계서 간의 상호모순 등에
의한 설계변경), 계약일반조건 제19조의3(현장상태와 설계서의 상이로 인한 설계변경), 제19조
의4(신기술 및 신공법에 의한 설계변경), 제19조의5(발주기관의 필요에 의한 설계변경), 제19
조의6(소요자재의 수급방법 변경), 제19조의7(설계변경에 따른 추가조치 등), 제20조(설계변
경으로 인한 계약금액의 조정), 제21조(대형공사의 설계변경 등), 제22조(물가변동으로 인한
계약금액의 조정), 제23조(기타 계약내용의 변경으로 인한 계약금액의 조정)에서 정하고 있다.

2) 민간건설공사 표준도급계약서

계약일반조건 제19조(설계변경으로 인한 계약금액의 조정), 계약일반조건 제20조(물가변
동으로 인한 계약금액의 조정), 계약일반조건 제21조(기타 계약내용의 변동으로 인한 계약금
액의 조정)에서 정하고 있다.

3) 건설공사 표준하도급계약서

계약일반조건 제14조(공사의 변경·중지), 계약일반조건 제15조(물가변동으로 인한 계약
금액의 변경)에서 정하고 있다.

다. 문제의 제기[101]

건설산업기본법에서는 하수급인에게 추가비용이 발생한 경우, 수급인이 발주기관으로부터
추가비용을 지급받지 못하고 있더라도 하수급인이 수급인으로부터 추가비용을 지급받을 수

---

100) 법 제36조 제2항의 규정에 의한 통보는 발주자가 설계변경 등에 따라 수급인에게 공사금액을 조정
    하여 지급한 날부터 15일 이내에 하여야 한다. 건설산업기본법 시행령 제34조의3 제2항
101) 신영철, 하수급인의 추가비용 청구에 대한 문제점 및 개선방안에 관한 연구, 중앙대학교 건설대
    학원 석사학위논문

있는 별도의 명문규정이 없다. 이러한 건설산업기본법 제36조는 하수급인이 실제 건설현장에서 물가변동 · 설계변경 · 기타 계약내용의 변경으로 추가비용이 발생한 경우라도 수급인이 추가비용을 청구하지 않았거나 청구하였더라도 발주기관으로부터 추가공사금액을 지급받지 못하고 있는 경우라면, 하수급인이 계약목적물 완성을 위하여 자재 · 인원 · 장비 등을 직접 투입함으로써 발생한 소요비용을 어떠한 방식으로든지 수급인에게 계약금액 조정청구를 할 수 없다는 식으로의 해석 가능성을 열어놓고 있는 것이다.

그리고 동 조의 "······그가 증액하여 받은 공사금액의 내용과 비율······" 중 '내용' 및 '비율'에 대하여는 각각의 명확한 의미가 확정되어 있지 않아 하수급인이 추가비용을 청구하는 경우라도 우월적 지위에 있는 수급인의 일방적 결정에 대응할 수가 없게 되어 있다. 하도급법 역시 마찬가지이다.

다만 국가계약법령을 참고하면 건설산업기본법상의 '내용'과 '비율'은 아래와 같이 정리할 수 있다.

내 용	비 율	비 고
설계변경	낙찰률 또는 협의율	
경제상황의 변동	물가변동률	

7. 하도급계약의 경우 하도급대금지급보증서의 교부에 관한 사항

가. 제도의 취지

건설공사 수급인은 일정한 경우를 제외하고는 하도급대금지급보증서를 하수급인에게 교부하여야 한다. 이는 외환위기 과정에서 도급인의 부도로 인하여 공사대금을 받지 못한 하수급인이 자금 압박으로 연쇄 도산하는 것이 사회문제화되자 이를 시정하기 위하여 도입된 것이다.

나. 법률의 규정

건설산업기본법 제34조 제2항 수급인은 하도급계약 시 하수급인에게 하도급대금의 지급을 보증하는 보증서를 교부하여야 한다. 다만, 건설교통부령이 정하는 경우에는 그러하지 아니하다.102) 제3항에서 건설공사의 도급계약 당사자는 제2항의 규정에 의한 하도급대금지급보증서 발급에 소요되는 금액을 대통령령이 정하는 바에 의하여 당해 건설공사의 도급금액 산출내역서에 명시하여야 한다고 정하고 있다.

건설산업기본법 시행령 제34조의2(하도급대금지급보증서 발급금액의 명시) 제1항에서 건설공사의 도급계약 당사자는 법 제34조 제3항의 규정에 의하여 하도급대금지급보증서 발급에 소요되는 금액을 건설교통부장관이 정하여 고시하는 기준에 따라 도급금액 산출내역서에 명시하여야 하고, 제3항에서 발주자는 건설공사를 시공하는 수급인이 법 제34조 제3항의 규정에 의한 금액을 사용하였는지 여부에 관하여 확인할 수 있다.

이 경우 발주자는 필요하다고 인정하는 때에는 당해 수급인에게 소요비용 지출내역에 대한 증빙서류의 제출을 요구할 수 있다. 제3항에서 발주자는 제2항의 규정에 의하여 건설업자의 소요비용 지출내역을 확인하여 법 제34조 제3항의 규정에 의한 건설공사의 도급금액 산출내역서에 명시된 금액이 건설업자가 지출한 금액을 초과하는 경우에는 그 초과하는 금액을 정산할 수 있다.

건설산업기본법 시행규칙 제28조 제1항에서 법 제34조 제2항의 규정에 의하여 수급인이 하수급인에게 교부하여야 하는 하도급대금지급보증서의 보증금액은 다음 각 호의 구분에 해당하는 금액으로 하고, 이에 대응하여 수급인은 하수급인에게 하도급금액의 100분의 10에 해당하는 금액의 하도급계약이행보증서의 교부를 요구할 수 있다.

① 공사기간이 4월 이하인 경우: 하도급금액에서 선급금을 제외한 금액
② 공사기간이 4월을 초과하는 경우로서 기성부분에 대한 대가의 지급주기가 2월 이내인 경우

보증금액 = 〔(하도급금액 − 계약상 선급금)/공사기간(월)〕 × 4

③ 공사기간이 4월을 초과하는 경우로서 기성부분에 대한 대가의 지급주기가 2월을 초과하는 경우

보증금액 = 〔(하도급금액 − 계약상 선급금)/공사기간(월)〕 × 기성부분에 대한 대가의 지급주기(월수) × 2

---

102) 1. 수급인이 법 제48조 제2항의 규정에 의하여 협력업자로 등록된 자와 하도급계약(「하도급거래 공정화에 관한 법률」의 적용을 받지 아니하는 경우에 한한다)을 체결하는 경우로서 동 조 제4항의 규정에 의한 협력업자와의 협력관계에 대한 평가결과 건설교통부장관이 고시하는 수준 이상인 경우
　　2. 수급인이 신용정보업자가 실시한 신용평가에서 건설교통부장관이 정하여 고시하는 기준 이상의 등급을 받은 경우
　　3. 삭제〈2002.9.18〉
　　4. 1건의 하도급공사의 하도급금액이 4천만 원 이하인 경우
　　5. 발주자가 하도급대금을 하수급인에게 직접 지급한다는 뜻과 그 지급의 방법·절차에 관하여 발주자·수급인 및 하수급인이 합의한 경우

다. 관련 판례

1) 건설산업기본법에 따라 건설공제조합이 조합원으로부터 보증수수료를 받고 조합원이 타 조합원 또는 제3자와 하도급계약을 체결하는 경우 부담하는 하도급대금 지급채무를 보증하는 보증계약은 그 성질에 있어서 조합원 상호의 이익을 위하여 영위하는 상호보험으로서 보증보험과 유사한 것이라고 할 것이므로 이에 대하여도 보험에 관한 법리가 적용되고, 따라서 보증채권자가 조합원에게 그 이행기를 보증기간 이후로 연기하여 준 경우에는 이로써 건설공제조합의 보증계약상의 보증기간도 당연히 변경된다고 할 수는 없으며 연기된 이행기일이 보증기간 이후로 된 이상 비록 조합원이 변경된 주계약상의 이행기일에 이행을 하지 않는다고 하더라도 이는 보증사고가 보증기간 이후에 발생한 것이어서 보증금 지급사유에 해당되지 아니한다.[103]

2) 건설공제조합의 하도급대금지급보증약관 제2조 제5호는 건설공제조합이 보증금 지급채무를 면하는 사유로서 '보증사고가 적법한 하도급이 아닌 사유로 인하여 발생한 때'라고 규정하고 있어 보증사고와 적법한 하도급이 아닌 사실 사이에 인과관계가 있을 것을 명시적으로 요구하고 있고, 위 하도급대금지급보증계약은 하도급자가 원도급의 발주자로부터 그 대금 등을 수령하였음에도 불구하고 당좌거래정지 또는 파산으로 인하여 하수급인에게 하도급대금지급채무를 이행하지 못하는 경우에 하수급인의 보호를 위하여 체결되는 것인데 부적법한 하도급이라고 하여 모든 경우에 일률적으로 지급보증인을 면책시킨다면 위 보증서 발급에 의하여 하수급인을 보호하려는 취지가 현저하게 훼손되는 점에 비추어 보면, 하도급의 부적법성이 보증사고를 일으키게 된 원인이 되지 않는 한 하도급의 부적법성만으로는 지급보증채무가 면책될 수 없다.[104]

3) 건설공제조합의 하도급대금지급보증약관 제7조 제1항 제3호, 같은 조 제3항에 의하면 보증채권자가 주계약에 따라 지급받아야 할 선금 및 기성금을 수령한 때에는 10일 이내에 원도급의 발주자가 확인한 기성내역서 및 대금지급수단(현금 또는 어음 등)에 관한 사항을 건설공제조합에게 반드시 통지해야 하도록 정하면서 보증채권자가 정당한 사유

---

103) 대법원 2001. 2. 13. 선고 2000다5961 판결
104) 대법원 2001. 4. 10. 선고 99다58372 판결

없이 위 통지의무를 게을리한 때에는 보증책임을 지지 아니한다고 정하고 있는바, ー중
략ー 그와 같은 사정에 의하여 곧바로 건설공제조합의 보증책임이 면책된다고 하는 위
약관조항은 보증의 범위가 하도급공사계약과 보증계약에 의하여 정해진 보증책임까지도
전적으로 인정하지 아니함으로써 상당한 이유 없이 보증인의 책임을 배제 또는 제한하
는 것이므로 고객에 대하여 부당하게 불리한 조항으로서 신의성실의 원칙에 반하여 공
정을 잃어 약관규제에관한법률 제6조 제2항 제1호, 제1항에 의하여 무효이다.[105]

4) 따라서 하도급대금지급보증에서 보증인은 보증기간 내에 하도급대금지급보증금을 지급
할 사유가 발생한 경우에 한해서 보증책임을 지게 되고 당사자 사이에 공기연장계약을
체결하고 공기연장계약에 따른 추가 보증서를 교부받지 못한 경우 보증책임도 당연히
연장된다고 할 수 없고, 하도급의 부적법성이 보증사고를 일으키게 된 원인이 되지 않
는 한 그 부적법성만으로 보증채무가 면책되지 않으며, 통지의무를 이행하지 않은 경
우 면책된다는 약관조항은 약관규제법에 위반된다.

8. 하도급대금의 직접지급사유와 그 절차

가. 법률의 규정

건설산업기본법 제35조 제1항에서 발주자는 일정한 사유가 발생한 경우 하수급인이 시공한
분에 해당하는 하도급대금을 하수급인에게 직접 지급할 수 있다. 이 경우 발주자의 수급인에
대한 대금지급채무는 하수급인에게 지급한 한도 안에서 소멸한 것으로 본다고 정하고 있다.[106]

---

105) 대법원 2001. 3. 23. 선고 2000다11560 판결
106) 1. 발주자와 수급인 간에 하도급대금을 하수급인에게 직접 지급할 수 있다는 뜻과 그 지급의 방
       법·절차를 명백히 하여 합의한 경우
    2. 하수급인이 수급인을 상대로 그가 시공한 분에 대한 하도급대금의 지급을 명하는 확정판결을 받
       은 경우
    3. 국가·지방자치단체 또는 정부투자기관이 발주한 건설공사가 다음 각 목의 1에 해당하는 경우
       로서 발주자가 하수급인의 보호를 위하여 필요하다고 인정하는 경우
       가. 수급인이 제34조 제1항의 규정에 의한 하도급대금의 지급을 1회 이상 지체한 경우
       나. 공사예정가격에 대비하여 건설교통부령이 정하는 비율에 미달하는 금액으로 도급계약을 체
          결한 경우

제2항에서 수급인은 제1항 제3호 각 목의 1에 해당하는 경우로서 하수급인에게 책임이 있는 사유로 인하여 자신이 피해를 입을 우려가 있다고 인정되는 경우에는 그 사유를 명시하여 발주자에게 하도급대금의 직접지급을 중지할 것을 요청할 수 있다고 정하고 있다.[107]

나. 계약서의 내용

1) 회계예규 2200.04-104-13(2005.09.08)[108]

2) 민간건설공사 표준도급계약서[109]

3) 건설공사 표준하도급계약서[110]

---

4. 수급인의 파산 등으로 인하여 수급인이 하도급대금을 지급할 수 없는 명백한 사유가 있다고 발주자가 인정하는 경우

5. 수급인이 하수급인에게 정당한 사유 없이 제34조 제2항의 규정에 의한 하도급대금의 지급보증서를 교부하지 아니한 경우

107) ① 수급인이 법 제48조 제2항의 규정에 의하여 협력업자로 등록된 자와 하도급계약(「하도급거래 공정화에 관한 법률」의 적용을 받지 아니하는 경우에 한한다)을 체결하는 경우로서 동 조 제4항의 규정에 의한 협력업자와의 협력관계에 대한 평가결과 건설교통부장관이 고시하는 수준 이상인 경우, ② 수급인이 신용정보업자가 실시한 신용평가에서 건설교통부장관이 정하여 고시하는 기준 이상의 등급을 받은 경우, ③ 삭제, ④ 1건의 하도급공사의 하도급금액이 4천만 원 이하인 경우, ⑤ 발주자가 하도급대금을 하수급인에게 직접 지급한다는 뜻과 그 지급의 방법·절차에 관하여 발주자·수급인 및 하수급인이 합의한 경우의 어느 하나에 해당하여 수급인 및 하수급인이 서로 보증을 하지 아니하기로 합의한 경우에는 하도급대금지급보증서를 교부하지 않아도 된다.

108) 제43조(하도급대가의 직접지급 등)

109) 제21조(하도급대금의 직접지급청구)

110) 제21조(하도급대금의 직접지급청구)

다. 하도급대금직접지급절차[111]

1) 국가·지방자치단체 또는 정부 투자기관이 발주한 공사의 수급인이 하도급대금을 1회 이상 지체한 경우[112]

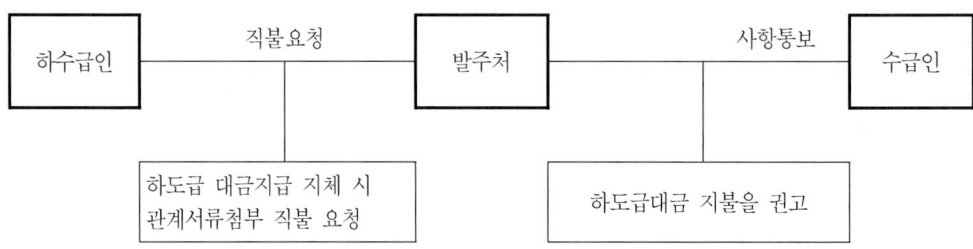

※ 발주처는 수급인이 권고받은 날로부터 5일 이내 미지급 시 다음 공사대금부터 직불 조치하고 수급인 공사대금에서 공제

2) 국가·지방자치단체 또는 정부 투자기관에서 발주한 공사의 계약금액이 공사 예정가격 대비(낙찰률) 82% 이하인 경우로서 발주자에게 하도급 통보를 하였거나 서면승인을 받은 공사[113]

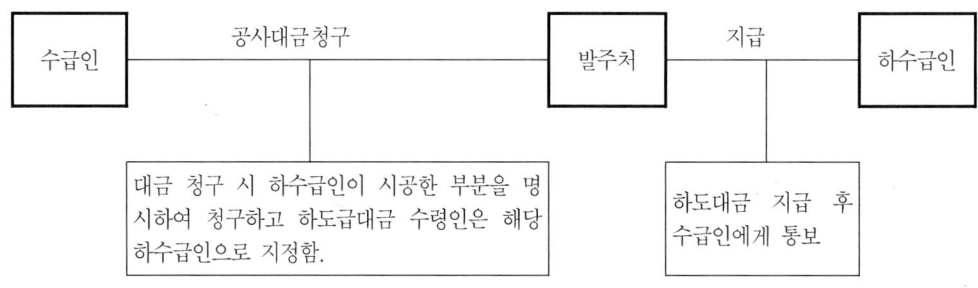

111) 건설안전관리본부 건축부 이은국 작성, 건설공사 하도급 관련 사항에서 전제
112) 건설산업기본법 시행규칙 제29조제2항 1호
113) 건설산업기본법 시행규칙 제29조제2항 2호

3) 수급인이 파산 등으로 하도급대금을 지급할 수 없는 사유 발생 시[114]

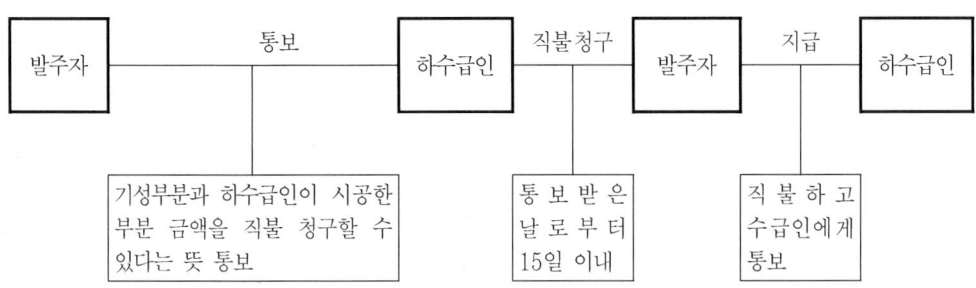

4) 하도급대금 지급의 우선순위

하도급대금을 직접 지급받을 하수급인이 다수인 경우에는 하도급 공사의 준공 또는 기성순위를 기준으로 하고 그 시점이 같을 때에는 하도급 대금의 직접지급 청구서의 접수일을 기준으로 한다.

5) 발주자에게 하도급 통보를 하였거나 서면승인을 받은 경우로서 수급인이 하수급인에게
   정당한 사유 없이 하도급대금의 지급보증서를 교부하지 아니하는 경우[115]

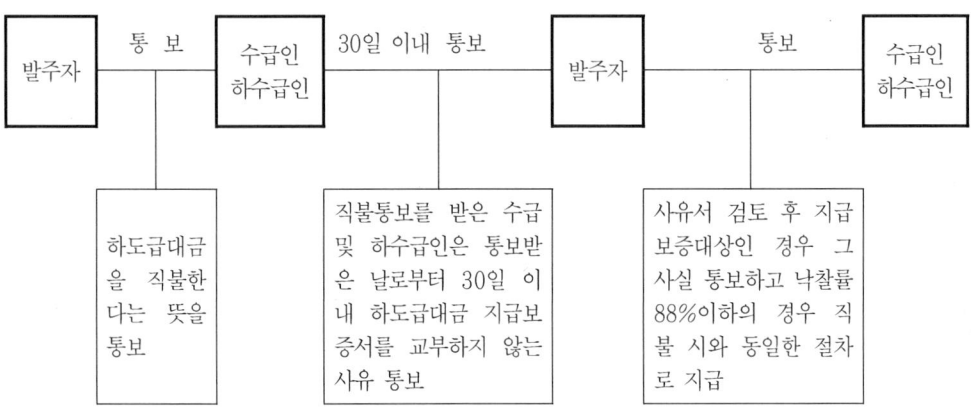

---

114) 건설산업기본법 시행규칙 제29조제2항 3호
115) 건설산업기본법 시행규칙 제29조제2항 4호

6) 발주자는 수급인으로부터 건설산업기본법 제35조 제2항[116])의 규정에 의한 하도급대금의
직접지급의 중지요청을 받은 경우로서 하수급인에게 책임 있는 사유로 인하여 수급인이
피해를 입을 우려가 있다고 인정하는 경우에는 하도급대금의 직접지급을 중지할 수 있
으며, 중지하고자 하는 경우에는 하수급인에게 그 사실을 통보하여야 한다.

라. 하도급대금 직접지급의 효과[117])

1) 발주자에 대한 효과

하도급대금 직접지급요건이 성립하는 경우 발주자는 하수급인이 시공한 부분에 상당하는
하도급대금을 해당 하수급인에게 직접 지급하여야 한다. 발주자의 원사업자에 대한 대금지급
채무와 원사업자의 수급사업자에 대한 하도급대금 지급채무는 그 범위 안에서 소멸한 것으로
본다. 따라서 발주자는 도급인에 대한 공사대금 지급 시 하도급대금에 해당하는 금액을 공제
하여야 한다.

2) 도급인에 대한 효과

하도급대금 직접지급요건이 성립한 때에는 도급인의 하수급인에 대한 하도급대금 지급채무
는 소멸한 것으로 본다. 도급인은 기성부분의 확인 등 하수급인이 발주자로부터 하도급대금
을 지급받는 데 필요한 조치를 지체 없이 이행하여야 한다.

3) 하수급인에 대한 효과

도급인의 하수급인에 대한 하도급대금채무는 소멸하므로 그 범위 내에서 하수급인의 도급
인에 대한 채권 역시 소멸하게 된다.

마. 관련 판례

1) 하도급대금 직접 지급사유가 발생하기 전에 원사업자의 제3채권자가 원사업자의 발주

---

116) 수급인은 제1항 제3호 각 목의 1에 해당하는 경우로서 하수급인에게 책임이 있는 사유로 인하여
자신이 피해를 입을 우려가 있다고 인정되는 경우에는 그 사유를 명시하여 발주자에게 하도급대금
의 직접지급을 중지할 것을 요청할 수 있다.
117) 하도급거래공정화에관한법률 제14조

자에 대한 채권에 대하여 압류 또는 가압류 등으로 채권의 집행보전이 된 경우에는 그 이후에 발생한 하도급공사대금의 직접 지급사유에도 불구하고 그 집행보전된 채권은 소멸하지 않는다.[118]

2) 공사계약일반조건에 의하여 승인 또는 통보받은 하도급의 경우에도 계약에 의한 계약 상대자의 의무는 면제되지 아니하고, 공사 도급계약에 따라 지급된 선금 잔액은 기성 부분에 대한 미지급액에 우선 충당하도록 되어 있는 경우, 하수급인에게 인정되는 하도 급대금의 직접지급청구권 또한 공사 도급계약에 따라 정산되고 남은 공사대금의 범위 내에서 인정되는 것이라고 보아야 할 것이고, -중략- 하수급인에게 하도급대금에 대 한 직접지급청구권이 있다는 이유만으로 그 하도급대금에 상당하는 원수급인의 도급인 에 대한 공사대금채권에 대하여 제3자가 이를 압류하는 것을 저지할 수는 없다.[119]

3) 하도급대금 직접 지급사유가 발생하기 전에 원사업자의 제3채권자가 원사업자의 발주 자에 대한 채권에 대하여 압류 또는 가압류 등으로 채권의 집행보전이 된 경우에는 그 이후에 발생한 하도급공사대금의 직접 지급사유에도 불구하고 그 집행보전된 채권은 소멸하지 않고, 하수급인에게 하도급대금에 대한 직접지급청구권이 있다는 이유만으로 그 하도급대금에 상당하는 원수급인의 도급인에 대한 공사대금채권에 관한 채권양도가 있다고 보거나 그 공사대금채권에 대한 제3자의 압류 등 강제집행이 제한된다고 할 수 없으며, 공사 도급계약에 따라 지급된 선금 잔액은 기성 부분에 대한 미지급액에 우선 충당하고 남은 공사대금의 범위 내에서 하도급대금 직접청구권이 인정된다.

9. 표준안전관리비의 지급에 관한 사항[120]

---

118) 대법원 2003. 9. 5. 선고 2001다64769 판결
119) 대법원 1997. 12. 12. 선고 97다20083 판결
120) 산업안전보건법 제30조(산업안전보건관리비의 계상 등) 제1항, 제3항

10. 건설근로자퇴직공제에 가입하여야 하는 건설공사인 경우 건설근로자퇴직공제가입에 소요되는 금액과 부담방법에 관한 사항[121)122)

가. 제도의 취지

우리나라는 근로기준법의 규정에 의거 그동안 정규직 근로자에 대하여는 퇴직금 지급을 의무화하여 왔으나 그 지급요건을 동일사업(장)에서 계속해서 1년 이상 근로할 것을 전제로 하고 있다. 그러나 건설일용근로자는 근무특성상 근로연수 1년을 채우지 못하거나 계속 근로여부를 판단하기 어려워 퇴직금 제도의 혜택을 받지 못하는 것이 현실이고 성수대교 붕괴('94.10), 삼풍백화점 붕괴('95.6) 등 90년대 중반에 발생한 대형건설사고를 계기로 건설공사의 부실방지대책과 건설산업의 경쟁력 강화를 모색하기 위한 종합대책 수립의 필요성이 대두되었다.

1996년 2월 13일 국무총리 주재 중앙안전대책위원회에서 '건설산업경쟁력 강화와 부실방지대책'의 일환으로 건설기능인력의 고용안정과 육성을 통하여 건설산업 발전을 이루기 위하여 '건설근로자퇴직공제제도' 도입을 추진키로 의결하고 96년도 12월에 노동부에서는 '건설근로자의 고용개선 등에 관한 법률'을 제정하였고, 건설교통부에서는 '건설산업 기본법'에 일부 규정을 신설하여 건설업에 종사하는 건설일용근로자들의 고용개선과 복지향상을 도모하기 위한 건설근로자퇴직공제제도를 1998년 1월 1일부터 시행하게 되었다.

나. 의무가입대상공사[123)

의무가입대상공사라 함은 건설공사를 시공하는 사업주가 의무가입요건을 충족하게 되었을 때 사업주의 의사와 관계없이 가입의무가 발생되는 공사를 말한다.

1) 국가 또는 지방자치단체가 발주하는 공사로서 공사예정금액이 10억 원 이상인 공사
2) 국가 또는 지방자치단체가 출자 또는 출연한 법인이 발주하는 공사로서 공사예정금액이 10억 원 이상인 공사

---

121) http://www.kcwmf.or.kr/
122) 민간건설공사 표준도급계약서 계약일반조건 제14조(건설근로자의 보호)
123) 건설산업기본법 제83조

3) 주택법 제16조 제1항의 규정에 의한 사업계획의 승인을 얻어 건설하는 300호 이상인 공동주택건설공사

4) 사회기반시설에대한민간투자법에 의한 민간투자사업으로 공사예정금액이 10억 원 이상인 공사를 말하고,

5) 사업주는 건설관계법령(건설산업기본법, 전기공사업법, 정보통신공사업법, 소방법, 문화재보호법)에 의한 건설업을 등록한 자이면 원·하수급인 누구나 공사규모에 관계없이 임의가입대상공사에 대하여 퇴직공제에 가입할 수 있다.

11. 산업재해보상보험법에 의한 산업재해보상보험료, 고용보험법에 의한 고용보험료 기타 당해 공사와 관련하여 법령에 의하여 부담하는 각종 부담금의 금액과 부담방법에 관한 사항[124]

총 공사금액이 일정금액 이상인 공사를 수행하는 사업주는 산재보험 및 고용보험에 가입하고 단체보험료를 납부하여야 하므로 산재보험료, 고용보험료 기타 당해 공사와 관련하여 법령에 의거 부담하는 부담금의 금액과 부담방법을 명시토록 한 것이다.

12. 당해 공사에서 발생된 폐기물의 처리방법과 재활용에 관한 사항[125]

13. 인도를 위한 검사 및 그 시기[126]

---

124) 민간건설공사 표준도급계약서 제13조, 제14조, 건설공사 표준하도급계약서 제27조
125) 민간건설공사 표준도급계약서 계약일반조건 제26조〔폐기물의 처리 등〕
126) 회계예규 2200.04-104-13(2005.09.08) 제27조, 제28조, 제29조 민간건설공사 표준도급계약서 제22조, 제23조, 제24조, 건설공사 표준하도급계약서 제17조

14. 공사완성 후의 도급금액의 지급시기[127]

도급계약부분을 참고하기 바란다.

15. 계약이행지체의 경우 위약금 · 지연이자의 지급 등 손해배상에 관한 사항[128]

계약보증 부분을 참고하기 바란다.

16. 하자담보책임기간 및 담보방법[129]

하자보증 부분을 참고하기 바란다.

---

127) 회계예규 2200.04-104-13(2005.09.08) 제39조, 제39조의2, 제40조, 제41조, 민간건설공사 표준도급계약서 제24조, 제25조, 건설공사 표준하도급계약서 제20조
128) 회계예규 2200.04-104-13(2005.09.08) 제25조, 민간건설공사 표준도급계약서 제27조, 민간건설공사 표준하도급계약서 제24조
129) 회계예규 2200.04-104-13(2005.09.08) 제33조, 제34조, 제35조, 제36조, 민간건설공사 표준도급계약서 제28조, 건설공사 표준하도급계약서 제23조

17. 분쟁발생 시 분쟁의 해결방법에 관한 사항[130]

Ⅲ. 건설공사 도급계약의 제한

1. 건설업의 업종별 영업범위에 의한 제한[131]

일반건설업은 종합적인 계획·관리 및 조정하에 시설물을 시공하는 건설업이고 전문건설업은 시설물의 일부 또는 전문분야에 관한 공사를 시공하는 건설업으로서[132] 일반건설업은 건설교통부장관에게, 전문건설업은 특별시장·광역시장 또는 도지사에게 업종별로 등록을 하여야 한다.[133] 발주자 또는 수급인은 공사내용에 상응한 업종의 등록을 한 건설업자에게 도급 또는 하도급을 하여야 한다.[134]

---

130) 회계예규 2200.04-104-13(2005.09.08) 제51조, 민간건설공사 표준도급계약서 제51조, 건설공사 표준하도급계약서 제31조
131) "우리나라의 건설산업기본법은 건설공사 중 전기공사, 정보통신공사, 소방설비공사, 문화재수리공사 등을 건설공사의 범위에서 제외시키고 있어 이러한 건설공사 범위에 포함되지 않은 건설용역 부분은 자연히 건설산업기본법의 적용을 받지 않게 되어 있다. 사람이 사는 건물을 지으려고 하면 전기설비는 필수적이다. 더군다나 정보화, 대형화 되어가는 미래 건설산업의 수요를 고려해 볼 때 건축물에 설치되는 정보통신 설비나 소방설비들의 중요성은 갈수록 증대되고 있다고 하겠다. 그러나 이러한 설비의 설치공사 등은 건설산업기본법의 적용을 받을 필요가 없고, 전기공사업법, 소방법 등 개별법에 의하여 별도로 규제를 받도록 규정되어 있다. 이러한 설비, 설치공사의 경우 설계, 감리는 물론 시공까지 별도로 발주하여 완공하도록 규정하고 있다는 말이 된다. 또한 건축물의 경우 건축공사, 소방공사, 전기공사 등의 준공검사도 각기 다른 법률에 의하여 제각기 받아야 한다. 이러한 다원적인 규제로 인하여 건설생산비를 아껴 원가를 절감하고, 품질을 향상시키는 등 건설공사를 효율적으로 수행하는 데 필요한 종합적 관리시스템을 작동시킬 수 없게 되어 있다. 건설산업이 제대로 발전하기 위해서는 생산활동의 주요 요소인 건설공사가 유기적인 조직으로 구성되는 시스템에 의하여 진행될 수 있도록 효율적으로 운영되어야만 생산성을 높일 수 있다는 것은 두말 할 나위도 없다. 그렇다면 건설공사의 생산과정인 설계, 시공, 감리 등 각 단계별로 또 대상 시설물별로 서로 다른 법률에 따라 개별적으로 지도, 감독되고 검사될 때의 비효율성이 건설산업의 발전을 저해하는 요인 중의 하나가 아닐까? 이것은 건설공사에 대한 지도감독을 담당하는 정부부터가 건설교통부, 산업자원부, 행정자치부, 정보통신부 등으로 다원화되어 업무가 분산되고 있는 데서 그 원인을 찾을 수 있다." 성낙준, 정부발주공사를 통해 본 건설산업 해부, 14면
132) 건설산업기본법 제8조
133) 건설산업기본법 제9조

일반건설업을 등록한 자는 철강재설치공사업, 준설공사업, 삭도설치공사업, 승강기설치공사업, 가스시설시공업, 난방시공업, 시설물유지관리업을 등록하는 경우를 제외하고는 전문건설업을 등록할 수 없고[135] 건설업자인 개인은 건설업자인 법인의 대표자가 될 수 없으며, 건설업자인 법인의 대표자는 그 개인의 명의로 건설업을 등록할 수 없다.[136]

2. 직접시공의무

건설업자는 1건공사의 금액이 100억 원 이하로서 도급금액이 30억 미만인 건설공사를 도급받은 경우에는 당해 공사금액 중 100분의 30 이상에 상당하는 공사를 직접 시공하여야 한다. 다만 발주자가 공사의 품질이나 시공상 능률을 높이기 위하여 필요하다고 인정하여 서면으로 승낙한 경우에는 그러하지 아니하다.[137]

3. 하도급 제한

가. 공사의 의무하도급(2008. 1. 1. 폐지예정)

1) 일반건설업자는 1건공사의 공사금액이 20억 원 이상인 건설공사를 도급받은 경우에, 1건공사의 도급금액이 20억 원 이상 30억 원 미만인 경우에는 100분의 20, 1건공사의 도급금액이 30억 원 이상인 경우 100분의 30의 비율에 의한 금액에 상당하는 공사를 해당 업종의 전문건설업자에게 하도급하여야 한다.

다만 당해 공사를 분리하여 하도급하기 곤란한 사정이 있는 경우, 긴급을 요하는 공사인 경우, 특수한 기술 또는 공법을 요하거나 지역의 특수성으로 인하여 하도급받을 전문건설업

---

134) 건설산업기본법 제5조
135) 건설산업기본법 제12조, 같은 법 시행령 제15조
136) 건설산업기본법 제12조
137) 건설산업기본법 제28조의2, 같은 법 시행령 제30조의2

자가 없는 경우, 건설공사의 하자에 따른 의무이행, 공정관리 또는 보안상 필요한 경우에는 그러하지 않다.

2) 건설업자는 국가·지방자치단체 또는 정부투자기관이 발주하는 공사로서 대통령령이 정하는 건설공사를 도급받고자 하는 때에는 미리 하도급받을 전문건설업자의 견적을 받아 도급예정금액을 산정할 수 있다. 이 경우 당해 건설공사를 도급받은 때에는 수급인과 전문건설업자는 그 견적한 내용대로 하도급계약을 체결하여야 한다.138)

나. 건설공사의 하도급제한139)140)

1) 건설업자는 그가 도급받은 건설공사의 전부 또는 대통령령이 정하는 주요부분의 대부분을 다른 건설업자에게 하도급할 수 없다.
① 발주자가 공사의 품질이나 시공상의 능률을 높이기 위하여 필요하다고 인정하여 서면으

---

138) 건설산업기본법 제30조
139) 건설산업기본법 제29조
140) "공사의 품질이나 시공능률을 높일 필요가 없다고 생각하는 발주자나 시공자가 있을 수 없고, 우리나라 건설시장의 경우 발주자와 건설업자가 동일한 경우가 많은 데도 발주자가 승인만 하면 언제든지 전부 또는 주된 공사의 전부를 하도급으로 시공할 수 있도록 하고 있다. 또 원도급자인 일반건설업자는 일반건설업자에게 하도급을 할 수 없도록 되어 있으나, 역시 '발주자가 공사의 품질이나 시공상의 능률제고를 위하여 승낙할 때'는 일반건설업자에게 하도급을 할 수 있도록 하고 있다. 이 경우 하도급을 받은 일반건설업자가 전문공사를 전문건설업자에게 하도급으로 맡길 수 있음은 물론이다. 건설업자를 일반건설업자와 전문건설업자로 구분하고, 또 그 업무내용을 정했기 때문에 원도급자와 하도급자의 역할이 명확히 구분되어야만 건전한 협력관계가 구축될 수 있을 것이다. 그런데도 원도급자와 하도급자, 일반건설업자와 전문건설업자의 역할 분담이 명확하지도 않고 구체적이지도 않다. 누가 무엇을 해야 하는지 구분이 모호하여 시장 예측이 어렵게 되어 있다는 것이다. 일반건설업자를 '종합적인 계획관리 및 조정하에 건설공사를 하는 자'로 규정하면서 수주받은 공사를 공종과 관계없이 모두 시공할 수 있도록 규정하고 있다. 또 일반건설업자는 자기가 필요한 경우(공사금액의 일정비율을 의무적으로 하도급하여야 하지만)에 한하여 전문건설업자에게 전문공사를 하도급할 수 있다. 따라서 일반건설업자가 전문건설업자로 등록할 하등의 이유가 없는 것처럼 보인다. 그러나 29개 전문공사 중에서 철강재 설치공사, 준설공사, 삭도 설치공사, 승강기 설치공사, 가스시설 시공, 난방시설 시공 등 6개 공종의 전문공사에 대하여는 일반건설업자도 전문건설업자로 등록을 할 수 있도록 규정하고 있다. 이것은 위의 6개 공사에 대해서는 일반건설업자도 하도급자의 자격으로 전문공사를 하도급받아도 된다는 규정이다. 29개 전문공사 중 나머지 23개 전문공사업자는 항상 전문건설업자인 데 비하여 철강재 설치공사업 등 6개 전문공사업자는 전문건설업자이면서 일반건설업자가 될 수 있다는 말이다. 말하자면 일반건설업자가 전문공사를 하도급받을 수 있는 길이 태초부터 열려 있는 셈이다. 이것은 건설업자를 일반건설업자와 전문건설업자로 구분하고, 건설공사를 일반건설공사와 전문공사로 구분한 목적과 전혀 부합되는 것 같지 않다." - 성낙준, 정부발주공사를 통해 본 건설산업해부, 22~23면

로 승낙한 경우로서 건설공사에 관한 설계를 포함하여 건설공사를 도급받은 건설업자가 하도급하는 경우, ② 도급받은 공사를 전문공사의 종류별로 분할하여 각각 해당 전문건설업자에게 하도급하는 경우, ③ 도서지역 또는 산간벽지에서 행하여지는 공사를 당해 도서지역 또는 산간벽지가 속하는 특별시·광역시 또는 도에 있는 중소건설업자 또는 법제48조의 규정에 의하여 등록한 협력업자에게 하도급하는 경우에 2인 이상에게 분할하여 하도급하고 건설업자가 도급받은 공사를 건설업자가 공사현장에서 인력·자재·장비·자금 등의 관리, 시공관리·품질관리·안전관리 등을 수행하고 이를 위한 조직체계 등을 갖추고 계획·관리 및 조정하는 경우에는 그러하지 아니하다.[141]

2) 수급인은 그가 도급받은 건설공사 중 전문공사에 해당하는 건설공사를 하도급하고자 하는 때에는 당해 전문공사를 시공할 수 있는 전문건설업자에게 하도급하여야 한다. 다만, 전문건설업자인 수급인이 도급받은 공사의 일부를 시공참여자와 약정하고 시공에 참여하게 하는 경우에는 그러하지 아니하다.

3) 수급인은 그가 도급받은 건설공사의 일부를 일반건설업자에게 하도급할 수 없다. 다만, 발주자가 공사의 품질이나 시공상 능률의 제고를 위하여 필요하다고 인정하여 서면으로 승낙한 경우에는 그러하지 아니하다.

4) 하수급인은 그가 하도급받은 건설공사를 다른 사람에게 다시 하도급할 수 없다. 다만, 하도급받은 일반건설업자가 그가 하도급받은 건설공사 중 전문공사에 해당하는 건설공사를 전문건설업자에게 다시 하도급하는 경우와 전문건설업자인 하수급인이 하도급받은 공사의 일부를 시공참여자와 약정하고 시공에 참여하게 하는 경우에는 그러하지 아니하다.

5) 하도급등을 한 자는 대통령령이 정하는 바에 의하여 발주자에게 통보를 하여야 한다. 다만, 하도급 등을 하고자 하는 부분이 당해 공사의 주요부분에 해당하는 경우로서 발주자가 품질관리상 필요하여 도급계약조건으로 사전승인을 얻도록 요구한 경우에는 그에 의한다.

---

141) 건설산업기본법 제29조, 같은 법 시행령 제31조

Ⅳ. 건설산업기본법상의 처벌규정[142]

1. 처벌규정의 개요

가. 감독행정기관의 행정제재

1) 시정명령 또는 시정지시

건설산업기본법상의 의무를 이행하지 아니하거나 이를 위반한 경우에 그 시정을 명하거나 필요한 지시를 하는 것으로서 건설업자는 이에 따라 일정한 행위를 하여야 할 의무가 발생하며, 이를 이행하지 아니할 경우에는 영업정지 또는 과징금 부과처분을 받게 된다.

2) 영업정지 또는 과징금

영업정지는 건설업자의 영업활동을 일정기간 정지시키는 것으로서 입찰참가 등 건설업으로서 행하는 모든 영업활동이 금지된다. 과징금은 영업정지처분시 영업정지처분이 부적합한 경우 영업정지 대신에 일정한 금액의 납부를 명하는 처분으로 처분권자는 동일한 위반행위에 대하여 영업정지 또는 과징금 중 한가지를 선택하여 처분하여야 하며 並科 할 수 없다.

나. 벌칙

1) 행정형벌(징역·벌금)

건설산업기본법상의 의무를 위반한 자에 대하여 국가가 일반통치권 차원에서 과하는 제재로서 과벌절차도 형사소송법의 절차를 따르고 업무를 집행하는 과정에서 위반행위를 한 경우에는 행위자 개인을 벌하는 외에 소속 법인이나 사업주에도 벌금형 등을 부과한다.

2) 행정질서벌(과태료)

주로 법에서 정한 신고·보고 등 경미한 의무를 이행하지 아니한 자에 대하여 부과하며, 관

---

142) 건설산업기본법 시행령 별표6, 경남기업(주) 법무팀

할 행정관청이 부과하고 상대방이 이의를 제기한 경우에만 비송사건절차법에 따라 법원이 과하도록 규정하고 있다.

2. 건설업 등록

위 반 내 용	관 련 규 정	처 벌 내 용
○ 건설업의 부정·허위 등록	법제9조 법제83조제1호	건설업 등록말소
○ 무등록 시공자 —건설업등록을 하지 아니하고 경미한 공사금액을 초과하는 건설공사를 도급 시공한자	법제9조 법제96조제1호	1년이하 징역 또는 1천만원이하 벌금
○ 정당한 사유없이 건설업등록기준에 관한 사항을 신고하지 아니한 자	법제9조제4항 법제81조제2호의2 법제83조제6호	시정명령 → 영업정지 6월
○ 건설업등록기준에 관한 사항 신고(주기적신고)를 허위로 한 때	법제9조제4항 법제83조제1호의2	건설업등록 말소
○ 건설업 등록기준 미달자	법 제10조 법 제83조제2호	건설업등록 말소 또는 영업정지 6월
○ 건설업 등록의 결격사유를 안 날로부터 3월 이내 임원을 개임하지 아니한 때	법 제13조제1항 법 제83조제3호	건설업등록 말소 ('06.5.9. 시행)
○ 건설업자의 기재사항(상호, 대표자 등) 변경 신청을 30일 이내에 하지 아니한 자	법제9조의2제2항 법제100조제1호	50만원이하 과태료
○ 건설업등록 후 1년 이상 영업을 아니하거나 계속하여 1년 이상 휴업한 자	법제83조제8호	1년이내 영업정지
○ 건설업자의 영업범위 위반자 —일반건설업자가 전문공사를 수주시공 하는 등 건설업자의 영업범위를 위반하여 건설공사를 수주시공하는 자	법제16조 법제82조제2항	1년이내 영업정지 또는 과징금
○ 건설업등록증 대여자	법제21조 법제83조제5호 법제96조제4호	건설업 등록말소 1년이하 징역 또는 1천만원이하 벌금

3. 도급 및 하도급 계약

위 반 내 용	관 련 규 정	처 벌 내 용
○ 정당한 사유없이 도급받은 건설공사를 이행하지 아니한 경우	법제22조제1항 법제81조 법제82조제1항	시정명령·지시 →6월이하 영업정지 또는 과징금
○ 도급계약을 계약서로 체결하지 아니한 건설업자	법제22조제2항 법제99조제2호	250만원이하 과태료
○ 주된 영업소에 건설공사 대장을 비치하지 아니한 자	법제22조제3항 법제99조제3호	250만원이하 과태료
○ 건설공사대장의 기재사항을 발주자에게 통보하지 아니하거나 허위로 통보한 자	법제22조제4항 법제99조제3호의 2	250만원이하 과태료
○ 시공능력공시를 위하여 건설공사 실적 등을 허위로 신고한 자	법제23조제3항 법제82조제2항 법제97조제1호	6월이하의 영업정지 1천만원이하 벌금
○ 건설업을 등록한 후 최근 2년간의 평균공사실적이 기준금액에 미달한 자 ·토목 또는 건축 : 2억5천만원 ·토목건축 : 6억원 ·전문 : 5천만원	법제82조제1항제2호	6월이하의 영업정지
○ 건설공사를 직접시공하지 아니한 때 ─직접시공계획 미통보	법 제28조의2 법 제82조제2항 제1호의2 법 제99조제4호	1년이내 영업정지 또는 과징금 250만원이하 과태료
○ 건설사업관리능력평가·공시를 위하여 건설사업관리실적등을 허위신고	법제23조의2제2항 법제97조제1호의2	1천만원이하 벌금
○ 일괄하도급 ─건설업자가 도급받은 건설공사의 전부 또는 주요부분의 대부분을 다른 건설업자에게 일괄하도급 하는 행위	법 제29조제1항 법 제82조제2항 법 제96조제5호	1년이하 영업정지 또는 과징금 1년이하 징역 또는 1천만원이하 벌금
○ 무등록 하도급 ─건설업자가 도급받은 공사의 일부를 해당업종의 등록을 하지 않은 무등록자에게 하도급하는 행위	법 제29조제2항 법 제82조제2항	1년이하 영업정지 또는 과징금
○ 일반건설업자간 하도급 ─건설업자가 도급받은 공사중 일반공사에 해당하는 부분을 발주자의 승낙없이 다른 일반건설업자에게 하도급 하는 행위	법 제29조제3항 법 제82조제2항	1년이하 영업정지 또는 과징금

위 반 내 용	관 련 규 정	처 벌 내 용
○ 재하도급 —건설업자가 하도급 받은 공사를 제3자에게 다시 하도급하는 행위	법 제82조제2항	1년이하 영업정지 또는 과징금
○ 입찰질서 문란행위	법 제95조	5년이하 징역 또는 5천만원이하 벌금
○ 하도급 통지의무 불이행(30일 이내)	법제29조제5항 법제99조제4호	250만원이하 과태료
○ 하도급계약내용 허위통지	법제29조제5항 법제82조제1항	6월이내 영업정지 또는 과징금
○ 일정비율 의무하도급 불이행 ・20억이상 : 20%이상 ・30억이상 : 30%이상	법제30조제1항 법제82조제2항	1년이내 영업정지 또는 과징금 ('08.1.1폐지)
○ 부대입찰공사의 하도급 계약체결 의무 불이행 —부대입찰에 의하여 건설공사를 도급받은 경우로서 당초 하도급자의 견적 내용대로 하도급계약체결을 거부하는 자	법제30조제2항 법제81조제4호	시정명령→영업정지 또는 과징금 ('05.7.1폐지)
○ 하도급대금 지급의무 위반 —발주자로부터 공사대금수령 후 15일 이내에 하수급인에게 지급하지 아니한 자	법 제34조제1항 법 제81조제5호	시정명령→영업정지 또는 과징금
○ 건설공사 하도급 계약시 하도급대금지급보증서를 교부하지 아니하는 자	법 제34조제2항 법 제81조제5호	시정명령→영업정지 또는 과징금
○ 선급금 지급규정 위반 —발주자로부터 선급금을 받고도 하수급인에게 지급하지 않은 경우	법 제34조제3항 법 제81조제5호 법 제82조제1항	시정명령→영업정지 또는 과징금
○ 설계변경 등에 따른 하도급대금 조정의무 위반	법 제36조 법 제81조제5호 법 제82조제1항	시정명령→영업정지 또는 과징금
○ 검사 및 인수거부 —준공 또는 기성부분에 대한 검사를 10일 이내에 하지 않거나 준공 후 인수를 기피하는 자	법 제37조 법 제81조제5호 법 제82조제1항	시정명령→영업정지 또는 과징금
○ 불공정행위 금지 위반 —자재구입처 지정 등 하수급인에게 불리한 행위를 강요하는 자	법 제38조 법 제81조제5호 법 제82조제1항	시정명령→영업정지 또는 과징금

위　반　내　용	관　련　규　정	처　벌　내　용
○ 부정한 청탁에 의한 재물 또는 재산상의 이익 을 취득하거나 공여한 때 　─수수액이 1억원 이상인 때 　─수수액이 5천만원 이상 1억원 미만인 때 　─수수액이 1천만원 이상 5천만원 미만인 때 　─수수액이 1천만원 미만인 때	법 제38조의2 법 제83조제12호 법 제95조의2	1년이하 영업정지 5년이하 징역 또는 5천 만원이하 벌금 8월 6월 4월 2월
○ 도급계약에서 정한 하자담보책임기간내에 발 생한 하자에 대한 보수의무 불이행	법제28조제1항 법제81조 법제82조제1항	시정명령→영업정지 또 는 과징금
○ 하자담보책임기간중 수급인(하수급인)이 책임 질 사유로 하자발생액이 당해 공사금액의 1 천분의 5이상인 하자가 3회이상 발생한 때	법제82조제1항	6월이내 영업정지 또는 과징금
○ 하자담보책임기간내 주요시설물의 구조상 주 요부분에 중대한 손괴를 야기하여 　─공중의 위험을 발생하게 한 경우 　─사람을 사상에 이르게 한 경우 　─업무상 과실로 이를 야기하여 공중의 　─위험을 발생케 한 경우 　─업무상 과실로 이를 야기하여 사람을 　─사상에 이르게 한 경우	법제93조제1항 법 제93조제2항 법 제94조제1항 법 제94조제2항	10년이하 징역 무기 또는 3년이상 징역 5년이하 징역·금고 또 는 5천만원이하 벌금 10년이하　징역·금고 또는 1억원 이하 벌금

4. 기술자 현장배치 및 시공관리

위　반　내　용	관　련　규　정	처　벌　내　용
○ 건설기술자 현장배치 위반 　─건설공사 현장에 당해 공사의 공종에 상응하는 건설기술자를 배치하지 않은 경우	법제40조제1항 법제81조 법제82조 법제97조	시정명령→영업정지 또 는 과징금 1천만원이하 벌금
○ 건설공사의 현장을 이탈한 건설기술자	법제40조제2항 법제100조제2호	50만이하 과태료

위 반 내 용	관 련 규 정	처 벌 내 용
○ 시공제한 위반자 —건설업등록을 하지 아니하고 주거용 건축물 661m2, 주거외용 건축물 495m2를 초과하여 시공한 자	법제41조 법제96조제6호	1년이하 징역 또는 1천만원이하 벌금
○ 건설업을 등록하지 아니한 자가 건설업자로 오인될 우려가 있는 표시를 한 자	법제11조 법제97조제3호	1천만원이하 벌금
○ 건설공사의 표지의 게시 또는 표지판의 설치를 하지 아니한 자	법제42조 법제100조제2호의 2	50만원이하 과태료
○ 일반건설업자가 도급 받을 수 없는 공사금액의 하한에 미달되는 공사를 도급받은 때	법제47조제2항 법제82조제2항	1년이하 영업정지 또는 과징금
○ 건설업자의실태조사를 거부·기피·방해하거나 허위 보고한 자	법제49조제1항 법제99조제8호	250만원이하 과태료
○ 고의 또는 과실로 건설공사의 시공을 조잡하게 한 때	법제82조제2항	1년이하 영업정지 또는 과징금
○ 고의 또는 과실로 건설공사의 시공을 조잡하게 함으로써 시설물의 구조상 주요부분에 중대한 손괴를 야기하여 공중의 위험을 발생하게 한 때	법제83조제9호	건설업 등록말소 또는 1년 이하의 영업정지

5. 다른 법률과의 관계 등

위 반 내 용	관 련 규 정	처 벌 내 용
○ 산업안전보건법에 의한 중대재해를 발생하게 한 건설업자에 대하여 노동부장관으로부터 영업정지의 요구	법제82조제1항	6월이내의 영업정지 또는 과징금
○ 다른 법령에 의해 국가 또는 지자체의 기관으로부터 등록말소의 요구	법제83조	6월이내 영업정지
○ 건설기술관리법 제21조의5 제1항의 규정에 의한 시정명령 미이행	법제82조제1항	6월이내의 영업정지 또는 과징금
○ 건설기술관리법 제23조의2제3항의 규정에 의한 시공상세도면의 작성의무를 위반하거나 감리원 또는 공사감독자의 검토·확인을 받지 아니하고 시공한 때	법제82조제1항	6월이내 영업정지 또는 과징금

위 반 내 용	관 련 규 정	처 벌 내 용
○ 건설기술관리법 제24조의 규정에 의한 품질 시험 또는 검사의 전부를 이행하지 아니하거나 허위로 한때	법제82조제1항	6월이내 영업정지 또는 과징금
○ 건설기술관리법 제26조의2제2항 규정에 의한 안전점검의 전부를 이행하지 아니하거나 허위로 한 때	법제82조제1항	6월이내 영업정지 또는 과징금
○ 건설기술관리법 제36조의17의 규정에 의한 시정명령을 이행하지 아니한 때	법제82조제1항	6월이내 영업정지 또는 과징금
○ 정당한 사유없이 법 제82조 및 제83조의 규정에 의한 영업정지처분에 위반한 자	법 제82조 법 제83조 법 제96조	등록말소 1년이하 징역 또는 1천만원이하 벌금

○ 양벌규정

—법인의 대표자, 법인 또는 개인의 대리인·사용인 기타 종업원이 그 법인 또는 개인의 업무와 관련하여 제93조의 위반행위를 한 때에는 행위자를 벌하는 외에 당해 법인 또는 개인을 10억원이하의 벌금에 처함

—법인의 대표자, 법인 또는 개인의 대리인·사용인 기타종업원이 그 법인 또는 개인의 업무에 관하여 제94조 내지 제97조의 위반행위를 한 때에는 행위자를 벌하는 외에 당해 법인이나 개인에 대하여도 각 해당 조의 벌금형을 과함

V. 건설공사 도급계약의 특유한 제도

1. 견적기간

가. 목 적

견적은 공사비의 가격계산으로 설계도서·시방서·견적조건 등의 기초자료에 그 공사의 수량을 가지고 이에 필요한 재료비·노무비를 비롯하여 가설경비·기계기구비·제경비 등을 산출해 공사에 필요로 하는 총금액을 산정하는 것이다.

견적기간이라고 함은 건설공사의 합리적이고 적정한 시공을 도모하기 위해서는 먼저 현장설명을 통하여 계약내용의 중요한 사항을 건설업자에게 설명하고 일정한 견적기간을 설정하여 견적에서 누락이나 착오 등으로 인해 오류가 발생하지 않도록 검토의 기회를 부여하여 도급금액의 산정 기타 계약체결에 관하여 제반사항을 판단하는 데 필요한 기간을 말한다.

발주자는 수의계약에 의하여 도급계약을 체결하는 경우에는 그 체결 전에, 경쟁계약에 의하여 도급계약을 체결하는 경우에는 입찰에 붙이기 전에 건설업자가 당해 건설공사에 관한 견적을 할 수 있도록 대통령령이 정하는 일정한 기간을 두어야 한다.[143]

나. 견적기간[144]

1) 공사예정금액 30억 원 이상의 공사인 경우: 공사현장을 설명한 날부터 20일 이상

2) 공사예정금액 10억 원 이상의 공사인 경우: 공사현장을 설명한 날부터 15일 이상

3) 공사예정금액 1억 원 이상의 공사인 경우: 공사현장을 설명한 날부터 10일 이상

4) 공사예정금액 1억 원 미만의 공사인 경우: 공사현장을 설명한 날부터 5일 이상

2. 입찰, 낙찰의 성격

국가를당사자로하는계약에관한법률에 근거한 공사입찰유의서[145]에 의하면 낙찰자는 계약담당 공무원으로부터 낙찰통지를 받은 후 10일 이내에 소정의 계약서에 의하여 계약을 체결하여야 하고(제19조 제1항), 낙찰자가 정당한 이유 없이 위 기간 내에 계약을 체결하지 아니할 때에는 계약담당공무원으로부터 낙찰취소 조치를 받게 되며(같은 조 제3항), 계약은 계약서를 작성하고 계약담당 공무원과 낙찰자가 기명·날인함으로써 확정되도록(제20조) 규정

---

143) 건설산업기본법 제27조
144) 건설산업기본법 시행령 제29조
145) 회계예규 2200.04-102-7(2005.09.08)

하고 있는바, 이와 같이 낙찰 이후에 별도로 계약체결을 예정하고 있는 경우 입찰공고는 청약의 유인, 입찰은 청약, 낙찰은 계약의 예약으로 본다.[146)

입찰과 낙찰행위가 있은 후에 더 나아가서 본 계약을 따로 한다는 경우의 입찰과 낙찰은 계약의 예약이라고 아니 볼 수 없다 하겠으므로 공고안내가 청약의 유인에 지나지 않다고 할 것이니 공매공고가 청약이 된다고 할 수 없으며 면세특권이 있다는 공매안내가 있더라도 본 계약에서 문제되지 않고 있다면 그 사실이 계약의 내용을 이룬다고 논할 수 없다.[147)

정부투자기관회계규칙 제2조 제2항, 국가를당사자로하는계약에관한법률 제11조에 따르면 정부투자기관이 일방 당사자인 계약은 계약의 목적·계약금액·이행기간·계약보증금·위험부담·지체상금 기타 필요한 사항을 명백히 기재한 계약서를 작성하여 그 계약 담당자와 계약 상대자가 계약서에 기명·날인 또는 서명함으로써 비로소 확정되므로, 정부투자기관이 발주하는 공사의 입찰에서 최저가 입찰을 함으로써 성립하는 것은 공사도급계약 자체가 아니라 그에 대한 예약이다.

정부투자기관이 발주하는 공사의 입찰에서 최저가 입찰행위로 성립되는 예약의 성질은, 그것이 전제하고 있는 본 계약이 국가를당사자로하는계약에관한법률 제11조, 같은 법 시행령 제48조와 같은 법 시행규칙 제49조에 정한 엄격한 방식을 따라야 하는 요식계약인 점에 비추어 볼 때, 일방예약이 아니라 편무예약으로 보아야 하므로, 최저가 입찰자는 형성권인 예약완결권을 가지는 것이 아니고 본 계약체결청구권을 가지게 된다.[148)

3. 건설공사도급계약은 낙성·불요식계약인지 여부

건설공사도급계약의 성격이 낙성·불요식계약이라는 데 학설과 판례가 일치되어 아무런 이의가 없어 보인다. 그러나 공사기간이 수년에 달하고 공사금액도 수조 원에서 수백억 원에 이르는 이러한 거대한 국책사업으로 시행되는 건설공사가 막연히 당사자의 의사표시의 합치만으로 성립하는 낙성·불요식계약인지 의문이다.

국가를당사자로하는계약에관한법률에서 정한 계약서 작성을 생략할 수 있는 경우[149)나 건

---

146) 윤재윤, 건설분쟁의 법률적 쟁점, 90면
147) 대법원 1977. 2. 22. 선고 74다402 판결
148) 대전고법 2000. 5. 29. 선고 2000라88 결정
149) 1. 계약금액이 3천만 원 이하인 계약을 체결하는 경우

설산업기본법시행령 제8조에 의하여 일정한 범위 내의 일반공사[150]인 경우와 일정한 범위 내의 전문공사[151]인 경우에는 낙성·불요식계약이라고 이해할 수 있겠으나 이러한 구분 없이 전체 건설공사가 법률상 성격이 도급이라는 이유로 낙성·불요식계약이라고 단정지어 말하는 것에는 쉽게 동의하기 어렵다.

위에서 언급한 바와 같이 입찰공고는 청약의 유인이고, 낙찰은 계약의 예약이며, 최저가 입찰자는 형성권인 예약완결권을 가지는 것이 아니고 본 계약체결청구권을 가지게 된다는 것이 법원의 입장이라면 결국 건설공사 도급계약은 낙찰이나 당사자의 의사표시의 합치만으로 성립하는 것이 아니라 별도의 계약서를 작성함으로서 성립하는 것이 아닐까?

우리나라 국가계약법 제1조 및 그에 근거한 회계예규 '공사입찰유의서' 제20조[152]는 그 조항명을 '계약의 성립'이라 하여 아래와 같이 규정하고 있다. 상기 조항의 제목을 계약의 '성립'이라 하고, 그 내용에는 왜 계약이 확정된다고 규정하는지 모르겠지만, 그 '확정된다'는 곧 '성립된다'의 다른 표현이 아닐까 아니면 입찰과 낙찰은 계약의 예약이고 체결행위로서 예약이 본 계약으로 확정된다는 뜻일까 어찌되었건 결론적인 의미에는 양자 간 차이가 없음이 분명하다.[153]

대법원은 지방자치단체가 사경제의 주체로서 사인과 사법상의 계약을 체결함에 있어서는 위 법령에 따른 계약서를 따로 작성하는 등 그 요건과 절차를 이행하여야 할 것이고, 설사 지방자치단체와 사인 간에 사법상의 계약 또는 예약이 체결되었다 하더라도 위 법령상의 요건과 절차를 거치지 아니한 계약 또는 예약은 그 효력이 없다(대법원 1989. 4. 25. 선고 86다카2329 판결, 1993. 6. 8. 선고 92다49447 판결, 1993. 11. 9. 선고 93다18990 판결 등 참조)고 판시하고 있다.[154]

---

　　2. 경매에 부치는 경우
　　3. 물품 매각의 경우에 있어서 매수인이 즉시 대금을 납부하고 그 물품을 인수하는 경우
　　4. 각 국가기관 및 지방자치단체 상호 간에 계약을 체결하는 경우
　　5. 전기·가스·수도의 공급계약 등 성질상 계약서의 작성이 필요하지 아니한 경우
150) 1건 공사의 공사예정금액[동일한 공사를 2이상의 계약으로 분할하여 발주하는 경우에는 각각의 공사예정금액을 합산한 금액으로 하고, 발주자(하도급의 경우에는 수급인을 포함한다)가 재료를 제공하는 경우에는 그 재료의 시장가격 및 운임을 포함한 금액으로 하며, 이하 '공사예정금액'이라 한다]이 5천만 원 미만인 건설공사
151) 공사예정금액이 1천만 원 미만인 건설공사
152) 제20조(계약의 성립) 계약은 계약서를 작성하고 계약담당 공무원과 낙찰자를 기명·날인(외국인에 대하여 서명을 허용한 경우에는 서명을 포함한다)함으로써 확정된다.
153) 박준기, 신건설계약론, 80면
154) 대법원 2004. 1. 27. 선고 2003다14812 판결

또한, 이 사건과 같이 공사금액이 거액이고 공사기간도 장기간에 걸친 대규모의 관급공사에 있어서는 공사금액 외에 구체적인 공사시행 방법과 준비, 공사비 지급방법 등과 관련된 제반 조건도 중요한 사항이라 할 것이므로 공사금액은 물론 공사조건에 관한 합의까지 이루어져야 계약이 체결되었다고 볼 것이고, 어느 일방이 교섭단계에서 계약이 확실하게 체결되리라는 정당한 기대 내지 신뢰를 부여하여 상대방이 그 신뢰에 따라 행동하였음에도 상당한 이유 없이 계약의 체결을 거부하여 손해를 입혔다면 이는 신의성실의 원칙에 비추어 볼 때 계약자유 원칙의 한계를 넘는 위법한 행위로서 불법행위를 구성한다고 판시하고 있다.155)

이러한 점을 볼 때 건설공사계약은 보통의 도급계약과는 달리 엄격한 서면성을 요구하고 법령상 정해진 요건이 있는 경우 그 요건을 충족하지 못한 경우의 계약은 아무런 효력이 없다. 건설공사가 도급계약의 성질을 가지는 것은 맞지만 이 도급계약이라는 성질로부터 당연히 건설공사 계약이 낙성·불요식계약이라고 볼 수는 없다고 생각한다.

4. 건설공사대장의 비치

건설업자는 건설공사에 관한 사항을 기재한 건설공사대장을 주된 영업소에 비치하여야 한다.156) 건설공사대장에는 공사명, 소재지, 발주자 및 공사개요와 도급계약내용, 발주자(수급인)의 확인란, 공사 진척 및 공사대금 수령상황, 사후관리 외에 하수급인 및 시공참여자 현황을 작성토록 하여 건설공사의 관리를 효율적으로 하도록 하였다.157)

도급금액이 1억 원 이상인 건설공사를 도급받은 건설업자는 법 제22조 제4항158)의 규정에 의하여 건설공사대장의 기재사항을 건설교통부장관이 지정하여 고시하는 정보통신망을 이용하여 도급계약을 체결한 날부터 30일 이내에 발주자에게 통보하여야 한다. 그리고 건설업자는 통보한 사항에 변경이 발생하거나 새로이 기재하여야 할 사항이 발생한 경우에는 발생한 날부터 30일 이내에 위의 정보통신망을 이용하여 발주자에게 통보하여야 한다.159)

---

155) 대법원 2001. 6. 15. 선고 99다40418 판결
156) 건설산업기본법 제22조 제3항, 같은 법 시행규칙 제21조
157) 건설공사 대장을 비치하지 아니한 자는…… 250만 원 이하의 과태료를 과한다(건산업 제99조 제3호).
158) ④ 건설업자는 대통령령이 정하는 바에 의하여 제3항의 규정에 의한 건설공사대장의 기재사항을 발주자에게 통보하여야 한다.
159) 건설산업기본법 시행령 제26조

5. 도급인의 하도급 제한 및 하도급계약내용 통보제도[160]

건설공사의 결과인 시설물은 공공의 안전과 밀접한 관련을 가질 뿐만 아니라 시설물의 소유자인 발주자의 재산권과도 깊은 관련성이 있으므로 건설산업기본법에서는 일정한 경우 하도급을 제한하고 도급인이 하도급을 한 경우에는 하도급의 내용과 발주자에게 하도급 내용을 통보할 것을 정하고 있다.

6. 발주자의 하도급 계약 및 하수급인 변경요구권[161]

건설공사는 공종이 복잡·다기하여 도급인이 일일이 시공하는 경우는 드물고 대부분 하도급에 의존한다. 발주자는 도급인의 하도급 결과에 따른 시설물을 인도받아 사용하는 자이므로 시설물의 시공에 깊은 이해관계를 가지고 있음에도 시설물을 직접 시공하는 하도급계약에 대해서는 사후적인 통보에 의할 수밖에 없는 형편이다.

하도급계약도 발주자에게 직접적인 이해관계를 미침에 따라 하수급인이 시공하기에 적정하지 않은 경우 등에는 발주자가 하도급계약의 적정성을 심사하고 하수급인과 하도급계약의 내용을 변경, 요구할 수 있고 이에 불응한 경우에 도급계약을 해제할 수 있다.

---

160) 건설산업기본법 제29조 (건설공사의 하도급 제한)
161) 건설산업기본법 제31조 (하도급계약의 적정성 심사 등)

제3장

건설보증의 고찰

제1절 건설보증에 대한 槪觀

I. 건설보증의 의의

1. 보증의 필요성

건설공사도급계약은 계약이행기간이 장기간일 뿐만 아니라 공사금액도 일반의 계약에 비하여 크고 외부환경이나 정부의 정책 등에 의해 계약의 이행여부가 많은 영향을 받는 까닭에 다른 도급계약보다 채무불이행의 위험이 높아 도급인이 스스로 감수해야 할 위험을 분산하기 위한 방법으로서 보증이 필요하다.

2. 건설보증의 종류

보증 종류	내 용
입찰보증	공사 등의 입찰에 참가하는 자가 입찰참가자로서 부담하는 입찰보증금의 납부에 관한 의무이행을 보증하는 것
계약보증	도급받은 공사 등의 계약이행과 관련하여 부담하는 계약보증금의 납부에 관한 의무이행을 보증하는 것
공사이행보증	도급받은 공사의 계약상 의무를 이행하지 못하는 경우 수급인을 대신하여 계약이행의무를 부담하거나 의무이행을 하지 아니할 경우 일정금액을 납부할 것을 보증하는 것
손해배상보증	도급받은 공사 등의 계약이행 중 발생한 제3자의 피해에 대한 배상금의 지급채무를 보증하는 것

하자보수보증		준공한 공사 등의 시공 중 설계도서 기타 지시서에 위배하여 발생된 하자의 보수에 관한 의무이행을 보증하는 것
차액보증		공사 등의 입찰경쟁에 참가하여 그 예정가격의 일정비율 이하로 낙찰받은 경우 당해 공사 등의 입찰유의서 등이 정하는 바에 의하여 보증채권자에게 납부하여야 하는 차액보증금을 보증하는 것
지급보증	선급금 지급보증	도급받은 공사 등과 관련하여 수령하는 선급금의 반환채무를 보증하는 것
	유보기성금 지급보증	당해 공사 등의 계약문서에 유보기성금에 관한 명문조항이 있는 경우 그 유보기성금지급에 따르는 조합원의 채무를 보증하는 것
	지급보증의 보증 및 보증보험의 보증	외국의 정부 또는 공공기관이 발주한 공사와 관련하여 입찰보증, 계약보증, 하자보수보증, 지급보증을 목적으로 국내외 금융기관으로부터 보증신용장(Stand_by Credit) 개설, 보증서(Letter of guarantee) 발급, 또는 보증기관의 보증(Bond)을 받는 데 따르는 채무금을 보증하는 것
	대출보증	발주자 또는 수급인으로부터 공사대금으로 수령한 어음을 금융기관에서 할인을 받는 데 따르는 채무를 보증하거나 금융기관으로부터의 시공자금 대출에 대한 지급 보증
	리스보증	건설공사 등과 관련하여 시설대여업법에 의한 리스회사로부터 건설기계관리법상 등록을 하여야 하는 건설기계를 리스로 이용하고자 하는 경우 리스계약에 의하여 보증채권자에게 납부하여야 하는 채무를 보증하는 것
	하도급대금 지급보증	공사 등을 건설산업기본법령 등에 적합한 방법으로 하도급을 줄 경우 하도급법령에 따라 하수급인에게 부담하는 하도급대금 지급의무를 보증하는 것
기타보증	인허가보증	국가 또는 지방자치단체로부터 면허·허가·인가 등을 받은 경우 당해 인·허가에 따르는 원상회복 등의 의무이행을 보장하기 위하여 인·허가자에게 납부하여야 하는 예치금 또는 보증금에 대해 보증하는 것
	주택건설부지 매입보증	주택건설용부지 매입대금 중 미지급대금에 대한 보증
	임시전력수용 예납보증	공사시공을 위하여 필요한 전력을 임시로 수용하기 위하여 한국전력공사에 납부하여야 하는 예납금에 대해 보증하는 것

3. 건설보증의 역할

가. 원활한 경제활동 촉진과 위험분산 기능

건설공사 도급계약이 다른 도급계약에 비하여 장기간에 걸쳐 이행이 되고 외부환경에도 많은 영향을 받게 되는 까닭에 도급인으로서는 공사의 이행을 담보하기 위한 방법으로 일정금액을 예치하게 하는 방법(통상 계약금액의 10%), 연대보증인을 입보하게 하는 방법, 수급인이 일정금액을 예치받는 대신에 보증기관으로부터 보증서나 보험증권을 발급받아 도급인에게 교부하게 하는 방법이 통용되고 있다.

현금납부의 경우에는 비교적 장기간 동안 자금을 활용할 수 없다는 단점이 있고 연대보증인 입보의 경우에는 손해배상이 연대보증인의 신용상태에 따른다는 위험과 선량한 연대보증인이 자칫 도산에 이를 위험에 직면하게 되는 어려움이 있으므로 통상의 경우 수급인이 계약보증금의 납부에 갈음하여 보증기관으로부터 보증서나 보험증권을 발급받아 도급인에게 이를 교부하는 방법으로 계약이행을 담보하게 한다.

따라서 수급인의 입장에서는 현금예치에 따른 현실의 비용발생이나 연대보증인을 입보시켜야 하는 부담에서 해방이 되어 기업활동에 전념할 수 있게 하여 건설보증이 원활한 경제활동을 촉진시키는 역할을 담당하고, 도급인의 입장에서는 수급인의 채무불이행을 통하여 입을 손해에 대해서 지급이 확실한 보증기관이 계약보증금의 납부를 보증함으로써 수령의 확실성을 담보하고 채무불이행으로 인한 손해에 대한 위험을 분산시킬 수 있는 기능을 담당한다.

나. 보증기관의 사전 심사기능을 통한 부적격 업체의 퇴출가능성

보증기관이 보증심사의 과정에서 부실업체나 부적격업체가 신청한 보증에 대한 인수거절을 하는 경우 보증인수가 거절된 업체가 발주자나 도급인과의 도급계약을 체결할 수 없거나 체결한다고 해도 도급계약의 채무불이행에 따른 위험을 수급인의 신용이나 시공능력에 의존할 수밖에 없게 되어 발주자나 도급인이 부실업체나 부적격업체와의 계약을 꺼리게 됨으로서 결국은 부실업체의 퇴출을 촉진하여 자율적으로 시장질서를 유지하는 데 많은 도움이 된다.

다. 부실시공방지 및 거래관행 개선

부실공사, 비자금 조성 등 오명으로 얼룩진 건설산업에 대하여 보증기관이 계약관련 서류의 검토와 공사현장에 대한 조사활동 등을 통하여 부실시공과 건설산업 관련 법률위반사항에 대한 사전·사후 관리를 통해 부실시공과 불법·탈법의 거래관행을 개선하는 데 기여를 한다.

4. 건설보증기관 현황

국내 건설보증기관으로 3대 공제조합(건설공제조합, 전문건설공제조합, 대한설비건설공제조합) 및 서울보증보험㈜ 등이 있고 최근에는 신용보증기금도 건설보증시장에 참여하고 있다.

구 분	설립근거	설립일자	보 증 종 류
건설 공제조합	건설공제조합법 (1997부터는 건설산업 기본법 적용)	1963.10.21	입찰보증, 계약보증, 하자보수보증, 손해배상보증, 인허가보증, 자재구입보증, 부지매입보증, 임시전력수용예납보증, 선급금보증, 유보기성금보증, 대출보증, 분양보증, 리스보증, 할부판매보증, 지급보증의 보증, 하도급대금지급보증, 공사이행보증 등
전문건설 공제조합	전문건설공제조합법 (1997부터는 건설산업 기본법 적용)	1988.4.25	
설비건설 공제조합	전문건설공제조합법 (1997부터는 건설산업 기본법 적용)	1996.7.1	
서울 보증보험㈜	보험업법	1998.11.25	이행(입찰,계약,차액,선급금,하자,지급)보증보험, 이행(상품판매대금)보증보험 등
신용 보증기금	신용보증기금법	1976.6.1.	대출보증, 제2금융보증, 지급보증의 보증, 시설대여보증, 사채보증, 이행보증, 납세보증, 무역어음인수담보증, 어음보증, 재보증, P-CBO보증, SOC보증, 구매자금융보증, 무역금융보증, 지식기반기업에대한보증, 지역특화산업보증, NETWORKLOAN보증, 지식산업창업보증, 남북협력기금대출 협약보증, 원자재난긴급자금협약보증, 유망서비스업에대한 한시적우대보증, 정보화촉진기금 'IT설비투자지원사업' 협약보증, 소기업 특례보증

Ⅱ. 건설보증의 종류와 내용

1. 입찰보증

공사 등의 입찰에 참가하는 조합원이 입찰참가자로서 부담하는 입찰보증금의 납부에 관한 의무이행을 보증하는 것을 말하며,[1] 낙찰 후 계약체결의 보장 등 발주자가 입을 수 있는 손해를 보전하기 위한 보증이다.

입찰보증금은 입찰금액(단가입찰인 경우에는 그 단가에 총 입찰예정량을 곱한 금액)의 100분의 5 이상으로 하고 현금 또는 보증서 등으로 이를 납부하며 낙찰자가 계약을 체결하지 아니한 때에는 입찰보증금은 국고에 귀속된다. 1회계연도 내에 모든 공사의 입찰에 대해 입찰보증금을 납부할 수 있는 일괄 입찰보증서의 경우에는 매 회계연도 초에 이를 제출할 수 있다.

입찰보증이 보증하는 보증사고란 입찰자가 낙찰이 되었음에도 계약을 체결하지 않는 것이고, 당초의 입찰금액과 재입찰 금액과의 차액 및 재입찰에 소요된 비용이 입찰보증에서 담보하는 손해라고 할 것이다.

2. 계약보증

가. 의 의

계약보증은 건설업자가 도급받은 공사 등의 계약이행과 관련하여 부담하는 계약보증금의 납부에 관한 의무이행을 보증하는 것을 말하며[2] 계약의 적정한 이행을 담보하고 계약불이행에 따른 손해보전을 그 목적으로 한다.

---

1) 건설산업기본법시행령 제56조 제2항 1호
2) 건설산업기본법시행령 제56조 제2항 2호

나. 납부의 범위

계약보증금은 계약금액의 100분의 10 이상으로 하고 단가계약에 의하는 경우로서 여러 차례로 분할하여 계약을 이행하게 하는 때에는 매회별 이행예정량 중 최대량에 계약단가를 곱한 금액의 100분의 10 이상을, 장기계속계약에 있어서는 제1차 계약체결 시 부기한 총공사 또는 총제조 등의 금액의 100분의 10 이상을 계약보증금으로 납부하게 하여야 한다. 이 경우 당해 계약보증금은 총공사 또는 총제조 등의 계약보증금으로 보며, 연차별 계약이 완료된 때에는 당초의 계약보증금에서 이행이 완료된 연차별 계약금액의 100분의 10을 감액하여 반환한다.[3]

다. 계약보증금의 면제

국가기관 및 지방자치단체, 정부투자기관관리기본법에 의한 정부투자기관, 정부가 기본재산의 100분의 50 이상을 출연한 법인, 농업협동조합법에 의한 조합 및 그 중앙회, 수산업협동조합법에 의한 어촌계·수산업협동조합 및 그 중앙회, 산림조합법에 의한 산림조합 및 그 중앙회, 중소기업협동조합법에 의한 중소기업협동조합 및 그 중앙회와 농업기반공사 및 농지관리기금법에 의한 농업기반공사와 계약을 체결하는 경우, 중소기업및제품구매촉진에관한법률 제9조의 규정에 의하여 중소기업협동조합과 단체수의계약을 체결하는 경우, 계약금액이 3천만 원 이하인 계약을 체결하는 경우, 일반적으로 공정·타당하다고 인정되는 계약의 관습에 따라 계약보증금 징수가 적합하지 아니한 경우, 이미 도입된 외자시설·기계·장비의 부분품을 구매하는 경우로서 당해 공급자가 아니면 당해 부분품의 구입이 곤란한 경우에는 계약보증금의 전부 또는 일부를 면제할 수 있다.[4]

라. 국가를당사자로하는계약에관한법률에 의한 계약보증금 납부방법

계약보증금은 당해 공사의 입찰유의서 등에 정해진 금액으로 하되, 국가계약법 시행령 제52조에서는 계약금액의 10%에 상당하는 계약보증금을 납부하고 당해 공사의 계약상의 시공의무이행(하자보수이행을 포함한다)을 보증하는 1인 이상의 연대보증인을 세우는 방법, 연대

---

3) 국가를당사자로하는계약에관한법률 시행령 제50조
4) 국가를당사자로하는계약에관한법률 시행령 제50조 제6항

보증인을 세우지 아니하고 계약보증금을 계약금액의 100분의 20 이상 납부하는 방법, 계약보증금을 납부하지 아니하고 공사이행보증서(당해 공사의 계약상의 의무를 이행할 것을 보증한 기관이 계약상대자를 대신하여 계약상의 의무를 이행하지 아니하는 경우에는 계약금액의 100분의 40 이상을 납부할 것을 보증하는 것이어야 한다)를 제출하는 방법이 있다. 이 경우 연대보증인은 입찰공고 등에서 요구한 자격과 동등 이상의 자격을 갖춘 자이어야 한다.

계약이행보증의 방법은 공사이행보증서에 의한 방법으로 한정할 수 있으며, 300억 원 이상인 공사계약인 경우에는 반드시 공사이행보증서를 교부받는 방법으로 계약이행을 보증하게 하여야 한다.[5]

마. 계약보증기간

계약보증의 보증기간은 원칙적으로 당해 공사의 계약일로부터 준공일까지로 하되, 보증채권자가 국가계약법령의 적용기관이거나 당해 공사의 입찰유의서 등에서 따로 정한 바가 있는 경우에는 그에 따른다.

3. 차액보증

가. 의 의

차액보증은 부실공사의 가능성이 큰 저가입찰을 미연에 방지하고 계약의 중도불이행 등에 대비하기 위한 경고적 성격이 큰 보증으로서, 건설업자가 공사의 경쟁입찰에 참가하여 예정가격의 85% 미만으로 낙찰되었을 경우 예정가격과 낙찰금액과의 차액을 납부하는 보증금을 말한다.

나. 필요성

경쟁입찰에서 단순 최저가 낙찰제에 의한 낙찰자 결정방식에 따른 시설공사 도급계약에 있어서는 현저한 저가입찰을 억제하여 덤핑에 의한 부실공사를 방지하고 계약의 이행을 담보할 필요성이 매우 강한 점에 비추어, 예정가격의 100분의 85 미만에 낙찰받은 자는 예정가격과 낙찰금액의 차액을 차액보증금으로서 현금으로 납부하게 하고 채무불이행의 경우 차액보증금

---

5) 국가를당사자로하는계약에관한법률 시행령 제50조 제1항 단서

을 발주자에게 귀속시키기로 하는 약관조항은 허용될 수 있으며 이러한 약관조항이 약관의규
제에관한법률(이하 '약관규제법'이라고 한다) 제6조, 제8조에 저촉된다고 보기는 어렵다.[6]

다. 차액보증금의 성격

구 예산회계법(1995. 1. 5. 법률 제4868호로 국가계약법의 제정으로 개정되기 전의 것)
제93조, 동시행령(1995. 7. 6. 대통령령 제14710호로 국가계약법 시행령의 제정으로 개정
되기 전의 것) 제123조에 의한 차액보증금은 최저가 낙찰제를 시행함에 있어 지나친 저가입
찰을 억제하여 덤핑에 의한 부실공사를 방지하고 계약내용대로 계약을 이행할 것을 담보하기
위한 것이고, 또한 위약벌의 약정은 채무의 이행을 확보하기 위해서 정해지는 것으로서 손해
배상의 예정과는 그 내용이 다르므로 손해배상의 예정에 관한 민법 제398조 제2항을 유추적
용하여 그 액을 감액할 수는 없으며, 다만 그 의무의 강제에 의하여 얻어지는 채권자의 이익
에 비하여 약정된 벌이 과도하게 무거울 때에는 그 일부 또는 전부가 공서양속에 반하여 무
효로 되는 것에 불과하다(대법원 1993. 3. 23. 선고 92다46905 판결 참조).

라. 차액보증금의 감액가능성

국가를 당사자로 하는 계약에 있어서 차액보증금제도를 둔 취지에 비추어 보면, 이 사건 차액보
증금에 관한 약정은 수급자가 시설공사계약을 위반할 경우에 그 차액보증금을 원고에게 귀속시킴으
로써 제재를 가함과 동시에 계약이행을 간접적으로 강제하는 작용을 하는 위약벌로서의 성질을 가
진 것으로 봄이 상당하고, 위 차액보증금에 관한 약정이 위약벌의 성질을 가진다고 본다면 손해배상
의 예정에 관한 민법 제398조 제2항을 유추적용하여 그 액을 감액할 수는 없다고 할 것이다.[7]

마. 예정가액과 낙찰금액의 차액을 차액보증금을 보증서로 제출하는 경우 그 차
액의 2배를 납부케 하는 약관조항의 유효성

단순 최저가 낙찰방식에 의한 건설공사 도급계약에 있어서는 현저한 저가 입찰을 억제하여

---

6) 대법원 2002. 4. 23. 선고 2000다56976 판결. 대법원 2000. 12. 8. 선고 99다53483 판결 참조
7) 대법원 2002. 4. 23. 선고 2000다56976 판결

덤핑에 의한 부실공사를 방지하고 계약 내용대로 계약을 이행할 것을 담보할 필요성이 매우 강한 점에 비추어, 예정가격의 100분의 85 미만에 낙찰받은 자는 예정가격과 낙찰금액의 차액을 차액보증금으로서 현금으로 납부하게 하고 채무불이행의 경우 차액보증금을 발주자에게 귀속시키기로 하는 약관조항은 허용될 수 있으며, 이러한 약관조항이 약관의규제에관한법률 제6조, 제8조에 저촉된다고 보기는 어려우나, 차액보증금을 현금에 갈음하여 건설공제조합 등이 발행하는 보증서로 납부하고자 하는 경우에는 그 차액의 2배를 납부하게 하고 수급인의 채무불이행의 경우 계약보증금과 차액보증금을 발주자에게 귀속시키기로 하는 약관조항은 같은 법 제6조 제2항 제1호 또는 제8조에 저촉되어 무효라고 할 것이다.[8]

바. 차액보증금의 반환

차액보증금은 최저가낙찰제의 시행과 관련하여 지나친 저가입찰을 억제하여 덤핑에 의한 부실공사를 방지하고 계약내용대로 계약을 이행할 것을 담보하기 위한 것으로서, 수급인이 계약 당시 약정에 따라 도급인에게 차액보증금을 금전으로 미리 지급하였다면 그 지급된 차액보증금은 당사자 사이에 다른 약정이 없는 한 도급인의 소유로 귀속되었다가 수급인의 계약이행 등 반환사유가 발생하면 도급인이 그 금액을 수급인에게 반환할 의무를 부담하는 것이고, 그 반환 의무의 범위는 당사자 사이의 약정에 따라 정해지되, 특별한 약정이 없다면 그 원금만 반환하면 되는 것이며, 차액보증금이 수급인의 계약불이행으로 인한 손해를 담보하기 위한 것이라고 하여 도급인에게 지급된 차액보증금에서 발생한 이자 등의 과실이 당연히 수급인에게 귀속되어야 하는 것은 아니다.[9]

4. 하자보수보증

하자보수보증은 건설업자가 도급받아 준공한 공사 등의 시공 중 설계도서 기타 지시서에 위배하여 시공된 사실로 인하여 발생된 하자의 보수에 관한 의무이행을 보증하는 것을 말한다.[10] 시공자는 하자담보 책임기간 중 하자가 발생할 경우 이를 보수하여야 하는데 이를 이행치

---

8) 대법원 2000. 12. 8. 선고 99다53483 판결
9) 대법원 2002. 10. 25. 선고 2000다22416 판결
10) 건설산업기본법시행령 제56조 제2항 5호

아니하는 경우에는 당해 보증금은 발주자에게 귀속된다. 이 때의 하자보수 책임은 시공상의 하자에 한하며, 하자담보 책임기간 중이라 하더라도 시공상의 하자로 볼 수 없는 사용자의 관리소홀 등에 의한 하자에 대해서는 보수책임을 지지 않는다.

5. 선급금 지급보증

선급금 지급보증은 건설업자가 도급받은 공사 등과 관련하여 수령하는 선금의 반환채무를 보증하는 것을 말한다.[11]

선급금 지급보증액은 시공자가 발주자로부터 수령하는 선급금액으로 하며, 관련 법률이나 당사자 사이의 약정여부에 따라 이자상당액을 포함한 금액으로 한다.

6. 유보기성금 지급보증

유보기성금 지급보증은 당해 공사의 계약서상에 유보기성금의 지급에 관한 명문조항이 있는 경우 그 유보기성금의 지급에 따르는 채무를 보증하는 것으로서 보증금액은 기성금액의 10%가 일반적이다.

7. 손해배상보증

공사를 시공하는 과정에서 발생하는 제3자의 피해를 배상하는 보증이다. 손해배상보증의 보증금액은 당해 공사의 입찰유의서 등에서 정한 도급금액 대비 일정비율로 하는 것이 일반적이나 그 비율에 관한 구체적 조건이 없는 경우에는 도급금액의 1000분의 7로 하고 있으며, 보증기간은 계약일로부터 당해 공사의 준공일까지이고 보증책임은 수급자의 귀책사유로 발생한 제3자의 사고에 한하여 책임을 부담하고 수급업자의 귀책사유가 아니거나 당해 공사

---

11) 건설산업기본법시행령 제56조 제2항 6호

의 시공과 관련 없는 피해가 발생한 경우에는 책임을 지지 않는다.

8. 대출보증

금융기관으로부터 공사자금을 대출받는 데 필요한 보증을 말한다.

9. 인허가 보증

국가 및 지방자치단체에 공사와 관련한 각종 인·허가를 신청할 때 원상회복 등을 위하여 납부해야 하는 예치금 또는 보증금에 대한 보증을 말한다. 이 인허가 보증의 보증금액은 그 사업과 관련하여 국가 또는 지방자치단체로부터 인·허가를 받음에 있어서 원상회복 또는 복구 등을 보장하기 위하여 예치하여야 할 금액이며, 인허가 관련 법령 등에 근거한 인가 허가 면허조건 등에서 정하고 있는 사업비 또는 공사비의 일정비율로 보증금액을 정함이 일반적이다.

보험계약자가 토석채취변경허가를 받으면서 산림훼손 부분에 대한 복구비용을 허가관청에 예치함에 있어서 현금 대신 보증보험증권으로 예치하기 위하여 보증보험회사와 체결하는 인·허가보증보험은 보험계약자가 토석채취허가의 조건인 적지복구의무를 이행하지 아니함으로써 피보험자인 허가관청이 입게 된 손해, 즉 피보험자가 보험계약자 이외의 제3자에게 적지복구에 관한 행정대집행을 의뢰하고 그 비용을 실제로 지급함으로써 입게 되는 손해를 전보함을 목적으로 하는 것으로서, 그 보험사고는 토석채취허가를 받은 보험계약자가 토석채취허가의 조건인 산림훼손 부분에 대한 복구의무를 불이행함으로써 발생하는 것이다.[12]

10. 임시전력수용예납보증

공사시공을 위한 전력을 임시로 수용하기 위하여 한국전력공사에 납부하는 예납금을 보증

---

12) 대법원 2003. 6. 13. 선고 2003다4563 판결, 대법원 2006. 2. 24. 선고 2004다3765 판결

하는 것이다. 보증금액은 사업에 필요한 전력을 임시로 수용하고자 할 때 한국전력공사에 예납하여야 할 금액으로 하며, 보증기간은 임시전력수용예약개시일로부터 그 수용계약종료일에 3월을 가산한 날까지로 하는 것이 일반적이며, 다만 한국전력공사에서 따로 정한 바가 있는 때에는 그에 따르고 있다.

전기사업법의 개정으로 피보험자나 보증채권자가 한국전력뿐만 아니라 구역전기사업자에게로 확대될 것이다.

11. 지급보증의 보증과 보증보험의 보증

지급보증의 보증 또는 보증보험의 보증은 외국정부 또는 공공기관이 발주한 공사와 관련하여 국내외 금융기관으로부터 보증신용장의 개설, 보증서의 발급 또는 보증기관의 보증을 받는 데 따르는 채무보증을 말한다.

지급보증의 보증 또는 보증보험의 보증금액은 국내외의 금융기관 또는 보증기관과 약정한 금액으로 하며, 보증기간은 국내외의 금융기관 또는 보증기관과 약정한 기간으로 하는 것이 일반적이다.

Ⅲ. 건설보증제도 운용의 실제

1. 개 관

건설업자가 시공할 공사에 행정관청의 인·허가를 필요로 하는 경우에는 인허가 보증, 입찰 시 입찰보증, 계약체결 시 계약보증 또는 공사이행보증, 선급금 지급 시 선급금지급보증, 준공검사 후 공사대금 지급 전까지 하자보수보증서를 도급인에게 교부하여야 한다. 하도급공사인 경우 건설교통부령이 정하는 경우를 제외하고는 도급인은 하도급계약 시 수급인에게 하도급대금의 지급을 보증하는 보증서를 교부하여야 한다.

보증종류별로 보증금액을 보면 입찰보증은 입찰금액의 100분의 5 이상, 계약보증금은 계약금액의 100분의 10 이상, 공사이행보증서는 계약금액의 100분의 40 이상, 선급금보증의 경우 보증금액은 선급금금액 또는 선급금금액과 일정비율의 이자를 합산한 금액이고, 하자보수보증의 경우 보증금액은 공종별로 계약금액의 일정한 비율(계약금액의 100분의 2~100분의 10)로 정해진다.

2. 각 보증서에 대한 권리행사

가. 입찰보증

입찰보증금을 보증서 등으로 받은 경우 낙찰자가 계약을 체결하지 아니한 때에는 입찰보증금은 국고에 귀속되고 입찰보증금의 전부 또는 일부의 납부를 면제한 경우에는 입찰보증금에 해당하는 금액을 국고에 귀속시켜야 한다.[13]

예산회계법에 따라 체결되는 계약은 사법상의 계약이라고 할 것이고, 같은 법 제70조 5의 입찰보증금은 낙찰자의 계약체결 의무이행의 확보를 목적으로 하여 그 불이행 시에 이를 국고에 귀속시켜 나라의 손해를 전보하는 사법상의 손해배상 예정으로서의 성질을 갖는 것이라고 봄이 타당하다고 할 것이다.[14]

입찰보증금이 계약체결을 담보하는 동시에 계약체결 불이행에 대한 위약벌 또는 제재금의 성질을 가진 경우에는 채무불이행으로 인한 보증금의 귀속에 관하여 손해의 발생이 필요한 것이 아니며, 그와 같은 규정이 공서양속에 반하여 무효라고 할 수도 없다.[15]

나. 계약보증

계약상대자가 계약상의 의무를 이행하지 아니한 때에는 당해 계약보증금을 국고에 귀속시켜야 한다. 이 경우 계약보증금의 전부 또는 일부의 납부를 면제한 때에는 계약보증금에 해

---

13) 국가를당사자로하는계약에관한법률 제9조 제3항
14) 대법원 1983. 12. 27. 선고 81누366 판결
15) 대법원 1979. 9. 11. 선고 79다1270 판결

당하는 금액을 국고에 귀속시켜야 한다.16)

다. 공사이행보증

계약상대자가 정당한 이유 없이 계약상의 의무를 이행하지 아니한 경우 보증기관은 보증이
행업체를 지정하여 당해 계약을 이행하게 하여야 한다. 다만, 공사이행보증서상의 보증금을
현금으로 납부하는 경우에는 그러하지 아니하다.17)

라. 하자보수보증

수급인은 공사의 하자보수를 보증하기 위하여 계약서에 정한 하자보수 보증금률을 계약금
액에 곱하여 산출한 금액을 준공검사 후 그 공사의 대가를 지급할 때까지 현금 또는 보증서
로서 도급인에게 납부하여야 하고, 수급인은 도급인이 전체 목적물을 인수한 날과 준공검사
를 완료한 날 중에서 먼저 도래한 날부터 계약서에 정한 하자담보 책임기간 중 당해 공사에
발생하는 일체의 하자를 보수하여야 한다.

수급인이 도급인으로부터 하자보수의 요구를 받고 이에 응하지 아니하는 경우 하자보수 보
증금은 도급인에게 귀속하고, 도급인은 하자담보 책임기간이 종료한 때에는 하자보수 보증금
을 수급인의 청구에 의하여 반환하여야 한다. 다만, 하자담보 책임기간이 서로 다른 공종이
복합된 공사에 있어서는 공종별 하자담보 책임기간이 만료된 공종의 하자보수 보증금은 수급
인의 청구가 있는 경우 즉시 반환하여야 한다.

마. 선급금지급보증

선금을 지급한 후 계약을 해제 또는 해지하는 경우, 선금지급조건을 위배한 경우, 사고이
월 등으로 반환이 불가피하다고 인정하는 경우 당해 선급잔액에 대해서 계약상대자에게 지체
없이 그 반환을 청구하여야 하고 계약상대자의 귀책사유에 의하여 반환하는 경우에는 당해
선급잔액에 대한 약정이자 상당액을 가산하여 청구하여야 한다.

---

16) 국가를당사자로하는계약에관한법률 제12조 제3항
17) 공사이행보증제도운용요령〔회계예규 2200.04-152-3(2004.08.16)〕

3. 건설공사 보증사항 중 개선할 사항

가. 편면적 보증의 문제점

건설산업은 대표적인 수주산업으로서 도급인에 비하여 수급인이 비교적 열위적 지위에 있는 관계로 건설보증시장도 도급인 위주로 운영이 되고 있다. 대표적으로 양 당사자가 계약을 체결한 경우에 당사자의 지위가 비교적 대등하다면 도급인이 수급인에게 계약금으로 공사대금의 10% 정도를 교부하고 수급인은 계약이행에 대한 담보로 계약보증서를 교부하는 것이 일반적일 것이다.

건설산업에서는 대부분의 경우에 수급인만 보증수수료를 부담해 가면서 편면적으로 도급인에게 계약보증서를 교부하고 있다. 이 경우 수급인의 채무불이행에 대해서는 계약보증금이 담보하겠지만 도급인의 채무불이행에 대해서 사실상 수급인은 아무런 보상도 받지 못하고 공사대금의 지급 여부는 순전히 도급인의 신용이나 자력에 의할 수밖에 없는 것이 현실이다.

또한 수급인이 계약금 명목으로 도급인으로부터 공사대금의 10%를 받는다고 해도 이 계약금은 민법상 해약금과 달리 전체 공사를 위하여 미리 지급받은 선급금이므로 수급인이 선급금지급보증수수료를 부담해야 하는 형편이다. 물론 최근에 하도급대금지급보증서가 교부되고 있지만 이 경우는 하도급의 경우에 한정되는 것이고, 발주자가 공사대금을 지급하지 않을 경우 공사대금 수령에 대한 위험은 수급인이 완전히 부담할 수밖에 없는 것이다.

나. 실손보상의 원칙

통상 계약보증금은 계약금액의 10% 상당액으로 정하고 있다. 수급인에게 채무불이행이 발생하여 계약보증금을 청구할 경우에 도급인은 수급인의 채무불이행으로 인하여 실제로 입은 손실여부와 상관없이 계약보증금 전액을 귀속시키려 한다. 또한 도급인이 계약보증금 이상의 손해를 입은 경우 이 손해를 보상받기 위해서 10%의 계약보증금만으로는 부족한 경우도 발생한다.

이러한 점 때문에 역무적 성격이 강한 공사이행보증제도가 도입된 것으로 보이지만 그 공사이행보증대상이 몇백억 원 이상의 공사에 한정되는 관계로 대부분의 건설공사 계약과는 상관이 없는 것일 수밖에 없다.

보증기관이 계약금액의 10%를 보증하고 그 범위 안에서 손해를 보상받는 것이 충분한 것인지, 보증금액과 상관없이 보증기관이 인정하는 손해만 보상할 것인지 그 방법도 논의되고 있지 않고 있는 실정이다.

단순히 보증사고가 발생하는 경우에 많은 보상을 받는 것보다 도급인이 입은 손해의 전부를 부담하는 보증상품이 필요하다고 본다.

다. 장기계속공사의 계약보증금

장기계속공사의 경우 시공자의 권리는 차수별 계약금액에 한하는 데 반해 보증의무는 총공사금액에 대해 지고 있다. 계약 상대방이 모든 차수 계약을 성공적으로 완성하고 마지막 차수 공사를 완성하지 못하는 경우에도 총계약에 대한 계약보증금 전액이 국고에 귀속되는 문제점은 연차별계약이 완료된 때에는 당초의 계약보증금 중 이행이 완료된 연차별계약금액의 100분의 10을 반환하는 것으로 개선이 되었지만 미이행한 나머지 부분에 대한 보증책임은 여전히 부담할 수밖에 없다. 계약 당사자가 당해 계약에 관한 권리밖에 없다면 국가도 당해 계약에 대한 보증에 대해서만 권리를 행사하여야 한다고 본다.

마. 보증상품 개발

보증상품은 시장의 수요에 따라 보증상품을 개발하고 그 위험률을 반영하여 수수료를 책정하여 시행하는 것이 일반적이나 건설산업기본법에 의해 설립된 보증기관의 경우에는 보증의 종류가 건설산업기본법과 그 시행령에서 정하고 있으므로 새로운 보증상품을 만들어 시행하기 위해서는 건설산업기본법의 개정이 수반되어야 하는 문제점이 있다. 보증상품의 개발이 시장의 필요에 의하는 것이 아니라 행정부와 국회에 의하여 최종적으로 통제되는 것은 문제이다.

바. 보증수수료의 문제

채무불이행이 발생한 경우 보증의 수혜자는 발주자나 도급인임에도 보증수수료는 수급인이나 하수급인이 부담하게 되어 조합원으로 구성된 각 공제조합이 새로운 보증상품을 개발할 경우 조합원에게 금융비용만 부담시키는 꼴이 될 수밖에 없으므로, 조합원에게 경제적인 부담이 되는 보증상품의 개발에 소극적일 수밖에 없다. 보증수수료는 도급인이나 발주자의 부담으로 공사원가에 반영하는 것이 타당하다.

사. 지나치게 장기화되어 가는 하자보증

현행 건설산업기본법에서 규정된 건설공사의 하자보수기간이 지나치게 장기간이다. 10년이면 의구한 강산도 변하는데 10년 동안 하자보수의무가 있다는 것은 지나치게 많은 경제적 부담을 수급인에게 지우는 일이다. 아파트입주자대표회의를 부추겨 하자보증금만을 받아주는 회사들도 있다. 이에 대해서는 조속히 어떠한 조치가 취해져야 할 것이다.

아. 운영위원회의 구성

주택공제조합 부실의 주된 원인은 조합의 방만한 경영이고, 방만한 경영의 구조적인 원인은 조합의 의사결정과정에 기인한다. 조합의 최고의사결정기구는 조합원 총회이지만, 중요한 정책사항은 운영위원회에서 실질적으로 결정되었다. 그런데 운영위원회의 구성은 외부인사를 제외하고는 모두 조합원 업체의 대표이어서 운영방안을 결정할 경우 조합의 경영수지 및 안정성보다는 조합원에게 일시적으로 유리한 방향으로 정책이 결정되는 경우가 많아 조합 경영진이 독립적으로 경영할 수 있는 여지가 적다.

보증인 보증기관이 피보증인을 심사하는 업무가 전제되므로 신용평가 기준 등 보증심사기준을 건설업체 대표인 운영위원이 심사하는 경우는 조합과 조합원 사이의 이해상충 문제가 발생하여 공정하지 못한 심사기준을 제정할 가능성이 있으므로 조합과 조합원 사이에 이해상충 문제가 있는 사안에 대해서는 조합원 대표를 제외시켜 조합경영진의 독립성을 확보해 주어야 한다.[18)]

자. 공사관리의 중요성

우리나라 속담에 "싼 게 비지떡"이라는 말이 있다. 최저가입찰자가 공사를 가장 효율적으로

---

18) 이의섭, 주택공제조합 부실의 원인과 대책

완성한다는 보장이 없다. 터무니없는 가격으로 입찰한 자에게 무조건 공사를 맡기는 것이 도급인에게 가장 많은 이익을 가져다준다고 말할 수 있을까?

최저가입찰자가 시공한 공사가 품질도 높고 적기에 완성이 된다면 문제가 없겠지만 회사운영에 필요한 자금을 우선 확보하기 위하여 '묻지 마' 입찰 업체였다면 그 업체가 정상적으로 공사를 이행한다는 보장은 낮아 보인다.

이 경우에 발주자나 도급인이 입을 손실 중의 일부는 보증을 통해 해결할 수 있겠지만 그에 앞서 가장 중요한 것은 발주자나 도급인이 스스로 공사를 관리할 수 있는 능력을 키워 보증사고가 발생할 가능성을 최대한으로 줄이려는 노력과 함께 수급인과 하수급인에게 적정한 시공비용과 이윤을 보장해 주는 것이 필요하다.

보증사고가 발생하여 보증기관이나 보험자에게 일정한 금전을 지급받는 것이 유리할까 아니면 수급인의 계약불이행 가능성을 사전에 차단하여 공사를 정해진 기간에 무사히 마치는 것이 유리할까? 답은 자명하다.

제2절 보증보험과 공제조합의 이행보증

I. 보증보험의 의의

보증보험이라 함은 보험자가 보험료를 수령하고 보험계약자(채무자)의 계약상의 채무불이행 또는 법령상의 의무불이행으로 인하여 피보험자(채권자)가 입게 되는 손해를 보상할 것을 목적으로 하는 손해보험을 말한다.

보험업법은 손해보험사업의 범주에 매매·고용·도급 그 밖의 계약에 의한 채무 또는 법령에 의한 의무의 이행에 관하여 발생할 채권자 그 밖의 권리자의 손해를 보상할 것을 채무자 그 밖의 의무자에게 약속하고, 채무자 그 밖의 의무자로부터 그 보수를 수수하는 것을 포함시키고 있다.[19]

보증보험은 채무자가 채권자를 피보험자로 하여 체결하므로 채무자에게는 신용보완적 기능을, 채권자를 위하여는 담보기능을 갖는다. 이러한 목적은 종래의 민사보증제도나 보증금제도에 의하여 달성할 수 있었으나 실질적 자력을 갖추거나 현금을 제공하여야 하는 점에서 한계가 있었다. 보증보험은 보험계약자인 채무자의 채무불이행 가능성을 엄밀히 평가하여 그 불이행으로 인한 위험을 자력이 확실한 보증보험자가 인수하는 제도로서 진일보한 형태라 할 수 있다.[20]

---

19) 보험업법 제2조 3호
20) 김성태, 보험법 강의, 769면, 법문사, 2001

Ⅱ. 보증보험의 법적 성질

1. 들어가는 말

보증보험은 피보험자의 손해보상을 목적으로 하는 손해보험계약에 속한다. 한편으로 보증보험은 보험자가 채무자인 보험계약자의 보증인이라는 입장에서 채권자에 대한 채무의 이행을 담보하는 것이라는 점에서 보증의 채권담보적 기능을 한다.

대법원은 보증보험이란 피보험자와 어떠한 법률관계를 가진 보험계약자(주계약상의 채무자)의 채무불이행으로 인하여 피보험자(주계약상의 채권자)가 입게 될 손해의 전보를 보험자가 인수하는 것을 내용으로 하는 손해보험으로서, 형식적으로는 채무자의 채무불이행을 보험사고로 하는 보험계약이나 실질적으로는 보증의 성격을 가지고 보증계약과 같은 효과를 목적으로 하는 것이므로, 보증보험계약은 주계약 등의 법률관계를 전제로 하고 보험계약자가 주계약에 따른 채무를 이행하지 아니함으로써 피보험자가 입게 되는 손해를 약관의 정하는 바에 따라 그 보험계약금액의 범위 내에서 보상하는 것이고, 그 성질에 반하지 않는 한 민법의 보증에 관한 규정이 보증보험계약에도 적용된다고 한다.[21]

이행보증보험은 보험계약자인 채무자의 주계약상 채무불이행으로 인하여 피보험자인 채권자가 입게 되는 손해의 전보를 보험자가 인수하는 것을 내용으로 하는 손해보험으로서, 실질적으로는 보증의 성격을 가지고 보증계약과 같은 효과를 목적으로 하는 점에서 보험자와 채무자 사이에는 민법상의 보증에 관한 규정이 준용되므로, 이행보증보험의 보험자는 민법 제434조를 준용하여 보험계약자의 채권에 의한 상계로 피보험자에게 대항할 수 있고, 그 상계로 피보험자의 보험계약자에 대한 채권이 소멸되는 만큼 보험자의 피보험자에 대한 보험금 지급채무도 소멸된다고[22] 하여 보증보험에 있어서 보험성과 보증성을 모두 인정하고 있으며 주류적인 학설의 입장도 같은 것으로 보인다.

---

21) 대법원 2004. 12. 24. 선고 2004다20265 보험금반환판결
22) 대법원 2002. 10. 25. 선고 2000다16251 보험금판결

2. 손해보험성

가. 보험사고의 우연성 여부

일반적으로 손해보험은 보험자가 불확정한 사고의 위험을 인수하는 것이므로 보험사고는 장래의 우연한 사고에 달려 있는 것임을 본질로 한다. 이러한 우연성이 결여되면 보험계약은 원칙적으로 무효가 된다. 보험계약자의 고의 또는 과실에 의하여 보험사고가 발생하고 보험계약자의 고의 또는 중대한 과실로 인하여 보험사고가 발생하는 경우 보험자는 면책이 된다. 보험은 사고발생의 여부 또는 그 발생시기가 불확실하여야 하며, 예상하지 못한 우연한 사고에 대비하기 위한 것이므로 보험계약자의 고의 또는 중과실 여부에 따라 사고가 발생하는 보증보험에서 사고의 우연성이라는 점이 문제가 된다.

여기에서 이 '우연성'은 일반적으로 보험계약 성립 시에 그러한 사고가 생길 가능성은 있으나 사고가 발생할지 아닐지 하는 것이 불확정인 상태에 있는 것으로 보고 있다. 보험사고에 있어서 보험사고가 보험계약자의 고의 또는 중과실에 의해 발생한다고 해도 계약 성립 시에 주채무의 이행여부가 불확실한 이상, 보험사고로서의 우연성이 인정될 수 있다.

보험사고의 불확정성은 객관적이 아니라 주관적으로 확정되지 않아야 한다.[23] 그런데 보증보험의 보험계약자인 채무자가 계약의 체결 당시부터 채무불이행할 것을 명백히 의도하고 있는 경우에는 채무자가 이미 불이행을 의도하고 있어 보험계약자의 행위는 기망에 해당한다. 그리고 이를 주관적 확정상태로 볼 수 있다면 보험법의 원리에 따라 당해 계약은 무효가 되어야 한다.

그러나 보증보험에서의 고지의무 위반의 경우 피보험자의 신뢰를 보호한다는 취지에서 보험자의 해지권을 제한하는 통설과 판례에 비추어 볼 때, 보험계약자의 주관적인 사정만으로 보험자가 계약을 해지할 수 있을지는 의문이다.[24]

나. 구상권과 보험성과의 관계

보증보험약관에는 보험자가 보험금을 지급한 때에는 보험계약자에 대하여 구상권을 가진다고 규정하고 있는데, 이러한 약관규정이 보험의 본질에 반하는 것이 아니냐 하는 문제가 제기될 수 있다.

---

23) 상법 제644조
24) 장덕조, 보증보험의 법적 성질에 대한 의문의 제기

보험의 근본목적은 위험을 담보하는 데 있으므로 보험사고가 발생하는 경우 보험금을 지급함으로써 지급한 보험금의 범위에서 다시 구상권을 행사하지 않는 데 그 존재가치가 있는 것이다. 그럼에도 불구하고 보증보험약관이 구상권 규정을 두어 보험자가 보험가입자에게 구상권을 행사하게 하는 것은 보험의 원리에 반한다고 할 수 있을 것이다.

물론 보험계약자의 고의 또는 과실의 경우에도 보험금을 지급함으로 구상권 행사를 가능하게 하는 것이 도덕적 위험을 방지하게 된다는 의미에서 보험의 원리에 반하지 않고 이러한 구상권은 보증보험의 보증성으로부터 나오는 것으로써, 구상권이 있다고 해서 보험의 본질에 반하거나 손해보험으로서의 성격을 해치는 것은 아니라고 한다.25)

판례는 보증보험의 구상권 약정은 보증성에 터잡은 것이므로 보험의 본질에 반하지 않는다고 보고 있다.26)

다. 타인을 위한 보험성

보증보험은 타인을 위한 보험인 것이 특징이며, 이 점이 자기를 위한 보험인 신용보험과 구별된다. 보증보험계약은 언제나 타인을 위한 손해보험계약이다. 즉 채무자가 보험계약자로서 보험료를 부담하고, 채권자를 피보험자로 하여 가입하는 방식을 취하게 된다.

이 경우 피보험자는 보험사고가 발생하면 별도의 의사표시 없이 자기 고유의 권리로서 보험자에 대하여 직접 보험금 청구권을 취득한다. 즉 일단 보험계약자가 취득한 권리를 승계 또는 대위취득하는 것이 아니다. 다만 피보험자가 취득하는 권리의 내용은 손해보상청구권이며, 그 이상의 부수적 권리를 취득하지 못할 뿐이다.27)

3. 보증계약성

대법원은 보증보험이 형식적으로는 채무자의 채무불이행을 보험사고로 하는 보험계약이지

---

25) 이한무, 계약상 채무를 부담하는 보증보험
26) 대법원 1992. 5. 12. 선고 92다4345 구상금
27) 대법원 1981. 10. 6. 선고 80다2699 판결. 타인을 위한 보험계약에 있어서 피보험자는 직접 자기 고유의 권리로서 보험자에 대한 보험금지급청구권을 취득하는 것이므로 특별한 사정이 없는 한 피보험자는 보험계약자의 지급기한을 연기하는 등 그 권리를 행사하고 처분할 수 있다.

만 실질적으로는 보증의 성격을 가진다고 하면서, 그 성질에 반하지 않는 한 보증에 관한 규정이 보증보험계약에도 적용된다고 한다.

보증계약은 채권자와 보증인 사이에 체결되는 데 비하여 보증보험계약은 채무자와 보증보험회사 간에 체결된다는 점과 민법상의 보증은 무상임을 원칙으로 하지만 보증보험에서는 보험자가 보험료를 취하는 유상계약이라는 점, 보험자의 보험인수에 따른 보증은 상행위이므로 보험자가 연대책임을 지고, 보험자는 민법상 보증과 달리 최고·검색의 항변권을 갖지 않는다는 점에서 보증과 보험은 구별이 된다고 한다.

그러나 보증계약은 주채무와는 별개의 독립된 계약이라는 점, 보증계약이나 보험계약에서 급부는 주채무의 급부와 동일하다는 점, 보증과 보증보험은 주채무의 존재를 전제로 한다는 점, 주채무가 소멸하면 보증보험계약 성립의 전제가 상실된다는 점, 주채무의 목적이나 형태가 확장 가중되는 경우 보험자에게 영향을 미치지 아니한다는 점에서 보증과 동일하다.

4. 보증과 보험의 구별에 관한 학설[28]

가. 유상성설

유상성설은 양자의 구별기준을 유상성의 유무에서 구하는 견해인데 보험계약은 유상계약이지만 보증계약은 무상계약이어서 서로 구별된다고 한다.

그러나 이 견해에 대해서는 보증계약은 반드시 무상계약이라고 한정할 수 없으며 유상보증도 있을 수 있다고 하는 비판이 있다.

나. 단체적 결합설

단체적 결합설은 양자의 구별을 다수인의 단체적 결합을 본질적 요소로 하는가, 즉 동종의 계약이 다수에 의해 체결되어지는 것이 예상되어져 있는가에 따라서 위험이 다수인 간에 분배되는 것을 목적으로 하고 있는가 하는 점에서 구하는 견해이다.

---

28) 정경영, 보증보험의 법적 구성, 서울대학교 석사논문

이 설은 제도로서의 보험과 보증의 차이점 또는 사업으로서의 보험과 보증의 차이점을 설명하는 것이지만 계약으로서의 보험과 보증과의 차이점을 설명하는 데 원용할 수 없다는 비판이 있다.

다. 사고의 의사기인성설

사고의 의사기인성설은 피담보채무가 의사에 기하여 발생하는 것인가를 보험과 보증의 구별기준으로 하는 견해인데, 이 견해에 의하면 보험계약에 있어서는 보험사고의 발생은 피담보자의 의사에 기하지 않을 것을 요하고, 보증계약에 있어서는 피보증인의 의사에 기한 채무불이행을 대상으로 한다고 말한다.

이 견해에 의하면 보험계약에 있어서는 보험사고의 발생은 피담보자의 의사에 기하지 않을 것을 요하고, 보증계약에 있어서는 피보증인의 의사에 기한 채무불이행을 대상으로 한다고 말한다. 이는 보증과 손해담보계약과의 중요한 차이점은 될지 모르나 보험계약에 있어 보험사고의 발생이 피담보자의 의사에 기하지 않아야 하는 것이 보험의 본질적 요청인가 하는 문제에 대해서, 보험사고가 보험계약자의 의사에 기하더라도 보험성을 인정할 수 있으므로 본질적 요청이라고 볼 수 없다.

라. 독립성설

독립성설은 보험과 보증과의 구별기준을 다른 계약과 독립하여 체결되는가에서 구하는 견해이다. 이 견해에 의하면 보험계약은 다른 계약과 독립하여 체결되지만 보증계약은 다른 계약에 부수하여 체결된다고 설명된다.

그러나 이 독립성설에 대해서는 비록 어떤 계약이 다른 계약에 부수·내지 결합하여 체결되어도 보험계약인 것을 방해하지 않는다고 하는 비판이 있다.

마. 공동준비재산성설

이 공동준비재산성설은 공동준비재산을 형성하는가에 의해 양자를 구별하는 견해인데 이에 의하면 보험에 있어서는 작출된 보험료는 가입자 전원을 위한 공동준비재산으로 되지만 보증에 있어서는 - 설사 유상보증에 있어서도 - 공동준비재산을 형성하는 일이 없다고 설명된다.

그러나 이 견해는 비록 보험제도와 보증제도의 차이는 설명할 수 있어도 보험계약과 보증계약의 相違를 설명할 수는 없다. 왜냐하면 보험계약상 보험자는 보험계약자에 대하여 보험료를 적립해야 할 의무를 부담하는 것은 아니며 보험료의 적립은 고작 보험행정상의 의무일 수는 있어도 사법상의 의무는 아니기 때문이다. 그리하여 보험자는 사법상 보상금을 적립된 보험료로부터 지출할 수 있을 뿐만 아니라 자기자본 또는 차입금으로부터도 지출할 수 있다.

바. 손해보상설성

손해보상성설은 보험과 보증의 구별기준을 손해보상성의 유무에서 찾는 견해이다. 실정법상으로 보험계약이란 당사자의 일방이 약정한 보험료를 지급하고 상대방이 재산 또는 생명이나 신체에 관하여 불확정한 사고가 생길 경우에 일정한 보험금액 기타의 급여를 지급할 것을 약정하는 계약이다.

보증에 관한 법률의 규정을 살펴보면 보증계약은 보증인은 주채무자가 이행하지 아니하는 채무를 이행할 의무가 있다. 이러한 점에서 보험은 계약 성립 시부터 사고의 발생을 전제하고 보험사고가 발생한 때에 손해를 보상하는 제도이고 보증의 경우는 계약 성립 당시에는 사고의 불발생을 전제로 하여 주채무의 이행을 보증하고 보증사고 발생 시에 보증인이 주채무를 이행하면 된다.

따라서 보험에는 손해보상성이 존재하나 보증에는 인적 담보성은 있으나 손해보상성이 없다는 점에서 구별된다.

5. 보험성과 보증성의 관계

가. 학 설29)

먼저, 보증보험계약의 보험계약성을 우선하면서 보증계약성으로 보충하는 입장이다. 첫째,

---

29) 한기정, 보험계약자의 사기에 의해서 체결된 보증보험계약의 효력

약관과 보험계약법의 규정이 불분명하거나 불충분한 경우에 한해서 보증계약법리가 참고될수 있으며, 민법 제433조, 제435조, 제439조, 제440조, 제441조가 검토대상이 될 수 있다는 견해이다.

둘째, 보증계약법리를 유추적용하여야 하며, 다만 보증채무의 부종성 또는 보충성은 보증보험에서 인정되지 않는다는 견해이다. 다만, 보험금을 지급한 보험자가 보험계약자에게 보험자대위권이 아니라 구상권을 행사할 수 있다고 한다.

셋째, 약관규정이 불분명하거나 불충분할 때에 보충적으로 보증계약법리를 유추적용해야하고, 보증보험에서는 보충성이 인정될 수 없고 주채무자가 갖는 항변으로 대항할 수 없으며, 다만 구상권에 대한 약관조항이 존재하는 경우에는 보험금을 지급한 보험자가 구상권을행사할 수 있다는 견해이다.

넷째, 보증보험은 보험성이 강하기 때문에 종국적으로는 보험계약법리를 기준으로 하면서, 민법 보증에 관한 규정이 적용 또는 유추적용된다고 보고, 보험자는 구상권이 아니라 보험자대위권을 행사할 수 있고 다만 그 권리행사의 내용이 민법상 보증인의 구상권 범위로 제한된다고 한다.

보증보험계약의 보증계약성을 사실상 우선시하는 견해도 있다. 보증보험은 보증의 실질과보험적 위험처리의 결합이며, 보증보험계약에서 특별히 보험계약법상의 규정과 민법의 보증에 관한 규정을 명시적으로 배제하지 않았다면 양 규정이 서로 모순되지 않는 범위 내에서모두 적용된다고 전제하고, 보증보험에는 부종성·수반성 및 구상관계 등이 인정된다고 한다.보증보험계약에 보증계약성을 인정하고, 다만 보험계약법리와 충돌하는 경우에만 양 성격의한계를 신중히 검토해야 한다는 것이다.

나. 판례의 태도

대법원은 그 성질에 반하지 않는 한 민법의 보증에 관한 규정이 보증보험계약에도 적용된다고 하는 입장인바, 구체적으로 민법 제441조 이하의 보증인에 대한 구상권에 관한 규정이 보증보험에도 적용된다고 하였고,[30] 보증보험의 피담보채권이 양도되면 당사자 사이에 다른 약정이없는 한 보험금청구권도 그에 수반하는 것으로 보았으며,[31] 이행보증보험의 보험자는 민법 제

---

30) 대법원 1997. 10. 10. 선고 95다46265 판결
31) 대법원 2002. 5. 10. 선고 2000다70156 판결

434조를 준용하여 보험계약자의 채권에 의한 상계로 피보험자에게 대항할 수 있다고 하였다.[32]

그렇다면 대법원의 입장은 보증보험이 형식적으로는 보험계약이지만 실질적으로는 보증의 성질을 가지고 있음을 근거로 원칙적으로 민법의 보증에 관한 규정이 보증보험계약에도 적용된다는 입장이라 하겠는데 다만 그 범위를 '그 성질에 반하지 않는 한' 민법의 보증에 관한 규정이 적용된다는 것으로 제한하는 입장이어서 보험성을 우선시하는 것이라 할 수 있겠다.

한편, 대법원은 건설산업기본법에 따라 건설공제조합이 조합원으로부터 보증수수료를 받고 조합원이 다른 조합원 또는 제3자와 도급계약을 체결하여 부담하는 계약보증금 지급채무를 보증하는 보증계약은 그 성질에 있어서 조합원 상호의 이익을 위하여 영위하는 상호보험으로서 보증보험과 유사한 것이라고 할 것이므로 이에 대하여도 보험에 관한 법리가 적용된다는 입장을 취하고 있다.[33]

다. 소결론

대법원은 보증보험에 대해서는 형식은 보험이나 실질은 보증으로서의 성질을 가진다 하고, 공제조합의 보증계약에 관해서는 상호보험으로서 보증보험과 유사한 것으로 보험에 관한 법리가 적용된다고 한다.

그러나 보증보험과 공제조합의 보증계약 모두 궁극적인 목적은 채권자(도급인)의 손실보전을 위하여 제도가 만들어지고 사업이 수행되는 것으로 본질적인 차이점은 없고 단지 보증보험, 기관보증의 보증계약으로 이름만 다를 뿐이라 할 것인데, 대법원은 보증보험의 실질은 보증의 성질을 가진다 하고 보증에 대해서는 보험의 법리가 적용된다고 하니, 외람되지만 판단의 편의성을 위하여 대법원이 이쪽저쪽의 법리를 차용한 것으로밖에 보이지 않는다.

보증보험의 본질은 보증으로 이해하여야 하고, 다만 위험처리방식으로 대수의 법칙 등 보험의 방식을 부분적으로 도입하여 운영하는 것이라고 보아야 한다.

채무자는 보증보험으로 자신의 신용력을 보완하고, 채권자는 채무불이행이라는 위험에 대한 담보를 취득하고, 보험자는 보험료를 받고 신용과 담보라는 이익을 제공하고, 다만 보험사고가 발생하였을 경우 보험자는 보험금 지급이라는 형태로 이미 제공한 이익을 현실화시키

---

32) 대법원 2002. 10. 25. 선고 2000다16251 판결
33) 대법원 2005. 8. 19. 선고 2002다59764 판결, 대법원 2001. 2. 13. 선고 2000다5961 판결, 대법원 2001. 3. 23. 선고 2000다11560 판결, 대법원 2001. 7. 13. 선고 2000다57771 판결 등 참조

는데, 그 방식이 보험의 방식일 뿐이다. 따라서 채권자·채무자와 관련된 보험자의 지위는 보증인과 동일하다고 보아야 하며, 보험계약과 양립할 수 없는 범위 내에서 보증성에 의문이 제기될 수 있을 뿐이다.[34]

Ⅲ. 보증보험계약의 내용

1. 보험자·보험계약자·피보험자

보험자는 보험계약의 당사자로서 보험사고가 발생한 경우에 보험금액을 지급할 의무를 지는 자이다. 보험업법은 보험자의 자격을 제한하여 일정액 이상의 자본금 또는 기금을 갖춘 주식회사 또는 상호회사로서 금융감독위원회의 허가를 받은 자만이 영위할 수 있도록 하고 있다.[35]

보험계약자란 보험자의 계약상대방으로서 자기명의로 보험계약을 체결하는 자를 말하고, 피보험자는 손해보험에서 보험사고가 발생할 경우 보험금의 지급을 받을 자를 가리킨다. 보증보험은 타인을 위한 보험계약의 형식으로 이용되므로, 보증보험계약에 있어서는 계약 당사자인 보험자, 보험 계약자 이외에 별도로 피보험자가 존재한다.

2. 고지의무

보험통칙상 고지의무에 관한 법리는 보증보험에 있어서도 적용된다. 아울러 보증보험에 있어서는 주계약의 내용은 중요한 사항이므로 이를 정확히 고지하여야 한다.[36]

대법원 1987. 6. 9. 선고 86다카216 판결에 대하여 이 보험증권에 기재된 주계약과 현실적인 주계약이 동일하고, 보험계약의 당사자가 현실적인 주계약에 대하여 합의하고 있으면

---

34) 정경영, 보증보험에서 보험자의 구상권, 심당 송상현 선생 화갑기념 논문집
35) 보험업법 제5조 제1항
36) 대법원 1987. 6. 9. 선고 86다카216 판결

보험증권에 기재된 주계약과 약간 상이한 경우에도 보험계약은 유효하고 고지의무의 위반이 없으며 보험사고의 문제도 현실적인 주계약을 기준으로 판정해야 한다고 한 것은 타당하다고 하겠다. 다만, 손해보험의 일종인 이행보증보험계약이 손해배상예정액을 보상하여 주는 정액보험의 형식을 취한 경우에 손해보험으로서의 성질에 어떠한 영향을 미치며 그 효과가 어떠한가를 명백히 하지 않은 점이 미진하다는 견해도 있다.[37]

보험계약자나 피보험자가 보험계약 당시에 보험자에게 고지할 의무를 지는 상법 제651조에서 정한 '중요한 사항'이란, 보험자가 보험사고의 발생과 그로 인한 책임부담의 개연율을 측정하여 보험계약의 체결 여부 또는 보험료나 특별한 면책조항의 부가와 같은 보험계약의 내용을 결정하기 위한 표준이 되는 사항으로서, 객관적으로 보험자가 그 사실을 안다면 그 계약을 체결하지 않든가 적어도 동일한 조건으로는 계약을 체결하지 않으리라고 생각되는 사항을 말하고, 어떠한 사실이 이에 해당하는가는 보험의 종류에 따라 달라질 수밖에 없는 사실인정의 문제로서 보험의 기술에 비추어 객관적으로 관찰하여 판단되어야 한다.[38]

보증보험에서는 고지의무의 대상이 되는 중요한 사항으로서 주계약상의 거래조건, 금액, 기간, 보험계약자의 신용이나 자력 등에 관한 사항을 들 수 있을 것이며, 특히 건설공사에 대한 이행보증보험에 있어서는 공사의 실제 착공일, 도급공사의 내용과 공사금액·공사기간 및 지급된 선급금의 액수와 그 지급방법 및 선급금이 정하여진 용도로 실제 사용될 것인지 여부 등이 될 것이다.[39]

그리고 보증보험에 있어서도 고지의무제도가 그대로 적용된다면 보험계약자나 피보험자 등이 중요한 사항에 대하여 불고지나 부실고지를 하는 경우 보험자가 계약을 해지할 수 있다.[40] 그러나 판례와 통설은 보증보험에 고지의무가 인정된다고 하면서도 보험계약자만의 고지의무위반이 있는 경우 보험자의 해지권을 제한한다. 피보험자인 채권자의 신뢰를 근거로 보험계약자만의 사기행위 등이 있는 경우 보험자가 고지의무위반을 이유로 보험계약을 취소할 수 없다고 한다.[41]

---

37) 상사판례연구 제2집, 이행보증보험계약의 의무불이행 및 고지의무의 대상
38) 대법원 2001. 2. 13. 선고 99다13737 판결
39) 대법원 2002. 11. 26. 선고 2002다34727 판결, 대법원 1999. 11. 26. 선고 99다36617 판결, 대법원 2002. 7. 26. 선고 2001다36450 판결
40) 상법 제651조
41) 대법원 2001. 2. 13. 선고 99다13737 판결

3. 보험기간

보험기간은 보험자가 보증보험계약상 책임을 부담하는 기간으로서, 보험계약 당사자가 정하는 바에 의한다. 보험자의 책임이 개시·종료하는 기간, 즉 그 기간 안에 보험사고가 발생함으로써 보험자가 책임을 지게 되는 기간을 보험기간(위험기간)이라 한다.

보험기간의 전후에 생긴 보험사고에 대하여는 보험자는 보험금 지급의 책임을 지지 않는다. 그러나 이 기간 안에 보험사고가 발생한 이상 보험기간 경과 후에 손해가 발생하더라도 보험자의 책임을 인정하여야 한다.

판례는 보증보험의 주계약의 이행기(준공기한)를 주계약 당사자가 연기하였더라도 보험기간도 당연히 변경되는 것으로 보지 않는다.[42]

보험계약은 주계약을 전제로 하나 보험계약은 보험자와 보험계약자 간의 계약이고, 주계약은 채무자와 채권자 간의 독립된 별개의 계약이다. 주계약의 변경(준공기한의 연장)이 바로 보험계약의 담보내용을 변경시키는 것은 아니다. 이러한 경우 약관상으로는 주계약의 내용에 중대한 변경이 있는 경우에는 서면으로 회사의 승인을 받지 아니하면 보험계약의 효력이 상실한다고 규정하고 있다. 따라서 주계약의 내용이 변경된 경우에 보험계약자가 보험자의 승인을 얻지 못하는 한 그 변경은 보험계약에 영향을 미치지는 아니한다고 할 것이다. 그 변경내용이 중요한 사항일 경우에는 보험계약의 효력을 상실케 하는 요인이 될 수도 있을 것이다.

보험계약자가 준공기한 내에 도급공사를 완공하지 못하여 피보험자가 기한을 연장하여 준 것은 주계약 당사자인 보험계약자에게만 효력이 미칠 뿐 보험자에게는 효력을 미치지 아니한다. 따라서 주계약상의 준공기한이 연기되었더라도 보험계약상의 보험기간이 당연히 변경된다고 할 수 없다. 또한 연기된 이행기일에 이행이 없었고 이 연기된 기일은 보험기간 이후이므로 보험사고가 약정 보험기간 이후에 발생한 것으로 보험자는 보험금 지급을 거절할 수 있는 것이다.[43]

그러나 보증기간이 도과한 후에 주계약을 해지한 경우에도 대법원은 보증인에게 보증책임이 있다고 한다.

피고는 이 사건 각 보증계약에 의하여 소외 회사가 이 사건 각 하도급계약에 따른 채무를 이행하지 아니함으로 말미암아 원고에게 부담하게 될 채무를 보증하는 것이므로, 위 각 보증계약에서 정한 보증사고는 원고에게 계약보증금을 귀속시키거나 소외 회사에게 선급금반환채무를

---

42) 대법원 1997. 4. 11. 선고 96다32263 판결
43) 대법원 1997. 4. 11. 선고 96다32263 판결에 대한 판례회고, 414면

발생케 하는 사유가 되는 소외 회사의 채무불이행이라 할 것이고, 소외 회사가 공사기간 내에 약정된 공사를 완성하지 못하여 이 사건 각 하도급계약에서 정한 채무를 이행하지 못하였다면, 위 각 보증계약에서 정한 보증사고는 보증기간 내에 발생한 것으로 보아야 하고 원고가 보증기간이 경과한 후에 이 사건 각 하도급계약을 해지하였다 하여 달리 볼 것은 아니므로(대법원 1999. 4. 13. 선고 99다4450 판결 참고), 피고의 위 주장은 이유 없다고 판시하였다.44)

4. 보험사고

보험사고라 함은 보험자의 보상책임을 구체화시키는 우연한 사고를 말한다. 보증보험에서는 채무불이행으로 인한 주계약의 해제(해지)를 보험사고로 한다. 통상의 손해보험계약에서 보험사고로 인정되려면 우연성을 갖추어야 하지만 보증보험계약에 있어서는 보험사고의 원인인 채무불이행이 반드시 우연한 것이라고 할 수 없다.

또한 손해보험계약의 경우는 보험계약자 등의 고의·중과실 면책원칙이 인정되지만, 보증보험계약에서는 보험계약자의 고의·중과실을 면책사유로 한다면, 보증보험은 그 실효성을 잃는다. 따라서 보증보험약관에서는 보험계약자의 고의·중과실로 인하여 손해가 생긴 경우에도 보험자가 책임지도록 규정하고 있다.45) 이러한 점에서 보증보험이 손해보험인지 하는 점에 의문을 갖는 견해도 있다.

5. 보험금액

보험금액이라 함은 보험사고가 발생하였을 때에 보험자가 피보험자 또는 보험수익자에게 지급하여야 할 금액을 말한다. 보험금은 금전으로 지급하는 것이 원칙이다. 손해보험에 있어서 보험사고로 인한 실손해액을 보상하는 것이므로 보험계약에서 예정한 금액과 보험사고의 발생 시에 보험자가 지급한 보험금액이 반드시 일치하는 것은 아니다.

그러므로 손해보험에 있어서의 보험금액은 보험자의 지급한도액으로서 약정한 금액을 의미

---

44) 서울고등법원 2003. 1. 29. 선고 2001나14230 판결, 이 판결은 대법원 2003. 7. 25.선고 2003다15020 판결로 확정되었다.
45) 김성태, 보험법강론, 780면

하기도 하고, 그 보험사고로 인한 손해보상액의 뜻으로도 쓰인다. 보험자의 보험금액의 지급 의무는 보험기간 내에 보험사고의 발생을 조건으로 하여 발생하는 것이므로 보험사고가 발생 하지 아니하고 보험기간이 경과하면 보험금을 지급함이 없이 계약이 종료하게 된다.

6. 보험료

보험료라 함은 보험자의 위험부담에 대하여 보험계약자가 지급하는 보수이며, 보험자의 보 험금액의 급여와 대가적 관계에 있는 보험계약자의 반대급여이다.[46]

보험료는 당사자 사이의 합의에 의하여 결정되지만, 大數의 법칙에 의한 확률계산으로 그 액이 객관적으로 결정되는 것이 보통이다. 즉 확률을 W, 현실적 위험사실 수를 Z, 가능적 위험사실을 N으로 하면 W＝Z／N의 관계로 보험료율이 결정되고 보험가액에 이 보험료율을 곱한 것이 보험료가 되는바, 실제로는 이것에 보험수수료의 영업비용과 적정이윤을 가산한 것이 영업보험료로서 보험자가 받게 될 보수가 된다.

7. 보험증권

보험증권은 보험계약의 성립과 그 내용을 증명하기 위하여 계약의 내용을 기재하고 보험자 가 기명날인 또는 서명하여 보험계약자에게 교부하는 증권이다. 즉 보험증권은 보험계약에 관한 증거증권이며, 또 보험자는 보험금 급여를 함에 있어서 제시자의 자격의 유무를 조사할 권리는 있으나 의무는 없는 면책증권이다.

보험증권의 뒷면에는 이른바 보통거래약관이 기재되어 있는 것이 상례인데, 이것은 계약의 내용을 정한 것으로서 보험계약은 이 약관의 내용에 따라 체결된 것으로 추정을 받는다. 보 험자의 보험금의 지급방법은 특히 금전으로 하여야 한다는 제한은 없으나 금전으로 지급하는 것이 원칙이라 할 수 있고, 당사자 사이에 특약이 있는 경우에는 현물급여 또는 치료행위 등 그 밖의 급여도 가능하다.

---

46) 상법 제638조

IV. 보증보험과 공제조합 보증의 비교

1. 상인성 유무

보증보험회사의 보증보험은 기본적 상행위[47]로서 당연상인이지만 공제조합의 보증은 그 보증사업을 영리를 위하여 하는 것이 아니므로 상인의 지위를 차지하지 않고 민법의 보증에 관한 규정이 적용되고 공제조합의 제도와 운영에 대해서는 건설산업기본법과 민법의 사단법인에 관한 규정 및 상법 중 주식회사의 계산에 관한 규정을 각각 준용한다.[48]

보증보험의 보증은 언제나 상행위에 속하여 주채무가 상행위로 인한 것이 아니라 하더라도 보험회사는 피보증인인 보험계약자와 연대하여 변제할 책임이 있다.[49] 그러나 공제조합의 보증 그 자체는 상행위에 속하는 것이 아니지만 조합원인 건설업자는 영리를 목적으로 건설업을 영위한 상인이고, 건설업자의 건설공사와 관련된 채무는 상행위로 인한 채무에 속한다.

그러므로 공제조합의 보증이 비록 상행위에 속하지 않는다 하더라도 주채무가 상행위로 인한 것이므로 조합원과 연대하여 변제할 책임을 진다.

2. 적용법률

공제조합의 보증행위는 건설산업기본법에 근거하고 보증은 민법상의 보증으로서 민법의 보증에 관한 규정이 적용되나 보증보험에는 보험업법과 함께 상법 보험편의 규정이 제한적으로 적용된다.

대법원은 보증보험에 대해서는 형식은 보험이나 실질은 보증으로서의 성질을 가진다 하고, 공제조합의 보증계약에 관해서는 상호보험으로서 보증보험과 유사한 것으로 보험에 관한 법리가 적용된다고 한다고 소개한 바 있다.

---

47) 상법 제46조 제17호
48) 건설산업기본법 제68조
49) 상법 제57조 제2항

3. 보험법적 요소의 도입

보증보험은 대수의 법칙이라는 보험기술을 활용하여 위험을 분산하고 재보험에 가입하지만 공제조합의 보증은 비영리 특수법인인 공제조합이 조합원의 상호구제를 목적으로 하는 보증 행위를 한다.

그러나 공제조합도 보증손해율, 영업비용을 고려하여 수수료 요율을 정하고 여기에 일정한 이윤을 내기 위하여 수학적 기법을 취하고 재보험에 가입할 수도 있다. 또한 보증보험도 구상권을 확보하기 위하여 연대보증인을 입보시키고 있으므로 정확한 의미의 대수의 법칙을 통한 위험의 분산은 이루어지지 않고 있다고 생각된다.

4. 주계약과의 관계

공제조합의 보증은 주된 계약에 부종하여 주채무가 무효·취소되는 경우 보증채무도 무효이지만, 보증보험은 보험계약자가 주계약의 중요한 내용을 변경한 경우에 보험자의 서면에 의한 승인이 없는 한 보험계약의 효력이 상실된다고 규정하고 있다.

5. 제3자를 위한 계약

보증보험은 보험자와 보험계약자 사이에 그 채무자인 보험계약자의 채무불이행 등으로 인한 채권자의 손해를 보상하기 위하여 채권자를 피보험자로 하는 보험이므로 타인을 위한 손해보험으로서 민법상의 제3자를 위한 계약에 속하는 데 반하여[50], 공제조합의 보증은 보증채권자와 공제조합 사이에 직접 보증계약이 성립된다는 점에서 차이가 있다.

---

50) 상법 제639조, 민법 제539조

6. 계약의 취소

보증보험계약에서 주채무자에 해당하는 보험계약자가 계약체결 과정에서 보험자를 기망하였다는 이유로 보험자가 보증보험계약 체결의 의사표시를 취소한 경우에, 보험자가 이미 보증보험증권을 교부하여 피보험자가 그 보증보험증권을 수령한 후 이에 터잡아 새로운 계약을 체결하거나 이미 체결한 계약에 따른 의무를 이행하는 등으로 보증보험계약의 채권담보적 기능을 신뢰하여 새로운 이해관계를 가지게 되었다면 원칙적으로 그 취소로써 피보험자에게 대항할 수 없다.

그러나 이 경우에도 피보험자가 그와 같은 기망행위가 있었음을 알았거나 알 수 있었다는 등의 특별한 사정이 있는 때에는 보험자가 보험계약자의 기망을 이유로 한 취소를 가지고 피보험자에게 대항할 수 있다.[51]

공제조합의 보증의 경우에는 민법 일반원칙에 따라 취소가 허용된다.[52]

7. 소멸시효

보증보험에서 보험금청구권의 시효기간은 2년이고[53], 공제조합에 대한 보증금청구권의 시효기간은 5년이다.[54] 보증계약에 있어서 주채무가 시효로 소멸하면 보증채무도 소멸하지만, 보증보험에 있어서 피담보채무가 시효로 소멸하면 피보험자가 보험자 대위의 대상인 보험계약자에 대한 채권의 보전절차를 게을리한 것이고, 따라서 보험금청구권도 소멸한다.

8. 보충성

공제조합의 보증은, 민법상 보증으로 주채무의 이행이 없을 때 보증채무를 이행할 책임을 지는 보증채무의 보충성이 적용된다.[55] 그러나 보증이 상행위이거나 주채무가 상행위로 인

---

51) 대법원 2002. 11. 8. 선고 2000다19281 판결, 대법원 1999. 7. 13. 선고 98다63162 판결, 2001. 2. 13. 선고 99다13737 판결 등 참조
52) 대법원 1999. 11. 26. 선고 99다36617 판결
53) 상법 제662조
54) 건설산업기본법 제67조 제2항

한 것인 때에는 보증인이 연대보증을 한다는 의사표시를 하지 않아도 그 보증은 연대보증이 되고,[56] 따라서 보증인은 최고·검색의 항변권을 행사할 수 없게 된다.

보증보험에 있어서 보험금지급채무는 독립된 채무로서 자신의 채무이기 때문에 보험자의 최고·검색의 항변권이 없다.

9. 구상권

공제조합의 보증에 있어서 공제조합이 보증채무를 이행한 경우 주채무자에 대해서 구상권을 가지지만 보험에 있어서는 원칙적으로 구상권이 인정되지 않는다. 보험금을 지급한 보험자는 보험계약자에게 보험자 대위의 일종인 청구권 대위를 행사할 수 있다.

그러나 보증보험에서도 보험자는 보험금 지급 후의 채권행사를 위하여 보증인을 세우는 것이 보통이며, 이 경우 구상권은 민법상 보증인의 구상권과 다름은 없다.

10. 주채무자의 상계권

공제조합은 주채무자의 채권에 의한 상계로서 채권자에게 대항할 수 있다.[57] 통설은 그 취지를, 첫째, 주채무자가 무자력이 되면 보증인은 실질적으로 구상을 받을 수 없고, 둘째, 주채무자가 상계하지 않은 동안에 보증인이 보증채무를 이행하면 구상권이 생기지만 이것은 법률관계의 간이한 해결에 반하며, 셋째, 만약 보증인이 상계권을 행사하지 않으면 주채무자가 상계할 기회를 상실하게 될 염려가 있다는 점에서 찾는다.[58]

보증보험도 실질적으로는 보증의 성격을 가지고 보증계약과 같은 효과를 목적으로 하는 점에서 보험자와 채무자 사이에는 민법상의 보증에 관한 규정이 준용된다.

이행보증보험의 보험자는 민법 제434조를 준용하여 보험계약자의 채권에 의한 상계로 피

---

55) 민법 제428조 제1항
56) 상법 제57조 제2항
57) 민법 제434조
58) 민법주해〔X〕, 273면

보험자에게 대항할 수 있고, 그 상계로 피보험자의 보험계약자에 대한 채권이 소멸되는 만큼 보험자의 피보험자에 대한 보험금 지급채무도 소멸된다.[59]

11. 결   론

이상에서 살펴본 바와 같이 공제조합의 보증과 보증보험의 사이에 본질적으로 차이가 나는 점은 없고 대동소이해 보인다. 보증보험은 위험회피의 방식에 보험적 요소를 도입했다는 것일 뿐 그 실질은 보증이라고 생각한다.

---

59) 대법원 2002. 10. 25. 선고 2000다16251 보험금

제3절 계약보증금에 대한 고찰

I. 들어가는 말

도급인이 수급인과 건설공사계약을 체결하고 수급인이 당해 계약을 불이행한 경우 도급인이 입을 손실을 보전하고 수급인에게는 이행에 대한 심리적인 압박을 통하여 계약이행의 확실성을 담보하기 위하여 수급인이 도급인에게 교부하는 일정한 금원을 계약보증금이라고 한다. 통상 계약보증금은 계약금액의 10%~20%가 일반적이다.

채무자의 채무불이행을 원인으로 채권자가 손해배상을 청구하는 경우 손해의 발생과 그 손해액을 입증하여야 하는데 이 경우 입증이 쉽지 않을 뿐만 아니라 증거자료의 망실 등으로 인하여 입증이 곤란한 경우도 생긴다. 그래서 당사자는 장차 채무불이행이 있게 되면 일정한 금액을 손해배상액으로 하기로 미리 약정하는 경우가 있는데 이를 위약금의 약정[60]이라 하

---

60) 債務不履行에 대하여 일정한 불이익을 줌으로써 債務의 履行을 확보하려는 違約金制度는 근대 民法에서 처음 나타난 것은 아니다. 違約金制度는 이미 바빌로니아법과 이집트법에서 그 자취를 찾아볼 수 있으며, 그 당시 일상생활 속에서 빈번히 이용된 것으로 밝혀지고 있다. 로마법 이전의 고대법으로 違約金을 인정하고 있는 立法例로는 바빌로니아법, 앗시리아법, 애람법, 히브리법 등이 있다. 바빌로니아서는 男家로부터 女家에게 약혼 시 선물이나 금전 등의 約婚贈物(mohar)을 주고 약혼파기 시에 이를 몰수하는 婚姻違約金制度가 이용되었다. 즉, 약혼기간 동안 男家나 女家 어느 쪽에서든지 約婚을 철회할 수 있었으나 그 대신 罰金을 물어야 했고 받은 약혼선물을 반환해야 했다. 함무라비법전 §159에 의하면 만약 男家에서 약혼을 부당하게 파기하면 女家에서는 男家로부터 받은 約婚贈物을 몰수할 수 있었다. 또한 함무라비법전 §160조에 의하면 女家에서 부당하게 약혼을 파기한 경우에는 男家로부터 받은 약혼선물을 모두 返還할 의무가 있었다. 바빌로니아 法圈에 속하는 앗시리아법은 상당히 기혹하여 債務者의 殺害와 四肢切斷을 내용으로 하는 違約罰이 이용되었다. 또한 바빌로니아의 인접국인 애람(Aram)에서도 앗시리아법과 같은 가혹한 違約罰이 인정되었다. 中國의 고대법에서도 약혼파기에 따른 約婚違約金制度가 이용되었다. 즉, 중국의 唐律에 의하면 약혼파기 시 약혼선물을 約婚違約金으로 몰수할 뿐만 아니라 刑罰도 가해졌다. 唐律에서는 男家에서 파혼한 경우에

고 건설공사 도급계약에서 이 위약금은 계약보증금을 말한다.

위약금에 관하여 우리민법 제398조 제4항은 "위약금의 약정은 손해배상액의 예정으로 추정한다"라고 규정하고 이 민법 조항에도 불구하고 통설과 판례는 손해배상액의 예정과는 구별되는 위약벌금의 존재를 인정하고 있다.

민법 제398조가 규정하는 손해배상액의 예정은 채무불이행이 있을 경우 채무자가 지급하여야 할 손해배상액을 미리 정해 두는 것으로서, 그 목적은 손해의 발생사실과 손해액에 대한 입증의 곤란을 덜고 분쟁의 발생을 미리 방지하여 법률관계를 쉽게 해결할 뿐 아니라, 채무자에게 심리적 경고를 함으로써 채무의 이행을 확보하려는 것에 있다고 한다.[61]

아래에서는 건설공사도급계약에서 당사자 사이에 위약금으로 약정한 계약보증금을 중심으로 범위를 한정하여 검토하고자 한다.

Ⅱ. 계약보증금 약정의 종류

1. 계약보증금약정의 목적

건설공사 도급계약에서 도급인과 수급인이 계약(이행)보증금을 약정하는 주된 목적은 대체로 다음의 두 가지가 있다고 할 수 있다.

하나는, 채무자로 하여금 채무의 이행을 강제하기 위하여 심리적으로 압박을 가하고, 채무를 이행하지 아니하는 경우에 채무자가 져야할 법적 불이익을 미리 정하여 두는 것이다. 이는 주로 채권자의 이익을 위한 것이라고 할 수 있다.

다른 하나는, 채무불이행이 있는 경우에 발생하는 채무자의 배상책임의 내용을 미리 정하여 둠

는 男家는 無罪로 취급하여 聘財(約婚膳物)의 返還請求權을 행사하였으나, 女家에서 파혼하면 男家에서는 여자를 돌려받거나 聘財의 返還뿐만 아니라 女家의 主婚者에게 刑罰도 가했다(唐律 卷十三). 그러나 明淸律에서는 男家가 파혼한 경우에 唐律과 달리 유죄로 취급하였고, 女家가 파혼하면 男家에서는 여자를 돌려받거나 만약 돌려받을 생각이 없는 경우에는 聘財의 倍額을 婚姻違約金으로 받을 수 있었다. 최창렬, 손해배상액의 예정과 위약벌에 관한 연구, 성균관대학교 박사학위논문

61) 대법원 1993.4.23. 선고 92다41719 판결

으로써 손해배상문제의 처리를 간편하게 하려는 것이다. 이러한 약정은 우선 채권자의 입증부담을 완화하기 위한 것으로서, 특히 손해의 발생이나 그 정확한 액의 입증에 행위의 성질 기타의 사정으로 인하여 어려움이 있거나 불안정이 따르는 경우에는 특히 합목적적이다. 이는 또한 채무자로 하여금 자신의 불이행에 따른 비용을 미리 계산할 수 있게 함으로써 그에게도 이점이 있다.

이와 같이 계약보증금 약정은 이행강제기능과 손해전보기능의 둘을 수행한다고 말할 수 있다. 이중에서 주로 후자의 기능을 담당하는 위약금 약정을 손해배상액의 예정이라고 부르고 위약금 약정의 주된 목적이 전자에 있는 경우는 이를 위약벌이라고 부른다.[62]

당사자 사이에 약정한 계약보증금이 손해배상액의 예정인지 위약벌인지 여부를 놓고 많은 판결이 있었다. 특히 건설공사도급계약에서 계약보증금의 성격을 놓고 특히 그러했다. 그렇다면 위약금의 성격을 두고 많은 판결이 있었던 이유와 손해배상액의 예정이나 위약벌로 구별하는 이유와 실익은 어디에 있을까?

결론 같은 이야기이겠지만 당사자 사이에 약정한 위약금의 성격이 무엇인가에 따라, 즉 위약벌의 경우에 공서양속에 반하여 무효가 되는 경우를 제외하고는 그 위약벌이 감액되는 경우는 없고 위약벌과는 별개로 실제로 당사자가 입은 손해액까지 청구할 수 있다는 것이나, 손해배상액의 예정의 경우에 그 예정액을 몰취함으로써 손해배상의 문제는 종결할 수 있다는 점, 이 예정액이 부당히 과다한 경우에 법원이 적절히 감액할 수 있다는 점에 있다.

이러한 점을 보면 위약금의 약정의 성격이 손해배상액의 예정인지 위약벌인지의 구분은 실익이 있는 논쟁거리가 될 것이 분명하고 역시나 많은 논쟁과 법원의 판결이 있어 왔다. 여기에서도 계약보증금이라 칭해지는 위약금의 성격이 무엇인지를 규명할 것이나 성격을 규명하는 데에는 그 순서에 있어서 계약보증금 납부와 관련된 계약서의 내용을 먼저 살피는 것이 무엇보다 중요하다는 생각이므로 우선 각 계약서에서 이 위약금을 어떻게 정하고 있는지부터 살펴보기로 하자.

2. 계약보증금과 관련한 각 계약서의 내용

가. 회계예규 2200.04-104-13(2005.09.08)

제7조(계약보증금)

① 계약상대자는 이 조건의 규정에 의하여 계약금액이 증액된 경우에는 이에 상응하는 금

---

62) 민법주해IX 채권(2), 637~638면

액의 계약보증금을 시행령 제50조 및 제52조에 정한 바에 따라 추가로 납부하여야 하며 계약금액이 감액된 경우에는 이에 상응하는 금액의 계약보증금을 반환청구할 수 있다.

② 계약담당공무원은 시행령 제37조 제2항 제2호의 규정에 의한 유가증권이나 현금으로 납부된 계약보증금을 계약상대자가 특별한 사유로 시행령 제37조 제2항 제1호 내지 제5호에 규정된 보증서 등으로 대체납부할 것을 요청한 때에는 동가치 상당액 이상으로 대체 납부하게 할 수 있다.

제8조(계약보증금의 처리)

① 계약상대자가 정당한 이유 없이 계약상의 의무를 이행하지 아니한 때에는 계약보증금을 국고에 귀속한다.

② 제1항의 규정은 시행령 제69조의 규정에 의한 장기계속공사계약에 있어서 계약상대자가 2차 이후의 공사계약을 체결하지 아니한 경우에 이를 준용한다.

③ 시행령 제50조 제10항의 규정에 의하여 계약보증금지급각서를 제출한 경우로서 계약보증금의 국고귀속사유가 발생하여 계약담당공무원의 납입요청이 있을 때에는 계약상대자는 당해 계약보증금을 지체 없이 현금으로 납부하여야 한다.

④ 제1항 및 제2항의 규정에 의하여 계약보증금을 국고에 귀속함에 있어서 그 계약보증금은 이를 기성부분에 대한 미지급액과 상계처리할 수 없다.

⑤ 계약상대자가 납부한 계약보증금은 계약이 이행된 후 계약상대자에게 지체 없이 반환한다.

나. 민간건설공사 표준도급계약서

제4조〔계약보증금〕

① '을'은 계약상의 의무이행을 보증하기 위해 계약서에서 정한 계약보증금을 계약체결 전까지 '갑'에게 현금 등으로 납부하여야 한다. 다만, '갑'과 '을'이 합의에 의하여 계약보증금을 납부하지 아니하기로 약정한 경우에는 그러하지 아니하다

② 제1항의 계약보증금은 다음 각 호의 기관이 발행한 보증서로 납부할 수 있다.

  1. 건설산업기본법 제54조 제1항의 규정에 의한 각 공제조합 발행 보증서

  2. 보증보험회사, 신용보증기금 등 이와 동등한 기관이 발행하는 보증서

  3. 금융기관의 지급보증서 또는 예금증서

4. 국채 또는 지방채

③ '을'은 제19조 내지 제21조의 규정에 의하여 계약금액이 증액된 경우에는 이에 상응하는 금액의 보증금을 제1항 및 제2항의 규정에 따라 추가 납부하여야 하며, 계약금액이 감액된 경우에는 '갑'은 이에 상응하는 금액의 계약보증금을 '을'에게 반환하여야 한다.

제5조〔계약보증금의 처리〕

① 제31조 제1항의 각 호의 사유로 계약이 해제 또는 해지된 경우 제4조의 규정에 의하여 납부된 계약보증금은 '갑'에게 귀속한다. 이 경우 계약의 해제 또는 해지에 따른 손해배상액이 계약보증금을 초과한 경우에는 그 초과분에 대한 손해배상을 청구할 수 있다.

② '갑'은 제32조 제1항 각 호의 사유로 계약이 해제 또는 해지되거나 계약의 이행이 완료된 때에는 제4조의 규정에 의하여 납부된 계약보증금을 지체 없이 '을'에게 반환하여야 한다.

다. 건설공사 표준하도급계약서

제7조(계약이행 및 공사대금지급보증)

① 갑과 을은 다음 각 호의 1의 방법으로 계약이행 및 공사대금의 지급을 상호 보증한다. 다만, 건설산업기본법령 또는 하도급거래공정화에 관한 법령에 의거 하도급대금지급보증이 면제된 경우에는 상호 간에 보증을 하지 아니할 수 있다.

1. 을은 갑에게 계약금액의 10%에 해당하는 금액의 계약이행보증

2. 갑은 을에게 다음 각 목의 1에 해당하는 금액의 공사대금지급보증

가. 공사기간이 4월 이하인 경우에는 계약금액에서 계약상 선급금을 제외한 금액

나. 공사기간이 4월을 초과하는 경우로서 기성금지급 주기가 2월 이내이면 '(하도급계약금액-계약상 선급금)÷공사기간인 월수'에 4를 곱한 금액

다. 공사기간이 4월을 초과하는 경우로서 기성금지급 주기가 2월을 초과하면 '(하도급계약금액-계약상 선급금)÷공사기간인 월수'에 기성금지급 주기인 월수의 배수를 곱한 금액

② 제1항의 규정에 의한 갑과 을 상호 간의 보증은 현금의 납부 또는 다음 각 호의 1에 의한 보증서의 교부에 의한다.

1. 건설공제조합, 전문건설공제조합 또는 보증보험회사, 신용보증기금 등 이와 동등한

보증기관이 발행하는 보증서

2. 국채 또는 지방채

3. 금융기관의 지급보증서 또는 예금증서

③ 갑이 을에 대하여 제2항 제1호의 방법으로 공사대금지급보증서를 교부하는 경우 갑이 도급받은 공사의 공사기간 중 하도급하는 모든 공사에 대한 공사대금 일괄지급보증서 또는 갑이 1회계연도에 하도급하는 모든 공사에 대한 공사대금 일괄지급보증서로 갈음할 수 있다.

④ 갑이 제20조의 규정에 의한 공사대금의 지급을 지체하여 을로부터 서면으로 지급독촉을 받고도 이를 지급치 아니한 경우 을은 제2항 제1호의 보증기관에 공사대금 중 미지급액에 상당하는 보증금의 지급을 청구할 수 있다. 다만, 갑이 현금납부 또는 제2항 제2호 및 제3호의 증서를 교부한 경우에는 동 금액에서 공사대금 중 미지급액에 상당하는 금액을 을에게 귀속한다.

⑤ 을이 계약상 의무를 이행하지 아니하여 갑이 제25조 제1항의 규정에 의거 계약의 전부 또는 일부를 해제 또는 해지한 경우 갑은 제2항 제1호의 보증금에 대해 계약의 해제 또는 해지에 따른 손실에 상당하는 금액의 지급을 청구할 수 있다. 다만, 을이 현금납부 또는 제2항 제2호 및 제3호의 증서를 교부한 경우에는 손실액에 상당하는 금액은 갑에게 귀속된다.

⑥ 갑의 공사대금 미지급액 및 을의 계약불이행 등에 의한 손실액이 제1항의 규정에 의한 보증금을 초과하는 경우에는 갑과 을은 그 초과액에 대하여 상대방에게 청구할 수 있다.

⑦ 갑과 을이 납부한 보증금은 계약이 이행된 후 계약상대방에게 지체 없이 반환한다. 이 경우 갑이 을에게 공사대금을 어음으로 지급한 경우는 어음만기일을 공사대금 지급보증에 있어서의 계약이행 완료일로 본다.

3. 계약서의 내용으로부터 살펴보는 위약벌과 손해배상액의 구별

가. 회계예규 2200.04-104-13(2005.09.08)

제7조와 제8조에서 정하고 있는데 계약상의 의무를 이행하지 아니한 경우 계약보증금이 국고에 귀속된다는 것과 계약보증금은 기성부분에 대한 미지급액과 상계처리할 수 없다고 정

하고 있을 뿐 계약보증금의 성격을 위약벌이나 손해배상액의 예정으로 한다는 내용이나 계약불이행으로 인하여 입은 실제 손해액에 대해 청구할 수 있다는 내용도 없다.

나. 민간건설공사 표준도급계약서

제4조와 제5조에서 정하고 있는데 계약보증금을 계약체결 전까지 도급인에게 납부한다는 것과 현금 또는 보증금으로 납부할 수 있다는 것 그리고 계약이 해제 또는 해지된 경우 계약보증금은 도급인에게 귀속하고 계약의 해제 또는 해지에 따른 손해배상액이 계약보증금을 초과한 경우에는 그 초과분에 대한 손해배상을 청구할 수 있다고 정하고 있다.

다. 건설공사 표준하도급계약서

표준하도급계약서에는 수급인이 계약상 의무를 이행하지 아니하여 도급인이 계약의 전부 또는 일부를 해제 또는 해지한 경우 도급인은 계약의 해제 또는 해지에 따른 손실에 상당하는 금액의 지급을 청구할 수 있다. 수급인이 현금 또는 보증서를 교부한 경우에는 손실액에 상당하는 금액은 도급인에게 귀속되고 수급인의 계약불이행 등에 의한 손실액이 보증금을 초과하는 경우에는 도급인은 그 초과액에 대하여 상대방에게 청구할 수 있다고 정하고 있다.

라. 각 계약서 내용의 해석

1) 회계예규에 의한 공사계약 일반조건의 내용을 보면 계약보증금은 계약상대자의 채무불이행의 경우에 국고에 귀속된다는 내용만 있을 뿐 국가가 입은 실제의 손해를 상대방에게 청구할 수 있다고 정하지 않고 있다.
2) 민간건설공사 표준도급계약서에서는 계약이 해제 또는 해지되는 경우 계약보증금이 귀속하고 계약의 해제와 해지에 따른 손해배상액이 계약보증금을 초과하는 경우에도 손해배상을 청구할 수 있다는 내용을 정하고 있다.
3) 건설공사 표준하도급계약서에서는 도급인이 계약의 전부 또는 일부를 해제 또는 해지한 경우 도급인은 계약의 해제 또는 해지에 따른 손실에 상당하는 금액의 지급을 청구

할 수 있으며 수급인의 계약불이행 등에 의한 손실액이 보증금을 초과하는 경우에는 도급인은 그 초과액에 대하여 상대방에게 청구할 수 있다고 정하고 있다.

4) 이러한 계약서의 내용만을 통설과 판례의 입장에 대입해 보면, 공사계약일반조건(회계예규)의 경우에는 계약보증금은 도급인과 수급인 사이에 계약보증금의 한도에 관한 약정만 있고 계약보증금을 초과하는 손해에 관해서는 아무런 정함이 없으므로 이 경우 계약보증금은 손해배상액의 예정으로, 민간건설공사 표준도급계약서의 계약보증금은 일응 위약벌금의 약정으로 보이지만 대법원은 이 경우에도 손해배상액의 예정으로 인정하고 있고[63], 건설공사 표준하도급계약서의 계약보증금은 위약벌이나 손해배상액의 예정이 아닌 손실담보금의 성격을 가지는 것으로 보인다.

4. 계약보증금을 약정한 당사자의 의사

계약보증금의 성격을 규명함에 있어 계약서의 내용을 검토하고 난 다음에는 당사자가 계약보증금의 약정을 체결한 근본적인 의사는 무엇이었을까를 생각해 보아야 할 것이다. 당사자가 과연 계약보증금 약정을 체결할 당시 내심의 진실한 의사는 무엇이었을까?

보통의 경우 계약보증금을 약정할 당시 당사자의 진실한 의사는 서로 간의 지위의 차이에서 오는 협상력에 의하여 협상에 있어서 우위에 있는 자의 의사대로 결정이 되지 않을까 하는 것이 사견이다.

예를 들어 도급인이 우월한 지위에서 협상력을 가지고 있을 경우에는 정해진 기간까지 꼭 이행할 것과 이행하지 못하는 경우 손해와 상관없이 계약보증금을 몰취하겠다는 의사를 가졌을 것이고, 수급인에게도 계약체결의 자유가 있으므로, 도급인이 원하는 조건대로 정해진 기간까지 반드시 이행을 하되 계약을 이행하지 못하는 경우에 계약보증금의 몰취는 물론 이와는 별개로 도급인이 입은 손해도 배상하겠다는 의사가 있지 않았을까?

그러나 수급인이 독특한 기술이나 특허 등을 보유하고 있는 이유로 수급인에게 협상력이 있을 경우에는 도급인의 입장에서는 수급인이 정해진 기간까지 이행해 주는 것만으로도 고마워서 계약보증금 약정은 체결되지 않거나 체결되더라도 불이행의 경우에 청구하지 않고 형식

---

63) 대법원 1999. 4. 13. 선고 99다4450 판결, 1999. 8. 20. 선고 98다28886 판결, 2000. 12. 8. 선고 2000다35771 판결, 2001. 1. 19. 선고 2000다42632 판결 등 참조

상 계약서의 빈칸만 메우는 식으로 체결되지 않았을까 하는 것이다.

따라서 당사자의 진실한 의사를 추론해 내는 것은 어려운 일이지만(당사자의 의사가 그때 그때 달라지고, 대부분 채무불이행이 있고 난 다음에 법정에서 문제가 되는 관계로) 보통의 경우에는 수급인이 도급인에 비하여 열위적 지위에 있는 것이 사실이고, 지체상금을 두어 정해진 기간까지 계약이 이행될 것을 의욕한 점을 볼 때 계약보증금의 약정은 대부분 위약벌이 아닐까 하는 생각이다.

위약벌과 손해배상액의 예정을 구별하기 위한 구별기준으로, 구체적으로 당사자가 손해배상의 용이성을 확보하기 위해 장래에 소송을 회피한다든지 소송이 제기되더라도 입증의 곤란을 구제하기 위한 목적으로 약정한 것은 손해배상액의 예정으로 판단해야 하고, 계약의 이행의 확보를 주된 목적으로 약정한 경우에는 위약벌로 보아야 할 것이라고 한다.[64]

어찌되었든, 계약보증금의 성격을 위약벌의 약정이라고 주장하는 자는 우리 민법이 위약금 약정은 손해배상액의 예정으로 추정하고 있으므로 그와 다른 내용의 약정을 하였음을 주장, 입증하여야 할 것이다.

5. 소결론

이상에서 당사자 사이에 체결되는 계약서의 내용과 당사자의 의사를 중심으로 살펴보았다. 계약서의 내용만을 볼 때 위약벌금으로 인정될 만한 내용의 계약서는 볼 수 없었다. 그러나 당사자의 의사표시를 중심으로 볼 때에는 계약보증금이 위약벌금일 수도 있고 손해배상액의 예정으로 인정될 수도 있겠다는 생각이 든다.

이러한 점 때문에 대법원이 계약보증금을 손해배상액의 예정이 아닌 위약벌금이라고 주장하는 경우에 특별한 사정을 주장·입증하라는 것인지, 계약보증금은 원칙적으로 손해배상액의 예정이고 당사자가 위약벌금으로 전액 귀속됨과 함께 별도로 손해배상을 청구하기 위해서는 특별한 사정을 주장하라고 하는 것인지 알기 어렵다.

그러나 지금 계약보증금과 관련한 대부분의 대법원 판결에서 계약보증금은 손해배상액의 예정이라고 판단되고 있다.

---

64) 최창렬, 손해배상액의 예정과 위약벌에 관한 연구, 성균관대학교 박사학위 논문

Ⅲ. 대법원 판결을 중심으로 한 계약보증금의 성격에 대한 고찰[65]

1. 계약보증금과 지체상금의 각 성격

도급계약에서 계약이행 보증금과 지체상금의 약정이 있는 경우 특별한 사정이 없는 한 계약이행 보증금은 위약벌 또는 제재금의 성질을 가지고, 지체 상금은 손해배상의 예정으로 봄이 상당하다는 대법원 판결[66]에 따라 한동안 건설공사 도급계약서에 계약보증금과 지체상금이 함께 기재되어 있다는 이유만으로 하급심에서는 이 판결을 인용하여 계약(이행)보증금의 성격을 위약벌 또는 제재금으로, 지체상금을 손해배상액의 예정으로 인정한 판결이 많았다.[67]

도급계약에 있어서 지체상금 약정의 적용범위를 정하는 것은 도급계약에 나타난 당사자 의사의 해석 문제로서, 당사자 의사가 명확하지 아니한 경우 그 약정의 내용과 약정이 이루어지게 된 동기 및 경위, 당사자가 이로써 달성하려는 목적, 거래의 관행 등을 종합적으로 고려하여 보고, 특히 건설공사 도급계약의 경우 지체상금 약정을 하는 것은 공사가 비교적 장기간에 걸쳐 시행되기 때문에 그 사이에 공사의 완성에 장애가 되는 사정이 발생할 가능성이 많으므로 이러한 경우에 대비하여 도급인의 손해액에 대한 입증 곤란을 덜고 손해배상에 관한 법률관계를 간이화할 목적에서라는 점을 감안하여 당사자의 의사를 합리적으로 해석한 다음 그 적용 여부를 결정하여야 하고 지체상금 약정은 소외 회사가 약정한 기간 내에 공사를 완공하지 아니한 경우는 물론 소외 회사의 귀책사유로 인하여 도급계약이 해제되고 그에 따라 원고가 수급인을 다시 선정하여 공사를 완공하느라 완공이 지체된 경우에도 적용된다고 한다.[68]

---

65) "판례는 보증금몰취조항을 위약벌로 해석하는 경우 통제의 어려움을 생각해서인지 필요에 따라 해석 작업을 통하여 이를 손해배상액의 예정으로 보기도 한다. 단순한 몰취약정의 경우 이를 손해배상액의 예정으로 보아 감액하고, 감액 부분의 반환청구를 인정하기도 하고 심지어 보증금을 초과하는 손해가 있으면 그 초과액도 배상하도록 하는 내용의 약정을 하였어도 수령자가 실손해가 보증금을 초과한다는 입증을 하지 못하는 한 법원이 감액할 권한을 갖는다고 한다. 그리고 실손해가 보증금을 초과하여 그 초과분의 청구를 인정하는 경우에는 보증금은 손해배상액의 예정이 아니라 단순한 손해담보로서의 성질을 갖는다고 한다. 반면에 당사자들의 위약벌 약정에의 의사가 명백한 경우, 즉 보증금과는 별도로 실제 발생한 손해의 전부를 청구할 수 있다는 약정의 경우에는 약관규제의 법리를 도입하여 무효를 선언하기도 한다." 김동훈, 계약이행보증금 인권과 정의 280호
66) 대법원 1996. 4. 26 선고 95다11436 판결
67) 대법원 1997. 10. 28. 선고 97다21932 판결, 대법원 1999. 4. 27. 선고 97다24009 판결 등
68) 대법원 1999. 1. 26. 선고 96다6158 판결

최근 대법원은 이 문제와 관련하여 2000. 12. 8. 선고한 2000다35771 판결에서 도급계약서 및 그 계약내용에 편입된 약관에 수급인의 귀책사유로 인하여 계약이 해제된 경우에는 계약보증금이 도급인에게 귀속한다는 조항이 있을 때 이 계약보증금이 손해배상액의 예정인지 위약벌인지는 도급계약서 및 약관 등을 종합하여 구체적 사건에서 개별적으로 결정할 의사해석의 문제이고, 위약금은 민법 제398조 제4항에 의하여 손해배상액의 예정으로 추정되므로 위약금이 위약벌로 해석되기 위해서는 특별한 사정이 주장·입증되어야 하는바, 당사자 사이의 도급계약서에 계약보증금 외에 지체상금도 규정되어 있다는 점만을 이유로 하여 계약보증금을 위약벌로 보기는 어렵다고 판시한 바 있다.

2. 계약보증금을 위약벌로 인정한 판결들

계약(이행)보증금의 성격을 위약벌로 본 판결은 대법원 1989. 10. 10. 선고 88다카25601 판결, 대법원 1991. 4. 26. 선고 90다6880 판결, 대법원 1996. 4. 26. 선고 95다11436 판결, 대법원 1996. 5. 14. 선고 95다24975 판결 등이 있다.

그러나 이 판결에서는 지체상금이 부당히 과다하여 적절한 범위 내로 감액하기 위하여 지체상금의 성격을 손해배상액의 예정으로 인정하여 법원이 감액권을 행사한 것인데, 이 판결들은 대법원 판결을 무비판적으로 수용하여 단순히 계약보증금과 지체상금이 동시에 있다는 이유만으로 계약보증금의 성격을 위약금으로 판시한 경우가 많았다.

3. 계약보증금을 손해배상액의 예정으로 인정한 판결들

대법원 1999. 4. 27. 선고 97다24009 판결, 대법원 1997. 10. 28. 선고 97다21932 판결, 대법원 2000. 12. 8. 선고 2000다35771 판결 등 다수의 판결이 있다.

4. 계약보증금을 위약벌이나 손해배상액의 예정으로 하는 특약이 없는 경우

도급계약에 그 도급계약을 계약보증한 보증서의 보증금액을 위약벌 내지 제재금이나 손해배상액의 예정으로 하는 특약이 없는 경우, 수급인의 채무불이행으로 인하여 도급계약이 해제되었다고 하여 곧 보증서의 계약보증금을 위약벌이나 손해배상예정액으로 보아 계약보증을 한 건설공제조합에 대하여 곧바로 그 보증금액의 전액을 청구할 수는 없고, 도급인은 수급인의 구체적인 손해배상채무의 존재와 그 채무액을 입증하여 그 범위 안에서 위 보증서의 보증금액을 청구할 수 있을 뿐이다(대법원 1999. 1. 26. 선고 96다6158 판결, 1999. 3. 26. 선고 96다23306 판결, 1999. 10. 12. 선고 99다14846 판결 참조). 이 사건 도급계약에서 계약보증금의 몰수나 귀속 등 그 처리에 관한 아무런 규정이 없는 이 사건에서 피고가 계약보증서를 발급하였다는 사실만으로 곧 이 사건 도급계약에 주채무자의 채무불이행이 있는 경우 계약보증금을 채권자에게 귀속시키기로 하는 합의가 있는 것으로 볼 수는 없다고 한다.[69)]

따라서 이 경우에 도급인은 수급인의 채무불이행으로 인한 구체적인 손해액을 입증하여 계약보증금 범위 내에서 그 손해액을 청구할 수 있다.

5. 판례에 대한 검토

계약보증금은 위약벌, 지체상금은 손해배상액의 예정이라는 판결이 나오게 된 가장 근본적인 원인은 계약서의 내용만을 가지고 그것이 위약벌인지, 손해배상액의 예정인지 구별이 쉽지 않다는 점에 있다.

특히 건설공사 도급계약의 경우에 계약서에 계약보증금의 약정과 지체상금의 약정이 함께 있고 그 금액은 도급금액을 기준으로 일정한 금액 혹은 도급금액에 대한 일정한 금액비율만 기재되어 있을 뿐, 이것이 위약벌로서 약정한 것인지 손해배상액의 예정으로서 약정한 것인지에 대하여 아무런 정함이 없기 때문에 생기는 문제라고 생각한다.

또한, 당사자 사이에 위약금이 문제가 된 경우에는 의사해석의 문제로 접근을 해야 함에도

---

69) 대법원 2000. 10. 27. 선고 99다17357 판결

단순히 계약보증금과 지체상금의 약정이 함께 기재되어 있다는 이유만으로 계약보증금은 위약벌, 지체상금은 손해배상액의 예정으로 판단하여 많은 혼란을 가중시킨 것도 사실이다.

그러나 최근의 대법원 판결은 도급계약서 및 그 계약내용에 편입된 약관에 수급인의 귀책사유로 인하여 계약이 해제된 경우에는 계약보증금이 도급인에게 귀속한다는 조항이 있을 때 이 계약보증금이 손해배상액의 예정인지 위약벌인지는 도급계약서 및 위 약관 등을 종합하여 구체적 사건에서 개별적으로 결정할 의사해석의 문제라고 전제하고, 위약금은 민법 제398조 제4항에 의하여 손해배상액의 예정으로 추정되므로 위약금이 위약벌로 해석되기 위해서는 특별한 사정이 주장·입증되어야 한다고 한다.[70]

이 판결로서 일응 계약보증금의 성격과 관련한 그간의 논쟁에 마침표를 찍었다고 보여지고 판결이유도 지극히 타당하다고 생각한다.

6. 소결론

계약보증금의 법률적 성격이 위약벌인지 손해배상액의 예정인지 구별의 문제는 계약서의 내용과 당사자의 의사를 종합적으로 고려하여 판단할 문제이고, 계약보증금이 위약벌로 인정되기 위해서는 당사자 사이에 정해진 기한까지 반드시 이행이 되어야 하는 특별한 사정이 주장되고 입증되어야 할 것이다.

이행강제의 필요성이 특히 큰 계약에서는 위약벌로 인정될 가능성이 많고, 손해확정이 곤란하여 손해배상의 용이성을 도모하고자 하는 계약에서는 손해배상액의 예정으로 판단할 가능성이 높다. 우리 판례에서 볼 수 있는 바와 같이 수산물의 입찰보증금, 외국산 옥수수 공급계약, 분뇨수거계약 등에서의 계약이행보증금 등을 위약벌로 파악하고 있는 것은 그것이 이행되지 않을 경우 채권자가 입게 되는 경제적 손해가 클 뿐만 아니라 손해배상으로 대신할 수 없는 채무의 이행 자체가 중요한 의미를 가지기 때문으로 볼 수 있다. 그리고 공익적 성격이 큰 계약에서도 그 이행을 담보하기 위한 위약금 약정은 위약벌로 볼 가능성이 크다고 한다.[71]

손해배상액의 예정과 위약벌을 구분하는 방법은 계약보증금과는 별도로 손해배상 전액에

---

70) 대법원 2000. 12. 8. 선고 2000다35771 판결
71) 최창렬, 손해배상액의 예정과 위약벌에 관한 연구, 성균관대학교 박사학위 논문

대하여 따로 청구할 수 있는 경우, 즉 위약금을 손해배상과 별도로 채권자가 공짜로 차지하는 것이 계약상 명확한 경우에만 위약벌로 보아야 하고, 그 외의 경우에는 모두 손해배상액의 예정으로 보아야 한다고 생각된다.[72]

여기에 당사자가 계약보증금을 약정한 목적(특별히 위약벌로 약정한 목적)이 주장되고 입증이 되어야 할 문제이지 단순히 계약보증금을 법원의 통제를 피해나가기 위한 방편으로 위약벌금이라고 기재한 것은 위약벌로 인정되어서는 안 된다고 본다.

이상 살펴본 계약서의 내용을 중심으로 보면 특별히 위약벌로 인정되어야 할 내용은 보이지 않고 관공사 계약서와 민간건설공사 표준계약서에서의 계약보증금의 성격은 손해배상액의 예정이고 건설공사 표준하도급계약서의 계약보증금은 손실담보금이라고 생각한다.

IV. 손실담보금

1. 들어가는 말

1995년경부터 대한건설협회와 대한전문건설협회가 공동으로 제정하고 공정거래위원회가 사용을 권장하는 건설공사 표준하도급계약서에서는 계약보증금에 대하여 기존의 약정내용과는 조금은 색다른 약정을 하고 있다.

즉, 수급인이 계약상 의무를 이행하지 아니하여 도급인이 계약의 전부 또는 일부를 해제 또는 해지한 경우 계약보증금 중 계약의 해제 또는 해지에 따른 손실에 상당하는 금액의 지급을 청구할 수 있고, 수급인의 계약불이행 등에 의한 손실액이 보증금을 초과하는 경우에는 그 초과액에 대하여 상대방에게 청구할 수 있다고 정하고 있다.

보통의 계약보증금의 약정이 수급인의 귀책사유로 인하여 계약이 해제 또는 해지되는 경우에 계약보증금은 도급인에게 귀속한다는 내용이었는데, 이 건설공사 표준하도급계약서에는 당사자 사이에 계약의 해제 또는 해지에 따른 손실상당의 금액의 지급을 청구할 수 있고, 손

---

72) 홍승면, 손해배상액의 예정과 위약벌의 구별방법

해액이 계약보증금을 초과하는 경우에는 수급인에게 청구할 수 있다고 정하고 있다.

이러한 경우에 계약보증금의 성격이 무엇인지와 수급인의 채무불이행으로 인하여 도급인이 입은 손해의 범위는 어디까지 인지 여부가 문제가 된다.

2. 건설공사 표준하도급계약서의 내용에 대한 검토

건설공사 표준하도급계약서에서 수급인이 계약상 의무를 이행하지 아니하여 도급인이 계약의 전부 또는 일부를 해제 또는 해지한 경우 계약보증금에 대해 계약의 해제 또는 해지에 따른 손실에 상당하는 금액의 지급을 청구할 수 있고 해제 또는 해지에 따른 손실에 상당하는 금액을 청구할 수 있다고 정하고 있다.

계약서에 이러한 내용의 문언을 삽입한 이유는 도급인이 수급인의 채무불이행으로 인하여 아무런 손해가 없음에도 불구하고 계약보증금을 전액 몰취하는 경우가 있게 되자 이를 시정하기 위하여 건설업자 단체의 양대 축이라 할 수 있는 대한건설협회와 대한전문건설협회가 도급인이 수급인의 채무불이행으로 인하여 실제로 손해를 입은 바 없는 경우에는 계약보증금을 청구하지 않거나 실제로 입은 손해액만 계약보증금 중에서 귀속시키고자 약정한 것이다.

그러나 계약의 해제 또는 해지에 따른 손실에 상당하는 금액의 지급을 청구할 수 있다는 내용만 있을 뿐이고 실제 손해액이 어떤 것을 말하는 것인지, 어떤 범위 내의 인과관계 있는 손해를 이 계약보증금이 담보하고자 한 것인지에 대해서는 정하고 있지 않아 여전히 문제점을 내포하고 있는 것이 사실이다.

양 건설업자 단체가 이 계약보증금 중에서 실제로 도급인이 입은 손해액만을 귀속시키기로 한 약정의 구체적인 타당성은 논할 필요 없이 당연한 것이지만 결국은 손해액의 범위와 관련하여 도급인이 입은 손해의 인과관계 범위의 문제로 귀결이 될 것이고 입증곤란 등을 이유로 계약보증금을 약정한 취지 자체가 몰각되지 않을까 염려스럽다.

3. 계약보증금이 담보하는 손해의 범위[73]

이 경우 계약보증금이 담보하는 도급인이 입은 손해의 범위는 수급인이 입은 채무불이행과
상당인과관계에 있는 모든 손해가 될 것이다.

가. 계약서상의 손해배상의무

수급인의 책임은 채무불이행을 전제로 하는 것이므로 수급인에게 계약서 제25조에서 정한
사유가 발생하여 도급인이 계약을 해제 또는 해지하는 경우 계약의 해제 또는 해지로 인하여
발생한 손해 중에서 상당인과관계에 있는 범위 내의 손해와 계약서에서 당사자에게 배상책임
을 지운 손해에 대해서 배상을 청구할 수 있을 것이다.

수급인은 계약이 해제 또는 해지된 경우 공사를 중지하고 공사관련 시설 및 장비 등을 공
사현장으로부터 철거하여야 하고, 대여품이 멸실 또는 파손되었을 경우에 원상회복 또는 그
손해를 배상하며, 도급인이 지급한 자재 중에서 기성부분으로 인수되지 아니한 부분과 멸실
또는 파손된 부분에 대하여 손해를 배상할 책임이 있으므로 이로 인하여 도급인에게 발생한
손해는 계약보증금이 담보한다.[74]

나. 채무불이행으로 인한 손해

1) 선급금 반환채무, 수급인의 원상회복의무

계약보증금이 담보하는 채무에는 수급인의 선급금반환의무 및 수급인의 귀책사유로 인한
도급계약의 해제에 따른 수급인의 원상회복의무가 포함된다. 수급인의 채무불이행으로 계약
이 해제됨으로써 선급금반환의무나 원상회복의무가 발생한 이상 이는 계약보증금의 대상에

---

73) 계약보증금이 담보하는 손해의 범위를 논하는 실익은 계약보증금의 성격이 위약벌금이거나 손해배상
액의 예정인 경우에는 계약보증금을 귀속시키기 위해 수급인의 채무불이행으로 인하여 도급인이 입
은 실제 손해를 구체적으로 논할 필요가 없기 때문에 귀속 여부와 감액 가능성만으로 충분하다고 보
여지지만 계약보증금의 성격이 손실담보금이라고 인정되는 경우에 그 의미가 있다고 본다.
74) 계약보증이라 함은 조합이 발주자에 대하여 조합원이 도급받은 공사에 대한 계약의 이행을 보증함을
말한다고 규정하고 있으므로, 계약보증이란 수급인이 공사도급계약상 부담하는 모든 채무의 이행을
보증하는 것으로서 그 보증책임은 특별한 사정이 없는 한 수급인의 귀책사유로 인한 도급계약의 해
제에 따른 수급인의 원상회복의무에도 미친다. 대법원 1999. 3. 26. 선고 96다23306 판결

포함됨이 당연하다(2000다13016 판결, 94다54702 판결, 96다23306 판결 참조).[75]

선급금반환채무에 대해서 대법원의 확고한 입장은 계약보증금이 담보하는 손해의 범위에 포함된다는 것이나 이러한 판결이 현재에도 타당한지 여부에 대해서는 구 건설공제조합법과 현재의 건설산업기본법의 각 해당 내용을 살펴보아야 할 것이다.

대법원이 계약보증금이 담보하는 손해의 범위에 대하여 수급인의 선급금반환채무도 포함된다고 하는 이유는 아래와 같다.

구 건설공제조합법 시행령(일부개정 1996. 3. 28. 대통령령 제14959호) 제3조(보증의 종류·내용 및 범위 등) 제2항 제2호에서 '계약보증'이라 함은 조합원이 도급받은 공사 등의 계약이행 과정에서 부담하는 계약이행보증금의 지급채무를 보증하는 것을 말한다고 정의하고 있으므로 건설공제조합법에 따라 조합원인 공사수급인에게 발급하는 계약보증서는 결국 공사도급계약 시 통상 수급인이 도급인에게 지급하는 계약보증금 또는 계약이행보증금을 대신하는 것으로서, 수급인이 약정한 공사기간 내에 공사를 완공하는 것을 내용으로 하는 공사도급계약의 이행을 보증하고, 만일 계약의 이행 과정에서 수급인이 그 귀책사유로 인하여 도급인에게 채무를 부담하게 될 경우 그 채무의 이행을 보증하는 것이라고 할 것이고 주채무자가 도급인으로부터 공사를 수주하고 선급금을 지급받은 다음 피고가 발급한 계약보증서를 원고에게 교부하였는데 위 소외 회사의 귀책사유로 인하여 계약이 해제되어 원고로부터 지급받은 선급금을 반환할 의무가 발생하였다면 그 선급금 반환의무는 수급인인 소외 회사의 채무불이행에 따른 계약 해제로 인하여 발생한 것으로서 피고가 한 계약보증의 대상에 포함된다는 것이다.[76]

여기에서 대법원은 계약보증금이라 함은 계약이행 과정에서 수급인의 귀책사유로 수급인이 부담하게 될 채무의 이행을 보증한 것으로 풀이하여 결국은 계약보증은 계약이행을 보증한 것이기 때문에 계약이행 과정에서 수급인이 그 귀책사유로 인하여 도급인에게 채무를 부담하게 될 경우 그 채무의 이행을 보증하는 것이라고 추론하였고, 선급금반환채무도 수급인이 계약이행 과정에서 도급인에게 부담하게 되는 채무이므로 계약보증금이 담보하는 손해의 범위에 포함시킨 것으로 생각된다.

그러나 이 판결이 언제까지 타당할 것인지는 의문이다.

현재의 건설산업기본법 시행령 제56조(공제조합의 보증대상 및 내용) 제2항 제2호에서 계약보증은 조합원이 도급받은 공사 등의 계약이행과 관련하여 부담하는 계약보증금의 납부에 관한 의무이행을 보증하는 것이고, 제3호에서 공사이행보증은 조합원이 도급받은 공사의 계

---

75) 윤재윤, 건설분쟁관계법, 354면
76) 대법원 1996. 3. 22. 선고 94다54702 판결

약상 의무를 이행하지 못하는 경우 조합원을 대신하여 계약이행의무를 부담하거나 의무이행을 하지 아니할 경우 일정금액을 납부할 것을 보증하는 것으로 정하고 있다.

계약보증이 '계약보증금 납부에 관한 의무 이행을 보증하는 것'으로 한정하여 법률에서 정하고 있는 이상 현재에도 대법원이 계약보증금을 계약의 이행과 연결지어 계약보증금이 담보하는 손해의 범위에 선급금반환채무를 포함시키는 것은 잘못된 것이고, 1997년 7월 1일부터 건설산업기본법이 시행됨에 따라 구 건설공제조합법이 폐지되었으므로 1997년 이후부터의 판결은 조만간 파사현정되어야 할 것이다.

2) 추가공사대금 증가분

당초의 시공 회사가 공사를 중단함으로 인하여 도급인이 그 미시공 부분에 대하여 비용을 들여 다른 방법으로 공사를 시행할 수밖에 없고 그 비용이 당초 시공 회사와 약정한 공사대금보다 증가되는 경우라면 증가된 공사비용 중 합리적인 범위 내의 비용은 시공 회사의 공사도급 계약위반으로 인한 손해라고 할 것이고, 당초의 시공 회사가 공사를 중단하여 도급인이 제3의 시공자로 하여금 같은 규모의 공사를 하게 하였으나 그 비용이 당초의 시공 회사와 약정한 공사대금보다 증가하게 되어 도급인의 자금사정상 부득이 공사 규모를 축소하게 됨으로써 건축하지 못하게 된 부분에 관한 공사비용 중 합리적인 범위 내의 비용도 시공 회사의 채무불이행으로 인한 손해라고 볼 수 있을 것이다.[77]

그러나 수급인의 채무불이행으로 인하여 다른 공사업자와 나머지 공사에 대하여 계약을 체결하면서 추가로 발생하는 공사비용은 수급인의 채무불이행으로 인하여 도급인이 입게 되는 특별손해라 할 것이고 이 특별손해를 수급인에게 청구하기 위해서는 수급인이 그 사실을 알았거나 알 수 있었어야 할 것인데 통상적으로 새로운 업체와 새로운 계약을 체결한다는 것만으로 추가로 공사대금이 증액된다고 할 수도 없으므로 단순히 새로운 업체와 계약을 체결하면서 공사대금이 증액되었다고 해서 모두 손해라고 단정지어 말할 수 있을지에 대해서는 의문이다.

도급인이 다른 업자를 선정하여 공사를 계속할 경우 공사비가 증가되는 원인이 수급인의 장기간의 공사지연으로 인한 물가상승 등에 기인하는 것이라면 이는 수급인의 공사지연으로 인한 손해배상의 범위에 포함되어야 할 것이고, 이와 별도로 증액되는 공사비는 청구할 수 없다고 본다.

왜냐하면 공사도급계약에서는 보통 공사지연에 대한 손해배상액의 예정으로 지체상금의 약정을 하고 있으므로 이러한 경우 지체상금의 지급으로 도급인의 손해는 전보는 되는 것으로 보아야 할 것이기 때문이다.[78]

---

77) 대법원 2002.11.26. 2000다31885 판결

3) 지체상금

공사도급계약에서 손해배상의 예정으로서 계약보증금과 지체상금이 함께 규정된 경우에도 지체상금과 계약보증금을 약정한 당사자의 의사가 다르기 때문에 수급인의 동일한 채무불이행에 대하여 계약보증금과 별도로 지체상금을 인정하여서는 안 된다고 본다. 다만 계약보증금을 초과한 지체상금을 배상한다는 규정이 있는 경우에는 그 초과된 부분에 대하여 계약보증과 별도로 지체상금을 인정할 수 있을 것이다.

건설공사 표준도급계약서 일반조건 제31조는 지체상금이 계약보증금 상당액에 도달한 경우를 도급인의 해제사유로 규정하고 있는바, 이는 계약보증금 범위 내의 지체상금은 계약보증금에 흡수되고 이를 초과할 경우에만 별도 청구가 가능함을 전제로 한 것으로 보인다.[79]

그러나 지체상금과 계약보증금은 모두가 수급인의 채무불이행을 전제로 한 손해배상액의 예정으로서 계약보증금이 수급인의 부도·도산 등으로 인한 이행불능을 상정하여 약정한 전보배상이라면 지체상금은 수급인의 이행지체를 상정하여 도급인이 입을 손해액에 대한 지연배상으로 공사대금에 대한 일정한 금액을 손해배상액의 예정으로 약정한 것이라고 본다. 따라서 지체상금과 계약보증금은 서로 약정의 목적이 다르므로 중복되어 인정될 여지는 없다고 본다.

따라서 이러한 맥락에서 건축도급계약 시 도급인과 수급인 사이에 준공기한 내에 공사를 완성하지 아니한 때에는 매 지체 일수마다 계약에서 정한 지체상금률을 계약금액에 곱하여 산출한 금액을 지체상금으로 지급하도록 약정한 경우 이는 수급인이 완공예정일을 지나서 공사를 완료하였을 경우에 그 지체 일수에 따른 손해배상의 예정을 약정한 것이지 공사도중에 도급계약이 해제되어 수급인이 공사를 완료하지 아니한 경우에는 지체상금을 논할 여지가 없다(대법원 1989. 9. 12. 선고 88다카15901, 15918 판결)고 판시한 대법원 판결이 이해되어야 한다고 생각한다.

공사도급계약상 지체상금 약정의 적용범위를 정하는 것은 도급계약에 나타난 당사자 의사의 해석문제로서, 그 약정의 내용과 약정이 이루어지게 된 동기 및 경위, 당사자가 이로써 달성하려는 목적, 거래의 관행 등을 종합적으로 고려하고, 특히 건설공사의 경우 공사가 비교적 장기간에 걸쳐 시행되기 때문에 그 사이에 자연현상의 변화, 경제적 환경의 변동 등 외부적인 장애나 당사자의 경영상태 악화 등 공사의 완성에 장애가 되는 사정이 발생할 가능성이 많으므로, 이러한 경우에 대비하여 도급인의 손해액에 대한 입증 곤란을 덜고 손해배상에 관한 법률관계를 간명하게 처리할 목적에서 지체상금 약정을 하는 것이 통례인 점을 감안하

---

78) 법원행정처, 건설재판 실무편람, 71면
79) 윤재윤, 건설분쟁관계법, 353면

여 당사자의 의사를 합리적으로 해석한 다음 그 적용 여부를 결정하여야 하고, 또한 지체상금은 약정 준공일 다음날부터 발생하되, 그 종기는 수급인이 공사를 중단하거나 기타 해제사유가 있어 도급인이 이를 해제할 수 있었을 때(실제로 해제한 때가 아니고)부터 도급인이 다른 업자에게 의뢰하여 공사를 완성할 수 있었던 시점까지이고, 수급인이 책임질 수 없는 사유로 인하여 공사가 지연된 경우에는 그 기간만큼 공제되어야 하며, 한편 이와 같이 산정한 지체상금이 당사자의 지위, 계약의 목적 및 내용, 지체상금을 예정한 동기, 공사도급액에 대한 지체상금의 비율, 지체상금의 수액, 그 당시의 거래관행 등 모든 사정에 비추어 부당히 과다하다고 인정되는 경우는 이를 감액할 수도 있다.[80]

지체상금에 대한 대법원의 주류적인 입장을 정리하면 지체상금은 약정기일 이전에 그 공사의 일부만을 완료한 후 공사가 중단된 상태에서 약정기일을 넘기고 그 후에 도급인이 계약을 해제함으로써 일을 완성하지 못한 것이라고 하여 지체상금에 관한 위 약정이 적용되지 아니한다고 할 수는 없다고 한다.[81]

이 문제에 대해서는 위 대법원 판결을 일반화하는 것은 문제가 있다고 생각한다. 지체상금의 발생에 대해서는 수급인이 완공기한 내에 공사를 완성하지 못한 채 완공기한을 넘겨 도급계약이 해제된 경우와 완공기한 내에 공사를 완성하지 못하고 계약기간 내에 계약이 해제 또는 해지된 경우로 나누어서 살펴보아야 할 것이다.

완공기한을 넘겨 도급계약이 해제 또는 해지된 경우 그 지체상금 발생의 시기(始期)는 완공기한 다음날이고, 종기(終期)는 수급인이 공사를 중단하거나 기타 해제사유가 있어 도급인이 이를 해제할 수 있었을 때를 기준으로 하여 도급인이 다른 업자에게 의뢰하여 같은 건물을 완공할 수 있었던 시점으로 정리해도 문제는 없겠지만, 완공기한 전에 계약이 해제 또는 해지된 경우에는 지체의 문제가 아니라 불이행의 문제이므로 지체상금이 발생하지 않고 손해배상의 문제가 되어야 한다고 생각한다.

이에 대한 대부분의 견해는 필자의 견해와 전혀 반대이므로 주의를 요한다. 즉 계약이 준공기한 전에 해제되면 수급인이 이행지체를 할 여지가 없으므로 판시[82]가 일응 타당한 것으로 보이지만, 도급인이 언제 해제를 하느냐 하는 우연한 사정에 따라 그 권리에 소장이 생긴다는 부당한 결론에 이르므로 계약이 준공기한 전에 해제된 경우에도 준공기일 도과가 객관적으로 인정되는 한 지체상금약정을 적용하여야 한다고 보아야 하고[83], 따라서 위 판결의

80) 대법원 1999. 3. 26. 선고 96다23306 판결
81) 대법원 1989. 7. 25. 선고 88다카6273, 6280 판결, 대법원 2001. 1. 30. 선고 2000다56112 판결, 대법원 2000. 12. 8. 선고 2000다19410 판결 등
82) 대법원 1989.9.12. 선고 88다카15901, 15918(반소) 판결 참조

취지는 부당하다. 다만 위 대법원 판결은 지체상금 약정이 준공기한 전의 해제에는 적용되지 않는다는 취지의 판시를 한 것이 아니라, 그 사건에 나타난 당사자의 합리적 계약해석상 지체상금 약정을 적용하지 않은 사례에 불과한 것으로 보아야 한다는 주장도 있다고 한다.[84]

이 문제에 대하여 논리적으로 따져보자면 도급인과 수급인이 2006. 1. 1.부터 2006. 12. 31.까지로 공사기간을 정하여 계약을 체결하였는데 수급인이 2006. 5. 10. 부도발생하여 도급인이 같은 달 25. 수급인과의 계약을 해제하고 같은 해 6. 10. 새로운 건설업자와 나머지 공사에 대한 도급계약을 체결한 경우에 과연 지체상금의 발생시기는 언제부터인지 궁금이다.

새로운 업자가 계약의 이행을 지체하는 경우에도 당초 수급인의 지체책임은 계약해제로 인하여 도급인과의 계약관계가 종료되었으므로 새로운 업자의 이행지체의 문제만이 남는다고 할 것이다. 이 경우에 새로운 업체와는 이행지체의 문제가, 기존의 수급인과는 채무불이행으로 인한 손해배상을 청구하는 문제만 남겠고 지체상금의 문제는 논할 여지가 없다고 생각한다.

주류적인 대법원 판결이 그렇다니 할말은 없지만 그렇다고 대법원 판결이 옳다는 생각은 들지 않는다. 지체상금은 이행지체에 대한 지연배상이라는 점은 밝힌바 있다.

4) 기 시공한 부분에서 발생한 하자의 보수비용

수급인이 계약을 해제 또는 해지하는 날까지 이행한 부분에서 하자가 발생하는 경우에 하자보수를 위하여 도급인이 지출한 비용은 계약보증금이 담보하는 손해의 범위에 포함된다고 본다.

보통의 경우 수급인의 채무불이행으로 인하여 계약을 해제 또는 해지한 경우에 도급인은 수급인이 그때까지 시공한 부분에 대한 하자보증금을 예치받지 못했다는 이유로 이 금액도 손해에 해당한다고 주장하는 경우가 있다.

그러나 계약해제 당시에 수급인이 시공한 부분에서 하자가 발생하여 그로 인해 도급인이 손해를 입은 바 없고, 장차 발생할지도 발생하지 않을지도 모르는 하자에 대비하여 하자보증금을 수급인으로부터 예치받지 못했다고 해서 예치금 상당의 손해가 발생했다는 것은 받아들이기 어렵다.

5) 도급인이 대지급한 노임·자재대·장비대 등 현장채무

수급인이 체불한 노임·자재대·장비대 등 현장채무를 도급인이 대위변제한 경우 수급인은 도급인의 하수급인 등에 대한 하도급공사 대금 등의 지급으로 인하여 지급금 상당의 이익을

---

83) 최병조, 위약금의 법적성질, 민사판례연구 11권 226면
84) 윤재윤, 건설분쟁관계법 192면

얻고 이로 인하여 도급인에게 지급금만큼의 손해를 가하였으므로 도급인은 수급인에 대하여 대위변제금액 상당의 부당이득반환채권을 가지게 되어 도급인은 수급인에게 채권을 행사할 수 있고, 도급인이 공사의 원활한 진행을 위하여 지출한 비용인 만큼 계약보증금이 담보하는 손해의 범위에 포함되지 않는다고 본다.

그러나 현실적으로는 수급인이 체불임금, 체불장비대금 및 자재대금 등을 대지급함으로 인하여 도급인이 많은 손실을 입고 있는 것이 현실인바, 이에 대해서는 별도의 보증상품이 시행되어야 할 것이다.

V. 계약보증금의 성격이 손해배상액의 예정인 경우 감액 가능성

1. 원 칙

채무불이행으로 인한 손해배상액의 예정이 있는 경우에는 채권자는 채무불이행 사실만 증명하면 손해의 발생 및 그 액을 증명하지 아니하고 예정배상액을 청구할 수 있는 것이 원칙이다.[85]

민법 제398조 제2항에 의하면, 손해배상의 예정액이 부당히 과다한 경우에는 법원이 적당히 감액할 수 있다고 규정하고 있는바, 여기서 부당히 과다한 경우라 함은 채권자와 채무자의 각 지위, 계약의 목적 및 내용, 손해배상액을 예정한 동기, 채무액에 대한 예정액의 비율, 예상손해액의 크기, 그 당시의 거래관행 등 모든 사정을 참작하여 볼 때 일반 사회관념에 비추어 손해배상의 예정액이 부당히 과다한 경우를 가리키며(당원 1965. 9. 7 선고, 65다1420 판결 참조), 손해배상의 예정액이 부당히 과다한지의 여부를 판단함에 있어서 실제의 손해액을 구체적으로 심리할 필요는 없다 할 것이다.[86]

계약 당시 손해배상액을 예정한 경우에는 다른 특약이 없는 한 채무불이행으로 인하여 입은 통상손해는 물론 특별손해까지도 예정액에 포함되고 채권자의 손해가 예정액을 초과한다 하더라도 초과 부분을 따로 청구할 수 없다는 것이 대법원의 입장이다.[87]

---

85) 대법원 2000. 12. 8. 선고 2000다50350 판결, 대법원 1975. 3. 25. 선고 74다296 판결, 1991. 1. 11. 선고 90다8053 판결 등 참조
86) 대법원 1987. 5. 12. 선고 86다카2070 판결

2. 계약보증금 감액에 있어서 참작사유

법원이 손해배상의 예정액을 부당히 과다하다고 하여 감액하려면 채권자와 채무자의 경제적 지위, 계약의 목적과 내용, 손해배상액을 예정한 경위(동기), 채무액에 대한 예정액의 비율, 예상 손해액의 크기, 당시의 거래관행과 경제상태 등을 참작한 결과 손해배상 예정액의 지급이 경제적 약자의 지위에 있는 채무자에게 부당한 압박을 가하여 공정을 잃는 결과를 초래한다고 인정되는 경우라야 한다.88)89)

계약보증금의 약정이 채무자에게 부당한 압박을 가하여 공정을 잃을 정도에 이르러야 감액할 수 있다는데 부당한 압박을 가하여 공정을 잃을 정도에 이르면 계약보증금을 감액할 수 있는 것이 아니라 약관의규제에관한법률 제8조에 위반되어 당해 계약보증금 조항 자체가 무효가 되는 것이 아닌지 궁금하다.

또한 계약보증금이 부당히 과다한지 여부를 판단함에 있어서 도급인의 귀책사유에 따른 과실상계는 적용될 여지가 없다고 하겠으나 법원이 손해배상액의 예정이 부당한지 여부를 위하여 참작하는 사유는 사실상 당사자 간 계약의 이행과정에서 발생한 모든 법률관계를 말하는 것으로 실제로는 과실상계가 적용되는 것이나 마찬가지의 결과가 되는 것으로 보여진다.90)

그러나 위약벌로 인정되는 경우 민법 제398조 제2항은 적용될 여지가 없고 위약벌 약정이 공서양속에 반하여 무효가 될 수 있다고 한다. 따라서 그 의무의 강제에 의하여 얻어지는 채권자의 이익에 비하여 약정된 벌이 과도하게 무거울 때에는 그 일부 또는 전부가 공서양속에 반하여 무효가 된다고91) 하여 그 일부 무효를 인정하면 이는 실제로는 위약벌에 제398조 제2항을 적용하는 것과 큰 차이가 없는 결과를 인정하는 것이라고도 할 수 있다.92)

---

87) 대법원 1993. 4. 23. 선고 92다41719 판결
88) 대법원 1993. 4. 23. 선고 92다41719 판결, 대법원 1996. 2. 27. 선고 95다42393 판결, 대법원 1997. 6. 10. 선고 95다37094 판결, 대법원 1997. 7. 25. 선고 97다15371 판결, 대법원 1999. 4. 23. 선고 98다45546 판결 등 참고
89) 실무자로서 계약보증금 청구사건을 오랫동안 처리하면서 느낀 점은, 대법원이 계약보증금을 감액함에 있어서 지나치게 기성고를 중시한다는 생각을 한다. 즉, 계약보증금의 감액을 기대하려면 최소한 기성고가 90% 이상이 시공이 된 공사에 대해서는 비교적 쉽게 계약보증금의 감액을 인정한다는 느낌을 받았다. 대법원 1999. 4. 13. 선고 99다4450 판결이나 대법원 1999. 8. 20. 선고 98다28886 판결, 대법원 2000. 12. 8. 선고 2000다50350 판결 등을 볼 때 더욱 그렇다.
90) 하자보증금에 대해서 수급인의 하자담보책임은 법이 특별히 인정한 무과실책임으로서 여기에 민법 제396조의 과실상계 규정이 준용될 수는 없다 하더라도 담보책임이 민법의 지도이념인 공평의 원칙에 입각한 것인 이상 하자발생 및 그 확대에 가공한 도급인의 잘못을 참작할 수 있다고 판시한 바 있다. 대법원 2004. 8. 20. 선고 2001다70337 판결, 의문이다.
91) 대법원 1993.3.23. 선고 92다46905 판결

Ⅵ. 계약보증에 있어서 보증기간과 관련한 문제

1. 들어가는 말

보증기간이란 수급인에게 채무불이행이 발생한 경우 보증인이 보증책임을 부담하는 책임기간을 말하는 것으로 보증인은 보증기간 내에 발생한 보증사고에 한하여 그 보증책임을 부담한다고 하겠다.

문제는 보증기간이 경과한 후에(단 하루라도 지났다면) 수급인의 채무불이행 등 보증사고가 발생하여 도급인이 도급계약을 해제 또는 해지하고 보증금을 청구하는 경우 보증인이 보증책임을 부담하는지 여부이다.

이에 대하여 실무상 보증기간은 주계약에서 정한 공사기간과 동일하게 하고 있는바, 보증계약 당사자들의 합리적인 의사는 보증계약자(수급인)가 공사기간 중에 채무불이행이 발생하면 피보험자(도급인)가 도급계약을 해제 또는 해지하는 시기가 공사기간 내이든 그 후이든 관계없이 보험자는 수급인이 지급할 계약보증금을 대신 지급하겠다는 의사로 보증계약을 체결한 것으로 봄이 상당하다고 한다.93)

2. 판례의 태도

법원도, 피고는 보증계약에 의하여 소외 회사가 이 사건 각 하도급계약에 따른 채무를 이행하지 아니함으로 말미암아 원고에게 부담하게 될 채무를 보증하는 것이므로, 위 각 보증계약에서 정한 보증사고는 원고에게 계약보증금을 귀속시키거나 소외 회사에게 선급금반환채무를 발생케 하는 사유가 되는 소외 회사의 채무불이행이라 할 것이고, 소외 회사가 공사기간 내에 약정된 공사를 완성하지 못하여 이 사건 각 하도급계약에서 정한 채무를 이행하지 못하였다면, 위 각 보증계약에서 정한 보증사고는 보증기간 내에 발생한 것으로 보아야 하고 원고가 보증기간이 경과한 후에 이 사건 각 하도급계약을 해지하였다 하여 달리 볼 것은 아니라고 판시한 바 있다(대법원 1999. 4. 13. 선고 99다4450 판결 참고).94)

---

92) 민법주해Ⅸ 채권(2), 686면
93) 윤재윤, 건설분쟁관계법, 341면

3. 판례의 검토

이 판결은 수급인이 정해진 날짜까지 계약을 이행하지 못한 것 그 자체가 채무불이행이므로 보증기간을 경과하여 계약이 해제되었다고 해서 보증책임을 부담하지 않는 것은 아니라는 입장으로 보인다. 이 판결의 타당성을 검토하기 위해서는 당사자 사이에 체결한 계약서의 내용을 살펴보아야 한다.

계약서에서 계약보증금의 귀속과 관련된 내용을 종합해 보면 계약서에는 수급인에게 일정한 사유가 발생한 경우에 도급인은 계약을 해제 또는 해지할 수 있고 계약이 해제 또는 해지된 경우에 비로소 계약보증금이 도급인에게 귀속된다고 정하고 있다.

이러함에도 법원이 계약서의 내용과 상관없이 보증기간 내에 계약을 이행하지 못한 것 그 자체가 보증사고라고 해석하는 것은 무리가 있다고 생각한다.

4. 사 견

가. 보증사고

보증기간은 책임기간으로 원칙적으로 보증인은 보증기간 안에 발생한 보증사고에 대해서만 보증책임을 부담한다. 여기에서 보증사고가 무엇인가가 결정이 되어야 할 것인데 보증사고는 보증인이 책임을 부담해야 하는 사유이므로 계약서의 내용에 따라 엄격하게 해석이 되어야 할 것이다.

따라서 계약서의 내용에 따라 보증인이 보증책임을 지기 위한 보증사고는 계약조건 위반으로 계약의 목적을 달성할 수 없다고 인정되는 경우, 수급인의 부도·파산 등으로 공기 내에 공사를 완성할 수 없는 것이 명백한 경우, 약정한 착공기간을 경과하고도 공사에 착공하지 아니하는 경우, 지체상금이 계약보증금 상당액에 도달한 경우로서 계약기간을 연장하여도 공사를 완공할 가능성이 없다고 판단되는 경우 등을 원인으로 도급인이 주계약을 해제 또는 해지한 것이 보증사고라 할 것이다.

---

94) 대법원 2003. 7. 25. 선고 2003다15020 판결

주계약서에서 계약을 해제 또는 해지하는 경우에 계약보증금이 도급인에게 귀속한다고 정하고 있는 것이므로 당사자 사이에 주계약이 해제 또는 해지 되지 않는 한 보증사고는 발생한 것이 아니라고 본다.

나. 보증책임을 인정하기 위한 보증기간의 요건

수급인의 채무불이행에 대비하여 당사자 사이에 손해배상청구에 대한 손해배상액의 예정약정을 체결하였고, 이 손해배상액의 예정금액을 보증보험이나 보증기관이 보증서로서 계약보증금의 지급을 보증한 이상 보증인에게 계약보증금을 청구하기 위해서는 정해진 보증기간 내에 계약서에서 정한 보증사고가 발생하였어야 하는 것인데, 보증사고라 하는 것은 수급인의 채무불이행으로 인한 계약의 해제라 할 것이므로, 보증기간 안에 수급인의 귀책사유로 계약이 해제되었어야 보증인에게 그 책임을 물을 수 있다고 보아야 할 것이다.

다. 사건에 대한 반대의 견해[95]

한편, 위 윤재윤 부장판사님의 견해와 대법원의 판단은 당초 당사자 사이에 정해진 기간 내에 계약을 이행하지 않은 것 그 자체가 채무불이행으로서 보증기간 내에 보증사고가 발생한 것으로 보아야 한다는 점, 공사기간과 보증기간이 일반적으로 동일하여 보증기간 만료일에 보증사고가 발생하는 경우 항상 보증기간을 경과하여 계약을 해제 또는 해지할 수 없고 이 경우에 보증기관이 보증기간 경과 후의 보증사고임을 이유로 보증책임을 부담하지 않는다면 보증이 아무런 의미가 없어진다는 점을 염두에 두고 계신 듯하다.

라. 보증기간의 문제점에 대한 해결방법

그러나 항상 공사기간과 보증기간이 동일해야 할 이유도 없고 보증기관 입장에서는 계약당사자

---

95) 윤재윤, 건설분쟁관계법, 340면을 그대로 옮기면 다음과 같다. (2) 문제가 되는 것은 계약보증의 경우에 수급인의 공사중단 등 채무불이행은 보증기간 내에 발생하였으나, 도급인이 그 기간이 경과 후에 도급계약을 해제하였다면 도급인은 보증인에게 계약보증금을 청구할 수 있는가에 있다. 그러나 여기에서 필자가 문제를 제기하는 것은, 예를 들어 12월 31까지 보증기간으로 정하여 발급한 계약에 대해 12월 31까지 이행하지 못하고 1월 중순까지 공사를 하다가 그 즈음에 부도로 인하여 도급인이 계약을 해지한 경우 그 책임관계를 말하는 것이다.

간의 합의에 따른 신청을 기준으로 보증서를 발급하고 있으므로 계약당사자가 공사기간과 보증기간을 분리하여 보증기간은 공사기간으로부터 60일을 가산한 기간으로 정하고 이에 따라 보증을 신청하면 보증기간 만료일에 보증사고가 발생한 건에 대해서는 도급인을 보호할 수 있다고 본다.[96]

이렇게 해석하지 않고 현재 대법원의 판결처럼 보증기간 이내에 계약을 이행하지 못한 것을 보증사고로 인정하여 보증기간이 도과된 후에 계약이 해제된 것까지 보증책임을 부담한다면 도급인은 상당한 기간 동안 별도의 계약 없이 수급인에게 공사를 시키는 것이 별도의 계약을 체결하는 것보다 훨씬 유리한 데다가 수급인에게는 이행지체를 원인으로 한 지체상금을 청구하고 보증인에게는 계약불이행을 원인으로 계약보증금을 청구하는 것도 가능하다고 할 것이고, 왜 보증기간을 정해 두는 것이 필요한지, 보증수수료는 왜 보증기간까지만 받는 것인지 등등 여러 가지 불합리한 점이 많다고 생각된다.

마. 최근의 대법원 판결

하도급계약에 의하면, 소외 회사는 자신의 책임 있는 사유로 준공기일 내에 공사를 완공할 가능성이 없음이 명백한 경우이더라도, 원고가 그것을 이유로 이 사건 하도급계약을 해제 또는 해지한 경우에만 원고에게 계약보증금을 지급할 의무를 부담한다고 할 것이고, 건설산업기본법 제56조 제1항 제1호, 같은 법 시행령 제56조 제2항 제2호에 의하면, 피고가 하는 계약보증이란 조합원이 도급받은 공사 등의 계약이행과 관련하여 부담하는 계약보증금의 납부의무 이행을 보증하는 것인 점, 기록에 의하면 이 사건 계약보증서에는 "위 보증금은 이 보증서에 기재된 내용과 뒷면 약관에 따라 건설산업기본법에 의하여 우리 조합이 이를 보증합니다"라고 기재되어 있는 점 등에 비추어 살펴보면, 이 사건 보증계약은, 소외 회사가 보증기간 내에 계약보증금을 원고에게 지급할 의무를 부담하였는데도 이를 이행하지 아니한 경우에 한하여 피고가 그 의무의 이행을 보증하는 것이라고 할 것인바, 이 사건 하도급계약과 보증계약의 내용이 위와 같다면 보증기간 내에 이 사건 하도급계약을 해제 또는 해지하지 아니한 이 사건에서 원고로서는 소외 회사 또는 피고에 대하여 계약보증금의 지급을 청구할 수 없다고 판시한 판결도 있다.[97]

보증기간 내의 보증사고에 대한 대법원의 판례 정리가 필요하다고 생각한다.

---

96) 국가를당사자로하는계약에관한법률시행규칙 제55조 제1항 제3호 가목
97) 대법원 2004. 11. 11. 선고 2003다48440 판결

5. 관련문제

가. 보증서 발급을 조건으로 공사기간 연장에 합의한 경우

당사자 사이에 공사기간 연장에 대한 합의가 있었는데 공사기간 연장에 따른 보증서를 발급받아 올 것을 요구한 경우 혹은 공기연장에 따른 보증서 교부를 조건으로 공사기간 연장에 합의했으나 수급인이 보증기관으로부터 보증서를 발급받지 못해 도급인에게 교부하지 못한 경우에는 공사기간 연장에 대한 계약은 성립하지 못한 것인가?

도급계약은 낙성·불요식계약이므로 보증서 발급여부와는 상관없이 공사기간 연장에 대한 합의만으로 공사기간 연장계약이 체결되었을 수도 있고 보증서 발급이 공사기간 연장의 조건인 경우에는 공사기간 연장계약이 체결되지 않았을 수도 있다.

공사가 정상적으로 이행이 된 경우 아무런 문제가 없겠지만 굳이 따지자면, 보증서 발급을 조건으로 공사기간 연장에 합의한 경우에 보증서 발급은 공기연장의 해제조건이 된다고 할 것이고, 수급인이 보증서를 발급받아 도급인에게 교부하지 못했으므로 연장계약은 당초로 소급하여 소멸하고 수급인이 정해진 기간까지 계약을 이행하지 못했으므로 채무불이행의 문제가 생긴다.

그러나 계약이 이행된 경우에는 지체상금의 문제는 남겠지만(계약은 이행이 되었으나 지연의 문제만 남고, 완성된 공사의 계약을 해제할 수 없으므로) 당사자 사이에 채무불이행의 문제는 남지 않는 것으로 보는 것이 타당해 보이고, 보증서 발급을 조건으로 공사기간 연장에 합의한 경우 공사기간 연장에 대한 보증서도 교부받지 못하고 공사기간을 넘겨 공사하다가 계약도 이행하지 못하고 부도가 발생한 경우에는 지체상금의 문제가 아니라 채무불이행으로 인한 손해배상을 청구하는 문제가 남는다.

보증서발급을 해제조건으로 연장합의를 했든 안 했든 수급인이 정해진 공사기간 내에 공사를 끝내지 못했으면 채무불이행의 문제가 되어야 할 것인데, 정상적으로 공사가 이행된 경우에는 지체상금의 문제로 해결하고 중도에 부도난 경우에는 계약보증금으로 처리해야 한다는 것은 부당해 보인다.

나. 당사자 사이에 공사기간 연장계약을 체결하였으나 보증서가 발급되지 않은 경우

이행보증보험계약은 주계약에서 정한 채무의 이행기일이 보험기간 안에 있는 채무를 이행하지 아니함으로써 발생한 피보험자가 입은 손해를 보상하기로 한 보험계약이므로, 피보험자가 보험계약 당시의 준공기한이 도래하기 전에 미리 준공기한을 연기하여 준 나머지 보험계약자가 연기되기 전의 이행기일에 채무불이행을 한 바가 없게 되었고, 피보험자와 보험계약자 사이에 주계약상의 준공기한을 연기하였다 하더라도 보험회사와 보험계약자 사이의 보험계약상의 보험기간도 당연히 변경된다고 할 수 없으므로, 이와 같이 연기된 이행기일이 보험기간 이후임이 분명한 이상 비록 연기된 이행기일에 이행이 없었다고 하더라도 이는 보험사고가 약정 보험기간 이후에 발생한 것으로 보험계약에서 정한 보험금 지급사유에 해당되지 아니한다.[98]

Ⅶ. 계약보증금과 도급인이 수급인에게 지급할 기성금과의 상계문제

1. 문제의 제기

건설공사계약에 있어서 기성금의 지급은 계약에 따라 다르겠지만 보통의 경우에 1월 말까지 시공한 부분에 대해서는 2월 중순에 기성을 검사하여 기성이 확정이 되면 2월 말에 기성금을 지급하는 구조로 되어 있어 공사현장에서 수급인은 대부분 1기의 기성금 지급주기에 따른 기성금은 도급인에게 유보되어 있는 상태에 있다.

수급인이 채무를 불이행하여 도급인이 보증인에게 보증금을 청구할 경우 보증인은 도급인에게 계약보증금을 지급한 후 다시 수급인에게 구상권을 행사하는데, 수급인이 계약을 해제한 날까지 계약을 이행하고 있어 도급인이 수급인에게 기성금을 정산하여 지급하지 아니한 경우 마지막 기성금을 지급한 후부터 수급인이 계약 해제일까지 이행한 공사분에 대한 기성금에 대하여 보증서를 발급한 보증기관에서는 자신의 구상채권을 회수하기 위하여 도급인이 장차 수급인에게 정산·지급할 기성금을 자동채권으로 보증인이 지급할 보증금을 수동채권으로 한 상계통보를 하는 경우가 있다.

대부분의 도급인은 수급인에게 공사포기각서·직불동의서 등을 받아 수급인에게 지급할 기성금으로 수급인이 체불한 노임·자재·장비대금을 정리하여 신속히 공사를 재개하고자 한다. 이 경우 보증인의 상계권은 어떻게 되는 것인가?

이 점에 대하여 살펴보기 위해 먼저 계약서의 기성금 지급조항을 살펴보자.

---

98) 대법원 1997. 4. 11. 선고 96다32263 판결

2. 계약서의 내용

계약담당 공무원은 검사완료일부터 7일 이내에 검사된 내용에 따라 기성대가를 확정하여 계약상대자에게 지급하여야 한다. 다만, 계약상대자가 검사완료일 후에 대가의 지급을 청구한 때에는 그 청구를 받은 날부터 7일 이내에 지급하여야 한다.[99]

계약서에 기성부분금에 관하여 명시한 때에는 '을'은 이에 따라 기성부분에 대한 검사를 요청할 수 있으며, 이때 '갑'은 지체 없이 검사를 하고 그 결과를 '을'에게 통지하여야 하며, 14일 이내에 통지가 없는 경우에는 검사에 합격한 것으로 본다. '갑'은 검사완료일로부터 14일 이내에 검사된 내용에 따라 기성부분금을 '을'에게 지급하여야 한다.[100]

갑은 목적물 인수일로부터 60일 이내의 기한으로 정한 지급기일까지 을에게 대금을 지급하여야 한다. 갑이 발주자로부터 준공금을 받은 때에는 하도급대금을, 기성금을 받은 때에는 을이 시공한 분에 상당한 금액을 그 지급받은 날로부터 15일(대금지급기일이 그전에 도래한 경우에는 지급기일) 이내에 을에게 지급하여야 한다고 정하고 있다.[101]

3. 상계에 대한 검토

가. 상계의 요건

보증인은 주채무자의 채권에 의한 상계로 채권자에게 대항할 수 있고(민법 제434조) 보증인이 채권자에 대하여 상계로서 대항하기 위해서는 자동채권인 주채무자의 채권자에 대한 채권과 수동채권인 채권자의 보증인에 대한 채권이 상계적상에 있어야 하고 상계적상은 원칙적으로 상계의 의사표시가 행하여지는 당시에 현존하여야 한다.

또한 양 채권 중 일방이 부존재 또는 무효인 경우 상계도 무효가 됨은 물론이고, 자동채권은 반드시 변제기에 있어야 하며 만일 변제기가 도래하지 않은 채권을 자동채권으로 하여 상계하는 것은 상대방이 이유 없이 기한의 이익을 잃는 결과가 되기 때문에 허용되지 않는다.

---

99) 회계예규 2200.04-104-13(2005.09.08) 제39조 제2항
100) 민간건설공사 표준도급계약서 제22조
101) 건설공사 표준하도급계약서 제18조

나. 자동채권·수동채권의 성립

이와 관련하여 먼저 수동채권인 계약보증금 채권에 대하여 살펴보면, '계약보증'이란 수급인이 도급받은 건설공사와 관련하여 계약보증금의 납부에 관한 의무이행을 보증하는 것으로서, 그 계약보증금 청구채권은 채무자의 계약불이행으로 도급인이 도급을 해제 또는 해지한 때에 비로소 구체화되는 것으로 보아야 할 것이나 보증인은 기한의 이익을 미리 포기할 수 있으므로 수동채권의 변제기의 도래는 큰 문제는 없어 보인다.

다음으로 자동채권의 변제기를 살펴보면 위 계약서의 내용을 살펴본 바와 같이 도급인과 수급인 사이의 공사대금 청구권은 공사의 기성률에 따라 기성금청구권이 발생하지만 도급인이 수급인에 대하여 구체적인 공사대금채무를 부담하는 시기는 기성부분 검사 등의 절차를 마친 이후가 된다고 할 것이다.

따라서 상계통보의 시점에 상계적상에 있어야 하지만 수동채권의 발생시점과 자동채권의 발생시점의 차이로 인하여 상계가 아무런 효력이 없을 가능성은 언제든지 잠재해 있다.

나아가 보증인의 상계권은 주채무자의 권리가 상계 당시에 현존함을 전제로 하는 것이나 공사포기각서나 직불동의서의 제출 또는 상계통보 이전에 다른 채권자의 (가)압류 등으로 인하여 주채무자가 기성금에 대한 처분권을 상실하는 경우에는 문제가 있다고 본다.

4. 법원의 판결

가. 상계의 허용여부

먼저 기관보증의 경우는 물론이고 이행보증보험의 경우에도 보험자와 채무자 사이에는 민법상의 보증에 관한 규정이 준용되므로, 이행보증보험의 보험자는 민법 제434조를 준용하여 보험계약자의 채권에 의한 상계로 피보험자에게 대항할 수 있고, 그 상계로 피보험자의 보험계약자에 대한 채권이 소멸되는 만큼 보험자의 피보험자에 대한 보험금 지급채무도 소멸되는 것이 원칙이라고 한다.[102]

---

102) 대법원 2002. 10. 25. 선고 2000다16251 판결

나. 자동채권의 변제기

피고의 상계가 적법하기 위해서는 상계의 의사표시 당시 자동채권인 공사대금 채권이 상계적상, 즉 이행기가 도래된 상태이어야 할 것인데, 공사계약의 해지로 말미암아 공사업자가 받을 기성공사금 채권은 해지 시 발생한다 할 것이므로, 상계의 의사표시 당시에 자동채권의 변제기가 도래하지 아니한 경우에는 상계의 의사표시는 효력이 발생할 수 없다고 한다.[103]

다. 수동채권의 변제기

정리회사의 채무자에 대한 계약보증금 채권이 이 사건 하도급계약이 해지됨으로써 비로소 발생하는 이상, 채무자의 정리회사에 대한 이 사건 하도급계약상의 계약보증금 지급채무를 보증한 피고가 이 사건 하도급계약이 해지되기 이전에 계약보증금 채권을 수동채권으로 한 상계의 의사표시는 아무런 효력이 없다고 판시하고 있다.[104]

따라서 보증인이 도급인에 대하여 계약보증금채권과 수급인에 대한 공사대금채무에 대하여 상계를 통보한다고 해도 보증인의 상계통보가 도달하기 이전에 이미 도급인이 수급인에게 공사대금을 전액 지급한 경우나 구체적인 공사대금청구권이 발생하기 이전에 도달한 상계는 결국 상계적상에 있지 아니함을 이유로 상계는 효력을 발생할 수 없다고 본다.

라. 상계적상에 있는 자동채권을 상계하지 않은 경우

한편, 상계는 단독행위로서 상계를 하는 여부는 채권자의 의사에 따르는 것이고, 상계적상에 있는 자동채권이 있다 하여 반드시 상계를 하여야 할 것은 아니므로 채권자가 주채무자에 대하여 상계적상에 있는 자동채권을 상계 처리하지 아니하였다 하여 이를 이유로 보증채무자가 신용보증한 채무의 이행을 거부할 수 없으며 나아가 보증채무자의 책임이 면책되는 것도 아니다.[105]

---

103) 대법원 2001. 7. 27. 선고 2000다43062 판결
104) 대법원 1999. 5. 14. 선고 98다63660 판결, 이 판결은 보증인이 기한의 이익을 미리 포기하고 상계할 수 있다는 것을 간과한 점에서 문제가 있어 보인다.
105) 대법원 1987. 5. 12. 선고 보증채무금 86다카1340 판결

5. 항변권이 붙은 채권을 자동채권으로 하는 상계의 허용여부

가. 문제의 제기

보증인이 상계를 통보한 경우 도급인이 기성금 지급에 관하여 일정한 제한이 있다고 항변하면서 상계에 대해 이의를 제기한 경우의 자동채권에 항변권이 부착되었다고 보아 상계가 효력을 발생하는지가 문제된다.

나. 계약서의 내용

1) 회계예규 2200.04-104-13(2005.09.08)

제43조(하도급대가의 직접지급 등)에서는 하수급인이 계약상대자를 상대로 하여 받은 판결로서 그가 시공한 분에 대한 하도급대금 지급을 명하는 확정판결이 있는 경우, 계약상대자가 파산, 부도, 영업정지 및 면허취소 등으로 하도급대금을 하수급인에게 지급할 수 없게 된 경우, 하도급거래공정화에관한법률 또는 건설산업기본법에 규정한 내용에 따라 계약상대자가 하수급인에 대한 하도급대금 지급보증서를 제출하여야 할 대상 중 그 지급보증서를 제출하지 아니한 경우에는 하도급대가를 직접 지급할 수 있다고 정하고 있다.

2) 민간공사표준계약서

제30조(하도급대금의 직접지급)에서 도급인은 하도급계약 중 하도급거래공정화에관한법률과 건설산업기본법에서 정한 바에 따라 하도급대금의 직접지급사유가 발생하는 경우에는 그 법에 따라 하수급인이 시공한 부분에 해당하는 하도급대금을 하수급인에게 지급하고 도급인이 하도급대금을 직접 지급한 경우에는 도급인의 수급인에 대한 대금지급채무는 하수급인에게 지급한 한도 안에서 소멸한 것으로 본다고 정하고 있다.

3) 건설공사표준하도급계약서

시공참여자 및 자재업자 등에 대한 직접지급조항이 기재되어 있지 않지만 대개의 경우 도급인과 수급인 사이에 도급인은 수급인의 건설공사 하도급계약조건에는 도급인은 수급인에 대하여 노임지불에 관하여 필요한 지시를 할 수 있으며, 수급인이 이에 따르지 않거나 노임을 체불하고 있는 경우에는 당해 하도급대금 또는 앞으로 지급할 대금 중에서 노임 해당분을 공제하여 노임을 직접 지급할 수 있다고 정하거나, 도급인이 수급인으로부터 수령한 하도급대금을 동 공사 관련자(노임, 자재, 장비비 등)에게 동일한 조건으로 지급하여야 하며 체불하거나 용도 전용 시 당해 하도급대금 중에서 공제하여 직접 지급할 수 있다고 정하는 경우가 있다.

이상의 경우 도급인이 수급인에게 지급하지 아니한 기성금에 대하여 수급인이 시공참여자나 자재, 장비업자 등에 대하여 채무를 변제하지 않음으로 인하여 수급인이 도급인에게 청구할 기성금에 항변권이 부착되었음을 이유로 보증기관의 상계를 거절할 수 있는 항변권이 있다고 볼 수 있는지 여부가 문제된다.

다. 법원의 판결

항변권이 붙어 있는 채권을 자동채권으로 하여 타의 채무와의 상계를 허용한다면 상계자 일방의 의사표시에 의하여 상대방의 항변권행사의 기회를 상실케 하는 결과가 되므로 이와 같은 상계는 그 성질상 허용될 수 없다 할 것인바(대법원 1969. 10. 28. 69다1084 판결, 2001. 11. 13. 선고 2001다55222, 55239 판결 등 참조), 수급인이 근로자들에 대한 노임 지급을 지체한 경우 원고가 수급인에 대한 기성공사대금에서 노임 상당액을 공제하여 근로자들에게 직접 지불할 수 있다고 약정하였다면, 수급인이 근로자들에게 노임 지급을 지체한 상태에서 원고에게 기성공사대금의 지급을 구할 경우 원고로서는 위 약정에 따라 적어도 수급인이 근로자들에게 노임을 지급할 때까지는 기성공사대금 중 수급인이 지체한 노임 상당액의 지급을 거절할 수 있다 할 것이므로, 수급인의 원고에 대한 위 기성공사대금채권은 원고가 위와 같이 일정한 경우 그 지급을 거절할 수 있는 항변권이 부착되어 있는 채권이라고 할 수 있을 것이고, 따라서 위 채권을 자동채권으로 한 상계는 허용될 수 없다고 판시하였다.[106)]

6. 압류금지채권을 자동채권으로 한 상계의 허용여부

한편, 건설산업기본법 제88조 제1항은 건설업자가 도급받은 건설공사의 도급금액 중 당해 공사(하도급한 공사를 포함한다)의 근로자에게 지급하여야 할 노임에 상당하는 금액에 대하여는 이를 압류할 수 없다고 규정하고 있다. 민법 제497조는 "채권이 압류하지 못하는 것일

---

106) 대법원 1969. 10. 28. 선고 69다1084 판결, 대법원 2002. 8. 23. 선고 2002다25242 판결

때에는, 그 채무자는 상계로 채권자에게 대항하지 못한다"고 규정하고 있으므로 압류금지채권을 수동채권으로 하는 상계는 허용되지 않는다고 할 것이다.

그러나 압류금지 채권이더라도 이를 자동채권으로 하는 것은 가능하므로, 보증기관이 수급인의 시공참여자들의 임금이 포함되어 있는 하도급 기성공사대금 채권을 자동채권으로 하여 계약이행 보증금채권에 대하여 상계통보하는 것은 가능하다고 본다.

Ⅷ. 계약서상 연대보증인에 대한 구상관계

1. 문제의 제기

공사도급계약 시에 수급인의 의무이행을 보증할 보증인이 입보하는 경우가 있다. 도급인의 입장에서 계약불이행에 대비하여 계약보증금을 납부받고 수급인의 의무이행을 담보하기 위하여 계약보증금 혹은 계약보증서와는 별도로 연대보증인을 입보하게 하는 것이다. 여기에서 연대보증인의 성격을 어떻게 보아야 하는지가 문제이다.

단순한 금전배상의 보증인이라면 수급인의 채무불이행으로 인한 손해배상채무를 보증하는 것이 될 것이고, 손해배상과는 상관이 없는 공사의 대체시공이나 하자보수의무의 이행을 위하여 입보하는 경우에는 주채무자가 이행하지 아니한 부분의 시공의무와 하자보수의무를 부담하게 될 것이다.

이에 대하여 관련 법률이나 계약서에 보증인의 책임범위에 대해서는 아무런 규정이 없이 단지 계약서의 수급인란 아래에 연대보증인으로 기명날인한 까닭에 이러한 문제가 발생한다.

2. 법률 및 계약서의 내용

가. 국가를당사자로하는계약에관한법률시행령

우리나라는 공공공사의 경우 계약이행을 담보하는 제도로서 계약보증금, 시공연대보증인 및 공사이행보증서를 활용하고 있다.

　국가를당사자로하는계약에관한법률 시행령 제52조 제1항, 제2항에 의하면, 각 중앙관서의 장 또는 계약담당 공무원은 공사계약을 체결하고자 하는 경우 계약상대자의 채무불이행에 대비하여 계약상대자에게 계약금액의 10% 상당의 계약보증금을 납부하고 당해 공사의 계약상의 시공의무이행(하자보수이행을 포함한다)을 보증하는 1인 이상의 연대보증인을 세우는 방법, 연대보증인을 세우지 아니하고 계약보증금을 계약금액의 100분의 20 이상 납부하는 방법, 계약보증금을 납부하지 아니하고 공사이행보증서(당해 공사의 계약상의 의무를 이행할 것을 보증한 기관이 계약상대자를 대신하여 계약상의 의무를 이행하지 아니하는 경우에는 계약금액의 100분의 40 이상을 납부할 것을 보증하는 것이어야 한다)를 제출하는 방법을 선택하도록 정하고 있다.

나. 보증인의 자격

　보증인의 자격에 대해서는 공사계약일반조건[107] 제9조 연대보증인의 자격에서 독점규제및공정거래에관한법률에 의한 계열회사가 아닌 자, 입찰참가자격 제한을 받고 그 제한기간 중에 있지 아니한 자, 입찰공고 등에서 정한 입찰참가자격과 동등이상의 자격을 갖춘 자, 입찰참가자격 사전 심사기준에 따른 입찰참가에 필요한 종합평점 이상이 되는 자로 정하고 연대보증인 및 보증이행업체로 된 자가 부적격하다고 인정되는 때에는 계약상대자에게 연대보증인 및 보증이행업체의 변경을 요구할 수 있다고 정하고 있다.

3. 연대보증인의 책임범위

　연대보증인의 보증책임의 범위는 공사목적물의 완성 및 하자보수의무에 미치는데, 나아가 시공의무 이외에 선급금반환채무나 계약보증금 지급채무 등 금전지급의무에까지 미치는가?
　긍정설은 연대보증인의 의사는 도급계약상 피보증인의 모든 채무를 보증한다는 취지로 보아야 하고, 손해배상 의무와 시공의무를 구분할 근거가 없으므로 보증계약에서 계약보증금 지급채무 등 금전배상의무를 배제한다는 특약이 없는 한 모든 채무에 미친다고 본다. 지금까

---

107) 회계예규 2200.04-104-13(2005.09.08)

지의 일부 하급심에서 이 입장을 채택하였다.

부정설은 보증계약상 연대보증의 규정과 선급금 책임, 계약이행보증금 책임의 취지로 비추어 볼 때 공사도급계약 연대보증인의 보증책임 범위는 수급인의 공사시행에 관한 의무의 보증에 한정되고 수급인의 선급금반환채무나 계약이행보증금의 지급채무는 부담하지 않는다고 본다.

법원은 연대보증인의 책임범위에 관하여 관발주공사인 경우, 연대보증인의 보증책임 범위는 공사 시행에 관한 의무의 보증책임[108]과 일반적으로 하자보수의무[109]가 포함되어 있다고 보고 있으나 계약보증금 채무나 선급금반환채무는 포함되지 않은 것으로 보고 있다.

그러나 위 판결의 사안들은 관급공사에 관한 것으로 관청 입장에서는 연대보증인의 책임범위를 금전책임부분은 제외하는 것으로 내부적으로 지침을 정하고 있었고,[110] 선급금 및 계약보증금에 관하여 보증기관에 의한 별도의 보증서가 확보되어 있어서 연대보증인의 책임을 강화할 필요성이 별로 없었다는 사정이 있으므로 사적계약에 관하여도 부정설을 일반화할 수는 없다고 생각된다.

따라서 사적 계약에 대한 연대보증의 내용이 "도급계약상 수급인의 채무를 연대보증한다"고 명시적으로 되어 있을 경우에 각종 보증서의 구비여부, 도급계약의 내용, 보증의 경위 등을 참작하여 계약해석을 하여 개별적 사정에 따라 판단하여야 할 것이다.[111]

4. 계약서상 연대보증인의 구상관계

계약서상 연대보증인의 책임범위가 거론된 바탕에는 수급인의 채무불이행으로 인하여 보증기관이나 보증보험회사에서 계약보증금을 도급인에게 지급하고서 계약서상의 연대보증인에게 구상권을 행사하면서 계약서상의 연대보증인의 책임범위가 시공책임과 하자보수책임만 부담하는지, 계약보증금이나 하자보증금 등 금전채무에도 미치는지 여부가 정해지지 않은 이유에서 유래한다.

법원은 연대보증인의 책임은 시공상의 의무와 하자에 대한 의무를 부담할 뿐이고 계약보증금이나 미정산선급금에 대해서는 책임이 없다고 한다.[112]

---

108) 대법원 1999. 10. 8. 선고 99다20773 판결, 2000. 6. 13. 선고 2000다13016 판결
109) 대법원 2003. 9. 26. 선고 2001다68914 판결
110) 재정경제부에서 발간한 「신정부계약유권해석」에서 "발주기관이 선금을 지급할 때에는 연대보증인의 지급보증을 받는 것이 아니라 건설공제조합 등 보증기관의 지급보증을 받아 채권확보를 한 후에 지급하게 되므로 연대보증인은 선금에 대해서는 그 보증의무가 없다"고 해설하고 있다.
111) 윤재윤, 건설분쟁관계법, 356~357면

따라서 이행(지급)보증보험은 보험계약자인 채무자의 주계약상의 채무불이행으로 인하여 피보험자인 채권자가 입게 되는 손해의 전보를 보험자가 인수하는 것을 내용으로 하는 손해 보험으로서 실질적으로는 보증의 성격을 가지고 보증계약과 같은 효과를 목적으로 하는 점에서 보험자와 채무자 사이에는 민법의 보증에 관한 규정이 준용된다고 할 것이나, 이와 같은 보증보험계약과 주계약에 부종하는 보증계약은 계약의 당사자, 계약관계를 규율하는 기본적인 법률 규정 등이 상이하여 보증보험계약상의 보험자를 주계약상의 보증인과 동일한 지위에 있는 공동보증인으로 보기는 어렵다 할 것이므로, 보험계약상의 보험자와 주계약상의 보증인 사이에는 공동보증인 사이의 구상권에 관한 민법 제448조가 당연히 준용된다고 볼 수는 없다고 판시한 바 있다.[113]

이러한 대법원의 입장은 일견 보기에도 보증보험에 보증성을 인정하면서도 타 보증인과의 관계에서는 공동보증이라는 실체를 인정하지 않고 민법의 적용을 부정하고 있다. 본 판례는 지속적으로 보증보험에 보증성을 인정하던 종래의 입장에 약간의 수정을 가해 보증보험에 민법보증의 법리를 제한적으로 적용하려는 최초의 시도로 보인다.[114]

보증보험의 이중성이라는 확고한 판례의 입장에도 불구하고 보험자와 보증인 간의 공동보증형태에서 보험자의 구상권을 인정할 것인가 하는 점에 대해 보험성을 이유로 다시 보증성에 제한을 가하고 있다. 공동보증관계를 부정하는 위의 판례의 입장은 보험자의 구상권 인정에 관한 선례를 부분적으로 수정한 것으로 이해되며, 민법의 보증에 관한 다수의 규정 중 어느 규정까지만 적용할 것인가 하는 의문을 던지고 있다.

보증보험은 연혁적으로 보나 법적 성질에 관한 논의를 보나 보험이라는 옷을 입은 보증으로 보아야 하고 보증보험에서 보험금을 지급한 보험자는 다른 보증인에 대해 구상권을 행사할 수 있다는 점은 일반보증과 동일하게 해석하여야 하고 이에 관련 민법규정이 적용되어야 한다고 본다.[115]

공사계약 연대보증인의 책임이 공사 시행에 관한 의무에 한정된다고 한다면, 그 연대보증인이 공사시행에 관한 의무를 이행하지 아니한 경우 어떤 책임을 부담하는 것인지, 결국 공사도급계약과 관련한 부수적 채무에 대하여 그 책임이 인정되지 않는다면 그 연대보증인의 책임은 형식적인 책임에 그치는 것이 아닌지, 그러한 경우 도급인은 어떻게 보호될 것인지에

---

112) 대법원 1999. 10. 8. 선고 99다20773 판결
113) 대법원 2001. 2. 9. 선고 2000다55089 구상금
114) 정경영, 보증보험에서 보험자의 구상권, 심당송상현선생화갑기념논문집, 405면
115) 정경영, 보증보험에서 보험자의 구상권, 심당송상현선생화갑기념논문집, 414면

관하여 의문이 있을 수 있다.

그러나 공사계약 연대보증인의 책임은 원래의 공사도급계약이 해지 또는 해제된 후 그 시공을 완성할 의무를 부담하는 것으로 한정한다고 하더라도 이를 이행하지 아니하는 경우에는 그로 인한 손해, 즉 공사가 시행되었더라면 얻을 수 있는 이익이 시행되지 아니함으로써 잃게 된 경우 그 손해를 배상할 책임이 있음은 물론이고 그에 따른 부수적 채무에 대해서도 그 책임이 인정된다고 보아야 할 것이므로 공사계약 연대보증인의 책임이 형식적 책임에 그친다거나 도급인의 보호가 소홀히 된다고 단정할 수는 없다는 견해도 있다.116)

최근에 대법원은, 민간공사도급계약의 연대보증인의 보증책임은 각종 보증서의 구비여부, 도급계약의 내용, 보증경위 등을 참작하여 개별적으로 구체적인 사안에 따라 법률행위의 해석에 의하여 판단하여야 하는 것이지만 특별한 약정이 없다면 수급인의 책임과 마찬가지로 금전채무보증과 시공보증을 포함한다고 보아야 할 것이다.

-중략-

원고로서는 하도급인들에 대하여 부담하는 손해배상채무 등의 금전채무에 관하여 보증채무를 부담하고, 한편 피고도 신용보증계약에 따라 하도급인에 대하여 보증책임을 부담하게 되므로, 피고와 원고는 하도급인들에 대한 관계에서 공사하도급계약으로 인한 금전채무에 관하여 공동보증인의 지위에 있고, 따라서 피고가 신용보증계약에 따라 하도급인들에게 계약이행보증으로 인한 손해배상채무를 이행하는 경우에는 민법 제448조에 의하여 원고에 대하여 구상권을 행사할 수 있다고 할 것이라고 판시한 바 있다.117)

계약서상의 연대보증인이 도급인에 대하여 계약보증금 등 금전채무를 이행한 경우 보증보험회사나 보증기관에 대해서 구상권을 행사할 수도 있으므로 보험계약상의 보험자와 주계약상의 보증인 사이에 공동보증인 사이의 구상권에 관한 민법 제448조가 준용되어도 불합리한 점은 없어 보인다.

한편, 연대보증인의 책임은 시공과 하자보수의무에까지 미치고 보증서를 발행한 보증기관의 책임은 보증서상의 금액에 한하여 그 책임이 있다고 할 것인데, 보증책임의 범위가 서로 다른 보증인 사이의 구상권에 대하여 일률적으로 민법 제448조를 적용할 수 있을지 궁금하다.

---

116) 문정현, 공사이행보증인의 책임(민사법연구 제8집)
117) 대법원 2005. 3. 25. 선고 2003다55134 채무부존재 확인

5. 연대보증인이 나머지 공사를 이행한 경우 계약보증금 청구권이 발생하는지 여부

가. 사안의 개요

주채무자가 공사계약을 이행하던 중 부도로 인하여 도급인이 주채무자와의 공사계약을 해제하고 계약서상의 연대보증인과 나머지 공사계약을 체결하여 공사가 완성이 된 경우에 당초 주채무자를 피보증인으로 하여 보증서를 발급한 보증기관이 보증책임을 면하는가 하는 문제가 있다.

나. 법원의 판결

이에 대하여 대법원은 원고가 수급인의 채무불이행을 이유로 이 사건 도급계약을 적법하게 해지한 이상 주채무자와 그 계약보증인인 피고는 그에 대한 원상회복의무를 부담하는 것이고, 또한 공사보증인은 피보증인이 완료하지 못한 공사를 마무리할 의무가 있는 것이지 피보증인의 선급금 반환채무까지 부담하는 것은 아니어서(대법원 1999. 10. 8. 선고 99다20773 판결 참조), 피보증인의 공사중단 후에 도급인인 원고가 공사보증인과의 사이에 미시공 부분에 대한 공사도급계약을 체결하고 공사를 시행함으로써 결국 이 사건 공사가 완성되었다고 하더라도 피고의 계약보증책임이 소멸하거나 변경되는 것은 아니라고 판시하고 있다.[118]

다. 판례에 대한 사견

이 판결은 원고가 선급금보증서에 기하여 피고에게 미정산선급금 잔액의 지급을 청구하였으나 피고가 선급금 보증기간이 경과한 이후에 발생한 사고임을 이유로 보험금 지급을 거절하자, 원고는 피고의 선급금보증책임이 존재하지 아니함을 인정하여 더 이상 피고에 대하여 선급금보증책임을 묻지 않았는데 계약보증금이 담보하는 범위에 관하여 선급금반환의무까지 포함되는 것으로 인정하여 수급인의 선급금반환채무불이행으로 인하여 미정산선급금이 전액 도급인에게 반환되지 못했으므로 연대보증인이 비록 공사를 시공하였다고 해도 도급인에게 미정산선급금 상당의 손해가 있으므로 계약보증서를 발급한 보증인은 그 책임을 면할 수 없다는 취지로 판결한 듯하다.

---

118) 대법원 2000. 6. 13. 선고 2000다13016 판결

계약보증금이 담보하는 손해의 범위에 관하여 미정산선급금이 포함되어서는 안 된다는 것은 이미 밝힌 바 있다. 이 문제는 다시 연대보증인이 하자보수의무를 이행한 경우 하자보증서를 발급한 보증인이 하자보증책임을 부담하는지와 관련된다. 살펴보자.

6. 연대보증인이 하자보수의무를 이행한 경우 하자보증금 청구권의 관계

가. 사안의 개요

연대보증인이 하자보수의무를 이행한 경우에 보증인에게 하자보증금을 청구할 수 있을 것인가 하는 문제가 있다.

나. 법원의 판결

이에 대하여 대법원은 하자보수이행보증보험은 보험계약자가 하자담보 책임기간 안에 하자보수 요구를 받고 도급계약에 따라 이를 이행하지 아니하는 경우에 생기는 도급인의 손해를 보상하는 것인바, 공사도급계약상의 연대보증인의 보증책임 범위에 하자보수의무가 포함되어 있음이 명백하므로 보험계약자는 피보험자로부터 하자보수이행청구를 받은 경우 자신이 직접 하자보수를 이행하거나 연대보증인으로 하여금 하자보수를 이행하도록 할 수 있고 또한 피보험자도 직접 연대보증인에게 하자보수의 이행을 청구할 수 있으며, 이처럼 보험계약자 또는 연대보증인이 도급계약에 따라 피보험자로부터 하자보수의 요청을 받고 이를 이행하는 경우에 이는 모두 도급계약에 따라 이행한 것이므로 도급인은 하자보수의무의 불이행으로 인한 손해를 입지 아니하게 된다고 할 것이고, 그 결과 보증보험계약에 기한 보험금청구권은 발생하지 아니한다고 판시하였다.[119]

다. 판례에 대한 사견

연대보증인의 책임에는 주채무자가 미시공한 부분을 이행할 책임과 하자를 보수할 책임이

---

119) 대법원 2003. 9. 26. 선고 2001다68914 판결

있다는 것이 대법원의 입장이고, 연대보증인이 시공하거나 보수한 것은 자기의 채무를 이행한 것으로 도급인에게 시공이나 보수로 인하여 본래의 계약목적이 달성되었기 때문에 하자보증서를 발행한 보증인에게는 구상할 수 없다는 취지로 보인다.

그러나 연대보증인의 책임범위에 주채무자가 시공하지 않은 부분에 대한 시공의무와 하자보수의무가 포함되어 있다는 것이 대법원의 입장임에도 불구하고[120] 계약보증서가 담보하는 손해의 범위에 법원이 무리하게 선급금반환채무를 범위에 포함시키면서 계약보증서를 발급한 보증인에게 계약보증에 대한 책임은 있고 하자보증서를 발급한 보증인에 대해서는 책임이 없다고 판단한 점은 모순이다.

이러한 판단의 근본원인은 계약보증금을 지급한 보증기관이 계약서상의 연대보증인에게 구상권을 행사한 사안에서 법원이 계약서상의 보증인의 책임과 보증서(보험증권)를 발행한 보증기관과의 사이에 공동보증에 관한 민법의 규정을 적용할 수 없다고 한 판결로부터 연유한다고 본다. 그러나 계약서상의 연대보증인이 계약보증금 지급의무를 이행한 경우에 반대로 보증기관에 대해 구상권을 행사할 수 있는 것이므로 계약서상의 연대보증인이 부당해 보이지 않는다. 파사현정되어야 할 것이다.

IX. 보증보험금 지급금지 가처분의 허부[121]

1. 들어가는 말

계약이행보증이나 하자보수보증의 경우에 보증채권자가 채무불이행을 원인으로 보증금을 청구하는 경우에 주채무자가 공제조합을 제3채무자로, 보증채권자를 채무자로 하여 보증금의 추심을 금지하는 계약·하자보증금 지급금지가처분을 신청하는 경우가 있다.

이 경우에 공제조합은 가처분이 접수되었음을 이유로 원칙적으로 보증채권자에 대하여 보증금 지급을 거절하지만, 사실상 문제가 있어 보인다. 보증채권자가 보증채무금 지급채무 불이행을 원인으로 보증채무금 소송을 제기할 경우 공신력의 훼손은 물론이고 연 20%의 과도한 지연이자가 발생하는 문제가 있다.

---

120) 대법원 1999. 10. 8. 선고 99다20773 판결
121) 윤경, 「보전처분(가압류, 가처분)의 실무」에서 전제

이 경우, 가처분은 어떻게 되는가?

2. 견해의 대립

가. 소극설

보험계약자가 이러한 신청을 하는 이유는 보험회사가 보험금을 지급할 경우 구상을 당할 염려가 있기 때문이나 보험사고의 발생을 인정하여 보험금을 지급할 것인지 여부는 보험회사가 그 책임하에 결정하는 것이고, 보험회사가 피보험자에게 보험금을 지급하였다 하여 당연히 보험계약자에게 구상의무가 발생하는 것이 아니므로, 보험계약자로서는 보험회사로부터 구상금청구를 받았을 때 비로소 그에 대응하면 되는 것이어서, 결국 보험계약자로서는 보험사고가 발생하지 않은 것이 사실이라면, 보험회사로부터 구상을 당할 일이 없기 때문에 위와 같은 가처분을 구할 피보전권리나 보전의 필요성 모두 인정하기 어려워 위 가처분은 인용될 수 없다.

그럼에도 보험계약자가 이러한 신청을 하는 것은 보험회사가 보험계약자에게 보험사고의 발생을 부인하는 자료의 제출을 요구하기 때문으로 보이는바, 굳이 필요하다면 보험계약자는 피보험자를 상대로 채무부존재확인의 소를 제기하고 그 증명서를 발부받아 보험회사에 제출하면 될 것이다.

나. 적극설

보험계약자는 피보험자가 보험자에게 보험금 지급청구를 하는 경우 장차 구상의무를 부담하게 될 자로서 피보험자에게 보험금지급청구권이 존재하지 아니한다는 확인을 구할 법률상의 이익이 있으므로 소명이 충분하다면 이러한 확인청구권을 피보전권리로 하는 임시의 지위를 정하는 가처분도 인용되어야 한다.

3. 결 론

보험약관의 내용이 소극설이 상정하는 경우와 같다면 이를 허용하지 않는다. 그러나 보험약관의 해석상 보험자에게 보험금 지급여부에 대한 재량의 여지가 적고, 보험금이 지급되면 보험계약자가 구상에 응하도록 되어 있는 경우 신청인인 보험계약자의 주장 사실에 대한 소명이 충분하다면 이를 불허할 이유가 없다. 이는 결국 사안에 따라 합리적으로 결정되어야 할 문제로서 일률적으로 그 허부를 논단할 수는 없다.

서울지방법원 신청합의부나 신청단독의 경우 위와 같은 형태의 가처분신청은 대부분 피보전권리에 대한 소명이 없다거나 보전의 필요성이 없다 하여 기각되고 있다.[122]

X. 보증금 청구권의 소멸시효

1. 본 보증서의 효력은 위 보증기간에 불구하고 본 공사 실제 준공일까지 유효함이라는 특약의 취지

이 사건 보증서에 "본 보증서의 효력은 위 보증기간에 불구하고 본 공사 실제 준공일까지 유효함"이라는 특약의 취지는 보증기간을 경과한 이후까지 공사가 지연되다가 하수급인의 귀책사유로 하도급계약을 이행하지 못하는 때에도 피고가 보증기간과 관계없이 하도급인인 원고에게 보증금을 지급하겠다는 취지에 불과한 것으로 해석함이 상당하고(당원 1996. 6. 28. 선고 96다2453 판결 참조), 이러한 경우 단기소멸시효를 정한 위 법의 취지에 비추어 원심과 같이 실제의 준공일을 보증기간의 만료일로 보아 그때를 소멸시효기간의 기산일로 볼 수는 없다 할 것이다.[123]

이 사건은 주채무자가 당초의 보증기간을 넘기도록 공사를 완공하지 못하다가 부도로 인하여 공사를 중단하게 되었는데 원고가 나머지 공사를 완성하였다. 원고가 나머지 공사를 완성하고서 피고에 대해 계약보증금을 청구한 건에 대하여 법원은 보증서에 기재된 보증기간 내에 보증금의 지급사유가 발생한 경우에는 보증기간의 만료일이 소멸시효기간의 기산일이 되

---

122) 서울민사지방법원 신청합의부나 신청단독의 경우 위와 같은 형태의 가처분신청은 대부분 피보전권리에 대한 소명이 없다거나 보전의 필요성이 없다 하여 기각되고 있고, 신청인과 피신청인 사이의 계약이 피신청인의 채무불이행으로 해지된 것으로 보임에도 피신청인이 보험증권을 소지하고 있음을 기화로 제3채무자에게 보험금을 추심하는 것이 부당하다고 판단되는 경우 등에만 허용하고 있다. 허용하는 경우 피보전권리는 '보험금지급청구권 부존재 확인청구권'이다

123) 대법원 1997. 8. 26. 선고 97다13153 판결

고, 보증기간이 경과한 후에 보증금 지급사유가 발생한 경우에는 주채무자가 공사를 계약대로 이행할 수 없게 되어 해제권을 행사할 수 있음이 인정되는 때로부터 기산한다는 뜻이다.

2. 보증기간 내에 보증사고가 발생한 경우

민법 제166조 제1항의 규정상 소멸시효는 그 권리를 행사할 수 있는 날부터 진행하는바, 원고 회사의 이 사건 보증금채권은 그 채권이 발생한 위 1988. 4. 27.부터 행사할 수 있었다 할 것이므로 특단의 사정이 없다면 그날이 소멸시효의 기산일이라 할 것이나, 건설공제조합법 제39조 제3항에 그 권리는 "보증기간 만료일로부터 5년간 행사하지 아니하면 시효로 인하여 소멸한다"라고 하여 소멸시효의 기산일에 관하여 규정하고 있으므로 민법에 우선하여 건설공제조합법이 적용되어 이 사건 보증금채권의 소멸시효의 기산일은 보증기간 만료일인 1988. 8. 29.이 된다 할 것이다.

3. 보험사고 발생 여부가 객관적으로 분명하지 아니한 경우에 있어서 보험금액 청구권의 소멸시효의 기산점

특별한 다른 사정이 없는 한 원칙적으로 보험금액청구권의 소멸시효는 보험사고가 발생한 때로부터 진행한다고 해석하는 것이 상당하지만, 보험사고가 발생한 것인지의 여부가 객관적으로 분명하지 아니하여 보험금액 청구권자가 과실 없이 보험사고의 발생을 알 수 없었던 경우에도 보험사고가 발생한 때로부터 보험금액청구권의 소멸시효가 진행한다고 해석하는 것은 보험금액 청구권자에게 너무 가혹하여 사회정의와 형평의 이념에 반할 뿐만 아니라 소멸시효제도의 존재이유에 부합된다고 볼 수도 없으므로, 이와 같이 객관적으로 보아 보험사고가 발생한 사실을 확인할 수 없는 사정이 있는 경우에는 보험금액청구권자가 보험사고의 발생을 알았거나 알 수 있었던 때로부터 보험금액청구권의 소멸시효가 진행한다고 해석하는 것이 타당하다.[124]

---

124) 대법원 1993.7.13. 선고 92다39822 판결, 대법원 2001. 4. 27. 2000다31168 양수금

제4절 하자보수보증

I. 하자에 대한 고찰

1. 하자[125]란 무엇인가

가. 들어가는 말

건설공사의 경우 공장에서 제조된 물건처럼 완벽하고 동일한 품질의 생산물이 산출되는 것이 아니라 외부환경과 재료의 성질에 의하여 많은 영향을 받는 관계로 예를 들면, 구조물에 미세한 균열이 발생하는 것은 자연스럽고도 일반적인 현상이다.

시설물에 미세한 균열 등이 발견되었을 경우에 그 균열이 부실시공으로 인한 하자인지 아니면 통상의 재료가 가지는 성질에 의한 현상인지 여부를 판가름한 후에 그 容認의 범위를 초과하는 부분에 대해서 비로소 시공상의 잘못으로 인한 하자라고 말할 수 있을 것이다.

건설공사의 하자로 인한 수급인 혹은 시공사의 하자보수책임을 추궁하기 위해서는 하자의

---

125) "하자의 개념은 로마법상 안찰관소권에서 그 역사적인 기원을 찾을 수 있다고 하는데, 매매되는 가축과 노예가 튼튼하고 도둑, 행려자가 아니라는 보증이 목적물의 성상에 관한 객관적인 기준, 즉 통상의 용도에 따라 인정되었다(객관적 하자개념). 그 후 자연법학자들과 교회법학자들은 통상의 사용을 방해하는 '주된 하자'라는 관념과 로마의 안찰관소권을 결합시켰고, 프랑스 민법전도 자연법학자였던 도마(Domat)의 견해를 좇아 일단 물건의 용도를 기준으로 하였다. 그러나 이때 용도는 객관적인 기준뿐만 아니라 주관적인 기준에 따라서도 정해졌고, 매매목적물을 약정한 용도에 부적합하도록 만들거나 그 가치를 감소시킴으로써 만일 매수인이 이를 알았다면 구매하지 않았거나 보다 적은 가치를 주었을 경우라고 정의하였다고 한다." 이준형, 수급인이 하자담보책임에 관한 연구, 서울대학교 박사학위논문

정의 및 그 범위가 전제되어야 할 것인데 우리나라의 법률에서 하자가 과연 무엇인지에 대해서는 아무런 정의도 하고 있지 않다.[126)

나. 관련 법률의 내용

민법 제667조(수급인의 담보책임)에서는 완성된 목적물 또는 완성 전의 성취된 부분에 하자가 있는 때에는 도급인은 수급인에 대하여 상당한 기간을 정하여 그 하자의 보수를 청구할 수 있고 하자가 중요하지 아니한 경우에 그 보수에 과다한 비용을 요할 때에는 그러하지 아니하다. 도급인은 하자의 보수에 갈음하여 또는 보수와 함께 손해배상을 청구할 수 있다고 정하고 있다.

건설산업기본법 제28조에서는 하자가 무엇인지에 대해서는 정의하지 않고 특정한 공사에 대하여 일정한 기간 동안 하자담보책임을 부담한다는 것과 일정한 경우 하자담보책임에 대한 면책사항만을 정하고 있다.

주택법 시행령 별표6에서 하자의 범위를 공사상의 잘못으로 인한 균열·처짐·비틀림·들뜸·침하·파손·붕괴·누수·누출, 작동 또는 기능불량, 부착·접지 또는 결선불량, 고사 및 입상불량 등이 발생하여 건축물 또는 시설물의 기능·미관 또는 안전상의 지장을 초래할 정도의 하자라고 정의하고 있다.

이상에서 살펴본 바와 같이 하자가 무엇인지에 대해서는 어느 법률에서도 정하지 않고 있는데, 다만 공동주택의 경우에 그 종류는 정하고 있지만 과연 어느 정도의 균열·처짐·비틀림·들뜸·침하·파손·붕괴·누수·누출이 하자에 해당하는지에 대해서는 아무런 언급이 없다.[127)

다. 하자에 대한 개념정의

1) 하자라 함은 일의 결과가 수급인이 보증한 성질을 가지지 않거나 통상적으로 또는 당사자가 계약에 의하여 일의 품질과 성능 등에 대하여 기대한 일정한 성상을 완전하게 구비하지 않은 불완전한 점을 말한다고 할 것이다. 또한 수급인이 완성한 일이 거래관

---

126) 두성규, 공사하자담보책임제도의 새로운 발전방안
127) 구조물에 3mm 이하의 미세균열에 대해서는 콘크리트 시방서에 관찰사항으로 명기되어 있으며, 진행 중인 균열의 경우 진행이 완료된 후에 보수하는 것이 타당하다. ACI 224 위원회 허용균열 폭: 습기, 흙 중에 있는 경우 0.3mm, 최민수, 하자보수책임제도에 관한 연구

념상 보통 갖추어야 할 품질, 성능을 갖추지 않으면 하자가 된다.[128]

2) 그러나 여기에도 수급인이 책임을 부담하는 하자보수책임은 시공상의 잘못에 한정된다 할 것이고 천재지변이나 설계도서의 결함 등으로 인한 하자의 경우나 발주자가 관리를 잘못하여 결함이 발생한 경우, 즉 발주자가 제공한 재료의 품질이나 규격 등의 기준미달로 인한 경우, 발주자의 지시에 따라 시공한 경우, 발주자가 건설공사의 목적물을 관계법령에 의한 내구연한 또는 설계상의 구조내역을 초과하여 사용한 경우에는 하자담보책임이 없다.[129]

3) 따라서 관련 법률의 내용을 종합하면 건설공사에 있어서 하자를 정의하자면,

첫째, 시공상의 잘못으로 인하여 발생한 것이어야 하고 당사자 사이에 약정한 性狀의 흠결은 언제나 하자가 되고,

둘째, 이 시공상의 잘못으로 인하여 목적물에 발생한 기능·미관 또는 안정상의 지장을 초래할 정도의 시공불량이어야 한다는 점이고, 그 내용을 예시하면 균열·처짐·비틀림·들뜸·침하·파손·붕괴·누수·누출, 작동 또는 기능불량, 부착·접지 또는 결선불량, 고사 및 입상불량 등이라는 것,

셋째, 그 하자에 대한 책임은 발주자에게 책임을 물을 수 없는 것으로서 단순히 물리적인 하자만을 지칭하는 것이 아니라 건폐율, 용적률 등에 관한 건축 관련 법령을 위반한 결과 건물의 철거, 이전, 개축이 불가능하여 건축된 대로 사용할 수 없게 되는 경우는 물론 일조권, 조망권, 사생활 침해 등 환경적 요인으로 사용한 불편이 발생한 경우와 당사자 사이에 건축물의 사양, 환경적 조건 등에 관한 특약을 하였다가 이를 지키지 아니한 경우도 포함된다는 점,[130]

마지막으로, 발주자가 제공한 재료의 품질이나 규격 등의 기준미달로 인한 경우, 발주자의 지시에 따라 시공한 경우, 발주자가 건설공사의 목적물을 관계법령에 의한 내구연한 또는 설계상의 구조내역을 초과하여 사용한 경우에는 수급인이 면책된다.

라. 소결론

건설도급계약에서의 하자라고 하는 것은 설계도서 기타 작업지시서에 위배되어 시공한 사실로 인하여 통상의 품질이나 성능, 강도, 내구성을 지니지 못하고 건축물의 균열, 처짐, 비틀림, 들뜸, 누수 등과 같은 물리적인 하자는 물론이고 용적률, 건폐율에 현저하게 위반하여

---

128) 주석민법 채권각칙(4), 211면
129) 민법 제669조, 건설산업기본법 제28조 제2항 각 호
130) 윤재윤, 건설분쟁관계법, 208면

관계법령상 철거, 이전, 개축 등의 조치를 면할 수 없는 것과 같은 법률상의 하자와 일조, 풍향, 소음, 진동, 악취와 같은 환경적인 하자도 포함이 된다고 할 것이다.

또한 당사자가 일의 품질이나 성상 등에 관하여 특별한 약정을 한 경우에는 이러한 약정에 미치지 못하는 것도 하자가 된다고 할 것이다.[131]

마. 건설공사에서 일반적으로 발생하는 하자의 내용

토목공사 하자보수비용에 대해 조사한 결과를 나열하면 콘크리트 균열·누수, 포장공사, 교량공사의 순으로 나타났다. 공종별 하자보수비용 검토결과 하자보수의 가장 큰 요소는 콘크리트에 발생한 균열 및 누수이다.[132]

건축공사에 있어서 입주 후 1년 이내에 발생하는 하자의 유형은 주로 설비, 주방, 창호, 도배, 타일, 전기공사 순으로 발생빈도가 높으며 중대한 결함으로 발생한 하자 외에는 1년 내에 대다수 보수가 완료되나 부재세대를 포함한 잔여 5~10% 하자는 장기적인 하자로 변하는 경향이 있다.

입주 후 2~3년차의 하자는 누수 및 각종 변색, 변형, 균열 등의 하자가 발생하면서 하자발생유형이 세대별 하자에서 공동하자로 변한다. 3년차 하자의 종결시기에는 주로 민원사항의 해결요청이 발생하며 외벽도장을 비롯하여 입구 주변 안내판, 문주석 등 당초 계획에 포함되지 않은 사항, CCTV나 시설의 디지털화 등 시대변화에 따라 발생하는 사항, 엘리베이터 내부를 스테인리스로 교체·요청하는 것과 같이 마감재의 노후화에 따른 변경을 요구한다.

5년차 및 10년차 하자 중 가장 큰 하자유형은 내력구조부에 대한 하자로 하자발생률에 비하여 하자보수투입비는 가장 큰 비중을 차지하고 있다.[133]

2. 법원이 판결을 통해 인정한 하자의 범위

법원이 판결을 통해 인정한 하자는 아래와 같다.

---

131) 이준형, 수급인의 하자담보책임에 있어 하자의 개념
132) 한진중공업 토목사업본부 토목팀, 토목공사 하자유형 및 사례분석
133) 한진중공업 건축사업본부 고객지원팀, 건축공사 하자유형 및 사례분석

주택건축의 경우 건폐율과 용적률에 현저하게 위반하여 철거, 이전, 개축 등을 할 수밖에 없는 등의 법률적 하자, 채광의 부족이나 전면도로의 폭이 좁아 승용차를 출입할 수 없는 반지하차고의 결함, 전기선설계도에 전등선과 전열선을 별도의 선으로 설치하도록 되어 있는데도 하나의 선으로 연결한 경우, 목조건물 신축공사를 완성하여 인도했지만 그 일부에 설계도에 충실하게 시공되지 않은 부분이 있고 지붕의 보강공사가 불충분하여 태풍으로 지붕의 일부가 손상된 경우 등을 하자로 인정하였다.[134]

따라서 법원이 하자로 인정한 것을 보면 시설물의 하자는 물론이고 법률상의 하자와 환경적인 하자까지도 포함하여 매우 폭넓게 범위를 인정하여 시공자에 대한 책임을 무겁게 묻고 있는 것을 살펴볼 수 있겠다.

한편, 하자는 이행의 결과에 잘못이 있다는 것이기 때문에 계약이 이행되지 못한 경우에는 채무불이행이 문제된다.

3. 하자담보책임

수급인의 하자담보책임은 무과실책임으로 도급인은 계약해제권 · 하자보수청구권 · 손해배상청구권을 가진다.

가. 하자보수를 청구할 수 없고 손해배상만을 청구할 수 있는 경우

하자가 중요하지 아니함에도 그 보수에 과다한 비용을 요할 때에는 도급인은 하자보수를 청구할 수 없고, 하자로 인한 손해배상만을 청구할 수 있다.[135]

이는 중요한 하자와 덜 중요하지만 보수에 과다한 비용이 들지 않는 하자에 대해서만 하자보수청구권이 성립한다는 뜻이 된다. 하자가 중요한 것인지 여부의 판단은 설계도 및 시방서대로의 시공여부 등 도급인의 주관적 목적도 고려하여야 할 것이나 당해 건물의 구조 · 위치 · 면적 · 기능 · 용도 · 미관 등 여러 가지 객관적 사정을 우선적으로 판단하여야 할 것이다.[136]

---

134) 주석민법 채권각칙(4), 211~212면
135) 민법 제667조 제1항 단서
136) 윤재윤, 건설분쟁관계법, 223면

통상 하자보수가 가능한 물리적 하자와 달리 법률적 하자, 환경적 하자의 경우는 그 성질
상 하자보수가 불가능한 경우가 많으므로 이러한 경우에도 손해배상청구만을 할 수 있다.137)

나. 하자보수에 갈음하여 손해배상을 청구하는 경우

하자가 중요하거나 중요하지 않더라도 보수에 과다한 비용이 소요되지 않으면 도급인이 하
자보수를 청구하지 않고 바로 하자보수에 갈음하는 손해배상을 청구할 수 있다. 이러한 권리
를 인정하는 것은 도급인을 특별히 보호하는 측면이 강하다. 도급계약상 특별한 사유 없이 본
래의 이행채무가 아닌 금전채무를 부담시킨다는 점, 무과실책임인 하자담보책임에 편입된 점,
도급인은 편의에 따라 하자보수나 손해배상 중 자유롭게 선택할 수 있는 점 등이 그것이다.138)
도급인은 수급인에 대하여 하자보수청구권과 하자보수에 갈음하는 손해배상청구권을 선택
적으로 행사할 수 있지만 하자보수청구권을 행사한 이상 손해배상청구권은 행사할 수 없다고
보아야 할 것이고, 다만 수급인이 상당한 기간이 경과하도록 하자보수의무를 이행하지 않는
다면 도급인이 수급인에게 하자보수에 갈음하는 손해배상청구를 할 수 있다.139)

다. 하자보수와 함께 손해배상을 청구하는 경우

하자보수를 하더라도 도급인은 전보되지 아니하는 손해의 배상을 함께 구할 수 있다. 일의
완성이 지연되거나(지연손해) 완전한 보수가 불가능한 경우에 남게 되는 손해(잔존손해), 하
자로 인하여 계약에서 정한 대상 이외의 대상에게 발생한 손해(확대손해)의 배상을 구하는
것이다. 즉, 하자보수의 이행과는 범위를 달리하는 별개의 손해로서 하자보수와 동시에 청구
하는 것이다.140)
건물은 완공되었으나 지하주차장의 출입구가 설계도면과 달리 너무 좁게 시공되어 주차장을
출입하는 차량들의 통행에 큰 어려움이 있음에도 건물의 구조적 안전문제로 인하여 그 출입구
를 더 이상 넓힐 수 없는 경우 등에는 하자보수청구와 별도로 손해배상청구를 할 수 있다.141)

---

137) 법원행정처, 건설재판 실무편람, 40면
138) 윤재윤, 건설분쟁관계법, 227면
139) 법원행정처, 건설재판 실무편람, 40면
140) 윤재윤, 건설분쟁관계법, 227면
141) 법원행정처, 건설재판 실무편람, 41면

라. 손해배상의 범위

1) 하자보수가 가능한 경우

하자보수에 갈음하는 손해배상을 청구하는 경우 하자보수비 상당액이 손해액으로 인정된다. 도급인이 스스로 비용을 부담하여 하자를 보수한 경우에는 도급인이 지출한 비용을 배상하여야 할 것이나 도급인이 통상의 경우보다 과다한 비용을 지출한 경우에는 통상적인 보수비용의 범위 내에서 배상하면 족할 것이다.[142]

하자로 인하여 확대손해가 발생한 경우에는 확대손해에 대해서도 배상하여야 하고 건축물에 하자가 있음으로써 발생된 시가의 하락은 하자의 보수가 가능한 이상 그 하자가 치유됨으로써 회복되는 것이라고 봄이 상당하므로 하자의 보수가 가능한 경우 하자보수비 상당의 손해배상청구 외에 그 하자로 인한 목적물의 교환가치 상당의 손해배상을 청구하는 것은 원칙적으로 허용될 수 없다.[143]

2) 하자보수가 불가능한 경우

이 경우에 하자보수에 갈음한 손해배상을 청구하는 것은 허용되지 아니하므로 수급인은 하자로 인한 건물가치의 감소액, 즉 완전한 건물과 하자 있는 건축물과의 경제적 가치의 차액을 배상하여야 한다.[144]

3) 하자가 중요하지 아니한데, 그 보수에 과다한 비용을 요하는 경우

이 경우에 도급인은 하자보수나 하자보수에 갈음하는 손해배상을 청구할 수 없고 그 하자로 인하여 입은 손해의 배상만을 청구할 수 있다. 이러한 경우 그 하자로 인하여 도급인이 입은 통상의 손해는 특별한 사정이 없는 한 수급인의 하자 없이 시공하였을 경우 목적물의 교환가치와 하자가 있는 현재 상태대로의 교환가치와의 차액이 된다.[145]

설계도와 달리 방실의 면적이 다소 감소되어 있다거나 천장이 다소 낮게 시공되어 있는데 계약의 목적 달성에는 별 지장이 없는 경우, 외벽의 마감재를 대리석으로 하게 되어 있음에도 일반 화강석으로 시공한 경우, 건물의 창호배치가 설계도와 달리 대칭되게 시공되지 아니

142) 법원행정처, 건설재판 실무편람, 41면
143) 윤재윤, 건설분쟁관계법, 231면
144) 법원행정처, 건설재판 실무편람, 42면
145) 대법원 1998. 3. 13. 선고 95다30345 판결

하여 심미감이 다소 떨어진 경우, 습식공법으로 시공하기로 한 내부벽면 석공사를 반건식공법으로 시공한 경우 등이 된다.[146]

마. 하자발생을 원인으로 한 계약의 해제가능성

도급인은 완성된 목적물의 하자로 인하여 계약의 목적을 달성할 수 없는 경우라 하더라도 건물 기타의 공작물에 대하여는 계약을 해제할 수 없다.[147] 이 경우 계약해제를 제한하는 이유는 건물 기타 토지의 공작물이 완성된 경우까지 계약의 해제를 인정한다면 수급인에게 막대한 손실을 줄 뿐만 아니라, 이미 건축된 건물을 다시 철거하여 원상회복하는 것이 사회경제적으로 손실이 크기 때문이다.

그러나 건축도급계약에 있어서 미완성부분이 있는 경우라도 공사가 상당한 정도로 진척되어 그 원상회복이 중대한 사회적, 경제적 손실을 초래하게 되고 완성된 부분이 도급인에게 이익이 되는 경우에, 수급인의 채무불이행을 이유로 도급인이 그 도급계약을 해제한 때는 그 미완성부분에 대하여서만 도급계약이 실효된다고 보아야 할 것이고, 따라서 이 경우 수급인은 해제한 때의 상태 그대로 그 건물을 도급인에게 인도하고 도급인은 그 건물의 완성도 등을 참작하여 인도받은 건물에 상당한 보수를 지급하여야 할 의무가 있다.[148]

4. 공사대금채권과 하자보수청구권과의 동시이행관계

완성된 목적물 또는 완성 전의 성취된 부분에 대하여 하자가 있는 때에는 도급인은 수급인에 대하여 상당한 기간을 정하여 그 하자의 보수를 청구할 수 있다. 도급인이 하자의 보수를 청구한 경우에는 그 보수가 끝날 때까지 보수의 지급을 거절할 수 있다. 수급인의 채무는 아직 완전히 이행되었다고 할 수 없으므로 쌍무계약의 원칙상 동시이행의 항변권이 있기 때문이다.

원래 동시이행의 항변권은 공평의 관념과 신의칙에 입각하여 각 당사자가 부담하는 채무가 서로 대가적 의미를 가지고 관련되어 있을 때 그 이행과정에서의 견련관계를 인정하여 당사

---

146) 법원행정처, 건설재판 실무편람, 43면
147) 민법 제668조
148) 대법원 1986.9.9. 선고 85다카1751 판결

자 일방은 상대방이 채무를 이행하거나 이행의 제공을 하지 아니한 채 당사자 일방이 채무의
이행을 청구할 때에는 자기의 채무이행을 거절할 수 있도록 하는 제도인데, 이러한 제도의
취지로 볼 때 비록 당사자가 부담하는 각 채무가 쌍무계약관계에서 고유의 대가관계가 있는
채무는 아니라고 하더라도 구체적인 계약관계에서 각 당사자가 부담하는 채무에 관한 약정내
용 등에 따라 그것이 대가적 의미가 있어 이행상의 견련관계를 인정하여야 할 사정이 있는
경우에는 동시이행의 항변권이 인정되어야 하는 점, 민법 제667조 제3항에 의하여 민법 제
536조가 준용되는 결과 도급인이 수급인에 대하여 하자보수와 함께 청구할 수 있는 손해배
상채권과 수급인의 공사대금채권은 서로 동시이행관계에 있는 점 등에 비추어 보면, 하자확
대손해로 인한 수급인의 손해배상채무와 도급인의 공사대금채무도 동시이행관계에 있는 것으
로 보아야 한다.[149]

도급계약에 있어서 완성된 목적물 또는 완성 전의 성취된 부분에 하자가 있는 때에는 도급
인은 수급인에 대하여 하자의 보수를 청구하거나 그 하자의 보수에 갈음하여 또는 보수와 함
께 손해배상을 청구할 수 있는바, 이들 청구권은 특별한 사정이 없는 한 수급인의 보수지급
청구권과 동시이행의 관계에 있다고 할 것이다(민법 제667조, 대법원 1991. 12. 10. 선고
91다33056 판결, 1996. 7. 12. 선고 96다7250, 7267 판결, 2001. 6. 15. 선고 2001
다21632, 21649 판결 등 참조).

그리고 이 사건과 같이 기성고에 따라 공사대금을 분할하여 지급하기로 약정한 경우라도
특별한 사정이 없는 한 하자보수의무와 동시이행관계에 있는 공사대금지급채무는 당해 하자
가 발생한 부분의 기성공사대금에 한정되는 것은 아니라고 할 것이다.

왜냐하면 이와 달리 본다면 도급인이 하자발생사실을 모른 채 하자가 발생한 부분에 해당
하는 기성공사의 대금을 지급하고 난 후 뒤늦게 하자를 발견한 경우에는 동시이행의 항변권
을 행사하지 못하게 되어 공평에 반하기 때문이다.

한편, 일반적으로 동시이행의 관계가 인정되는 경우에 그러한 항변권을 행사하는 자의 상
대방이 그 동시이행의 의무를 이행하기 위하여 과다한 비용이 소요되거나 또는 그 의무의 이
행이 실제적으로 어려운 반면 그 의무의 이행으로 인하여 항변권자가 얻는 이득은 별달리 크
지 아니하여 동시이행의 항변권의 행사가 주로 자기 채무의 이행만을 회피하기 위한 수단이
라고 판단되는 경우에는 그 항변권의 행사는 권리남용으로서 배척되어야 할 것이다(대법원
1992. 4. 28. 선고 91다29972 판결 참조).[150]

---

149) 대법원 2005. 11. 10. 선고 2004다37676 판결

5. 하자담보책임의 면책

가. 총 설

공사목적물 완성 후 발생하는 결함의 원인은 대체로 시공상의 잘못, 천재지변 등 불가항력, 설계상의 잘못, 목적물 사용주체의 유지보수문제 등이 있다.

이 경우에 시공상의 잘못에 대해서는 수급인이 하자에 대한 책임을 부담해야 하겠지만, 나머지 천재지변이나 설계상의 오류나 목적물 사용주체의 유지보수의 문제로 하자에 해당하는 사실이 발생한 경우라면 수급인에게 책임을 물을 수 없다고 본다.

그러나 현실에서는 단순히 하자가 발생한 그 사실 그 자체에만 집중할 뿐 그 원인에 대해서는 제대로 고려되지 않아 부당하게 시공자가 책임을 부담하는 경우도 있다.

나. 관계법령에서 정한 면책요건

하자담보책임의 법률적 성격은 무과실책임이라는 데 학설과 판례가 일치하고 있으나 하자발생의 원인이 도급인이나 발주자에게 있는 것이 명백한 경우까지 수급인에게 하자보수책임을 지우는 것은 부당하므로 관련법령에서 면책요건을 정하고 있다.

공동주택에서 발생한 하자에 대하여 주택법 시행령 별표6에서 정한 일정한 하자가 발생하는 경우에 수급인이 하자보수의무를 부담한다고 하겠으나, 건설산업기본법 제28조 제2항 각 호에서는 발주자가 제공한 재료의 품질이나 규격 등의 기준미달로 인한 경우, 발주자의 지시에 따라 시공한 경우, 발주자가 건설공사의 목적물을 관계법령에 의한 내구연한 또는 설계상의 구조내력을 초과하여 사용한 경우에는 시공자가 발생한 하자로부터 면책된다고 정하고 있다.

1) 발주자의 지시에 따라 시공한 경우

'발주자의 지시에 따라 시공한 경우'를 포괄적으로 해석하면 발주자가 감독을 하고 준공검사에 합격하여 준공되었고 수급인이 설계서대로 시공을 했다면 일응 시공자는 하자담보책임에서 면책이 되고 그 위험은 발주자에게 귀속되어야 하는 것은 아닐까?

---

150) 대법원 2001. 9. 18. 선고 2001다9304 판결

계약상대자는 일차적으로 설계도면과 시방서 등 설계서에 일치하여 공사를 수행하여야 하며, 설계서에 일치하여 공사를 수행하는지 여부는 감리·감독자의 역할에 달려 있다. 만약 계약상대자가 설계서에 일치하게 공사를 수행하였는데도 불구하고 발생하는 공사목적물의 하자는 계약상대자의 책임이 아니라 발주처의 책임이며 궁극적으로는 설계자의 책임이다.

우리나라 국가를당사자로하는계약에관한법률시행령은 하자담보책임에 있어서 이를 분명히 하지 않고 계약상대자의 포괄적인 책임으로 규정하고 있을 뿐이다.

한편 국가를당사자로하는계약에관한법률시행령의 규정은 하자담보책임에 대한 규범적인 규정이라고 할 때 계약조건에서는 이를 구체화하여야 할 것임에도 불구하고 공사계약 일반조건은 이를 여과 없이 수용하고 있어 결과적으로 감리·감독의 책임이 시공자에게 전가되고 있다.[151]

대법원은 건축 도급계약의 수급인이 설계도면의 기재대로 시공한 경우, 이는 도급인의 지시에 따른 것과 같아서 수급인이 그 설계도면이 부적당함을 알고 도급인에게 고지하지 아니한 것이 아닌 이상 그로 인하여 목적물에 하자가 생겼다 하더라도 수급인에게 하자담보책임을 지울 수는 없다고 판시한 바 있다.[152]

2) 발주처가 지급한 재료의 품질이나 규격 등의 기준미달로 인한 경우

예를 들어, 철근콘크리트공사의 경우 발주처가 재료를 지급하고 수급인이 작업인부만 불러다가 소위 노임하청만 한 경우 극단적으로 바닷모래가 포함된 레미콘을 지급받아 타설한 탓에 구조체의 강도가 약해서 균열이 발생하였다면 이 경우에 하자의 책임을 수급인에게 물을 수는 없는 것은 당연해 보인다.

그러나 현실의 문제는 이렇게 간단해 보이지는 않는다. 수급인이 현장에 사용할 자재와 재료에 대해서는 도급인과 공사감독이 검사를 하고 검사에 합격한 재료만이 사용되어지는데 검사에 합격한 재료를 사용했음에도 발생한 하자의 책임은 누가 져야 하는가?

수급인이 재료의 품질 미달로 인하여 하자가 발생했다고 항변하는 경우 도급인이 일정한 금전을 지출하여 하자를 보수하고 수급인에 대해 손해배상을 청구한 경우 결국 수급인이 지급받은 레미콘의 품질미달은 감정의 문제로 귀결될 것이나 감정까지 나아가기 위해서는 당사자 사이에 엄청난 책임공방이 오갈 것이고 엄청난 감정비용도 문제가 된다.

구조물을 만드는 경우에 철근가공조립공사·콘크리트공사와 형틀공사가 결합하여 시공이

---

151) 이기철, 공동주택 건설공사의 하자담보책임제도 개선방안
152) 대법원 1996. 5. 14. 선고 95다24975 판결

되는데, 자재의 문제와 함께 이 3가지 공종의 시공상의 문제까지 경합이 된다면 문제는 더 복잡해지고 나아가 구조물이 지반침하로 인하여 균열이 발생하고 이로 인해 누수가 생기는 경우에 미장방수, 조적공사의 문제까지 비화되어 갈 것이다.

이러한 점에서 하자책임을 누구에게 물을 것인가 하는 문제는 정말 어려운 문제로서, 이러한 점에서 하자에 관한 다툼은 소송보다는 중재나 조정을 통해 해결하는 것이 바람직하다고 생각한다.

한편, 대법원은 원고에게 이 사건 도급계약상의 하자담보책임을 묻기 위해서는 우선 이 사건 건물의 하자의 원인, 즉 그 하자가 공사재료 또는 시공의 불량 기타도급 계약위반으로 인한 것인지 여부 및 하자의 범위를 확정하고, 나아가 하자의 확대에 가공한 피고의 잘못을 그 손해배상액을 산정함에 있어 참작하여야 할 것이라고 판시하고 있다.[153]

3) 발주자가 건설공사의 목적물을 내구연한 또는 설계상의 구조내력을 초과하여 사용한 경우

너무나 당연한 내용이 법률에 정해져 있다. 설계 당시 연간 승용차 5만 대 정도를 교통량으로 예상하여 설계 시공된 교량에 대하여 하자보수 책임기간 중 인근에 대규모 아파트 단지가 조성이 되어 승용차 기준으로 연간 10만 대의 교통량이 발생하고 아파트 단지 공사를 위하여 대형트럭이 연간 수만 대 교량을 통과하여 교량에 균열이 발생했으나 감정을 하는 현재에 다른 도로의 개통으로 인하여 교통량이 줄었다면 교량에서 그동안 발생한 균열을 시공상의 잘못으로 인한 하자라고 말할 수 없을 것이다.

그러나 하자의 책임여부를 규명할 때에 사실상 내구연한을 초과하여 사용되었다는 점보다는 교량에 균열이 발생했다는 점과 보수를 위한 비용산정이 비중 있게 참작되어질 것이고, 내구연한 초과의 항변은 오히려 부실시공의 책임을 면하기 위한 변명으로밖에 보이지 않을 수도 있을 것이다.

4) 과실상계

수급인의 하자담보책임에 관한 민법 제667조는 법이 특별히 인정한 무과실책임으로서 여기에 민법 제396조의 과실상계 규정이 준용될 수는 없다 하더라도 담보책임이 민법의 지도이념인 공평의 원칙에 입각한 것인 이상 하자 발생 및 그 확대에 가공한 도급인의 잘못을 참작하여 손해배상의 범위를 정함이 상당하다.

---

153) 대법원 1987.11.10. 선고 87다카876 판결

하자담보책임으로 인한 손해배상 사건에 있어서는 배상 권리자에게 그 하자를 발견하지 못한 잘못으로 손해를 확대시킨 과실이 인정된다면 법원은 손해배상의 범위를 정함에 있어서 이를 참작하여야 하며, 이 경우 손해배상책임을 다투는 배상 의무자가 배상 권리자의 과실에 따른 상계항변을 하지 아니하더라도 소송에 나타난 자료에 의하여 그 과실이 인정되면 법원은 직권으로 이를 심리·판단하여야 한다.154)

그러나 하자보증금이나 계약보증금이나 모두 위약금의 약정이라고 할 것이고 이 위약금 약정의 종류는 위약벌금과 손해배상액의 예정이 있다. 보통 건물이 완성되어 준공 처리되는 경우에 장차 발생할 하자의 담보를 위하여 하자보증금을 예치하게 되는데 이 하자보증금의 성격에 대하여 대법원은 손해배상액의 예정, 위약벌금, 특수한 손해배상으로 보고 있다.

하자담보책임을 이행하기 위하여 미리 교부하는 것이 하자보증금이고 하자보증금의 성격이 위에서 언급한 세 가지 중에 하나라면 계약보증금과는 계약보증금 납부에 관한 의무이행을 보증하기 위한 보증금이라는 것과 하자담보책임을 보증하기 위한 것이라는 차이가 있을 뿐 그 성격에 있어서는 별다른 차이가 없는 것인데 계약보증금에 대해서는 과실상계가 적용될 수 없다고 하다가 하자담보책임에 있어서는 과실상계가 적용된다고 하니 이해하기 어렵다.

다. 건설인을 위한 항변

이상의 면책요건에는 외부 환경요인과 시공물 사용자의 특성이나 사용방법, 유지보수 주체의 유지의무와 사용상 주의의무 위반이 면책요건에 포함되어 있지 않을 뿐만 아니라 시공과정에서 발주자의 지휘감독의 정도와 수년에 걸친 공사기간 중에 재료의 품질이나 기준미달 문제에 대한 의견교환이나 지시감독과 검사는 어떠했으며 그 과정에서 문제점은 없었는지 등의 문제도 고려되어야 할 것이다.

지나치게 긴 하자담보 책임기간에 비해 수급인의 면책요건은 지나치게 좁고, 최장 10년에 걸친 하자책임기간에 대하여 발생한 구조물의 외관이나 성능의 자연스러운 저하와 같은 속성의 변화에 대해서까지 하자담보책임을 묻는다는 것은 법률이 발주자나 도급인의 횡포를 방임하거나 조장하는 것은 아닌지 의심스럽다.

면책규정을 정함에 있어서 위에서 언급된 것 이외에 불가항력 또는 불가피한 성능저하 현상, 유지관리의 부실, 제3자(설계자, 자재공급업자, 분양업자 등)의 고의·과실 또는 불법행

---

154) 대법원 1999. 7. 13. 선고 99다12888 판결, 대법원 2004. 8. 20. 선고 2001다70337 판결

위, 구입자가 제공한 설계의 결함 또는 구입자의 부적절한 지시에 의하여 생기는 결함, 감리자의 지시에 의한 때와 같은 규정의 도입이 필요하다.

또한 국내제조업의 경우, 경제성의 항변을 인정한 사례가 있다는 점을 고려해야 하며[155] 시공업자가 당해 구조물을 시공한 시점의 과학·기술 수준으로는 결함의 존재를 예방, 예측할 수 없었을 경우 등에도 면책을 부여하는 것이 타당할 것이다.

그리고 만약 발주자 측과 수급인 측에 귀책되어야 할 사항이 중복되어 하자가 발생한 경우에는 시공자의 하자담보책임을 전적으로 배제할 수 없다. 이 경우에는 시공자의 책임을 인정한 위에 과실상계의 법리 등을 사용하여 그 책임의 범위를 감축하는 것이 실제적이다.[156]

6. 鑑定의 문제

당사자 사이에 하자와 관련된 분쟁이 발생하게 되면 시공자는 자신이 시공하지 않은 사실이나 다른 원인에 의하여 하자가 발생했다는 점을 주장하고 목적물의 소유자는 하자가 발생했다는 점에서 하자보수비를 청구하게 되지만 하자 원인과 보수비를 산정하는 것이 고도의 전문성을 요하게 되는 까닭에 감정을 하게 된다.[157]

그러나 감정에 소요되는 비용이 생각보다 많다 보니 결국은 자금력이 약한 쪽에서는 쉽게 소송을 통한 해결에 소극적일 수밖에 없고, 감정의 결과는 대부분이 하자의 원인이 수급인에게 있다는 것을 규명하기 위한 것이지 수급인에게 책임이 없다는 것을 규명하는 데 있는 것은 아니므로 결국은 하자의 원인이 수급인에게 있다는 것을 증명받기 위해 돈까지 들이는 것에는 부정적일 수밖에 없다.

또한 건축물의 재료의 성질에 따라 예를 들면 사소한 균열이 발생하는 것은 자연스러운 것이고 이를 보수하면 될 문제에도 우리나라에서는 하자=부실시공=기술력 부족으로 이어져 결국은 기업 이미지 실추로 연결이 되므로 적극적으로 수급인이 하자의 원인규명에 소극적일

---

155) 경제성의 항변이란 기술적으로 보다 안전한 설계를 하는 것이 가능하나, 그 비용이 지나치게 많이 들 경우를 인정하는 것이다. 우리나라에서는 대법원 판례(고압변류기 사건: 대법원 1992. 11. 24. 선고 92다18139 판결)에서 경제성의 항변을 인정한 적이 있다.
156) 최민수, 민용, 건설공사 하자담보책임 제도의 합리화 방안, 건설산업연구원
157) 법원이 감정을 명하는 순간부터 판단의 주체가 법관에서 감정인으로 이전한다고 보는 것도 큰 무리는 아니라고 생각한다.

수밖에 없다고 본다.

일반적으로 감정료가 지나치게 고액이라는 것이 대리인들의 일치된 의견이다. 시가감정이나 측량감정의 경우에도 법원에서 행하는 감정이 사적으로 하는 경우보다 훨씬 비싸다고 한다. 건설감정료 자체가 수천만 원 이상 하는 경우가 적지 않은 실정이므로 감정료 문제는 실제로 큰 부담이 된다. 감정인으로서의 책임과 번거로운 절차를 지켜야 한다는 불이익을 감안하더라도 고액의 감정료는 조정되어야 한다.

법원으로서는 인건비 산출내역서를 자세히 검토하여 감정방법과 항목의 타당성과 투입인원이 적정한지를 살피게 되는데 명기된 만큼의 고급기술자, 중급기술자, 초급기술자가 필요한지 알 수가 없다.

다른 사건의 예와 비교하여 신청내용을 살펴보아 예상감정료 총액에서 일정 비율을 감하거나 인원수를 다소 조정하는 방식으로 감액조치를 취하지만 정확한 기준을 갖기가 어렵다. 감정인은 이를 예상하여 아예 감정료 감액 상당분을 덧붙여 청구한다는 이야기도 있다.

당초의 감정료를 절반 이하로 감액한 경우(인근 아파트에 대한 유사사건의 감정료와 비교함으로써), 감정인을 특정 단체에서(감정촉탁) 그 단체 소속 개인 명의로 바꾸어 40%를 감액한 경우 등 부당한 감정료 산정 청구가 적지 않았다. 서울지방법원에는 감정료에 대한 다툼이 있을 경우 이를 처리하는 감정료심의위원회가 설치되어 있지만 2001년에는 단 한 차례도 심의신청이 없었다.[158]

실제로 감정서를 보면 책만 두꺼울 뿐 대부분이 재판의 쟁점과는 직접적인 관련이 없는 산출내역서이고 실제 필요한 부분은 몇 장에 불과할 뿐만 아니라 하자의 원인에 대해 명쾌하게 언급이 되어 있는 경우가 적어 감정비용에 비하여 당사자에게 필요한 내용은 지극히 부실해 보이는 경우도 더러 있어 재감정의 경우에 이르기도 한다.

대개 감정의 목적이 하자발생의 원인을 규명하기 위한 것이라면 발생한 하자가 설계상의 오류가 아니면 시공상의 오류로 판가름이 지어질 텐데 설계상의 오류를 지적하기가 지극히 어려운 현실에서 결국은 시공상의 잘못이나 재료로 인한 하자로 귀결지어지는 것은 어쩌면 당연한 것이고 당연한 결론을 위하여 지나치게 많은 돈을 들여서 감정을 해야 하는지 의문이다.

감정인의 선정은 유닉스용 감정인 선정프로그램 또는 PC용 감정인선정전산프로그램을 이용하여 주전산기에 입력된 명단 중 무작위로 추출하여 선정함으로써 명단 등재자 전원에게 균등한 선정기회를 부여한다고 한다.[159]

---

158) 윤재윤, 「건설소송상 감정의 문제점과 개선방안」에서 전제

너무나 당황스러운 이야기다. 물론 이렇게 함으로써 감정인 선정에 따른 오해는 무작위 추출의 방법으로 피해 갈 수 있겠지만 감정을 하는 목적은 분쟁이 있는 부분에 대하여 전문가의 전문적이고 객관적인 식견을 빌려 문제를 해결코자 하는 것인데 사건의 내용이나 감정할 목적물의 특성과는 상관없이 감정인끼리 공평하게 나누어 먹는 식으로 선정된다면, 극단적으로 건축물의 하자원인 감정에 토목이나 엔지니어링 전문가가 선임된다거나 그 반대의 경우라면 이러한 낭패가 어디 있을까?

법률이나 감정도 모두 국민을 위한 서비스인데 서비스를 받을 자 중심으로 제도가 운영이 되어야 할 것인데, 감정인의 선정과정은 어이가 없어서 실소를 금할 수 없다.

일본에서는 전문위원제도를 신설하여 특수한 전문적인 식견이 문제되는 사건의 심리를 충실하고 신속하게 하기 위하여 법원이 특수 분야의 전문가인 전문위원을 소송절차에 관여시켜 당사자가 제출한 주장이나 증거 등에 대하여 전문위원의 설명을 듣는 제도를 도입했다고 한다.

이와 유사하게 우리나라에서도 건설공사와 관련한 하자에 대하여 건설산업 분야의 전문가로 구성된 조정위원들의 변론준비절차와 조정절차에 참여를 더 확대·시행하여 적극적으로 당사자 사이의 원만한 해결을 도모해 보고 여기에서도 해결이 되지 않는 다툼에 대해서는 감정을 통해 문제를 해결하는 방식이 필요하다고 생각한다.

나아가 멀쩡한 건축물에 대해 하자보증금 청구소송을 제기하도록 입주자대표회의를 충동질하는 업체들을 단속할 필요도 있다. 이중 삼중의 자원낭비이고 건설업체의 경영에 부담을 지워 이미지 제고에 악영향을 미친다.

7. 하자담보책임기간

가. 법률의 규정

1) 민 법

제670조(담보책임의 존속기간)

① 전3조의 규정에 의한 하자의 보수, 손해배상의 청구 및 계약의 해제는 목적물의 인도를 받은 날로부터 1년 내에 하여야 한다.

---

159) 재민97-5, 제3조 제2항

② 목적물의 인도를 요하지 아니하는 경우에는 전항의 기간은 일의 종료한 날로부터 기산한다.

제671조(수급인의 담보책임-토지, 건물 등에 대한 특칙)

① 토지, 건물 기타 공작물의 수급인은 목적물 또는 지반공사의 하자에 대하여 인도 후 5년간 담보의 책임이 있다. 그러나 목적물이 석조, 석회조, 연와조, 금속, 기타 이와 유사한 재료로 조성된 것인 때에는 그 기간을 10년으로 한다.

② 전항의 하자로 인하여 목적물이 멸실 또는 훼손된 때에는 도급인은 그 멸실 또는 훼손된 날로부터 1년 내에 제667조의 권리를 행사하여야 한다.

2) 건설산업기본법

제28조(건설공사 수급인의 하자담보책임)

① 수급인은 발주자에 대하여 건설공사의 목적물이 벽돌쌓기식구조·철근콘크리트구조·철골구조·철골철근콘크리트구조 기타 이와 유사한 구조로 된 것인 경우에는 건설공사의 완공일부터 10년의 범위 내에서, 기타 구조로 된 것인 경우에는 건설공사의 완공일부터 5년의 범위 내에서 공사의 종류별로 대통령령이 정하는 기간 이내에 발생한 하자에 대하여 담보책임이 있다.

② 생략

③ 건설공사에 관한 하자담보책임기간에 관하여 다른 법령(민법 제670조 및 동법 제671조를 제외한다)에 특별한 규정이 있거나 도급계약에서 따로 정한 경우에는 그 법령이나 도급계약이 정한 바에 따른다.

나. 하자담보책임기간의 성질

하자담보책임기간의 성질을 통설과 판례는 장기간을 경과하여 하자의 판정이 곤란하게 되는 것을 피하고 권리관계를 조기에 확정하는 것을 목적으로 하는 제척기간으로 보고 있다. 다만 제척기간 내에 어떠한 행위가 있을 때에 제척기간이 정하여져 있는 권리가 보전될 수 있는가에 관하여는 학설이 나누어져 있다.

판례는 출소기간이 아니라 재판상 또는 재판 외의 권리행사기간이라고 보고 있다.[160] 따라서 제척기간 내에 담보책임의 하나인 보수청구를 하면 다른 내용인 해제권, 손해배상청구

---

160) 대법원 2000. 6. 9. 선고 2000다15371 판결

권은 보전된다고 봄이 상당하다.161)

그렇다면 어느 정도의 권리를 행사하여야만 그 권리가 보전되는지 문제이나, 단지 수급인에게 하자가 있다는 통지를 하는 것만으로는 부족하고, 적어도 그 기간 내에 하자의 종류와 범위를 특정하여 하자의 보수를 청구하는지, 아니면 보수에 갈음하는 손해배상을 청구하는 것인지, 또는 계약해제를 청구하는지를 명백히 하여야 한다고 보아야 할 것이다.

도급인이 건물에 하자가 있어 일단 제척기간 내에 유효하게 하자보수청구권을 행사한 이상, 그 하자보수청구권은 일반의 채권과 같이 그 목적달성이나 소멸시효 완성 시까지 존속하므로 보수에 갈음하는 손해배상청구권 내지는 보수와 함께 손해배상청구권을 제척기간 경과 후에 행사하는 것은 무방할 것으로 보인다.162)

다. 지나치게 장기간인 하자보수기간

현행 건설공사의 하자보수기간은 지나치게 장기간이다. 10년이면 의구한 강산도 변하는데 10년 동안 하자보수의무가 있다는 것은 지나치게 많은 부담을 수급인에게 지우는 일이다.

대표적인 사례로는 2004. 4. 9. 부산 금곡주공 6단지아파트 입주자대표회의가 대한주택공사를 상대로 제기한 하자담보책임 기간과 관련한 대법원 판례라고 할 수 있다. 대법원은 주택법과 집행건물법의 하자담보책임 기간이 상충되지만, 민법의 하자담보책임 규정을 준용하는 집합건물법의 법적 성격은 피분양자의 보호를 위한 강행규정이라는 점, 하자관련 주택법령은 행정적인 차원에서 공동주택의 하자보수 절차·방법 및 기간 등을 정하고 하자보수의 기준을 정하고 있을 뿐이라는 점, 하자관련 주택법령은 집합건물법의 담보책임 제척기간에 영향을 미칠 수 없다는 점 등을 이유로 주택의 구성부분이나 공종과 관계없이 일률적으로 10년의 하자담보 책임기간을 적용한다고 판시한 바 있다.

시공자의 고의·과실에 기인한 잠재적 결함 이외의 대부분의 하자는 4계절이 지난 후에는 대부분 발견이 가능하므로 지나치게 장기화된 하자보증기간은 건설회사의 금융비용과 건설공사의 원가만 상승시키는 문제가 야기되므로 사용자의 생명 및 재산을 직접적으로 위협하는 구조상의 중대한 결함에 대해서는 5~10년의 하자책임기간을 정하는 것이 타당하다고 본다.163)

그러나 회계예규 2200.04-104-13(2005.09.08) 제36조(특별책임) 계약담당 공무원은

---

161) 여훈구, 공동주택 분양자의 하자담보책임에 관한 몇 가지 문제점
162) 법원행정처, 건설재판 실무편람, 50면
163) 최민수, 건설공사 하자보수책임제도의 문제점 및 개선방안

하자보수완료확인서의 발급에도 불구하고 당해 공사의 특성 및 관련법령에서 정한 바에 따라 필요하다고 인정하는 경우 검사과정에서 발견되지 아니한 시공상의 하자에 대하여는 계약상대자의 책임으로 하는 특약을 정할 수 있다고 규정하고 있다.

당초의 하자보수기간도 지나서 하자보수완료확인원이 발급이 되었는데 추가로 하자보수책임을 지우는 것은 문제이다.

한편 하자보수기간 만료 전에 도급인은, 특히 관발주공사인 경우에는 일제히 하자검사를 하여 하자보수완료확인서를 발급하게 된다. 하자보수완료확인서 발급 후에는 하자담보책임을 지우기 어렵고 하자보증기간 내에 하자보수를 청구해야 보증인으로부터 하자보증금을 받을 수 있다는 이유로 하자발생과 상관없이 일단 권리보전을 위하여 하자보수나 하자보증금을 청구하는 경우도 있다.

도급인이나 발주자의 경우에 일단 권리보전을 위해 하자보증금을 청구하고 하자가 다 보수되거나 하자가 없으면 아무 일도 없는 것으로 처리되겠지만 건설회사의 경우에는 하자보증금 청구가 있으면 신용평가에 있어서 엄청난 타격이 온다. 장난삼아 던진 돌에 개구리는 죽을지도 모른다.

8. 복합 공사의 하자보수책임

건설산업기본법 및 국가를당사자로하는계약에관한법률에서는 각 공종 간의 하자 책임을 구분할 수 없는 복합 공사인 경우에는 하자보수 책임기간 및 하자보수 보증금률을 주된 공종을 기준으로 정하도록 규정하고 있다.

특히 건설공사에서 하나의 건축물이 완성되기 위해서는 20여 개의 각 공종이 결합되어 시공되어야 하는 것으로 복합된 공종에서 하자가 발생한 경우 그 하자책임을 규명하는 것이 쉬운 일이 아니다.

또한 교량에 대한 도색공사를 시공한 후에 주된 공종인 철골공사(하자보수책임기간 10년)를 기준으로 도색공사(하자보수책임기간 1년)에 대한 하자보수기간을 산정하는 예도 있고, 건축물에서 발생한 누수의 경우 그 책임이 구조물을 시공한 자에게 있는지 미장방수업자에게 있는지 토공사의 잘못으로 침하가 그 원인인지에 따라 책임을 구분하기도 어렵다.

따라서 별도의 도면과 내역서가 구분되어 있는 공종은 주된 공종을 기준으로 하자보수책임기간을 정하지 않고, 전문공사의 공종별 하자보수책임기간 또는 보증기간에 맞추어 그 책임을 부과하는 것이 바람직하다.164)

9. 장기계속공사의 하자보수책임기간

장기계속공사의 경우, 전체 구조물을 나누어 연도별로 분할 발주하는 것이 일반적인데, 분할 발주된 공사 간에 하자 책임 관계가 불분명할 경우에는 전체 공사에 대한 하자보수책임기간을 설정하도록 하고 있는바,165) 이에 따라 5년 이상에 걸치는 장기계속공사의 특성에 비추어 볼 때 초기 단계에 시공된 구조물의 경우, 과도하게 장기간 동안 하자보수책임을 부담해야 하는 문제가 있다.

이 경우에는 연차별로 완공된 구조물에 대하여는 발주자가 단계적으로 인수하도록 하고, 인수 시점부터 연차별 완공 공사에 대한 하자보수책임기간이 산정되어야 할 것이다.166)

대법원은 국가를당사자로하는계약에관한법률 시행령 제62조 제3항은 국가 또는 지방자치단체가 '장기계속공사계약'을 체결한 경우에 원칙적으로 각 연차계약별로 그 해당 하자보수보증금을 납부하도록 하되, 다만 각 연차계약의 수급인이 동일한 경우에 한하여 장기계속계약의 성질과 내용, 목적물의 구조 등에 비추어 준공된 목적물에 발생한 하자가 각 연차계약별 공정 중 어느 단계에서의 하자인지 구분할 수 없는 공사인 때에는 총공사의 준공검사 후 그 전체에 대하여 하자보수보증금을 납부하도록 그 절차에 관한 편의를 규정한 것이고, '장기계속공사'에 있어서 연차계약별로 그 공사수급인이 다른 경우에도 그 공사계약의 성격상 연차계약별로 하자담보책임을 구분할 수 없다는 사정만으로 그 최종 공사수급인에 대하여 특별한 약정 없이 무조건 총 공사금액에 대한 하자보수보증금을 납입토록 강제하는 규정으로 해석되지 않는바, 장기계속공사의 연차계약별로 공사수급인이 다른 경우에 그 최종 공사수급인은 원칙적으로 그 해당 공사계약에 관한 하자보수보증금을 지급할 의무가 있을 뿐이고 이와 달리 국가가 최종 공사의 수급인에게 총공사에 대한 하자담보책임 또는 하자보수보증금 납입의무를 지우기 위하여는 그에 관하여 최종 공사수급인과의 사이에 특약이 있어야 한다고 판시하고 있다.167)

---

164) 최민수, 건설공사 하자보수책임제도의 문제점 및 개선방안
165) 재경원 회제 1210-1936(78. 11. 8일) 참조. 단, 각 공사 간에 하자보수책임이 분명한 때에는 분할 발주된 공사별로 하자보수책임기간을 정하도록 해석하고 있다.
166) 최민수, 건설공사 하자보수책임제도의 문제점 및 개선방안

II. 하자보수보증금

1. 의 의

하자보수보증은 건설업자가 도급받아 준공한 공사에 있어서 그 설계도면이나 기타 시공지시서에 의하지 아니한 사실 등으로 인하여 발생한 하자보수이행의무를 담보하기 위하여 발주자에게 납부토록 하는 보증금을 말한다.

2. 계약서의 내용

가. 회계예규 2200.04-104-13(2005.09.08)

제34조(하자보수보증금)
① 계약상대자는 공사의 하자보수를 보증하기 위하여 계약서에서 정한 하자보수보증금률을 계약금액(당초 계약금액이 조정된 경우에는 조정된 계약금액을 말한다)에 곱하여 산출한 금액(이하 '하자보수보증금'이라 한다)을 시행령 제62조 및 시행규칙 제72조의 규정에 정한 바에 따라 납부하여야 한다.
② 계약상대자가 제33조 제1항의 규정에 의한 하자담보책임기간 중 계약담당 공무원으로부터 하자보수요구를 받고 이에 불응한 경우에는 제1항의 규정에 의한 하자보수보증금을 국고에 귀속한다.
③ 계약담당 공무원은 제35조 제2항의 규정에 의한 하자보수완료확인서의 발급일까지 하자보수보증금을 계약상대자에게 반환하여야 한다. 다만, 하자담보 책임기간이 서로 다른 공종이 복합된 건설공사에 있어서는 시행규칙 제70조의 규정에 의한 공종별 하자담보 책임기간이 만료되어 보증목적이 달성된 공종의 하자보수보증금은 계약상대자의 요청이 있을 경우 즉시 반환하여야 한다.

---

167) 대법원 2004. 1. 16. 선고 2003다19275 판결

나. 민간공사표준계약서

제28조(하자담보)

① '을'은 공사의 하자보수를 보증하기 위하여 계약서에 정한 하자보수보증금률을 계약금액
에 곱하여 산출한 금액(이하 '하자보수보증금'이라 한다)을 준공검사 후 그 공사의 대
가를 지급할 때까지 현금 또는 제4조 제2항 각 호의 보증기관이 발행한 보증서로서
'갑'에게 납부하여야 한다.

② '을'은 '갑'이 전체 목적물을 인수한 날과 준공검사를 완료한 날 중에서 먼저 도래한 날
부터 계약서에 정한 하자담보 책임기간 중 당해 공사에 발생하는 일체의 하자를 보수
하여야 한다. 다만, 공사목적물의 인도 후에 천재지변 등 불가항력이나 '을'의 책임이
아닌 사유로 인하여 발생한 것일 때에는 그러하지 아니하다.

③ '을'이 '갑'으로부터 제2항의 규정에 의한 하자보수의 요구를 받고 이에 응하지 아니하는
경우 제1항의 규정에 의한 하자보수보증금은 '갑'에게 귀속한다.

④ '갑'은 하자담보 책임기간이 종료한 때에는 제1항의 규정에 의한 하자보수 보증금을 '을'
의 청구에 의하여 반환하여야 한다. 다만, 하자담보 책임기간이 서로 다른 공종이 복합
된 공사에 있어서는 공종별 하자담보 책임기간이 만료된 공종의 하자보수보증금은 '을'
의 청구가 있는 경우 즉시 반환하여야 한다.

다. 건설공사 표준하도급계약서

제23조(하자담보)

① 을은 계약서에서 정한 하자보수보증금률을 계약금액에 곱하여 산출한 금액(이하 '하자
보수보증금'이라 한다)을 준공검사 후 그 공사의 대가를 지급받을 때까지 현금 또는 다
음의 증서로써 갑에게 납부한다. 다만, 공사의 성질상 보증금의 납부가 필요하지 아니
한 경우에는 그러하지 아니하다.

1. 건설공제조합, 전문건설공제조합, 설비공사공제조합, 전기공사공제조합 및 정보통
   신공제조합이 발행하는 보증서
2. 보증보험증권
3. 신용보증기금의 보증서

   4. 국채 또는 지방채

   5. 금융기관의 지급보증서

   6. 금융기관의 예금증서

② 을은 준공검사를 마친 날로부터 계약서에 정하는 하자보수 의무기간 중 을의 귀책사유로 하자가 발생한 것에 대하여는 이를 보수하여야 한다.

③ 을이 제2항의 하자보수 의무기간 중 갑으로부터 하자보수의 요구를 받고 이에 응하지 아니하면 제1항의 하자보수보증금은 갑에게 귀속한다.

④ 제1항의 하자보수보증금은 하자보수의무기간이 종료한 후 을의 청구가 있는 날로부터 10일 이내에 반환하여야 한다.

3. 계약서의 내용으로 본 하자보수보증금의 법적 성격

각 계약서의 내용은 모두가 도급인으로부터 하자보수 요구를 받고도 수급인이 하자보수에 응하지 아니한 경우 하자보증금은 도급인에게 귀속한다고만 정해져 있고 하자보증금 이외에 실제 하자보수에 소요된 비용에 대해서는 정하고 있지 않고 있다.

따라서 계약서의 내용만으로 볼 때 하자보증금의 성격은 하자보수의무를 위반한 경우에 도급인이 입을 손해를 보전하기 위하여 약정된 손해배상액의 예정으로 보인다. 그러나 이 하자보증금의 성격에 대하여 대법원 판결이 엇갈리고 있는데 살펴보자.

4. 하자보수보증금의 법적 성격에 대한 대법원의 입장

  가. 하자보증금의 성격을 손해배상액의 예정으로 인정한 판결[168]

도급계약서 및 그 계약내용에 편입된 약관에 수급인이 하자담보 책임기간 중 도급인으로부터 하자보수 요구를 받고 이에 불응한 경우 하자보수보증금은 도급인에게 귀속한다는 조항이 있을 때 이 하자

---

168) 대법원 2001. 9. 28. 선고 2001다14689 판결

보수보증금이 손해배상액의 예정인지 위약벌인지는 도급계약서 및 위 약관 등을 종합하여 구체적 사건에서 개별적으로 결정할 의사해석의 문제이고, 위약금은 민법 제398조 제4항에 의하여 손해배상액의 예정으로 추정되므로, 위약금이 위약벌로 해석되기 위하여는 특별한 사정이 주장·입증되어야 한다.

도급계약의 내용으로 되어 있는 공사계약 일반조건에 수급인이 하자보수의무를 이행하지 아니하는 경우 하자보수보증금이 도급인에게 귀속한다고만 규정되어 있을 뿐 이와 별도로 도급인이 입은 손해에 대하여는 따로 배상하여야 한다는 취지의 규정이 있지도 아니하고, 오히려 도급계약상 도급인이 하자보수를 위하여 실제로 지출한 비용이 수급인이 예치한 하자보수보증금을 초과하더라도 그 이상의 책임을 수급인에게 물을 수 없다면, 위 하자보수보증금의 귀속규정은 수급인이 하자보수의무를 이행하지 아니하는 경우 그 보증금의 몰취로써 손해의 배상에 갈음한다는 취지로서, 하자보수보증금은 손해배상액의 예정으로서의 성질을 가진다.

나. 하자보증금의 성격을 위약벌 내지 제재금으로 인정한 판결169)

이 사건 도급계약의 내용에 비추어 보면 위 하자보수보증금은 위 도급계약상의 소외 회사의 하자보수책임의 이행을 간접적으로 강제하고, 소외 회사가 동 책임을 이행하지 아니하는 경우에는 그에 대한 제재로서 동 금원을 피고 소유로 귀속시키기로 하는 이른바 위약벌 내지 제재금에 해당하는 것이고, 따라서 소외 회사의 하자보증금 반환채권은 위 하자담보책임기간 내에 하자가 발생하지 아니하거나 혹은 그 기간 내에 하자가 발생한 경우에도 소외 회사가 위 계약에 따른 하자보수의무를 이행하는 조건으로 하여 발생한다 할 것인데, 소외 회사가 위 계약상의 하자담보책임기간 내에 하자보수의무를 불이행함에 따라 위 하자보수보증금은 피고의 소유로 귀속되어 동 하자보수보증금의 반환채권은 발생하지 아니한다.

다. 하자보증금의 성격을 특수한 손해배상액의 예정으로 인정한 판결170)

공사도급계약서 또는 그 계약내용에 편입된 약관에 수급인이 하자담보 책임기간 중 도급인으로부터 하자보수요구를 받고 이에 불응한 경우 하자보수보증금은 도급인에게 귀속한다는 조항이 있을 때 이 하자보수보증금은 특별한 사정이 없는 한 손해배상액의 예정으로 볼 것이

---

169) 대법원 1998 .1. 23. 97다38329
170) 대법원 2002.7.12. 2000다17810 판결

고(대법원 2001. 9. 28. 선고 2001다14689 판결 참조), 다만 하자보수보증금의 특성상 실손해가 하자보수보증금을 초과하는 경우에는 그 초과액의 손해배상을 구할 수 있다는 명시 규정이 없다고 하더라도 도급인은 수급인의 하자보수의무 불이행을 이유로 하자보수보증금의 몰취 외에 그 실손해액을 입증하여 수급인으로부터 그 초과액 상당의 손해배상을 받을 수도 있는 특수한 손해배상액의 예정으로 봄이 상당하다.

5. 대법원 판결에 대한 검토

하자보증금의 성격에 대하여 법원은 손해배상액의 예정, 위약벌, 특수한 손해배상액의 예정이라는 판결을 선고하고 있다. 계약보증금의 성격에 대하여 위약벌로 인정한 판결이 있다가 이제는 일정한 사유가 있는 경우를 제외하고는 대부분이 손해배상액의 예정으로 판결을 선고하는 점에 비추어 혼란스럽다.

과연 하자보증금의 성격이 무엇인가를 살펴보기 위하여 위 계약일반조건의 내용을 보면 그 내용에는 하자보증금을 현금 또는 보증서로 납부·교부할 수 있다는 것과 하자가 발생하면 하자를 보수해야 된다는 것 그리고 하자를 보수하지 않을 경우 하자보증금은 도급인에게 귀속된다는 단순한 내용이 정해져 있다.

이 하자보증금에 대한 계약조항만을 근거로 그 성격을 규명해 보면 하자보증금은, 수급인이 하자를 보수하지 않을 경우 하자보증금이 도급인에게 귀속된다는 내용으로 손해배상액의 예정으로서의 성격을 가지는 것이고, 건설공사의 하자발생으로 인하여 도급인이 실제로 입은 손해 전부는 배상받지 못한다고 해석하는 것이 타당해 보인다.

그런데 2000다17810 판결에서 대법원은, 공사도급계약서 또는 그 계약내용에 편입된 약관에 수급인이 하자담보 책임기간 중 도급인으로부터 하자보수요구를 받고 이에 불응한 경우 하자보수보증금은 도급인에게 귀속한다는 조항이 있을 때 이 하자보수보증금은 특별한 사정이 없는 한 손해배상액의 예정으로 볼 것이고, 다만 하자보수보증금의 특성상 실손해가 하자보수보증금을 초과하는 경우에는 그 초과액의 손해배상을 구할 수 있다는 명시 규정이 없다고 하더라도 도급인은 수급인의 하자보수의무 불이행을 이유로 하자보수보증금의 몰취 외에 그 실손해액을 입증하여 수급인으로부터 그 초과액 상당의 손해배상을 받을 수도 있는 특수한 손해배상액의 예정으로 봄이 상당하다고 판시하였는바, 이 판결은 일응 계약당사자의 의사에 합치하고 타당해 보이지만 수긍할 수는 없다.

이 법리의 요점은 단순 귀속조항에도 불구하고 도급인이 실손해액이 더 큰 경우에 보증금의 몰취로 전부되지 않는 초과부분의 손해를 입증하여 그 배상을 청구할 수 있다는 것이다. 그리고 이를 뒷받침하기 위하여 하자보수보증금을 '특수한 손해배상액의 예정'이라고 명명하고 있다. 그리고 이러한 해석은 하자보수보증금의 특성에서 나오는 것이라고 한다.[171]

아마도 특수한 손해배상액의 예정이라고 하는 것의 핵심은 손해배상액의 예정이나 위약벌과는 상관없는 제3유형의 성격을 가진 것으로 당사자 사이에 하자보수보증금의 경우에 실제 손해를 배상하기로 하는 약정의 유무에 불구하고 초과손해에 대하여 배상청구가 가능하다는 점에 있는 것으로 보인다.

그렇지만 계약일반조건에 어디에도 없는 실제손해의 배상청구가 어떻게 해서 갑자기 나오게 되었는지 전혀 설명이 이루어지지 않았다는 점에서 위 대법원 판결에 대해 구체적인 타당성은 인정은 하지만 이해할 수 없다.

계약보증금과 마찬가지로 하자보증금도 손해배상액의 예정으로 인정이 될 경우 도급인이 하자보수와 관련하여 실제로 입은 손해에 대하여 수급인에게 청구할 수 없다는 결과가 되어 하자보수에 소요된 비용이 하자보증금을 초과할 경우 손실을 감수해야 하는 도급인의 사정은 이해할 수 있다.

그러나 이 문제에 대한 해결은 계약당사자 사이에서 계약조건을 바꾸면 해결이 되는 문제라 할 것인데 대법원이 무리하게 계약서의 내용과 상관도 없는 특수한 손해배상액의 예정이라는 이유를 들어 실제손해를 청구할 수 있다고 판단한 점은 무리가 있어 보인다.

Ⅲ. 기타 관련문제

1. 공사대금 미지급과 하자보수청구권과의 관계

공사대금채권은 공사의 완성을 전제로 발생하므로 계약이 이행되기 전까지 도급인은 수급

---

171) 김동훈, 하자보수보증금의 성질(고시연구 2003. 4)

인에게 공사대금지급을 거절할 수 있고 도급계약에 있어서 완성된 목적물 또는 완성 전의 성취된 부분에 하자가 있는 때에는 도급인은 수급인에 대하여 하자의 보수를 청구하거나 그 하자의 보수에 갈음하여 또는 보수와 함께 손해배상을 청구할 수 있는바, 이들 청구권은 특별한 사정이 없는 한 수급인의 보수지급청구권과 동시이행의 관계에 있다고 할 것이다.[172]

그러나 공사대금을 지급하지 않기 위해 하자를 핑계 삼는 경우에 대하여 대법원은, 일반적으로 동시이행의 관계가 인정되는 경우에 그러한 항변권을 행사하는 자의 상대방이 그 동시이행의 의무를 이행하기 위하여 과다한 비용이 소요되거나 또는 그 의무의 이행이 실제적으로 어려운 반면 그 의무의 이행으로 인하여 항변권자가 얻는 이득은 별달리 크지 아니하여 동시이행의 항변권의 행사가 주로 자기 채무의 이행만을 회피하기 위한 수단이라고 보여지는 경우에는 그 항변권의 행사는 권리남용으로서 배척되어야 할 것이라고 판시하였다.[173]

한편, 하자보수보증을 보증서로 제출할 수 있음이 명백함에도 도급인이 현금납부를 강요하여 '하자담보'를 이유로 하자보수보증금에 해당하는 금액만큼 하도급대금을 공제하고 지급한다면 하도급거래공정화에관한법률 제13조 제1항의 하도급대금 미지급에 해당할 소지도 있다.

2. 연대보증인의 하자보수의무

하자보수이행보증보험은 보험계약자가 하자담보 책임기간 안에 하자보수요구를 받고 도급계약에 따라 이를 이행하지 아니하는 경우에 생기는 도급인의 손해를 보상하는 것인바, 공사도급계약상의 연대보증인의 보증책임 범위에 하자보수의무가 포함되어 있음이 명백하므로 보험계약자는 피보험자로부터 하자보수이행청구를 받은 경우 자신이 직접 하자보수를 이행하거나 연대보증인으로 하여금 하자보수를 이행하도록 할 수 있고 또한 피보험자도 직접 연대보증인에게 하자보수의 이행을 청구할 수 있으며, 이처럼 보험계약자 또는 연대보증인이 도급계약에 따라 피보험자로부터 하자보수의 요청을 받고 이를 이행한 경우에 이는 모두 도급계약에 따라 이행한 것이므로 도급인은 하자보수의무의 불이행으로 인한 손해를 입지 아니하게 된다고 할 것이고, 그 결과 보증보험계약에 기한 보험금청구권은 발생하지 아니한다.[174]

---

172) 민법 제667조, 91다33056 판결, 96다7250, 7267 판결, 2001다21632, 21649 판결
173) 대법원 1992. 4. 28. 선고 91다29972 판결
174) 대법원 2003. 9. 26. 선고 2001다68914 판결

3. 중첩적으로 발행된 하자보증서의 문제

건설공사는 대부분 하도급에 의존하는 관계로 도급인은 발주자에게 전체 공사에 대한 하자 보증서를, 하도급자는 도급인에게 각각 자신이 시공한 분야에 대한 하자보증서를 발급받아 제출하고 있다.

일반적으로 토목·건축·산업설비·조경공사의 경우에 하도급비율이 40%에 달하고 있다.[175] 하나의 시설물에 대하여 도급인은 발주자에 대하여 공사종료 시점이 되면 공사계약액의 일정 비율에 대하여 보증보험서를 발급받아 이를 제출하고 하수급자도 수급받은 공사액의 일정비 율에 대해서 보증보험서를 발급받아 도급인에게 제출하게 되는데 하나의 시설물에 대하여 전 체 하자보수보증금에 대한 기준이 초기 도급인의 계약액뿐만 아니라 하수급인에게 외주한 비 용을 추가하여 덧붙인 금액이 기준이 되어 이는 하나의 대상물에 대한 관점에서 보면 분명한 보증금의 중복이 되고, 이는 비효율적인 비용의 사용이 된다.

이에 대하여 하자보수보증보험의 문제점으로 도출된 보증금의 중복과 원·하도급 하자보수 보증보험의 프로세스 미작동에 관한 것은 도급인과 수급인이 하자보수보증에 관하여 상호 협 력적인 관계를 바탕으로 문제를 해결해 나가야 한다.

도급인과 수급인은 하나의 시설물에 대하여 각각 계약한 공사부분에 관하여 하자보수보증 에 관한 보증보험서를 발급받고, 이를 각각의 채권자에게 제출하고 최종 기성금을 수령함으 로써 일련의 하자보수보증 프로세스가 수행되게 된다.

발주자가 하자담보 책임기간 내에 발생한 하자보수요청에 대해서 도급인과 수급인이 공동 의식을 갖고 책임을 회피하지 않으면서 하자를 처리한다면, 발주자가 보증보험사에 하자보수 보증금을 요청하는 일도 줄어들 것이다. 이러한 배경을 바탕으로 도급인이 발주자에게 담보 로서 제공하는 보증금에 대하여 도급인과 수급인이 중복된 부분을 없애고, 보증금의 수령이 원활하게 작동하는 보험자를 선택하여 도급인과 수급인이 하나의 보험자를 통한 보증보험서 를 발주자에게 제공한다면 도급인은 제한된 보증한도에 여유를 가질 수 있을 것이다.[176]

경청할 만한 이야기이다.

---

175) 유진근, 2002 건설하도급의 통계와 시사점
176) 최민용, 원하도급 하자보수보증보험 통합프로세스 모델개발, 서울시립대 석사학위논문

제5절 선급금지급보증

I. 선급금

1. 의 의

선급금이라 함은 자금사정이 좋지 않은 수급인으로 하여금 자재확보·노임지급 등에 어려움이 없이 공사를 원활하게 진행할 수 있도록 하기 위하여 도급인이 장차 지급할 공사대금을 수급인에게 미리 지급하여 주는 선급 공사대금으로, 구체적인 기성고와 관련하여 지급된 공사대금이 아니라 전체 공사와 관련하여 지급된 선급 공사대금을 말한다.[177)]

2. 선급금의 지급

가. 선금지급요령[178)]

1) 지급대상

선급금은 전체 공사대금에 대한 일정비율의 금원으로 정하여진다. 계약금액이 3천만 원 이상의 공사에 대하여 계약의 이행기간이 60일 이상이거나 계약이행기간이 60일 이내인 계약

---

177) 대법원 1997. 12. 12. 선고 97다5060 판결
178) 회계예규 2200.04-131-11(2005.09.08)

중 선금을 지급하지 아니하고는 계약의 이행이 곤란하다고 인정되는 경우에 선금을 지급할 수 있다.

선금을 지급할 수 있는 경우에도 잔여이행기간이 선금지급 신청일을 기준으로 30일을 초과하지 아니할 경우에는 선금을 지급할 수 없다. 다만, 계약이행기간이 선금을 지급하지 아니하고는 계약이행이 곤란하다고 인정되는 경우에는 잔여이행기간이 선금지급 신청일을 기준으로 30일 이내인 경우에도 선금을 지급할 수 있다.

그러나 국가를당사자로하는계약에관한법률 시행령 제76조의 규정에 의한 입찰참가자격 제한을 받고 그 제한기간 중에 있는 경우에는 선금을 지급할 수 없다.

2) 지급비율
① 계약금액이 100억 원 이상인 경우에는 100분의 20
② 계약금액 20억 원 이상 100억 원 미만인 경우 100분의 30
③ 계약금액 20억 원 미만인 경우 100분의 50

3) 수해복구공사의 경우
① 계약금액이 20억 원 미만인 경우 100분의 70
② 계약금액이 20억 원 이상인 경우 100분의 50

4) 지급한계
① 기성부분 또는 기납부분에 대하여 대가를 지급한 때에는 계약금액에서 그 대가를 공제한 금액을 기준으로 한다.
② 계속비와 명시이월비 예산에 의한 계약에 대하여 선급금을 지급하는 경우에는 계약금액 중 당해연도 이행금액을 기준으로 하며, 장기계속계약의 경우는 각 연차계약금액을 기준으로 한다.
③ 계약이행에 필요한 기간 등에 비추어 계약을 체결한 연도 내에 당해 예산을 전액 집행할 수 없는 경우로서 당해 예산의 사고이월이 불가피하다고 인정되는 때에는 계약을 체결한 연도 내에서 집행할 수 있는 금액을 한도로 선급금을 지급하여야 하며, 선급금 중 미지급된 금액은 예산이 이월된 연도에 지급하여야 한다.

나. 민간건설공사 표준도급계약서

선급금은 당사자 간의 약정에 따라 이루어진다. 계약일반조건 제10조에서는 도급인은 계약서에 정한 바에 따라 수급인에게 선급금을 지급하여야 하며 도급인이 선급금 지급 시 보증서 제출을 요구하는 경우 보증기간이 발행한 보증서를 제출하여야 한다고 정하고 있다.

다. 건설공사 표준하도급계약서

건설공사 표준하도급계약서 제22조 제2항에서도 도급인이 발주자로부터 선급금을 받은 때에는 수급인이 시공에 착수할 수 있도록 그가 받은 선급금의 내용과 비율에 따라 선급금을 지급받은 날로부터 15일 이내의 범위 안에서 계약서에 정한 바에 따라 선급금을 수급인에게 지급한다고 정하고 있다.

라. 건설산업기본법

하도급공사의 선급금에 대해서는 건설산업기본법 제34조 제4항에서 수급인은 발주자로부터 선급금을 받은 때에는 하수급인이 자재의 구입, 현장노동자의 고용 기타 하도급공사를 착수할 수 있도록 그가 받은 선급금의 내용과 비율에 따라 하수급인에게 선급금을 지급하여야 한다. 이 경우 수급인은 하수급인이 선급금을 반환하여야 할 경우에 대비하여 하수급인에게 보증을 요구할 수 있다고 정하고 있다.

마. 하도급거래 공정화에 관한 법률

하도급거래공정화에관한법률 제6조 제1항에서 수급사업자에게 제조 등의 위탁을 한 원사업자가 발주자로부터 선급금을 받은 때에는 수급사업자가 제조·수리·시공 또는 용역수행에 착수할 수 있도록 그가 받은 선급금의 내용과 비율에 따라 선급금을 지급받은 날(제조 등의 위탁을 하기 전에 선급금을 받은 경우에는 제조 등의 위탁을 한 날)로부터 15일 이내에 선급금을 수급사업자에게 지급하여야 한다고 정하고 있다.

원사업자가 발주자로부터 받은 선급금을 제1항의 규정에 의한 기한을 초과하여 지급하는 경우에는 그 초과기간에 대하여 연 100분의 40 이내의 범위에서 은행법에 의한 금융기관이 적용하는 연체금리 등 경제사정을 고려하여 공정거래위원회가 정하여 고시하는 이율에 의한 이자를 지급하여야 한다.

선급금을 어음으로 지급하는 경우의 그 어음은 법률에 근거하여 설립된 금융기관에서 할인이 가능한 것이어야 하며, 어음을 교부한 날부터 어음의 만기일까지의 기간에 대한 할인료179)를 어음을 교부하는 날에 수급사업자에게 지급하여야 한다. 다만, 목적물 등의 수령일부터 60일 이내에 어음을 교부하는 경우에는 목적물 등의 수령일부터 60일을 초과한 날 이후 만기일까지의 기간에 대한 할인료를 원사업자가 발주자로부터 선급금을 받은 날부터 15일 이내에 수급사업자에게 지급하여야 한다.180)

3. 선급금에 대한 담보

선급금을 지급한 후 중도에 반환해야 할 사유가 발생할 경우 그에 대한 담보로서 선급금 지급요령과 각 계약서에는 보증보험증권 또는 보증서의 교부를 요구하고 있다.

보증 또는 보험금액은 선급액에 그 금액에 대한 보증 또는 보험기간에 해당하는 약정이자 상당액을 가산한 금액 이상으로 하고, 보증 또는 보험기간의 개시일은 선급금 지급일 이전이어야 하며, 그 종료일은 이행기간의 종료일로부터 60일 이상으로 하여야 한다. 다만, 그 이행기간을 연장하는 경우에는 당초의 보증 또는 보험기간에 그 연장하고자 하는 기간을 가산한 기간을 보증 또는 보험기간으로 하는 증권 또는 보증서를 제출하여야 한다.181)

---

179) 할인고시율
  - 1998. 5. 11. 이전까지 교부된 어음은 연 12.5%
  - 1998. 5. 12. 이후부터 1998. 12. 31. 이전까지 교부된 어음은 연17%(어음만기 90일 이내) 또는 연 19%(어음만기 90일 초과)의 할인율을 각각 적용
  - 1999. 1. 1. 이후 교부된 어음은 연 12.5%의 할인율을 적용
  - 2000. 6. 1. 이후 교부된 어음은 연 9%의 할인율을 적용
  - 2002. 6. 10. 이후 교부된 어음은 연 7.5%의 할인율을 적용
180) 하도급거래공정화에관한법률 제6조 제2, 3항
181) 선급금지급요령〔회계예규 2200.04-131-11(2005.09.08)〕

4. 선급금의 사용

선급금은 계약목적달성을 위한 용도 이외의 다른 목적에는 사용할 수 없으며 노임지급 및 자재확보에 우선 사용하여야 하고[182] 선급금청구 시 선급금사용계획서를 제출하게 하고, 대가를 지급받은 계좌와 별도의 계좌에 의하여 선급금을 관리토록 하고, 동 계좌에서 선급금을 인출하여 사용한 경우에는 인출일로부터 30일 이내에 그 사용 내역을 제출토록하고 있으며, 선급금사용계획과 다르게 선급금을 사용하고자 하는 경우에는 발주기관의 승인을 받도록 선급금 사용 전에 선급금사용계획 변경사유서를 제출토록 하고 있다.

5. 선급금의 정산

도급인은 기성고 확정 시 선급금 전체금액에서 기성고의 비율에 해당하는 선급금을 공제함으로써 공사대금의 지급에 갈음하고, 수급인에게 선급금 공제금액을 제외한 나머지 기성금만을 지급한다.

선급금의 정산은 기성부분의 대가를 지급할 때마다 정산산식에 의하여 산출한 금액을 공제하고 나머지 금액을 기성금으로 지급한다.

선급금 정산액 = 선급금액×(기성부분의 대가상당액÷계약금액)

6. 선급금의 중도반환

선급금반환청구는 공사도급계약의 후발적 실효로 인한 부당이득 반환청구의 성질을 가진다.[183]

선급금을 '미리 행하여지는 일부변제'라고 이해한다면, 변제는 채무의 존재를 전제로 하고, 변제가 이루어졌으나 채무가 부존재하면 이른바 급부부당이득이 성립한다. 따라서 장래의 채

---

182) 선금지급요령 제4조 제1항, 민간공사계약서 제10조 제3항, 표준하도급계약서 제4항
183) 서울고등법원 2004. 11. 26. 선고 2004나42182 판결

무를 위한 변제로서 선급금은 그 채무(가령 공사도급에서 기성공사대금채무)가 현실적으로 발생하면 그 변제에 당연히 충당되는 반면, 채무의 불발생이 확정되면 기발생한 채무의 변제에 충당되고 남은 부분은 부당이득의 법리에 따라 반환되어야 한다.[184)

선급금은 기성금 지급 시마다 기성률에 따른 일정한 금액을 공제하여 반환받는 것이 원칙이나 계약을 해제 또는 해지하는 경우, 선급금 지급조건을 위배한 경우, 사고이월 등으로 반환이 불가피하다고 인정하는 경우에는 중도에 반환을 청구할 수 있다. 계약해제의 경우 각 당사자는 상대방에 대하여 원상회복의무가 있고 이미 이행된 급부는 부당이득이 되고 반환할 것이 금전인 경우에는 그 받은 날로부터 이자를 붙여 반환해야 하는 것이 원칙이다.

계약서의 내용에도 이러한 점을 명시하여 당해 선급금 잔액에 대한 약정이상 상당액을 가산하여 반환청구할 수 있다고 정한 경우도 있다.[185) 이자 상당액의 계산은 매일의 선급금 잔액에 대한 일변계산에 의하며, 계산기간은 반환 시까지로 한다.[186) 선급금을 중도에 반환받는 경우에 기성부분에 대한 미지급금액이 있는 경우에는 선급금 잔액을 그 미지급금액에 우선적으로 충당하여야 한다.[187)

Ⅱ. 선급금보증

1. 의 의

선급금지급보증은 건설업자가 도급받은 공사 등과 관련하여 수령하는 선금의 반환채무를 보증하는 것을 말한다.[188)

---

184) 지원림, 대법원 2001. 9. 4. 선고 2001다13976 판결에 대한 해설
185) 선금지급요령 제6조 제1항 단서
186) 선금지급요령 제6조 제2항
187) 선금지급요령 제6조 제3항, 민간건설공사 표준계약서 제10조 제6항
188) 건설산업기본법 시행령 제56조 제2항 6호

2. 보증기간

선급금보증에 있어서 보증기간은 선급금을 지급받은 날 또는 보증서 발급일로부터 계약이 행기일까지로 함이 원칙이고 당사자 사이에 이와 다르게 정함이 있는 경우 그에 따른다.

3. 보증금액

선급금보증의 보증금액은 도급인으로부터 보증신청인이 지급받은 선급금액으로 하고 보증채권자가 국가를당사자로하는계약에관한법률에 따라 계약을 체결하는 경우나 주계약서에 이자에 관한 약정이 있는 경우에는 이자 상당액을 포함한 금액으로 한다.

4. 선급금보증금의 청구

선급금보증은 계약당사자 사이에 선급금을 반환할 사유가 발생하여 선급금의 반환을 청구하였으나 선급금을 반환받지 못한 경우에 그때까지 정산되지 않은 선급금을 반환채무를 보증하는 것으로 선급금을 반환할 사유가 발생한 사실, 미정산선급금의 존재와 범위에 대하여 입증하여 청구하면 된다.

Ⅲ. 관련문제

1. 미정산선급금의 당연정산

선금을 지급한 후 계약이 해제 또는 해지되거나 선급급 조건을 위반하는 등의 사유로 중도에 선금을 반환하게 되었다면 선금이 공사대금의 일부로 지급된 것인 이상 하도급을 주었는지 여부를 불문하고 선금은 별도의 상계 의사표시 없이 그때까지의 기성고에 해당하는 공사대금에 당연 충당되고 그래도 공사대금이 남는다면, 그 금액만을 지급하면 되는 것이고, 거꾸로 선금이 미지급 공사대금에 충당되고 남는다면 그 남은 선금에 관하여 도급인이 반환채권을 가지게 된다고 보는 것이 선금급의 성질에 비추어 타당하다.[189]

여기에서 판례가 '별도의 상계의 의사표시' 운운하는 것을 어떻게 새길 것인가? 이 표현이 정산의 법적 성질이 상계임을 전제로 하면서 다만 선급금의 특수성을 고려하여 상계표시를 요하지 않는다는 것을 의미한다고 볼 것인가? 만일 선급금의 정산이 상계의 성질을 가진다면 항변권부 채권을 자동채권으로 하는 상계는 허용되지 않으므로 공사대금채권에 항변권이 붙어 있는 경우에 그 공사대금채권을 자동채권으로 하는 상계는 허용되지 않는 결과 선급금은 공사대금채무의 변제에 충당될 수 없다고 하여야 한다.

그러나 선급금의 충당은 상계와 다르다. 장래의 보수채무를 위한 변제에 해당하는 것이 선급금이므로, (하)도급인의 채무가 현실로 발생하면 산식에 따라 당연히 그 채무에 충당되어 채무를 소멸시킨다. 즉 채무변제를 위하여 미리 지급된 금원이 상계를 통하여야 비로소 채무의 변제에 충당되는 것이 아님은 자명하다. 따라서 선급금의 충당과 관련하여 '상계' 운운하는 판례의 입장은 지양되어야 할 것이다.[190]

2. 공사대금직불과 미정산선급금의 충당문제

가. 사안의 개요

건설산업기본법 제35조와 하도급거래공정화에관한법률 제14조에서는 일정한 사유가 발생한 경우 발주자는 하도급공사대금을 직접 지급할 수 있다고 정하고 있다.

회계예규 2200.04-104-13(2005.09.08)에는 하수급인이 계약상대자를 상대로 하여 받은 판결로서 그가 시공한 분에 대한 하도급대금지급을 명하는 확정판결이 있는 경우, 계약상대자가 파산, 부도, 영업정지 및 면허취소 등으로 하도급대금을 하수급인에게 지급할 수 없게 된 경우, 하도급거래공정화에관한법률 또는 건설산업기본법에 규정한 내용에 따라 계약상

---

189) 대법원 1997. 12. 12. 선고 97다5060 판결
190) 지원림, 대법원 2001. 9. 4. 선고 2001다13976 판결에 대한 해설

대자가 하수급인에 대한 하도급대금 지급보증서를 제출하여야 할 대상 중 그 지급보증서를 제출하지 아니한 경우에는 하도급계약 중 하수급인이 시공한 부분에 상당하는 금액에 대하여는 당해 하수급인에게 직접 지급하여야 한다고 정하고 있다.

민간건설공사 표준계약서 제30조에서는 하도급거래공정화에관한법률과 건설산업기본법에서 정한 바에 따라 하도급대금의 직접 지급사유가 발생하는 경우에는 그 법에 따라 하수급인이 시공한 부분에 해당하는 하도급대금을 하수급인에게 지급하고 하도급대금을 직접 지급한 경우에는 도급인의 수급인에 대한 대금지급채무는 하수급인에게 지급한 한도 안에서 소멸한 것으로 본다고 정하고 있다.

표준하도급계약서에서는 수급인이 시공 참여자나 자재 및 장비업체에 대한 노무비와 자재대금 등을 체불하는 경우에 도급인이 직접 지급할 수 있다는 조항에 대해서는 정하고 있지 않지만 대개의 경우 특약으로 노무비와 자재대금의 직접지급에 대해 정하고 있는 경우가 있다.

이 경우에 하도급대금의 직접지급과 선급금의 당연충당은 어떻게 되나?

도급인의 입장에서는 수급인이 선급금을 반환해야 하는 사유가 발생한 날까지 시공한 물량에 대한 정산대금으로 수급인의 현장채무(노임, 자재대, 장비대 등)를 정리하면 신속히 공사가 이루어질 수 있도록 공사현장이 정리가 되고, 미정산선급금은 보증기관으로부터 회수할 수 있으므로 수급인에게 지급할 기성금으로 우선 현장채무를 정리하는 관행이 있어 보인다.

나. 법원의 판결

공사도급계약에 있어서 수수되는 이른바 선급금은 수급인으로 하여금 공사를 원활하게 진행할 수 있도록 하기 위하여 도급인이 수급인에게 미리 지급하는 공사대금의 일부로서 구체적인 기성고와 관련하여 지급하는 것이 아니라 전체 공사와 관련하여 지급하는 것이지만 선급 공사대금의 성질을 갖는다는 점에 비추어 선급금을 지급한 후 도급계약이 해제 또는 해지되거나 선급금 지급조건을 위반하는 등의 사유로 수급인이 도중에 선급금을 반환하여야 할 사유가 발생하였다면, 특별한 사정이 없는 한 별도의 상계의 의사표시 없이도 그때까지의 기성고에 해당하는 공사대금 중 미지급액은 당연히 선급금으로 충당되고 도급인은 나머지 공사대금이 있는 경우 그 금액에 한하여 지급할 의무를 부담하게 된다.[191]

하도급대금 직불에 관한 조항이 하수급인이 시공한 부분에 상당하는 금액에 대하여 계약자가 하수급인에게 대가 지급을 의뢰한 것으로 보아 당해 수급인에게 직접 지급하여야 한다고 규정하고 있

---

191) 대법원 1999. 12. 7. 선고 99다55519 판결

는 것은 선급금으로써 기성고에 대한 공사대금에 충당하고 남은 공사대금이 있을 경우에 그중 하도급대금을 하수급인에게 직접 지급하여야 함을 규정한 것으로 봄이 타당하다고 판시한 바 있다.[192]

또한 하도급계약서 제2조의 노임채무 직접지급(이른바 대위변제) 규정은 공사대금의 지급에 관한 규정일 뿐 선급금 반환 시의 공제에 관한 규정이 아니며, 또 원고가 들고 있는 중도타절준공합의서 중 '위 미지급 기성금 중 노무비를 원고가 노동자들에게 직접 지급(직불)하기로 하고 나머지만을 선급금 반환채무액에서 공제하기로' 한 합의사항은 원고와 소외 회사의 사이에서만 효력이 있는 것일 뿐 이로써 보증의무자인 피고에게 대항할 수 없다. 왜냐하면 이 사건과 같은 피고 조합의 보증계약은 그 성질이 조합원 상호의 이익을 위하여 운영되는 상호보험으로서 보증보험과 유사한 것이어서 보험에 관한 법리가 적용되므로(대법원 2001. 2. 13. 선고 2000다5961 판결), 보증채권자(원고)와 피보증인(소외 회사) 사이의 위와 같은 합의로써 피고의 보증계약상 이행한도가 당연히 증액된다고 할 수는 없다고 판시하고 있다.[193]

다. 판례의 타당성

선급금은 도급인이 수급인에게 전체 공사를 위하여 지급한 선급공사대금이므로 계약이 중도에 해제 또는 해지되는 경우에 최우선적으로 도급인이 자신의 채권부터 우선 회수하고 그래도 남는 것이 있으면 다른 채권자가 권리를 행사하는 것이 타당하다.

선급금의 반환을 위하여 보증서 또는 보험증권을 발행한 보증인이 있는 경우에 당사자 사이의 직불합의만으로 해제 또는 해지 당시까지의 기성금을 미정산선급금에 충당하지 않고 직불하기로 약정하여 보증인의 책임을 무겁게 만드는 약정은 당사자 사이에는 약정의 효력이 있겠지만 보증인의 정당한 기대를 잃게 하고 책임을 더 무겁게 하는 약정으로서 보증인에 대해서까지 효력을 미친다고 보기는 어렵다는 점에서 타당하다고 본다.

라. 관련문제

1) 도급인과 수급인 사이에서 하도급공사대금 직불약정에 따른 사유가 먼저 발생하고 그 후에 선급금반환사유가 발생하여 공사대금을 하도급자에게 직불한 경우 선급금 당연충당과의 관계는 어떠한가?

---

192) 대법원 1997. 12. 12. 선고 97다5060 판결
193) 대법원 2001. 9. 4. 선고 2001다13976 판결

2) 이에 대하여 법원은 도급인으로서는 계약이 해지될 단계에서 이미 직불약정에 따라 하수급인에게 기성공사대금 중 전부 또는 일부를 지급하였다면 수급인에게 그 금액 상당의 공사대금채권이 소멸하였다고 주장하여 기성공사대금의 지급을 거절할 수 있고, 아직 직불약정에 따라 하수급인에게 하도급공사대금 등을 지급하지 않은 상태라면 나중에 하수급인으로부터 공사대금을 직접 청구받더라도 선급금과는 당연정산에 따라 기성공사대금채권이 소멸하였음을 주장하여 이중지급책임을 면할 수도 있다고 판시한 바 있다.[194]

3) 이 경우에 선급금을 반환할 사유는 대부분이 '계약 해제 또는 해지'가 될 것이고, 계약의 해제 또는 해지는 보통의 경우 당좌거래 정지 이후의 일로서 약속어음이 부도 발생하여 장차 계약을 이행할 가능성이 사실상 없음에도 도급인이 임의로 계약해제 또는 해지를 지연하는 방법으로 하도급대금 직접지급의 상태를 작출하여 선급금 반환사유가 아직 발생하지 않았다는 이유로 수급인에게 정산하여 지급할 기성금을 직불하고 보증인에게 미정산선급금을 청구하는 것은 탈법행위로서 문제가 있다고 본다.

3. 약정이자의 포함범위

가. 선급금을 중도에 반환하는 경우 지연이자도 보험금액에 포함되는지 여부

선급금을 중도에 반환하는 경우 미정산선급금 잔액에 대해서 선급금지급 시부터 약정이자 상당액을 가산하여 반환하기로 약정하였다면, 이는 선급금반환에 관한 약정이라 할 것이므로 원칙적으로 약정이자 상당액도 보험금에 포함된다고 해석하여야 할 것이다.

다만 이 경우 언제까지의 약정이자가 보험금에 포함되어야 하는지가 문제될 수 있는데, 우선 선급금 지급일로부터 수급인이 반환해야 할 선급금 잔액이 확정되는 도급계약 해제일까지의 기간 동안에 발생한 약정이자는 당연히 보험금액에 포함되어야 할 것이다.

나. 이자 발생기간

도급계약이 해제일 이후부터 실제로 선급금 잔액을 반환할 때까지의 기간 동안에 발생하는

---

194) 서울고등법원 2004. 11. 26. 선고 2004나42182 판결

이자에 대해서는 견해가 나뉘는데 다수의 실무례는 이 기간 동안에는 약정이자율이 아니라 법정이율에 의한 이자만이 보험금에 포함되는 것으로 본다.[195]

이에 대해서는 보증보험계약이 실질적으로 보증의 성격을 가지고 있다는 점을 중시하여 금융기관 등은 수급인과 동일한 책임을 부담하여야 하므로, 선급금 잔액에 대하여 선급금 지급 시부터 실제 반환 시까지의 전 기간 동안의 약정이자 상당액을 가산하여 보험금으로 지급하여야 한다는 견해도 있다고 소개하고 있다.[196]

4. 선급금의 당연충당과 하자보수보증금의 공제여부

가. 사안의 개요

수급인에게 선급금을 반환해야 하는 사유가 발생한 경우 도급인이 수급인에게 지급하지 않은 기성금은 별도의 상계의 의사표시 없이도 미지급 공사대금에 당연히 변제충당되어야 하지만 도급인이 선급금에 충당될 미지급기성금 중에서 하자보증금을 공제한 나머지 금액만 충당하고 보증인에게 선급금미정산 잔액을 청구하는 경우가 있다.

나. 선급금의 당연충당

수급인에게 지급할 기성금을 미정산선급금에 충당하는 것은 상계가 아니라 당연충당하는 것이다. 상계에 의하는 경우 자동채권에 하자보증금 공제를 이유로 항변권을 주장하는 경우에 상계할 수 있는지 여부가 문제될 수 있겠지만 미정산선급금은 상계하는 것이 아니라 당연충당되는 것이므로 항변권의 문제는 발생할 수 없다고 본다.

따라서 선급금은 그 반환사유가 발생한 경우 별도의 상계의 의사표시 없이도 미지급공사대금에 당연히 변제충당된다는 점, 하자보증금을 공제할 경우 선급금 지급에 관하여 위험을 인수한 보험회사가 하자보수보증금 지급에 관한 위험도 인수한 것과 같은 결과를 초래한다는 점에 비추어 볼 때, 하자보증금은 선급금 변제충당 시 미지급공사대금에서 공제할 수 없다고 할 것이다.[197]

---

195) 윤재윤, 건설분쟁관계법, 137면
196) 윤재윤, 건설분쟁관계법, 137면

5. 공동수급체의 선급금반환의무

가. 사안의 개요

정부나 지방자치단체의 공동도급계약에 있어서 공동수급체의 일부구성원에게 선급금반환사유가 발생한 경우 나머지 구성원이 선급금반환채무를 부담하는지 아니면 공동수급체의 그 일부구성원의 선급금반환채무를 보증한 보증인에게 미정산선급금의 반환책임이 있는지 문제된다.

나. 공동수급협정서(공동이행방식)의 내용

공동수급협정서(공동이행방식)에는 공동수급체의 구성원은 발주기관에 대한 계약상의 의무이행에 대하여 연대하여 책임을 지고, 공동수급체의 구성원은 발주자 및 구성원 전원이 동의하는 경우 파산, 해산, 부도 기타 정당한 이유 없이 당해 계약을 이행하지 아니하여 해당 구성원 외의 공동수급체의 구성원이 발주자의 동의를 얻어 탈퇴조치를 하는 경우, 공동수급체 구성원 중 파산, 해산, 부도 기타 정당한 이유 없이 당해 계약을 이행하지 아니하여 시행령 제76조 제1항 제6호의 규정에 의거 입찰 참가자격 제한조치를 받은 경우 외에는 입찰 및 당해 계약의 이행을 완료하는 날까지 탈퇴할 수 없다.

구성원 중 일부가 탈퇴한 경우에는 잔존 구성원이 공동연대하여 당해 계약을 이행하며, 잔존 구성원만으로 면허, 실적, 시공능력공시액 등 잔여 계약이행에 필요한 요건을 갖추지 못할 경우에는 연대보증인과 연대하여 당해 계약을 이행하여야 하며, 연대보증인이 없거나 연대보증인이 계약을 이행하지 않는 경우에는 잔존 구성원이 발주기관의 승인을 얻어 당해 요건을 충족하여야 한다.

또한 공동수급체가 해산한 후 당해 공사에 관하여 하자가 발생하였을 경우에는 연대하여 책임을 진다고 정하고 있다.

따라서 미정산선급금도 당연히 공동수급체의 나머지 구성원이 탈퇴한 구성원의 반환채무를 인수해야 하는 것이 아닌가 하는 문제가 있다.

---

197) 윤재윤, 건설분쟁관계법, 138면

다. 법원의 판결

공동수급체의 구성원이 발주자에 대한 계약상의 의무이행에 대하여 연대하여 책임을 진다고 규정되어 있다고 하더라도 도급계약의 내용에 선급금 반환채무 등에 관한 다른 구성원의 의무에 관하여는 명시적인 규정이 없고, 선급금에 관하여는 별도의 규정을 두어 그 반환채무의 담보방법으로 수급인이 제출하여야 할 문서로서 보험사업자의 보증보험증권이나 건설공제조합의 지급보증서 등 그 담보력이 충분한 것으로 제한하고 있다면, 공동수급체의 각 구성원의 연대책임의 범위는 선급금 반환채무에까지는 미치지 아니한다고 봄이 상당하므로, 공동수급체의 구성원으로서는 특별한 사정이 없는 한 다른 구성원의 선급금 반환채무에 관하여는 책임을 부담하지 않는다고 할 것이다(대법원 1999. 10. 8. 선고 99다20773 판결, 2000. 6. 13. 선고 2000다13016 판결 등 참조).[198]

선급금과 공사대금은 각 구성원별로 따로따로 정산되는 것으로 보이고, 이에 따라 공동수급체의 구성원은 다른 구성원이 반환하여야 할 선급금에 대하여 아무런 책임을 부담하지 아니하고, 다른 구성원의 지분비율에 해당하는 공사대금의 지급을 구할 아무런 권리가 없다 할 것이므로, 기성공사대금을 가지고 선급금을 반환하여야 할 구성원의 선급금을 충당함에 있어서는 그 공사대금 중 해당 구성원의 지분비율에 해당하는 금액에만 충당되는 것으로 볼 것이지 이와 달리 다른 구성원의 몫까지 포함한 총 공사대금에서 충당할 수 있는 것은 아니라고 판시하였다.[199]

라. 판례의 타당성

1) 합유적 채권·채무관계

선급금반환채무와 공사대금채무를 구성원별로 정산한다는 것은 간편한 이점이 있기는 하지만 근본적인 법리적 문제가 있다. 대법원이 일관하여 공동수급체의 공사대금채권을 합유적 채권으로 보고 있는 점과 모순이 된다. 공동수급체의 합유적 채권을 구성원 개인의 선급금반환채무에 대하여 충당한다는 것은 양 채권이 채권자와 채무자가 다른 별개의 채권이므로 허용될 수 없는 것이다.[200]

---

198) 대법원 2002. 1. 25. 선고 2001다61623 판결
199) 대법원 2001. 7. 13. 선고 99다68584 판결
200) 윤재윤, 건설분쟁관계법, 294면

이 경우 당해 공동수급체구성원의 선급금반환채무를 보증한 보증기관이 그 선급금반환채무를 부담해야 할 것인데, 공동이행방식에 의한 공동수급체의 법적 성격은 민법상 조합이라 할 것이고[201] 민법상 조합의 채권은 조합원 전원에게 합유적으로 귀속하는 것인데 유달리 선급금반환채무에 대해서만은 공동수급체인 조합이 책임이 없다는 것은 논리적으로 모순이라고 생각한다.

2) 상법 제57조 제1항에 의한 연대책임

조합의 채무는 조합원의 채무로서 특별한 사정이 없는 한 조합채권자는 각 조합원에 대하여 지분의 비율에 따라 또는 균일적으로 변제의 청구를 할 수 있을 뿐임은 소론과 같으나, 조합채무가 특히 조합원 전원을 위하여 상행위가 되는 행위로 인하여 부담하게 된 것이라면 그 채무에 관하여 조합원들에 대하여 상법 제57조 제1항을 적용하여 연대책임을 인정함이 상당하다는 것이 대법원의 입장인바[202] 상인인 건설업자가 부담하는 선급금반환채무는 나머지 공동수급체의 구성원이 부담한다고 보는 것이 타당하다고 생각한다.

3) 공동수급체의 대표자가 보증신청한 경우

공동수급체의 구성원은 모두 회사로서 상법 제5조 제2항에 의하여 상인으로 간주되고 상인이 영업을 위하여 하는 행위는 보조적 상행위에 해당하므로 공동수급체의 대표자가 공동수급체를 위하여 피고와의 사이에 위 보증계약을 체결하는 행위는 상행위라 할 것이나, 비록 대표자가 피고와의 사이에 위 보증계약을 체결함에 있어서 위 계약보증서의 수급인란에 대표자의 명칭만 기재하고 위 공동수급체를 위한 것임을 표시하지 아니하였더라도, 위 보증계약은 상법 제48조 전단에 의하여 위 공동수급체에 대하여 효력이 있다.

한편 조합채무가 조합원 전원을 위하여 상행위가 되는 행위로 인하여 부담하게 된 것이라면 상법 제57조 제1항을 적용하여 조합원들은 그 채무에 관하여 연대책임을 진다 할 것인데 위 보증계약에 의한 구상금채무는 공동수급체를 위하여 상행위가 되는 위 보증계약으로 인하여 부담하게 된 것이라 할 것이므로, 위 공동수급체의 조합원으로서 공동수급체의 대리인이 체결한 위 보증계약상의 채무에 대하여 연대책임이 있어 원고는 피고에 대하여 피고가 지급한 보증금에 관한 구상채무를 부담한다고 할 것이다.[203]

---

201) 대법원 2001. 2. 23. 선고 2000다68924 판결
202) 대법원 1992. 11. 27. 선고 92다30405 판결
203) 서울고등법원 2000. 5. 12. 선고 99나10327 판결 참조. 이 판결은 대법원 2001. 5. 15. 선고 2000다30899 판결로 확정되었다.

변론주의의 문제점인지 근본적인 법리의 문제점인지 모르겠지만 하여튼 대법원 판결은 문제가 있어 보인다.

6. 선급금보증의 보증기간의 문제

가. 사안의 개요

보증인이 보증책임을 부담하는 기간은 보증서에 기재되어 있으므로 도급인과 수급인 사이에 선급금을 반환할 사유가 보증기간 내에 발생하면 보증인이 보증책임을 지는 것은 당연한 것이지만 보증기간이 지나서 계약을 해제하고 선급금보증금을 청구한 경우 미정산선급금이 있는 한 보증책임을 부담해야 하는지 아니면 보증기간이 경과한 후에 보증사고가 발생했으므로 보증책임이 없는지가 문제된다.

나. 법원의 판결

하수급인의 하도급인에 대한 선급금반환의무는 달리 정함이 없는 한 하도급계약이 해지 또는 해제됨으로써 발생하는 것이기는 하나 선급금보증의 취지에 비추어 선급금보증에 있어서의 보증사고의 발생에 관하여까지 반드시 하도급계약의 해지 또는 해제가 전제되어야 하는 것으로 볼 필요는 없는 점과 이 사건 선급금보증에 있어서의 보증인과 보증채권자의 이해관계, 특히 이 사건에서와 같이 공사기간과 선급금보증의 보증기간의 종기가 일치하는 경우에 만일 주계약인 하도급계약의 해지 시에 비로소 보증사고가 발생하는 것으로 본다면, 수급인의 귀책사유로 인하여 하도급계약에서 정한 공사기간 내에 공사를 완공하지 못할 것임이 그 공사기간이 만료되기 상당기간 전에 분명하게 드러나는 등의 특별한 사정이 있는 때에 한하여 비로소 보증채권자인 원고가 보증기간의 종기 이전에 하도급계약을 해지하거나 해제하여 보증사고가 발생하는 것이 가능하게 되고, 그러한 특별한 사정이 없는 경우에는 보증기간 내에 보증사고가 발생하는 것이 불가능하게 되어 원천적으로 이 사건 선급금보증에 의하여 담보되는 위험이 거의 없게 되는 불합리가 발생하는 점 등에 비추어 볼 때, 이 사건 선급금보증에 있어서는 주계약인 하도급계약이 해지된 때가 아니라 하도급계약에서 정한 채무의 불이행이 있음으로써 선급금반환의무의 발생이 객관적으로 확실하게 된 때에 보증사고가 발생한 것으로 봄이 상당하다고(리스계약 관련 선급금보증에 관한 대법원 2000. 11. 10. 선고 99다26764,26771 판결 참조) 판시한 바 있다.[204]

이 사건 각 보험계약은 보험기간 내에 지급된 선급금에 대하여는 비록 보험기간이 종료된 후 보험사고가 발생하였다 하더라도 피고가 보험자로서 책임을 지기로 하는 내용의 계약이라고 해석함이 상당하다고 할 것인바, 원심이 그 이유 설시에 있어서 미흡하기는 하지만 이와 같은 입장에서 보험기간 종료 후에 이 사건 보험사고가 발생하였음을 이유로 보상책임이 없다는 피고의 주장을 배척한 조치는 정당한 것으로 수긍할 수 있고, 거기에 보증보험이 담보하는 손해의 범위에 관한 법리를 오해한 위법이 있다고 할 수 없다는 판결도 있다.[205]

다. 판례의 타당성

그러나 선급금반환사유에 대하여 회계예규 2200.04-104-13(2005.09.08)에서는 계약을 해제 또는 해지하는 경우, 선금지급조건을 위배한 경우, 사고이월 등으로 반환이 불가피하다고 인정하는 경우를 정하고 있고, 민간건설공사 표준계약서 제10조 제5항에서는 계약을 해제 또는 해지하는 경우, 선금지급조건을 위반한 경우로 정하고 있다.

따라서 선급금지급보증에 있어서 보증사고라고 하는 것은 위 계약서에서 정한 선급금 반환사유가 발생하여 도급인이 수급인에 대하여 반환청구했음에도 불구하고 수급인이 미정산선급금을 반환하지 못하는 것이라 할 것이고, 보증기간은 보증기관이 보증책임을 부담하는 책임기간이므로 보증기간 내에 수급인에게 선급금을 반환할 사유가 발생했음에도 반환하지 못하는 경우에 비로소 보증인에게 보증책임을 물을 수 있다고 본다.

법원이 개념도 모호한 "선급금보증에 있어서는 주계약인 하도급계약이 해지된 때가 아니라 하도급계약에서 정한 채무의 불이행이 있음으로써 선급금반환의무의 발생이 객관적으로 확실하게 된 때에 보증사고가 발생한 것"이라는 것을 이유로 삼는 것은 잘못이 있다고 생각한다. 과연 그때가 언제인지?

보증기간 만료일에 선급금반환사유가 발생할 경우를 대비하여 도급인이 선급금보증의 보증기간을 공사기간에 60일 정도를 가산한 기간으로 정한 보증서를 발급받으면 특별한 문제는 없을 것이다.

---

204) 대법원 2003. 1. 24. 선고 2002다55199 판결
205) 대법원 2001. 5. 29. 선고 2000다3897 판결

7. 선급금을 현금을 대신하여 물건으로 지급한 경우의 문제

가. 사안의 개요

선급금은 현금 또는 현금화할 수 있는 대체물일 것을 요하고, 선급금의 지급에 갈음하여 물건을 지급하는 것이 금지되어 있지는 않다. 문제가 되는 것은 부동산을 선급금에 갈음하여 지급한 경우 하도급법상 부당한 대물변제에 해당하는지 여부와 수급인이 당해 부동산을 매각하였으나 당사자 사이에 약정한 금액 이하로 매각이 된 경우, 당해 부동산을 수급인이 아닌 수급인의 대표이사 등 제3자에게 지급한 경우가 선급금의 지급으로 유효한 것인지의 문제가 된다.

나. 선급금의 대물지급과 관련한 법원의 판결

1) 대법원은 공사도급계약에 있어서 수수되는 이른바 선급금은 수급인으로 하여금 공사를 원활하게 진행할 수 있도록 하기 위하여 도급인이 수급인에게 미리 지급하는 공사대금의 일부이므로 하도급거래공정화에관한법률 제17조의 하도급대금에 해당하지만 하도급거래공정화에관한법률 제17조는 '의사에 반하여' 하도급대금을 물품으로 지급하는 것을 금지하고 있는바, 하도급거래공정화에관한법률의 제정취지가 "하도급거래에 있어서 원사업자의 부당한 행위를 억제하고 수급사업자의 열위(劣位)적 지위를 보완하여 하도급거래가 상호보완적인 협조관계에서 이루어지도록 유도"하려는 데 있음에 비추어 볼 때 열위적 지위에 있는 수급사업자가 원하지 않음에도 원사업자의 의사에 따라 하도급대금을 물품으로 지급하는 것에 동의 또는 승낙하는 경우에는 '의사에 반하여' 지급한 것에 해당한다고 할 것이고, 다만 당초부터 하도급대금을 물품으로 지급하는 것을 전제로 하여 하도급계약을 체결하는 것이 사적자치의 원칙상 금지되는 것은 아니고, 이러한 경우까지 하도급대금을 약정한 물품으로 지급하는 것이 '원사업자의 부당한 대물변제'에 해당하여 금지되는 것이라고는 할 수 없다.

2) 하도급거래공정화에관한법률 제17조는 "원사업자는 수급사업자의 의사에 반하여 하도급대금을 물품으로 지급하여서는 아니 된다"라고 규정하고 있고, 같은 법 제20조는 "원사업자는 하도급거래와 관련하여 우회적인 방법에 의하여 실질적으로 이 법의 적용을 면탈하려는 행위를 하여서는 아니 된다"라고 규정하고 있으나, 하도급거래공정화에

관한법률은 그 조항에 위반된 도급 또는 하도급약정의 효력에 관하여는 아무런 규정을 두지 않는 반면 위의 조항을 위반한 원사업자를 벌금형에 처하도록 하면서 그 조항 위반행위 중 일정한 경우만을 공정거래위원회에서 조사하게 하여 그 위원회로 하여금 그 결과에 따라 원사업자에게 시정조치를 명하거나 과징금을 부과하도록 규정하고 있을 뿐이어서 그 조항은 그에 위배한 원사업자와 수급사업자 간의 계약의 사법상의 효력을 부인하는 조항이라고 볼 것은 아니라고 한다.[206]

3) 따라서 수급인이 원하지 않음에도 도급인의 의사에 따라 하도급대금을 물품으로 지급하는 것은 문제가 있지만 당초부터 하도급대금을 물품으로 지급하는 것을 전제로 하여 하도급계약을 체결하는 경우에는 하도급거래공정화에관한법률에서 금지하고 있는 원사업자의 부당한 대물변제에 해당하는 것은 아니라고 한다.

다. 대물로 받은 부동산이 선급금액 이하로 매각된 경우

당사자 사이에 부동산을 선급금지급에 갈음하여 지급하기로 약정하고 대물로 지급하였으나 실제로 지급받은 부동산을 매각한 결과 당초 당사자 사이에 선급금으로 지급키로 약정한 금액보다 작다면 선급금은 전체 공사를 위하여 미리 지급하는 선급공사대금이라는 성질에 비추어 볼 때 실제 매각대금이 실제로 당사자가 지급한 선급금이 되어야 한다고 생각한다.

라. 선급금으로 지급한 부동산을 수급인이 아닌 제3자 명의로 등기이전한 경우

1) 부동산을 선급금에 갈음하여 지급하는 경우에 그 부동산의 등기명의인이 수급인이 아니라 수급인의 대표자나 제3자인 경우에 선급금을 지급한 것으로 인정될 수 있는지가 문제된다.

2) 대법원은 대물변제가 채무소멸의 효력을 발생하려면 채무자가 본래의 이행에 갈음하여 행하는 다른 급여가 현실적인 것이어야 하며 그 경우 다른 급여가 부동산소유권의 이전인 때에는 그 부동산에 관한 물권변동의 효력이 발생하는 등기를 경료하여야 하는바, 부동산실권리자명의등기에관한법률에 의하면 이른바 3자 간 등기명의신탁의 경우 같은 법에서 정한 유예기간 경과에 의하여 기존 명의신탁약정과 그에 의한 등기가 무효로

---

206) 대법원 2003. 5. 16. 선고 2001다27470 판결

되고, 이 경우 수탁자가 제3자에게 신탁부동산에 대한 처분행위를 한 경우 3자 간 등기명의신탁에 의한 소유권이전등기의 무효로써 제3자에게 대항할 수 없다고 하더라도(부동산실권리자명의등기에관한법률 제4조 제3항), 당초의 약정에 따른 신탁자에 대한 소유권이전등기의무가 이행된 것으로는 볼 수 없다.207)

3) 나아가 피고의 하도급이행선급금지급보증은 도급인이 현실적으로 수급인에게 일정한 선급금을 미리 지급하였음을 전제로 계약해제 시 수급인의 선급금반환채무를 보증하는 것이므로 선급금의 지급이 이루어지지 않았다면 피고로서는 그 보증책임이 없다.

4) 원고소유이던 부동산을 소외 회사 대표이사의 동생 앞으로 소유권이전등기가 마쳐진 사실은 인정되나 그 인정 사실만으로는 원고가 소외 회사에게 위 선급금을 지급하였다고 인정하기 어렵다.

5) 이 사건 하도급계약서에는 선급금은 노임지급 및 자재확보에 우선 사용되도록 규정되어 있음에 비추어 선급금은 비록 현금은 아닐지라도 빠른 시일 내에 현금화할 수 있는 대체물일 것을 요한다고 할 것인데, 원고가 소외 회사의 승낙 아래 위 선급금의 지급에 갈음하여 위 부동산을 소외 회사의 동생 앞으로 이전하였다고 하더라도 소외 회사가 아닌 제3자에 대한 부동산의 이전이 이 사건 하도급계약에 따른 선급금의 지급에 해당한다고 볼 수 없을 뿐만 아니라, 실제로 소외 회사가 위 부동산을 처분하여 노임지급 등 이 사건 하도급계약상의 용도에 사용하였다는 점을 인정할 만한 아무런 증거가 없다.208)

8. 선급금을 용도대로 사용하지 아니한 경우

가. 사안의 개요

1) 선급금은 공사의 이행을 위한 노임지급 및 자재구입을 위하여 지급하는 선급공사대금인데 선급금을 수령하여 본래의 목적대로 사용하지 않은 경우 당사자 사이에서는 선급금반환사유에 해당하여 반환청구할 수 있겠지만 선급금반환의무이행을 보증한 보증인에게 선급금의 반환을 청구할 수 있을 것인가가 문제된다.

---

207) 대법원 2003. 5. 16. 선고 2001다27470 판결
208) 대법원 2000. 5. 12. 선고 99다27125 판결

2) 수급인이 선급금을 수령하여 용도대로 사용하지 않고 타 채무의 변제에 사용하는 경우에 도급인 역시 수급인이 선급금을 정해진 용도대로 사용하지 않는다는 사실을 알았을 경우에도 당사자 사이에서는 부당이득반환으로 미정산금액 상당을 반환청구할 수 있을 것이다. 그러나 수급인이 부도 등의 이유로 선급금을 반환할 수 없을 경우 선급금반환채무를 보증한 보증인에게 선급금보증금의 반환을 청구할 수 있을까?

나. 법원의 판결

건설산업기본법에 의하여 설립된 공제조합이 그 조합원과의 보증위탁계약에 따라 조합원이 도급받은 공사 등과 관련하여 수령하는 선급금의 반환채무를 보증하기 위하여 선급금지급보증서를 발급하는 방법으로 그 도급인과 보증계약을 체결하는 경우, 보증사고에 해당하는 수급인의 채무불이행이 있는지 여부는 보증계약의 대상인 도급공사의 내용과 공사금액·공사기간 및 지급된 선급금 등을 기준으로 판정하여야 하므로, 이러한 보증계약에서 선급금의 액수와 그 지급방법 및 선급금이 정하여진 용도로 실제 사용될 것인지 여부 등은 계약상 중요한 사항으로서 조합원 등이 이를 거짓으로 고지하는 것은 공제조합에 대한 기망행위에 해당할 수 있고, 기망행위에 해당하는 경우 공제조합은 민법의 일반원칙에 따라 그 보증계약을 취소할 수 있다고 판시하고 있다.[209]

9. 부가세환급의 문제

가. 사안의 개요

도급인이 수급인에게 선급금을 지급하는 경우 부가가치세도 포함하여 지급한다. 도급인은 수급인으로부터 선급금을 지급하고 발급받은 매입세금계산서를 가지고 세무서로부터 부가가치세 상당액을 환급받게 되는데 수급인에게 사정이 생겨 계약 도중에 선급금을 반환해야 하는 사정이 생겨 선급금반환채무를 보증한 보증인에게 미정산선급금의 반환을 청구하는 경우에 보증인이 반환해야 할 선급금은 미정산선급금에 부가가치세 상당액을 포함한 금액이 되는지 아니면 부가가치세는 국

---

209) 대법원 2002. 11. 26. 선고 2002다34727 판결

세청으로부터 환급을 받았으므로 부가가치세를 제외한 금액만 지급해야 하는지가 문제된다.

나. 법원의 판단

원고가 피고로부터 반환받은 선급금 95,058,785원에 대한 부가가치세 9,505,878원은 원고가 이에 상당한 매입세액의 공제를 받더라도 실제로 용역의 공급이 없음에도 부당하게 공제받은 것이 되어 국가에 의하여 다시 추징당하게 되므로 원고가 부가가치세 상당액을 부당이득하는 것이라고 볼 수 없고(추징은 원고와 국가 사이에 발생할 이 사건과는 별개의 문제이다), 달리 이와 같이 볼 자료가 없으므로, 특단의 사정이 없는 한 피고는 부가가치세를 포함한 선급금 전액을 원고에게 반환하여야 할 의무가 있다고 판시한 바 있다.[210]

한편, 대법원은 소외 회사가 원고로부터 수령한 선급금 총액은 286,110,000원이고 그 중에는 26,010,000원(＝286,110,000×10/110)의 부가가치세 상당액이 포함되어 있었는데 위 하도급계약이 해지된 후 원고가 관할 세무서로부터 위 부가가치세 상당액을 환급받은 사실은 당사자 사이에 다툼이 없는바, 이 환급은 당초 원고와 소외 회사 사이에 수수된 선급금의 일부 반환에 해당하는 것이라 하겠으니 피고가 지급하여야 할 선급금에서 이를 공제하여야 할 것이라고도 판시한 바 있다.[211]

10. 선급금 지급보증서를 보증목적 이외의 용도로 사용하는 경우

가. 수급인이 도급인에게 금전을 차용하면서 이에 대한 담보로 선급금지급보증서를 교부하기로 약정하고 이 사실을 모르는 보증기관을 기망하여 보증서를 발급받아 도급인에게 교부하였으나 수급인이 대여금을 반환하지 못하는 경우 도급인이 선급금지급보증에 대한 권리행사가 가능할 것인지가 문제된다.

나. 이에 대하여 선급금지급보증약관에 대부분 보증목적 이외의 용도로 보증서가 사용되는 경우에는 보증책임을 부담하지 않는다고 정하고 있고, 경우에 따라서 대법원 2002. 11. 26. 선고 2002다34727 판결에 따라 보증인이 보증계약을 취소할 수도 있을 것이다.

---

210) 서울지방법원 1999. 2. 9. 선고 98나48308 판결
211) 서울고등법원 2000. 4. 25. 선고 99나40489 판결

제4장
건설공사 도급계약에서 기타 문제

제1절 하도급의 법률관계

I. 의 의

도급은 일의 완성에 그 목적을 두는 것으로서, 일 그 자체는 반드시 수급인 자신이 직접 해야 하는 것은 아니므로 일의 성질, 당사자의 의사, 법률의 규정에 의하여 금지되지 않는 한 위탁받은 일의 전부나 일부를 제3자에게 맡길 수 있는데, 이러한 경우 도급인으로부터 맡은 일을 수급인이 스스로 완성하지 않고 제3자로 하여금 그 일을 완성하게 하는 수급인과 하수급인 사이의 계약을 하도급계약이라고 한다.[1]

이 하도급은 수급인과 하수급인 간의 도급계약으로서, 도급인과 수급인 사이의 도급계약과는 별개의 계약이다. 따라서 하도급계약에 의하여서는 수급인과 하수급인 사이에 도급관계가 생길 뿐이고, 하수급인이 도급인에 대하여 직접 권리의무를 갖지는 않는다. 그러나 수급인은 일의 완성에 관하여는 하수급인의 행위에 관하여서도 책임을 져야만 한다. 하수급인은 일종의 이행보조자이기 때문이다.

또한 하도급은 원도급과는 별개의 계약이기 때문에 하도급금지의 특약이 있더라도 이에 위반하여 제3자와 맺은 하도급계약이 당연히 무효가 되지 않으며 다만 수급인이 원도급인에 대하여 계약상의 채무불이행책임을 질 뿐이다. 관련 법률에서는 발주자를 보호하기 위하여 하수급인도 발주자에 대하여 도급인과 동일한 책임을 부담하도록 정하는 경우도 있다.[2]

수급인은 하수급인이 고의 또는 과실로 하도급받은 건설공사의 시공을 조잡하게 하여[3] 타

---

1) 윤재윤, 건설분쟁관계법, 313면
2) 건설산업기본법 제32조 제1항
3) '공사의 시공을 조잡하게' 한다는 것은 건축법 등 각종 법령・설계도서・건설관행・건설업자로서의 일

인에게 손해를 가한 때에는 하수급인과 연대하여 손해를 배상할 책임이 있고 수급인이 손해를 배상한 때에는 배상할 책임이 있는 하수급인에 대하여 구상권을 행사할 수 있다.[4]

한편, 건설하도급의 경우에는 건설산업기본법과 하도급거래공정화에관한법률에서 주로 규율하고 있는데 이 법률들은 각각 그 목적을 달리하여 제정이 되었고 하도급에 관해서는 일부 중복되는 경우가 있으나 건설산업기본법과 하도급거래공정화에관한법률에 상위한 경우에는 하도급거래공정화에관한법률에 우선 적용된다.[5]

건설공사 도급계약과 관련하여 각각의 법률에서 계약 당사자를 지칭하는 이름은 각 법률마다 다양하다. 예를 들면 하도급거래공정화에관한법률에서는 발주자와 원사업자 및 수급사업자, 건설산업기본법에서는 발주자와 도급인 및 수급인, 민법에서는 도급인과 수급인, 국가를당사자로하는계약에관한법률에서는 계약담당공무원과 계약상대자, 주택법에서는 사업주체, 등록사업자 등으로 지칭하고 있다. 각 법률마다 특별한 이유가 있겠지만 법률마다 통일된 용어를 사용하지 않는지 이해하기 어렵다. 민법을 기준으로 계약당사자를 지칭하는 용어는 통일되어야 한다고 본다.

II. 하도급거래공정화에관한법률의 적용범위

1. 하도급거래의 정의

하도급거래공정화에관한법률 제2조 제1항에서 '하도급거래'라 함은 원사업자가 수급사업자에게 제조위탁·수리위탁·건설위탁 또는 용역위탁을 하거나 원사업자가 다른 사업자로부터 제조위탁·수리위탁·건설위탁 또는 용역위탁을 받은 것을 수급사업자에게 다시 위탁한 것으로서, 이를 위탁받은 수급사업자가 위탁받은 것을 제조·수리·시공 또는 용역수행하여 원사

반 상식 등에 반하여 공사를 시공함으로써 건축물 자체 또는 그 건설공사의 안전성을 훼손하거나 다른 사람의 신체나 재산에 위험을 초래하는 것을 뜻하는 것이다. 대법원 2005. 11. 10. 선고 2004다37676 판결 참조

4) 건설산업기본법 제44조 제3, 4항

5) 하도급거래공정화에관한법률 제34조

업자에게 납품·인도 또는 제공하고 그 대가를 수령하는 행위를 말한다고 정의하고 있다.

2. 하도급법의 적용범위

이 하도급법의 적용범위는 단순히 하도급 관계냐 아니냐에 따르는 것이 아니라 원사업자의 규모에 의하여 결정이 되고[6] 하도급 관계는 단순히 법률의 명칭에만 국한되어 하도급 관계에만 적용되는 것이 아니라 원도급 관계도 규제하는 것이라고 봄이 상당하다.[7] 재하도급의 경우에는 하도급의 원사업자가 발주자가 된다.[8]

따라서 하도급법이 규율하는 하도급거래는 모든 하도급거래를 대상으로 하는 것이 아니라 양 당사자가 원사업자와 수급사업자의 요건을 각각 구비하여야 하고, 양 당사자 간에 건설위탁 등을 통한 하도급거래 사실이 있어야 한다.

3. 하도급법의 적용대상

가. 원사업자의 정의

1) 중소기업자(중소기업기본법 제2조 제1항의 규정에 의한 자를 말하며, 중소기업협동조합법에 의한 중소기업협동조합을 포함한다)가 아닌 사업자로서 중소기업자에게 제조 등의 위탁을 한 자와 중소기업자 중 직전 사업연도의 연간 매출액[9] (관계 법률에 의하여 시공능력평가액의 적용을 받는 거래의 경우에는 당해연도의 시공능력평가액[10])의 합계액을, 연

---

6) 하도급거래공정화에관한법률 제2조 참조
7) 대법원 2003. 5. 16. 선고 2001다27470 판결
8) 하도급거래공정화에관한법률 제2조 제10항
9) 연간 매출액이라 함은 사업자의 하도급계약체결시점의 직전 사업연도의 매출총액을 말하며 이것의 판단은 '주식회사의외부감사에관한법률'에 의하여 작성된 감사보고서 또는 관할세무서장이 확인·발급하는 '재무제표증명원'의 손익계산서상의 매출액을 원칙으로 하나, 불가피한 경우 '부가가치세 과세제표준증명원상' 매출과세표준의 합계금액으로 할 수 있다.
10) 시공력평가액이라 함은 사업자의 하도급계약체결시점에 적용되는 시공능력평가액을 말하며, 수개 공종의 등록을 한 경우에는 이를 합산한다.

간 매출액이나 시공능력평가액이 없는 경우에는 자산총액[11]을 말한다) 또는 상시고용종업원 수가 제조 등의 위탁을 받은 다른 중소기업자의 연간 매출액 또는 상시고용종업원 수의 2배를 초과하는 중소기업자로서 그 다른 중소기업자에게 제조 등의 위탁을 한 자를 말한다. 다만, 대통령령이 정하는 연간 매출액에 해당하는 중소기업자를 제외한다.[12]

2) 건설위탁을 한 회사가 하도급법 제2조 제2항 각 호의 1에 해당하지 않더라도 그 회사가 독점규제및공정거래에관한법률 제9조(상호출자의 금지 등) 제1항의 규정에 의한 상호출자제한기업집단에 속하는 회사가 제조 등의 위탁을 하거나 받는 경우에는 대기업자와 마찬가지로 보아서 하도급법에 의한 원사업자로 본다.[13]

3) 발주자와 원사업자 간의 도급계약이 공동이행방식으로 체결된 경우, 하도급계약서에 기명날인한 공동수급체의 구성원 회사를 대상으로 원사업자 요건을 구비하고 있는지 판단한다.

공동수급체의 대표자 회사만이 하도급계약서에 기명날인하여 단독으로 하도급계약을 체결한 경우에는 대표자 회사가 원사업자 요건을 구비했는지 여부를 판단하며, 여러 구성원 회사들이 하도급계약서에 기명날인하여 공동으로 하도급계약을 체결한 경우에는 그 구성원 회사들이 원사업자 요건을 구비했는지 여부를 판단한다.

하도급계약서에 기명날인한 여러 구성원 회사들 중 1개 회사만이라도 원사업자 요건을 구비했다면 그 회사에 대하여는 하도급법이 적용되고, 공동이행방식 공동수급체의 구성원들은 하수급인에 대해 연대책임을 부담하므로 각 구성원들은 하수급인에 대해 동일한 내용의 책임을 부담한다고 보아야 하며, 따라서 원사업자 요건을 갖추지 못한 다른 구성원 회사에 대하여도 하도급법이 적용된다고 보아야 한다.[14]

4) 사업자가 합병, 영업양수, 상속 등을 통하여 권리의무를 포괄적으로 승계하는 경우에는 하도급거래에 따른 전 사업자의 제반 권리의무를 승계한 것으로 본다. 권리의무를 승계한 사업자는 승계한 시점에서 당사자의 요건을 충족하지 아니하더라도 이미 성립한 하도급거래에 따른 당사자로 본다.

---

11) 자산총액이라 함은 사업자의 하도급계약체결시점의 직전 사업연도의 자산총액을 말하며, 이의 판단은 '주식회사의외부감사에관한법률'에 의거 작성된 감사보고서 또는 관할세무서장이 확인·발급하는 '재무제표증명원'의 대차대조표상의 자산총액으로 한다.
12) 하도급거래공정화에관한법률 제2조 제2항 1, 2호
13) 하도급거래공정화에관한법률 제2조 제5항 1호
14) 문장록, 건설실무자를 위한 건설분쟁의 해법, 247면

건설관계법령의 규정에 의하여 영업정지, 등록의 취소, 시공자의 지위상실 및 기타의 사유로 자격을 상실한 사업자 또는 그 포괄 승계인이 동 처분 전의 공사를 계속 시공할 경우에는 같은 처분 이전의 공사부분에 대해서는 물론 처분 이후의 공사부분에 대해서도 하도급거래 당사자로 본다.[15]

나. 수급사업자의 정의

수급사업자라 함은 원사업자로부터 제조 등의 위탁을 받은 중소기업자를 말한다.[16]

다. 하도급법 적용의 배제

연간 매출액이 20억 원 미만인 제조업 및 도·소매업의 경우와 건설업·엔지니어링활동업·소프트웨어사업 및 건축설계업의 경우에는 연간 매출액이 30억 원 미만인 중소기업자에게는 원사업자의 대상에서 제외된다.[17]

따라서 대기업이 중소기업에게 하도급하거나 하도급을 한 중소기업자가 하도급을 받은 중소기업자보다 연간 매출액, 시공능력 평가금액, 자산총액, 상시고용종업원 수가 2배 이상 크다면 그 중소기업자도 원사업자가 된다.

(단위: 명, 억원)[18]

사 례	원사업자		수급사업자		법적적용 해당여부
	종업원 수	매출액 등	종업원 수	매출액 등	
① 매출액, 종업원 수가 2배	200	500	90	230	○
② 매출액이 2배	120	400	70	30	○
	29	28	20	16	× 1」
③ 종업원 수가 2배	90	310	40	160	○
	46	28	21	14	× 1」

주 1 원사업자의 직전사업연도 매출액(또는 자산총액)이 30억원 미만인 경우는 하도급법 적용대상이 아님(하도급법 시행령 제1조의2 제4항)

---

15) 하도급거래공정화 지침
16) 하도급거래공정화에관한법률 제2조 제3항
17) 하도급거래공정화에관한법률 시행령 제1조의2 제4항
  1. 제조·수리위탁의 경우: 연간 매출액이 20억 원 미만인 중소기업자
  2. 건설위탁의 경우: 시공능력 평가액이 30억 원 미만인 중소기업자
  3. 용역위탁의 경우: 연간 매출액이 10억 원 미만인 중소기업자

III. 하도급거래공정화에관한법률의 체계

1. 체계도

법 목적 및 적용대상	○목 적: 공정한 하도급거래 질서확립 ○적용업종: 제조, 수리, 건설, 엔지니어링활동, 소프트웨어사업, 건축설계 ○적용대상: 대기업과 중소기업 간 거래 및 중소기업과 중소기업 간 거래 ○적용기간: 거래종료일로부터 3년 이내		
하도급 거래의 규제내용	원사업자의 의무사항	○서면교부, 서류보존의무 ○선급금 지급의무 ○내국신용장 개설의무 ○검사 및 검사결과 통지의무	○하도급대금 지급의무 ○하도급대금 지급보증의무 ○관세 등 환급액 지급의무 ○설계변경에 따른 하도급대금 조정의무
하도급 거래의 규제내용	원사업자의 금지사항	○부당한 하도급대금 결정금지 ○물품 등의 구매강제 금지 ○부당한 발주취소 및 수령거부 금지 ○부당반품 금지 ○하도급대금 부당감액 금지	○물품구매대금 등의 부당결제청구 금지 ○부당한 대물변제행위 금지 ○부당한 경영간섭 금지 ○보복조치 금지 ○탈법행위 금지
	발주자의 의무사항	○하도급대금의 직접지급의무	
	수급사업자의 의무·준수 사항	○서류보존의무 ○신의칙 준수 ○원사업자의 위법행위 협조거부	
법위반에 대한 주요 제재내용	행정적 제재	○시정조치(시정명령, 시정권고 등) ○공표명령 ○과징금부과: 하도급대금의 2배 이하 ○상습 법위반자 조치(입찰제한, 영업정지 요청) ○과태료 부과: 3천만 원 이하	
	사법적 제재 (공정위의 전속 고발)	〈하도급대금 2배 상당금액 이하의 벌금〉 ○원사업자의 의무사항 및 금지사항 위반행위 〈1억5천만 원 이하의 벌금〉 ○공정위의 시정명령에 따르지 아니한 자 ○보복조치, 탈법행위금지 위반자 ※ 양벌규정: 행위자 및 법인 처벌	

출처: 공정거래위원회, 하도급거래공정화에 관한 제도(7면에서 전제)

---

18) 하도급거래공정화지침

2. 원사업자의 의무사항

가. 서면의 교부 및 서류의 보존의무

1) 원사업자는 수급사업자에게 제조 등의 위탁을 하는 경우에는 정당한 사유가 없는 한 일정한 사항을 기재한 서면(전자문서를 포함)을 사전(제조위탁의 경우에는 수급사업자가 물품의 납품을 위한 작업에 착수하기 전을, 수리위탁의 경우에는 수급사업자가 계약이 체결된 수리행위에 착수하기 전을, 건설위탁의 경우에는 수급사업자가 계약공사를 착공하기 전을, 용역위탁의 경우에는 수급사업자가 계약이 체결된 용역수행 행위에 착수하기 전)에 수급사업자에게 교부하여야 한다.

2) 위 서면에는 하도급대금과 그 지급방법 등 대통령령으로 정하는 사항을 기재하고 원사업자와 수급사업자가 서명(공인전자서명을 포함한다) 또는 기명날인하여야 한다.[19]

3) 하도급법 제3조(서면의 교부 및 서류의 보존) 제3항의 규정에 의하여 보존하여야 하는 하도급거래에 관한 서류는 법 제3조(서면의 교부 및 서류의 보존) 제1항의 서면과 법 제8조의 규정에 의한 수령증명서, 법 제9조의 규정에 의한 목적물의 검사결과, 검사종료일, 하도급대금의 지급일·지급금액 및 지급수단(어음으로 하도급대금을 지급하는 경우에는 어음의 교부일·금액 및 만기일을 포함한다), 법 제6조(선급금의 지급)의 규정에 의한 선급금 및 지연이자, 법 제13조(하도급대금의 지급 등) 제6항 내지 제8항의 규정에 의한 어음할인료 및 지연이자, 법 제15조(관세 등 환급액의 지급)의 규정에 의한 관세 등 환급액 및 지연이자를 지급한 경우에는 그 지급일과 지급금액, 원사업자가 수급사업자에게 목적물의 제조·수리 또는 시공에 소요되는 원재료 등을 제공하고 그 대가를 하도급대금에서 공제한 경우에는 그 원재료 등의 내용과 공제일·공제금액 및 공제사유, 법 제16조(설계변경 등에 따른 하도급대금의 조정)의 규정에 의하여 하도급대금을 조정한 경우에는 그 조정금액 및 조정사유가 기재된 서면을 말하고 이 서류는 거래가 종료된 날부터 3년간 보존하여야 한다.[20]

4) 위에서 언급된 사항의 전부나 일부가 누락된 서면을 교부한 경우, 공사나 제조에 착수

---

19) 하도급거래공정화에관한법률 제3조 제1, 2항
20) 하도급거래공정화에관한법률 제3조 제3항, 같은 법 시행령 제3조

한 후에 서면을 교부하는 경우, 서명이나 기명날인이 없는 서면을 교부한 경우, 실제의 하도급거래와 상이한 서면을 교부한 경우에는 하도급법 위반에 해당한다.

5) 1건의 하도급공사에 대하여 2종 이상의 계약서(계약서로 간주될 수 있는 서류 포함)가 존재할 때는 실제의 하도급거래 관계에 입각한 서면을 적법한 것으로 본다. 다만, 실제의 거래관계를 구체적으로 입증하지 못하는 경우에는 계약의 요건을 보다 충실하게 갖춘 서면(예: 발주처에 통보한 서면 등)을 적법한 서면으로 본다.[21]

6) 원사업자에게 서면의 교부의무를 부과한 것은 구두계약의 경우에는 계약내용이 불분명하여 수급사업자가 불이익을 당하는 경우가 많으므로 하도급거래 내용을 명확히 함으로써 이를 사전에 방지하자는 데 있다. 서류의 작성과 보존은 원사업자가 하도급거래에 관한 서류를 작성하고 보존함으로써 하도급거래 상황을 정확히 파악하여 스스로 불공정거래행위를 하지 않도록 함과 동시에 하도급거래 자료를 신속하고 정확하게 조사할 수 있도록 하기 위하여 규정한 것이다.

나. 선급금지급의무

1) 선급금이란 공사도급계약에 있어서 수수되는, 이른바 선급금은 수급인으로 하여금 공사를 원활하게 진행할 수 있도록 하기 위하여 도급인이 수급인에게 미리 지급하는 공사대금의 일부로서 구체적인 기성고와 관련하여 지급하는 것이 아니라 전체 공사와 관련하여 지급하는 선급공사대금을 말한다.[22]

2) 수급사업자(하수급인)에게 제조 등의 위탁을 한 원사업자(도급인)가 발주자로부터 선급금을 받은 때에는 수급사업자가 제조·수리·시공 또는 용역수행에 착수할 수 있도록 그가 받은 선급금의 내용과 비율에 따라 선급금을 지급받은 날(제조 등의 위탁을 하기 전에 선급금을 받은 경우에는 제조 등의 위탁을 한 날)로부터 15일 이내에 선급금을 수급사업자에게 지급하여야 하고, 이 기한을 초과하여 지급하는 경우에는 공정거래위원회가 정하여 고시하는 이율에 의한 이자를 지급하여야 한다.[23]

선급금을 어음으로 지급하는 경우의 어음할인료의 지급 및 할인율에 관하여 하도급대금의

---

21) 공정거래위원회, 하도급공정화지침
22) 대법원 1999. 12. 7. 선고 99다55519 판결
23) 2002. 6. 10. 이후부터 연 7.5%

지급조항을 준용하고 원사업자가 발주자로부터 선급금을 받은 날부터 15일 이내에 선급금을
지급하여야 한다.[24)

3) 선급금은 전체공사를 위하여 선지급한 공사대금이므로 원사업자가 발주자로부터 선급
금을 받은 때에는 그 지급받은 현금비율 이상으로 수급사업자에게 지급하여야 하며,
원사업자가 발주자로부터 선급금을 어음으로 지급받은 경우에도 교부받은 어음의 만기
일을 초과하는 어음으로 수급사업자에게 지급하여서는 안 된다.

4) 법정기일(원사업자가 발주자로부터 선급금을 지급받은 날로부터 15일, 제조 등의 위탁
을 하기 전에 선급금을 받은 경우에는 제조위탁한 날로부터 15일)을 초과하여 선급금
을 지급한 경우에는 법정지급기일을 초과한 날로부터 지급기일까지의 기간일수를 산정
하여 이자를 부과한다. 다만, 원사업자가 발주자로부터 선급금을 지급받은 후 수급사업
자에게 선급금지급보증서 제출을 요청한 날로부터 수급사업자가 선급금지급보증서를
제출한 날까지의 기간일수는 지연이자 계산 시 공제할 수 있다.

5) 선급금을 지급하지 않은 상태에서 기성금을 지급하는 경우 선급금 일부가 당해 기성금
에 포함된 것으로 간주하여 지급기일을 초과한 날로부터 당해 기성금 지급일까지의 기
간에 대한 이자를 부과한다.

6) 따라서 원사업자가 발주자로부터 선급금을 수령하고도 수급사업자에게 지급하지 않은
경우, 선급금을 수령하였으나 수령한 비율(20%)보다 적은 비율(10%)로 지급한 경
우, 어음할인료를 지급하지 않은 경우 등은 하도급법 위반이다. 선급금은 기성률에 맞
추어 공제하는 것이 공평하지만 원사업자가 선급금을 수급사업자에게 지급하고 다음
기성에서 선급금 전체를 일괄적으로 공제하는 경우 하도급법에 위반될 소지가 있다.[25)

다. 검사 및 검사결과 통보의무

1) 수급사업자가 납품 등을 한 목적물 등에 대한 검사의 기준 및 방법은 원사업자와 수급
사업자가 협의하여 정하되 이는 객관적이고 공정·타당하여야 하고, 원사업자는 정당
한 사유가 있는 경우를 제외하고는 수급사업자로부터 목적물 등을 수령한 날(제조위탁

---

24) 하도급거래공정화에관한법률 제6조
25) 하도급법해설, 82면, 일간건설신문

의 경우에는 기성부분의 통지를 받은 날을 포함하고, 건설위탁의 경우에는 수급사업자로부터 공사의 준공 또는 기성부분의 통지를 받은 날을 말한다)부터 10일 이내에 검사결과를 수급사업자에게 서면으로 통지하여야 하며 이 기간 내에 통지하지 않는 경우에는 검사에 합격한 것으로 본다.[26]

2) 검사방법이 정해져 있지 않거나 검사방법이 부당하게 정해진 경우에는 수급사업자가 납품한 물건에 대하여 원사업자가 자의적으로 합격여부를 결정하거나 검사를 지연함으로써 수급사업자에게 불이익이 생길 수 있으므로 이를 사전에 방지하기 위하여 마련한 것이다.

3) 하도급거래공정화에관한법률 제9조 제2항에서 원사업자가 수급사업자로부터 목적물을 수령하고도 정당한 사유 없이 10일 이내에 수급사업자에게 서면으로 검사결과를 통지하지 아니한 경우에는 검사에 합격한 것으로 본다고 규정한 취지는 검사에 합격한 것으로 봄으로써 하도급거래공정화에관한법률이 적용되는 범위 안에서는 그로 인한 대금채무도 발생한 것으로 본다는 의미라고 풀이함이 상당하므로, 이러한 경우에 원사업자가 수급사업자에게 그 대금을 하도급거래공정화에관한법률이 정한 바에 따라 지급하지 아니하였다면, 달리 그 대금채무가 발생하지 아니하였음이 밝혀지지 않는 한 공정거래위원회는 제25조 제1항에서 정하고 있는 시정명령과 제25조의3 제1항 제3호에서 정하고 있는 과징금 부과 등의 조치를 할 수 있다고 보아야 한다.[27]

라. 하도급대금지급의무

1) 원사업자가 수급사업자에게 제조 등의 위탁을 하는 경우에는 목적물 등의 수령일(건설위탁의 경우에는 인수일을, 용역위탁의 경우에는 수급사업자가 위탁받은 용역의 수행을 완료한 날을, 납품 등이 빈번하여 원사업자와 수급사업자가 월 1회 이상 세금계산서의 발행일을 정한 경우에는 그 정한 날)부터 60일 이내의 가능한 짧은 기한으로 정한 지급기일까지 하도급대금을 지급하여야 한다. 다만, 다음에 해당하는 경우에는 그러하지 아니하다.

① 원사업자와 수급사업자가 대등한 지위에서 지급기일을 정한 것으로 인정되는 경우

---

26) 하도급거래공정화에관한법률 제9조
27) 대법원 2002. 11. 26. 선고 2001두3099 판결

② 당해 업종의 특수성과 경제여건에 비추어 그 지급기일이 정당한 것으로 인정되는 경우

2) 하도급대금의 지급기일이 정하여져 있지 않은 경우에는 목적물 등의 수령일을, 목적물 등의 수령일로부터 60일을 초과하여 하도급대금의 지급기일을 정한 경우에는 목적물 등의 수령일로부터 60일째 되는 날을 각각 하도급대금의 지급기일로 본다.

3) 원사업자는 수급사업자에게 제조 등의 위탁을 한 경우로서 원사업자가 발주자로부터 제조·수리·시공 또는 용역수행 행위의 완료에 따라 준공금 등을 받은 때에는 하도급 대금을, 제조·수리·시공 또는 용역수행 행위의 진척에 따라 기성금 등을 받은 때에 는 수급사업자가 제조·수리·시공 또는 용역수행한 분에 상당한 금액을, 그 지급받은 날로부터 15일(하도급대금의 지급기일이 그 전에 도래하는 경우에는 그 지급기일) 이 내에 수급사업자에게 지급하여야 한다.

4) 원사업자가 수급사업자에게 하도급대금을 지급함에 있어서는 원사업자가 발주자로부터 당해 제조 등의 위탁과 관련하여 지급받은 현금비율 미만으로 지급하여서는 아니 된다.

5) 원사업자가 하도급대금을 어음으로 지급하는 경우에는 당해 제조 등의 위탁과 관련하 여 발주자로부터 원사업자가 교부받은 어음의 지급기간(발행일로부터 만기일까지)을 초과하는 어음을 교부하여서는 아니 된다.

6) 원사업자가 하도급대금을 어음으로 지급하는 경우에 그 어음은 법률에 근거하여 설립 된 금융기관에서 할인이 가능한 것이어야 하며, 어음을 교부한 날부터 어음의 만기일 까지의 기간에 대한 할인료를 어음을 교부하는 날에 수급사업자에게 지급하여야 한다.

다만, 목적물 등의 수령일로부터 60일(제1항 단서의 규정에 의하여 지급기일이 정하여진 때에는 그 지급기일을, 발주자로부터 준공금 또는 기성금 등을 받은 때에는 제3항에서 정한 기일을 말한다) 이내에 어음을 교부하는 경우에는 목적물 등의 수령일로부터 60일을 초과한 날 이후 만기일까지의 기간에 대한 할인료를 목적물 등의 수령일로부터 60일 이내에 수급사 업자에게 지급하여야 한다.

7) 원사업자가 하도급대금을 목적물 등의 수령일로부터 60일을 초과하여 지급하는 경우에 는 그 초과기간에 대하여 연 100분의 40 이내의 범위에서 은행법에 의한 금융기관이 적용하는 연체금리 등 경제사정을 고려하여 공정거래위원회가 정하여 고시하는 이율에

의한 이자를 지급하여야 한다.[28]

8) 선급금의 경우에 원사업자는 발주자로부터 선급금을 수령한 후 15일 이내에 수급사업
자에게 선급금을 지급하면 되지만, 기성금은 원사업자가 발주자로부터 공사대금을 수
령하지 못한 경우라도 원사업자가 목적물을 수령일로부터 60일 이내에 하도급대금을
지급하여야 한다. 원사업자가 발주자로부터 준공금 또는 기성금을 지급받고 수급사업
자가 시공한 부분에 상당한 하도급대금을 지급하는 경우에는 발주자로부터 지급받은
날로부터 15일 이내에 지급하여야 한다.

9) 어음으로 하도급대금을 지급하였으나 어음이 부도 처리된 경우, 하도급대금을 목적물
인수일로부터 60일을 초과하여 지급한 경우와 어음할인료를 지급하지 아니한 경우, 발주
자로부터 받은 현금비율 미만으로 하도급대금을 지급하는 경우 등은 하도급법 위반이다.

마. 건설하도급 계약이행 및 대금지급 보증의무[29]

1) 건설위탁에 있어서 원사업자는 수급사업자에게 공사대금 지급을 보증하고, 수급사업자
는 원사업자에게 계약금액의 100분의 10에 해당하는 금액의 계약이행을 보증하여야
한다. 다만, 원사업자의 재무구조·공사의 규모 등을 감안하여 보증을 요하지 아니하거
나 보증이 적합하지 아니하다고 인정되는 경우에는 그러하지 아니하다.

- 공사기간이 4개월 이하인 경우: 계약금액 − 선급금
- 공사기간이 4개월을 초과하고, 기성금 지급주기가 2개월 이내인 경우
  〔(계약금액 − 선급금) / 공사기간(월수)〕×4
- 공사기간이 4개월을 초과하고, 기성금 지급주기가 2개월을 초과하는 경우
  〔(계약금액 − 선급금) / 공사금액(월수)〕×기성금 지급주기(월수)×2

기성금 지급주기가 1개월인 경우 하도급자가 1개월 공사를 수행한 이후 만기가 3개월인
어음으로 기성 대금을 수령한 경우, 받은 어음의 부도 여부를 판별할 수 있는 동안 하도급자
가 공사를 수행한 기간은 4개월이다. 따라서 하도급자가 원도급자의 부도 등으로 인해서 피
해를 볼 수 있는 금액은 하도급자가 4개월 동안의 수행한 공사 금액이다.

---

28) 이상 하도급거래공정화에관한법률 제13조
29) 하도급거래공정화에관한법률 제13조

그러므로 공사 기간이 4개월 이하인 경우에는 계약 금액에서 선급금을 제외한 금액 전체를 보증금액으로 정하였고, 공사기간이 4개월을 초과하고 기성금 지급주기가 1개월인 경우(즉, 2개월 이내인 경우)에는 4개월에 해당하는 공사금액, 즉 〔(계약금액 - 선급금) / 공사기간(월수)〕×4를 보증금액으로 정하였다.[30)]

2) 지급보증면제사유
   ● 1건 공사금액이 3천만 원 이하인 경우
   ● 2개 이상 신용평가 전문기관의 회사채 평가등급이 A 이상인 경우
   ● 발주자, 원사업자, 수급사업자 간에 하도급대금 직접지급에 합의한 경우

3) 원사업자와 수급사업자 간의 보증은 현금(체신관서 또는 은행법에 의한 금융기관이 발행한 자기앞수표를 포함한다) 또는 다음 각 호의 기관이 발행하는 보증서의 교부에 의한다.
   ① 건설산업기본법에 의한 각 공제조합
   ② 보험업법에 의한 보험회사
   ③ 신용보증기금법에 의한 신용보증기금
   ④ 은행법에 의한 금융기관
   ⑤ 기타 대통령령이 정하는 보증기관

4) 사업자는 지급보증서를 교부함에 있어서 그 공사기간 중에 건설위탁하는 모든 공사에 대한 공사대금의 지급보증이나 1회계연도에 건설위탁하는 모든 공사에 대한 공사대금의 지급보증을 하나의 지급보증서의 교부에 의할 수 있다.

5) 원사업자가 제1항 본문의 규정에 의한 공사대금 지급을 보증하지 아니하는 경우에는 수급사업자는 계약이행을 보증하지 아니할 수 있다. 현실성이 없는 조항이라고 본다. 차라리 공사대금 지급보증을 하지 아니한 경우 계약이행보증에 대하여 아무런 권리를 행사할 수 없다고 정하면 확실히 보장될 것이다.

---

30) 이의섭, 하도급대금 지급보증 제도의 문제점과 개선방안(2004. 7.), 한국건설산업연구원

6) 공동이행방식의 경우 하도급대금 지급보증은 공동 원사업자 간 지분비율 등에 의해 공동 원사업자의 지분비율에 따른 하도급 금액이 3천만 원을 초과하는 경우에는 대금지급보증의무가 면제되지 아니하고, 공동 원사업자 중 1개 업체가 A등급 이상 업체라도 나머지 구성원의 대금지급보증의무가 면제되는 것은 아니다.

7) 원도급자는 하도급자에게 하도급 대금의 지급을 보증하고, 하도급자는 원도급자에게 계약 금액의 100분의 10에 해당하는 금액의 계약 이행을 보증하여야 한다. 이러한 원도급자의 하도급대금 지급보증서 교부의무는 '하도급법'과 '건설산업기본법'에 모두 규정되어 있다('하도급법' 제13조의2 제1항, '건설산업기본법' 제34조 제2항 및 동 시행규칙 제28조).

그러나 건설산업기본법에서 하도급이라 함은 원도급 계약(prime contract)에 대한 하도급 계약(subcontract)의 의미이므로 건설회사가 자체 공사의 일부를 외주하는 경우에는 하도급대금 지급보증의무가 없다. 그러나 하도급법에서 하도급이라 함은 원도급을 전제로 하지 않는 외주(outsourcing)의 의미이므로, 건설회사의 자체 공사처럼 발주자가 전문건설업체에게 외주하는 경우에도 하도급대금 지급보증이 의무화되어 있다.[31]

바. 설계변경 등에 따른 하도급대금의 조정 및 지급의무

1) 원사업자는 제조 등의 위탁을 한 후에 발주자로부터 설계변경 또는 경제상황의 변동 등의 이유로 추가금액을 지급받는 경우 동일한 사유로 목적물 등의 완성 또는 완료에 추가비용이 소요되는 때에는 그가 받은 추가금액의 내용과 비율에 따라 하도급대금을 증액하여야 하며, 발주자로부터 감액을 받은 경우에는 그 내용과 비율에 따라 감액할 수 있다.

2) 하도급대금의 증액 또는 감액은 원사업자와 발주자로부터 증액 또는 감액을 받은 날부터 30일 이내에 하여야 한다.

3) 원사업자가 추가금액을 지급받은 날부터 15일을 초과하여 지급하는 경우에는 초과기간에 대한 지연이자를, 어음으로 지급하는 경우에는 초과기간으로부터 어음만기일까지의 어음할인료를 지급하여야 한다.

---

31) 이의섭, 하도급대금 지급보증 제도의 문제점과 개선방안(2004. 7.), 한국건설산업연구원

3. 원사업자의 금지사항

가. 부당한 하도급대금의 결정금지[32]

1) 원사업자는 수급사업자에게 제조 등의 위탁을 하는 경우에 부당한 방법을 이용하여 목적물 등과 동종 또는 유사한 것에 대하여 통상 지급되는 대가보다 현저하게 낮은 수준으로 하도급대금을 결정하거나 하도급받도록 강요하여서는 아니 된다. 부당한 하도급대금의 결정으로 인정되는 경우는 아래와 같다.

  ① 정당한 이유 없이 일률적인 비율로 단가를 인하하여 하도급대금을 결정하는 행위
  ② 협조요청 등 명목여하를 불문하고 일방적으로 일정금액을 할당한 후 당해 금액을 감하여 하도급대금을 결정하는 행위
  ③ 정당한 이유 없이 특정 수급사업자를 차별취급하여 하도급대금을 결정하는 행위
  ④ 수급사업자에게 발주량 등 거래조건에 대하여 착오를 일으키게 하거나 다른 사업자의 견적 또는 거짓 견적을 내보이는 등의 방법으로 수급사업자를 기만하고 이를 이용하여 하도급대금을 결정하는 행위
  ⑤ 원사업자가 수급사업자와의 합의 없이 일방적으로 낮은 단가에 의하여 하도급대금을 결정하는 행위
  ⑥ 수의계약으로 하도급계약을 체결함에 있어서 정당한 사유 없이 대통령령이 정하는 바에 따른 직접공사비 항목의 값을 합한 금액보다 낮은 금액으로 하도급대금을 결정하는 행위
  ⑦ 경쟁입찰에 의하여 하도급계약을 체결함에 있어서 정당한 사유 없이 최저가로 입찰한 금액보다 낮은 금액으로 하도급대금을 결정하는 행위

나. 물품 등의 구매강제금지[33]

1) 원사업자는 수급사업자에게 제조 등의 위탁을 하는 경우에 그 목적물 등에 대한 품질의 유지·개선 등 정당한 사유가 있는 경우를 제외하고는 그가 지정하는 물품·장비 또는 역무의

---

32) 하도급거래공정화에관한법률 제4조
33) 하도급거래공정화에관한법률 제5조

공급 등을 수급사업자에게 매입 또는 사용(이용을 포함)하도록 강요하여서는 아니 된다.

2) 공사현장에서 수급사업자가 사용하는 자재를 수급사업자의 의사에 반하여 부당하게 원
   사업자가 구입을 강제하거나 그가 지정하는 물품, 장비를 구입·사용토록 강요하는 행
   위는 하도급법 위반이다.

다. 부당한 위탁취소의 금지 등[34]

1) 원사업자는 제조 등의 위탁을 한 후 수급사업자의 책임으로 돌릴 사유가 없음에도 불구
   하고 다음 각 호의 어느 하나에 해당하는 행위를 하여서는 아니 된다. 다만, 제2호의
   규정은 용역위탁 가운데 역무의 공급을 위탁하는 경우에는 이를 적용하지 아니한다.
   ① 제조 등의 위탁을 임의로 취소하거나 변경하는 행위
   ② 목적물 등의 납품 등에 대한 수령 또는 인수를 거부하거나 지연하는 행위

2) 원사업자는 목적물 등의 납품 등이 있는 때에는 역무의 공급을 위탁하는 경우를 제외
   하고는 그 목적물 등에 대한 검사 전이라도 즉시(내국신용장을 개설한 경우에는 검사
   완료 즉시) 수령증명서를 수급사업자에게 교부하여야 한다. 다만, 건설위탁의 경우에
   는 검사가 종료되는 즉시 그 목적물을 인수하여야 한다.

3) 여기서 수령이라 함은 수급사업자가 납품 등을 한 목적물 등을 받아 원사업자의 사실
   상 지배 아래 두게 되는 것을 말한다. 다만, 이전이 곤란한 목적물 등의 경우에는 검
   사를 개시한 때를 수령한 때로 본다.

4) 발주자 및 원사업자의 예정 공정표상 공기지연으로 볼 수 없는 경우, 선행공종이 지연되어
   수급사업자가 시공해야 할 후속공종이 지연될 수밖에 없는 경우, 무리하게 공기를 일방적
   으로 단축한 후 공기지연을 이유로 해지하는 경우는 모두 하도급법 위반에 해당한다.

라. 부당반품의 금지[35]

원사업자는 수급사업자로부터 목적물 등의 납품 등을 받은 때에는 수급사업자에게 책임을
돌릴 사유가 없음에도 불구하고 이를 수급사업자에게 반품하여서는 아니 된다. 다만, 용역위

---

34) 하도급거래공정화에관한법률 제8조
35) 하도급거래공정화에관한법률 제10조

탁 가운데 역무의 공급을 위탁하는 경우에는 이를 적용하지 아니한다. 다음에 해당하는 원사업자의 행위는 제1항의 규정에 의한 부당반품으로 본다.

① 거래 상대방으로부터의 발주취소 또는 경제상황의 변동 등을 이유로 목적물 등을 반품하는 행위

② 검사의 기준 및 방법을 불명확하게 정함으로써 목적물 등을 부당하게 불합격으로 판정하여 이를 반품하는 행위

③ 원사업자가 공급한 원자재의 품질불량으로 인하여 목적물 등이 불합격품으로 판정되었음에도 불구하고 이를 반품하는 행위

④ 원사업자의 원자재 공급지연에 의한 납기지연임에도 불구하고 이를 이유로 목적물 등을 반품하는 행위

마. 하도급대금의 부당감액금지[36]

1) 원사업자는 수급사업자에게 책임을 돌릴 사유가 없음에도 불구하고 제조 등의 위탁을 할 때 정한 하도급대금을 부당하게 감액하여서는 아니 된다. 아래에 해당하는 원사업자의 행위는 부당감액으로 본다.

① 위탁할 때 하도급대금을 감액할 조건 등을 명시하지 아니하고 위탁 후 협조요청 또는 거래 상대방으로부터의 발주취소, 경제상황의 변동 등 불합리한 이유를 들어 하도급대금을 감액하는 행위

② 수급사업자와 단가인하에 관한 합의가 성립한 경우 당해 합의 성립 전에 위탁한 부분에 대하여도 일방적으로 이를 소급적용하는 방법으로 하도급대금을 감액하는 행위

③ 하도급대금을 현금으로 또는 지급기일 전에 지급함을 이유로 과다하게 하도급대금을 감액하는 행위

④ 원사업자에 대한 손해발생에 실질적 영향을 미치지 아니하는 경미한 수급사업자의 과오를 이유로 일방적으로 하도급대금을 감액하는 행위

⑤ 목적물 등의 제조·수리·시공 또는 용역수행에 필요한 물품 등을 자기로부터 사게 하거나 자기의 장비 등을 사용하게 한 경우에 적정한 구매대금 또는 사용대가 이상의 금액을 하도급대금에서 공제하는 행위

---

36) 하도급거래공정화에관한법률 제11조

⑥ 하도급대금 지급시점의 물가나 자재가격 등이 납품 등의 시점에 비하여 떨어진 것을
   이유로 하도급대금을 감액하는 행위

⑦ 경영적자 또는 판매가격 인하 등 불합리한 이유로 부당하게 하도급대금을 감액하는 행위

⑧ 원사업자가 부담하여야 하는 고용보험료, 산업안전보건관리비 그 밖의 경비 등을 수
   급사업자에게 부담시키는 행위

2) 원사업자가 부당감액한 금액을 목적물 등의 수령일로부터 60일을 초과하여 지급하는
   경우에는 그 초과기간에 대하여 연 100분의 40 이내의 범위에서 은행법에 의한 금융
   기관이 적용하는 연체금리 등 경제사정을 고려하여 공정거래위원회가 정하여 고시하는
   이율에 의한 이자[37]를 지급하여야 한다.

바. 물품구매대금 등의 부당결제청구의 금지[38]

원사업자는 수급사업자에게 목적물 등의 제조·수리·시공 또는 용역수행에 필요한 물품
등을 자기로부터 사게 하거나 자기의 장비 등을 사용하게 한 경우에 정당한 이유 없이 당해
목적물 등에 대한 하도급대금의 지급기일에 앞서 구매대금이나 사용대가의 전부 또는 일부를
지급하게 하거나 자기가 구입·사용 또는 제3자에게 공급하는 조건보다 현저하게 불리한 조
건으로 지급하게 하여서는 아니 된다.

사. 부당한 대물변제행위의 금지 등 기타금지사항[39]

1) 원사업자는 수급사업자의 의사에 반하여 하도급대금을 물품으로 지급하여서는 아니 된다.[40]

2) 원사업자는 하도급거래량을 조절하는 방법 등을 이용하여 수급사업자의 경영에 간섭하
   여서는 아니 된다.[41]

3) 원사업자는 자기가 이 법을 위반하였음을 수급사업자가 관계기관 등에 신고한 것을 이

---

37) 연25%
38) 하도급거래공정화에관한법률 제12조
39) 하도급거래공정화에관한법률 제17조
40) 하도급대금을 대물로 지급하기 위하여는 대물지급에 관한 명백한 합의가 있어야 하며 하도급대금으로
    지급할 대물이 특정되어 있고 이에 대한 평가금액이 확정되어 있어야 함.
41) 하도급거래공정화에관한법률 제18조

유로 당해 수급사업자에 대하여 수주기회를 제한하거나 거래의 정지 및 기타 불이익을 주는 행위를 하여서는 아니 된다.[42]

4) 원사업자는 하도급거래와 관련하여 우회적인 방법에 의하여 실질적으로 이 법의 적용을 면탈하려는 행위를 하여서는 아니 된다.[43]

아. 발주자의 의무사항(하도급대금의 직접지급)[44]

1) 발주자는 아래에 해당하는 사유가 발생한 경우로서 수급사업자가 제조·수리·시공 또는 용역수행한 분에 상당하는 하도급대금의 직접지급을 요청한 때에는 해당 수급사업자에게 직접 지급하여야 한다.
　① 원사업자의 지급정지·파산 그 밖에 이와 유사한 사유가 있거나 사업에 관한 허가·인가·면허·등록 등이 취소되어 원사업자가 하도급대금을 지급할 수 없게 된 경우
　② 발주자가 하도급대금을 직접 수급사업자에게 지급하기로 발주자·원사업자 및 수급사업자 간에 합의한 경우
　③ 원사업자가 지급하여야 하는 하도급대금의 2회분 이상을 해당 수급사업자에게 지급하지 아니한 경우
　④ 원사업자가 하도급대금 지급보증의무를 이행하지 아니한 경우
2) 하도급대금 직접지급사유가 발생한 경우 발주자의 원사업자에 대한 대금지급채무와 원사업자의 수급사업자에 대한 하도급대금 지급채무는 그 범위 안에서 소멸한 것으로 본다. 직접지급액이 기성미확인 등으로 확정되지 않은 상태에서 발주자가 이를 이유로 하도급대금의 직접지급을 유보하더라도 하도급법 위반이라 할 수 없다.
　따라서 직접지급금액은 원사업자의 기성검사 및 발주자 또는 감리자 등의 승인에 의하여 확정될 수 있을 것이고, 원사업자의 비협조 등으로 확정이 불가능할 경우 예외적으로 발주자 또는 감리자와의 합의에 의할 수 있을 것이다.
3) 발주자는 원사업자에 대한 대금지급의무의 범위 안에서 하도급대금 직접지급의무를 부담하므로 발주자가 직접지급사유 발생 전에 이미 원사업자에게 기성금으로 공사대금을 지급하였거나 하도급 낙찰비율이 원도급 낙찰비율보다 높은 경우에도 발주자에게 책임

---

42) 하도급거래공정화에관한법률 제19조
43) 하도급거래공정화에관한법률 제20조
44) 하도급거래공정화에관한법률 제14조

을 묻기는 어렵다고 본다.

4) 발주자는 원사업자가 당해 하도급계약과 관련하여 수급사업자가 임금, 자재대금 등의 지급을 지체한 사실을 입증할 수 있는 서류를 첨부하여 당해 하도급대금의 직접지급 중지를 요청한 경우에는 당해 하도급대금을 직접 지급하지 아니할 수 있다.

5) 발주자가 해당 수급사업자에게 하도급대금을 직접 지급함에 있어서 발주자가 원사업자에게 이미 지급한 하도급금액은 이를 공제한다. 발주자가 원사업자에게 지급한 선급금 중 미공제 금액이 남아 있을 경우, 발주자는 직접지급에 앞서 미공제 선급금을 상계하고 직접 지급할 수 있다.

6) 수급사업자가 발주자로부터 하도급 대금을 직접 지급받기 위하여 기성부분의 확인 등이 필요한 경우에 원사업자는 지체 없이 이에 필요한 조치를 이행하여야 한다.

7) 수급사업자의 직접지급 요청은 그 의사표시가 발주자에게 도달한 때부터 효력이 발생하며, 그 의사표시가 도달되었다는 사실은 수급사업자가 증명하여야 한다.

8) 발주자는 하도급대금을 직접 지급함에 있어, 민사집행법 제248조 제1항 등의 공탁사유가 있는 경우에는 당해 법령에 따라 공탁할 수 있다. 직접지급사유가 발생한 경우, 원칙적으로 원사업자가 발주자에 대해 가지는 공사대금채권 중 하도급 부분에 관한 채권은 해당 수급사업자에게 귀속함에 따라 발주자의 공탁은 무효이므로, 하도급법상 직접지급의무가 면제되지 아니한다(2000. 5. 11. 서울지방법원 의정부지원 결정).

9) 그러나 발주자가 과실 없이 직불을 청구할 수 있는 정당한 수급사업자가 누구인지 알 수 없거나 수급사업자가 수령을 거절하는 등의 공탁사유가 발생한 경우, 수급사업자의 채권자가 하도급대금채권을 압류하거나 하도급대금 직접지급채권을 압류한 경우, 발주자가 원사업자에게 지급하여야 할 공사대금이 직접 지급하여야 할 하도급대금보다 많은 경우로서 직접 지급할 금액을 제외하고 집행 공탁한 경우의 공탁은 적법한 공탁으로 하도급법 위반사항이 아니다.[45]

10) 발주자는 원사업자에 대한 대금지급의무의 범위 안에서 하도급대금 직접지급의무를 부담하고 하도급대금의 직접지급요건을 갖추고, 그 수급사업자가 제조·수리 또는 시공한 분에 대한 하도급대금이 확정된 경우, 발주자는 도급계약의 내용에 따라 수급사업자에게 하도급대금을 지급하여야 한다.

---

45) 공정거래위원회, 하도급거래공정화에 관한 제도(2004. 7.), 44면

자. (가)압류와 직접지급제도

1) 하도급법상 직접 지급요건이 (가)압류보다 먼저 발생한 경우

하도급법상 직접 지급요건이 먼저 충족이 되고 원사업자의 채권자가 원사업자의 발주자에 대한 공사대금채권을 가압류하고 집행정본을 받아 압류 및 전부명령을 나중에 신청한 경우에, 하도급대금 직접지급사유가 가압류보다 앞서므로 가압류는 발주자가 수급사업자에게 직접 지급하여야 하는 금액의 범위 내에서는 이미 소멸한 채권을 대상으로 한 압류에 해당되어 무효이며 이에 기초한 전부명령이나 추심명령도 무효이다

따라서 하도급대금의 직접지급사유가 발생한 경우 발주자의 원사업자에 대한 대금지급채무와 원사업자의 수급사업자에 대한 하도급대금지급채무는 그 범위 내에서 소멸한다. 이 경우에 발주자는 (가)압류 등과 관계없이 하도급대금을 직접 지급하여야 한다.

하도급대금 직접지급제는 원사업자가 파산부도 등의 사유로 하도급대금을 지급할 수 없는 사유가 발생한 경우 영세한 수급사업자로 하여금 하도급대금을 지급받을 수 있도록 함으로써 중소기업인 수급사업자를 보호하여 국민경제의 균형 있는 발전을 도모하려는 것으로 그 입법목적은 정당하고 입법목적을 달성하는 데 적합한 수단이다.

또한 원사업자가 하도급대금을 지급할 수 없는 경우에 발주자에게 하도급대금을 직접 지급하도록 함으로써 발주자 및 원사업자가 침해받는 계약의 자유보다는 수급사업자가 하도급대금을 지급받음으로써 얻는 사회적 이익이 더 크다고 할 것이므로 하도급대금 직접지급제가 발주자 및 원사업자의 사적자치권(계약자유권)을 침해하여 헌법에 위반된다고 볼 수 없다.

하도급대금 직불제도는 대기업인 원사업자와 하도급거래 관계에 있는 중소기업자를 보호함으로써 국민경제의 균형발전이라는 정당한 공익실현을 위한 것으로 재산권 제한의 정당한 근거가 있다 할 것이다. 또한, 이 사건 법률조항은 발주자에게는 하도급대금지급의무를, 원사업자에게는 도급대금채권의 소멸을 아무런 대가 없이 일방적으로 강제하는 것이 아니라 발주자에게는 의무를 지우는 대신 원사업자에 대한 대금지급채무를 소멸시켜주고, 원사업자의 도급대금채권을 소멸시키는 대신 수급사업자에 대한 하도급대금지급채무도 소멸시켜 줌으로써 실질적으로는 채권·채무의 법률상 이전과 같은 효과를 가져오는 데 불과할 뿐 기존의 채무를 초과하는 새로운 의무를 지우는 것은 아니다. 그렇다면 이 사건 법률조항이 발주자 및 원사업자의 재산권 제한의 헌법적 한계를 넘었다거나 재산권의 본질적 부분을 침해하여 헌법 제23조의 재산권보장의 원칙에 위반된다고 볼 수 없다.

수급사업자의 원사업자에 대한 하도급대금채권과 발주자의 원사업자에 대한 도급채무는 수급사업자의 자재와 비용으로 완성한 완성품에 대한 궁극적인 이익을 발주자가 본다는 점에서 밀접한 상호관련성이 있는 반면 원사업자의 일반채권자의 채권과 발주자의 원사업자에 대한 도급채무는 아무런 관련이 없으므로, 원사업자의 도급채권에 관한 한 수급사업자와 일반채권자는 다르다고 할 것이다.

따라서 영세한 하청업자를 보호하기 위하여 원사업자가 파산 등의 사유로 하도급대금을 지급할 수 없는 경우 이 사건 직접지급제가 원사업자의 채권자들 중에서 수급사업자를 우대하는 결과를 가져온다고 하더라도 이는 국민경제의 균형발전이라는 공익실현을 위한 합리적 이유가 있는 것이어서 평등원칙에 위배되지 아니한다.[46)]

2) 특별법에 의해 우선권 있는 임금채권 또는 국세·산재보험료 등과 직접지급제도

근로기준법·국세기본법 등에 의해 일반채권에 대해 우선권을 가지는 임금채권·국세·지방세·산재보험료 등의 체납사실이 있는 경우라도 이러한 우선권은 체납처분을 전제로 배당절차에서의 압류권자에 대한 우선권을 의미하므로, 체납처분이 있기 전에 직접지급사유가 발생한 경우 발주자는 직접 지급하여야 한다.

3) 직접지급사유 발생 전에 (가)압류 명령 등이 송달된 경우

가압류의 효력에 의해 원사업자의 공사대금채권이 제3채권자의 강제집행을 위해 보전되었으므로 발주자는 직접지급의무가 없다.[47)]

따라서 원사업자의 부도로 원사업자가 하도급대금을 지급할 수 없어 수급사업자가 발주자에게 하도급대금의 직접지급을 요청하면 발주자는 수급사업자에게 하도급공사대금을 직접 지급하여야 할 의무를 지는 한편 발주자의 원사업자에 대한 대금지급채무와 원사업자의 수급사업자에 대한 하도급대금 지급채무는 지급된 범위 안에서 소멸하게 되나, 그렇다고 하여 그 사유 발생 전에 이루어진 강제집행 또는 보전집행의 효력을 배제하는 규정은 없으므로 그 규정들에 의한 하도급대금 직접지급사유가 발생하기 전에 원사업자의 제3채권자가 원사업자의 발주자에 대한 채권에 대하여 압류 또는 가압류 등으로 채권의 집행보전이 된 경우에는 그 이후에 발생한 하도급공사대금의 직접지급사유에도 불구하고 그 집행보전된 채권은 소멸하지 않는다.[48)]

---

46) 헌법재판소 2003. 5. 15. 선고 2001헌바98 사건
47) 공정거래위원회, 하도급거래공정화에 관한 제도(2004. 7.), 46면
48) 대법원 2003. 9. 5. 선고 2001다64769 판결

4) 직접지급요건이 충족된 경우

원사업자의 발주자에 대한 채권과 수급사업자의 원사업자에 대한 채권이 모두 소멸하고, 수급사업자의 발주자에 대한 직접지급채권이 새로 발생한다.

따라서 원사업자의 발주자에 대한 공사대금채권이 수급사업자에게 양도되는 것과 같은 효과, 즉 채권양도와 사실상 같은 효과가 발생한다. 그러므로 위 조항은 채권양도의 특칙을 규정한 것이라고 볼 수 있다.[49]

5) 하도급대금의 직접지급요건이 충족되면

발주자가 직접 지급해야 하는 금액만큼 수급사업자의 원사업자에 대한 하도급대금채권이 소멸하므로, 수급사업자는 하도급대금의 청구를 원사업자에 대해서는 할 수 없고 발주자에 대해서만 할 수 있다.[50]

차. 하도급법 위반행위의 私法的 효력

하도급법상 원사업자가 지켜야 하는 각종의무(7개의 작위의무, 7개의 부작위 의무)를 이행하지 아니한 경우 하도급법에서 규정하고 있는 시정명령, 과징금 및 공표명령 등의 제재를 받는 외에 사법상의 효력에도 영향을 미치는지 여부가 문제된다.

이에 대하여 대법원은 구 하도급거래공정화에관한법률(1995. 1. 5. 법률 제4860호로 개정되기 전의 것) 제16조에는 원사업자가 제조 등의 위탁을 한 후에 발주자로부터 설계변경 또는 경제상황의 변동 등의 이유로 추가금액을 지급받은 경우 동일한 사유로 목적물의 완성에 추가비용이 소요되는 때에는 그가 받은 추가금액의 내용과 비율에 따라 하도급대금을 증액하여야 한다는 취지로 규정되어 있으나, 이 법은 그 조항에 위반한 하도급약정의 효력에 관하여는 아무런 규정을 두지 않는 반면 위의 조항을 위반한 원사업자를 벌금형에 처하도록 하면서 그 조항 위반행위 중 일정한 경우만을 공정거래위원회에서 조사하게 하여 그 위원회로 하여금 그 결과에 따라 하도급분쟁조정협의회에 조정 등을 요청하게 하거나 원사업자에게 통지·최고하게 하거나 그 위반행위의 신고를 각하 또는 기각하게 하도록 규정하고 있을 뿐이어서 그 조항은 그에 위배한 하도급인과 하수급인 간의 계약의 사법상의 효력을 부인하는 조항이라고 볼 것은 아니라고 판시하였다.[51]

---

49) 문장록, 건설실무자를 위한 건설분쟁의 해법, 268면
50) 문장록, 건설실무자를 위한 건설분쟁의 해법, 269면
51) 대법원 2000. 7. 28. 선고 2000다20434 판결

Ⅳ. 법위반행위에 대한 처리

1. 시정조치[52]

가. 공정거래위원회는 아래 사항을 위반한 경우에 발주자 및 원사업자에 대하여 하도급대금 등의 지급, 법위반행위의 중지 기타 당해 위반행위의 시정에 필요한 조치를 권고하거나 명할 수 있다.

제3조 (서면의 교부 및 서류의 보존)
제4조 (부당한 하도급대금의 결정금지)
제5조 (물품 등의 구매강제 금지)
제6조 (선급금의 지급)
제7조 (내국신용장의 개설)
제8조 (부당한 위탁취소의 금지 등)
제9조 (검사의 기준·방법 및 시기)
제10조 (부당반품의 금지)
제11조 (부당감액의 금지)
제12조 (물품구매대금 등의 부당결제청구의 금지)
제12조의2 (경제적 이익의 부당요구 금지)
제13조 (하도급대금의 지급 등)
제13조의2 (건설하도급 계약이행 및 대금지급 보증)
제14조 (하도급대금의 직접지급)
제15조 (관세 등 환급액의 지급)
제16조 (설계변경 등에 따른 하도급대금의 조정)
제17조 (부당한 대물변제의 금지)
제18조 (부당한 경영간섭의 금지)
제19조 (보복조치의 금지)
제20조 (탈법행위의 금지)

나. 하도급분쟁조정협의회의 조정이 이루어진 경우에는 특별한 사유가 없는 한 협의회가 조정한 대로 공정거래위원회가 제1항의 규정에 의하여 시정에 필요한 조치를 한 것으로 본다.

---

52) 하도급거래공정화에관한법률 제25조

다. 공정거래위원회가 시정명령을 한 경우에는 시정명령을 받은 원사업자에 대하여 시정명령을 받았다는 사실을 공표할 것을 명할 수 있다. 공표명령을 받은 사업자는 회사의 이미지에 큰 타격을 받게 되어 법위반 억제력이 크다고 할 수 있으며, 나아가 소비자나 국민에 대해 정확한 정보를 주는 측면에서 알권리를 충족시키는 기능도 한다.

다만, 공표명령 제도는 헌법상 보장되는 불리한 진술의 강요금지 원칙이나 양심의 자유에 반할 수 있다는 의견이 있으나 이는 사죄광고가 아니라 단순히 법위반사실에 대한 공표이므로, 헌법상 기본권과는 전혀 상관이 없다.[53]

2. 과징금[54]

가. 과징금이란 행정법상의 의무위반에 대하여 행정청이 그 의무자에게 부과·징수하는 금전적 제재를 말한다. 즉, 경제법상의 의무위반행위로 인한 불법적인 이익을 박탈하기 위하여 그 이익액에 따라 과해지는 일종의 행정제재금의 성격을 가진다.[55]

나. 공정거래위원회는 다음 각 호의 1에 해당하는 발주자·원사업자 또는 수급사업자에 대하여 수급사업자에게 제조 등의 위탁을 한 하도급대금이나 발주자·원사업자로부터 제조 등의 위탁을 받은 하도급대금의 2배를 초과하지 아니하는 범위 안에서 과징금을 부과할 수 있다.

1) 제3조(서면의 교부 및 서류의 보존) 제1항 및 제2항의 규정에 위반하여 서면을 교부하지 아니하거나 허위의 서면을 교부한 원사업자
2) 제3조(서면의 교부 및 서류의 보존) 제3항의 규정에 위반하여 서류를 보존하지 아니한 자 또는 하도급거래에 관한 서류를 허위로 작성·교부한 원사업자나 수급사업자
3) 제4조(부당한 하도급대금의 결정금지) 내지 제12조(물품구매대금 등의 부당결제청구의 금지)·제12조의2(경제적 이익의 부당요구 금지)·제13조(하도급대금의 지급 등)·제13조의2(건설하도급 계약이행 및 대금지급 보증)의 규정을 위반한 원사업자
4) 제14조(하도급대금의 직접지급) 제1항의 규정을 위반한 발주자
   4의2) 제14조(하도급대금의 직접지급) 제5항의 규정을 위반한 원사업자

---

53) 일간건설신문, 하도급법해설, 166면
54) 하도급거래공정화에관한법률 제25조의3
55) 일간건설신문, 하도급법해설, 166면

5) 제15조(관세 등 환급액의 지급 등) 내지 제20조(탈법행위의 금지)의 규정에 위반한 원사업자

다. 독점규제및공정거래에관한법률 제55조의3(과징금 부과) 내지 제55조의7(과징금 환급가산금)의 규정은 제1항의 과징금에 관하여 이를 준용한다.

1) 제55조의3 (과징금 부과)
2) 제55조의4 (과징금 납부기한의 연장 및 분할납부)
3) 제55조의5 (과징금의 연대납부의무)
4) 제55조의6 (과징금 징수 및 체납처분)
5) 제55조의7 (과징금 환급가산금)

라. 공탁[56] 공정거래위원회의 시정조치를 받은 원사업자는 수급사업자가 변제를 받지 아니하거나 받을 수 없는 때에는 수급사업자를 위하여 변제의 목적물을 공탁하여 그 시정조치의 이행의무를 면할 수 있다. 원사업자가 과실 없이 수급사업자를 알 수 없는 경우에도 또한 같다.

하도급법상 공탁요건을 충족하여 원사업자가 공탁을 한 경우에는 시정명령을 이행한 것과 동일한 효과가 있다. 따라서 공탁의 내용은 시정명령의 내용에 따른 것이어야 한다. 즉 시정명령과 다른 내용으로 공탁하는 것은 시정명령을 이행한 것으로 볼 수 없다.[57]

마. 공정거래위원회의 처분에 대한 불복
1) 공정거래위원회의 처분에 대하여 불복이 있는 자는 그 처분의 통지를 받은 날부터 30일 이내에 그 사유를 갖추어 공정거래위원회에 이의신청을 할 수 있고 공정거래위원회는 제1항의 규정에 의한 이의신청에 대하여 60일 이내에 재결을 하여야 한다. 다만, 부득이한 사정으로 그 기간 내에 재결을 할 수 없을 경우에는 30일의 범위 안에서 결정으로 그 기간을 연장할 수 있다.[58]
2) 공정거래위원회의 처분에 대하여 불복의 소를 제기하고자 할 때에는 처분의 통지를 받은 날 또는 이의신청에 대한 재결서의 정본을 송달받은 날부터 30일 이내에 서울고등법원에 행정소송을 제기하여야 한다.[59]

---

56) 하도급거래공정화에관한법률 제25조의2
57) 일간건설신문, 하도급법해설, 186면
58) 독점규제및공정거래에관한법률 제53조
59) 독점규제및공정거래에관한법률 제54조, 제55조

V. 벌 칙

1. 벌칙의 내용

다음 각 호의 1에 해당하는 원사업자는 수급사업자에게 제조 등의 위탁을 한 하도급대금의 2배에 상당하는 금액 이하의 벌금에 처한다.[60]

 제4조 부당한 하도급대금의 결정금지의 규정에 위반한 자
 제5조 물품 등의 구매강제 금지의 규정에 위반한 자
 제6조 선급금의 지급 규정에 위반한 자
 제7조 내국신용장의 개설 규정에 위반한 자
 제8조 부당한 위탁취소의 금지 등의 규정에 위반한 자
 제9조 검사의 기준·방법 및 시기의 규정에 위반한 자
 제10조 부당반품의 금지규정에 위반한 자
 제11조 부당감액의 금지규정에 위반한 자
 제12조 물품구매대금 등의 부당결제청구의 금지규정에 위반한 자
 제12조의2 경제적 이익의 부당요구 금지규정에 위반한 자
 제13조 하도급대금의 지급 등의 규정을 위반한 자
 제13조의2 (건설하도급 계약이행 및 대금지급 보증) 제1항의 규정을 위반하여 공사대
   금 지급을 보증하지 아니한 자
 제15조 관세 등 환급액의 지급규정에 위반한 자
 제16조 설계변경 등에 따른 하도급대금의 조정의 규정에 위반한 자
 제17조 부당한 대물변제의 금지의 규정에 위반한 자

2. 다음에 해당하는 자는 1억5천만 원 이하의 벌금에 처한다.[61]

 제18조 부당한 경영간섭의 금지규정에 위반한 자
 제19조 보복조치의 금지규정에 위반한 자
 제20조 탈법행위의 금지의 규정에 위반한 자

---

60) 하도급거래공정화에관한법률 제30조 제1항
61) 하도급거래공정화에관한법률 제30조 제2항

제25조 공정거래위원회의 시정명령에 따르지 아니한 자

3. 다음에 해당하는 자는 3천만 원 이하의 과태료에 처한다.[62]

1) 공정거래위원회의 조사 및 의견청취 요구에 정당한 사유 없이 출석하지 아니한 자
2) 공정거래위원회에 보고 또는 필요한 자료나 물건의 제출을 하지 아니하거나 허위의 보고 또는 자료나 물건을 제출한 자
3) 공정거래위원회의 조사를 거부·방해 또는 기피한 자

4. 다음에 해당하는 자는 100만 원 이하의 과태료에 처한다[63]

공정거래위원회의 전원회의 및 소회의의 의장은 질서유지의 명령을 따르지 아니한 자

5. 양벌규정[64]

법인의 대표자나 법인 또는 개인의 대리인·사용인 기타 종업원이 그 법인 또는 개인의 업무에 관하여 제30조(벌칙)의 규정에 해당하는 위반행위를 한 때에는 행위자를 벌하는 외에 그 법인 또는 개인에 대하여도 동조 각 항의 벌금형을 과한다.

6. 기타사항

1) 제30조(벌칙)의 죄는 공정거래위원회의 고발이 있어야 공소를 제기할 수 있다.
2) 제33조(과실상계) 원사업자의 이 법위반 행위에 관하여 수급사업자에게 책임이 있는 경

---

62) 하도급거래공정화에관한법률 제30조의2 제1항
63) 하도급거래공정화에관한법률 제30조의2 제2항
64) 하도급거래공정화에관한법률 제31조

우에는 이 법에 의한 시정조치·고발 또는 벌칙적용을 함에 있어서 이를 참작할 수 있다.

7. 법위반행위의 사전예방을 위한 인센티브제도[65]

가. 인센티브 부여의 취지

일정한 사유가 있는 경우 공정거래위원회에서 위반사건에 대한 조치를 함에 있어 유형별 부과점수 누계에서 감점처리를 하거나 현장조사를 면제할 수 있다.

나. 감점 방법

1) 하도급법 위반사건에 대한 조치 시 과거(신고서 접수일 또는 직권조사 개시일 기준, 이하 같다) 3년간 하도급거래 공정화와 관련하여 공정거래위원회위원장으로부터 추천을 받아 중앙행정기관의 장 이상으로부터 우수업체 표창을 수상하거나 공정거래위원회 위원장으로부터 직접 수상한 사실이 있는 경우에는 2점을, 하도급관련업무 담당임원이 공정거래위원회가 인정하는 교육[66]을 이수한 경우 에는 1점을 각각 감점 처리한다.

2) 원사업자가 하도급법 위반사건의 직전 1개년도 하도급거래에 있어서 법 제3조의2(표준하도급계약서의 작성 및 사용)의 규정에 따라 공정거래위원회가 권장한 표준하도급계약서를 사용하고 있는 경우에는 하도급법 위반사건 조치 시 과거 3년간 법위반 점수 누계에서 2점을 감점 처리할 수 있다.

3) 하도급법 위반사건 조치를 함에 있어서 법위반 사업자가 하도급계약시 '현금결제비율' 또는 '전자입찰비율'이 높은 경우에는 과거 3년간 시정조치유형별 부과점수 누계에서 감점 처리할 수 있다.

4) 하도급법 위반사건에 대한 조치를 함에 있어 법위반 사업자가 공정거래에 관한 자율준수프로그램을 도입·운용하고 있는 경우에는 과거 3년간 시정조치유형별 부과점수 누

---

65) 하도급거래공정화 지침에서 전제
66) 한국공정경쟁연합회, 한국생산성본부, 대한건설협회, 중소기업협동조합중앙회가 실시하는 3시간 이상의 하도급관련 특별교육

계에서 감점 처리할 수 있다.

다. 하도급거래 실태조사의 면제

공정거래위원회는 하도급거래 서면실태조사 결과 조사대상 기준연도 1년간 하도급대금을 100% 현금성 결제수단으로 지급하고, 법위반이 없는 원사업자에 대해 2년간(익년도 및 차익년도) 하도급거래 서면실태조사를 면제할 수 있다.

라. 현장 직권실태조사의 면제

공정거래위원회는 위 '가'의 요건을 충족하는 원사업자가 경쟁입찰비율 90% 이상인 경우 1회에 한하여 하도급법 관련 현장 직권 실태조사를 면제할 수 있다.

제2절 시공참여자에 대한 검토

I. 시공참여자

1. 의 의

시공참여자라 함은 건설산업기본법 제2조 제13호에서 전문건설업자의 관리책임하에 성과급·도급·위탁 기타 명칭 여하에 불구하고 전문건설업자와 약정하고 공사의 시공에 참여하는 자로서, 당해 건설공사에 사실상 참여하는 건설업종사자(건설업의 등록을 하지 아니한 자를 말한다)·건설기계대여업자·건설기술자 및 성과급으로 고용된 건설근로자와 당해 건설공사용 부품을 제작하는 자를 말한다.[67]

2. 시공참여자의 실태

건설공사의 현장에서는 각각의 공종에 따라 다양한 기술을 가진 근로자들이 작업반장(일명 오야지[68] 혹은 십장[69])의 지시와 통제 아래 작업팀을 구성하여 실제로 시공에 참가하고 있었으나 구 건설업법에서는 건설업자가 아닌 자는 도급을 받을 수 없고, 하도급은 원칙적으로

---

67) 건설산업기본법 제2조 제13호, 같은 법 시행규칙 제1조의2
68) 오야지(親爺, おやじ)는 일본어로서 이제는 책임자나 작업반장으로 사용하는 것이 타당하다고 본다.
69) 십장(十長)은 조선시대에 10명을 지휘하던 지휘자로서 현재의 분대장에 해당되는 직책이었으나 현재는 건설현장 작업반 반장을 지칭한다.

일반건설업자로부터 전문건설업자에 한하여 허용하고 있었다.

그러나 법률의 금지에도 불구하고 개인업자가 공사를 수주하기 위하여 전문건설업체에 이사로 등재하여 전문건설업체의 면허로 공사를 수주한 다음 일정한 면허료를 전문건설업체에 납부하고 직접 시공하거나 전문건설업체에서 십장과의 모작계약을 통하여 하도급공사 중 일부를 재하도급하는 것이 상당히 많았다.

3. 제도 도입의 배경

정부에서는 성수대교와 삼풍백화점 붕괴사건과 같은 대형사고가 발생하자 정부는 부실시공의 원인이 이와 같은 위장 하도급에 있음을 주목하고, 시공참여자 제도를 도입하여 '십장의 실명화와 양성화'를 추구하였다.

즉, 관행적으로 이루어지던 모작계약 대신에 현장실명제를 실시하고 재하도급을 양성화하여 부실시공에 대한 책임은 묻되, 공사대금의 수령 등을 보장하고자 시공참여자제도를 도입하게 된 것이다.

십장은 기업과 외부 노동시장을 연결하는 핵심축으로 일거리 및 노동력 정보의 매개자, 건설생산과정에서 작업팀을 주도하는 생산관리자로서의 긍정적 역할을 담당한다. 이들은 구인·구직 정보의 매개자로서, 노동력의 질에 대한 정보비대칭 해소, 현장의 실질적인 노무관리, 숙련형성 등의 역할을 하고 있다.

그러나 십장의 이러한 순기능은 동시에 역기능을 표출하기도 하는데, 비공식적 인적 유대에 의한 구인·구직정보 전달범위의 편협성, 노동통제의 자의성과 근로조건의 열악화, 숙련 습득 기회의 제한과 신기능 전수의 어려움 등의 문제의 원인이 된다.[70]

---

70) 심규범, 김민관, 이의섭, 김지혜, 시공참여자 관리 및 제도 개선방안, 한국건설산업연구원

4. 시공참여자의 범위

가. 건설업종사자[71]

　건설업종사자라 함은 건설업을 등록하지 아니한 자로서 전문건설업자와 약정을 하고 성과급·도급·위탁 기타 명칭과 상관없이 실제로 공사에 참여하는 자를 말한다.

　따라서 시공참여자는 전문건설업자와 고용관계에 있는 근로자는 시공참여자가 아니며 전문건설업자가 하도급받은 공사 중에서 실질적으로 공사의 완성의무를 부담하는 십장이 시공참여자가 된다고 하겠다.

나. 건설기계대여업자

　건설기계대여업자란 건설기계관리법 제21조 및 같은 법 시행령 제13조의 규정에 의한 건설기계대여업을 신고한 자를 말한다. 이들은 전문건설업자에게 건설기계를 대여하면서 건설공사에 사실상 참여하는 자를 말한다.

　이 경우에도 단순히 전문건설업자에게 고용이 된 자는 전문건설업자의 이행보조자에 지나지 않아 시공참여자라 할 수 없고 전문건설업자와 성과급·도급·위탁 기타 명칭과 상관없이 실제로 공사에 참여하는 자를 말한다. 단순히 건설기계나 장비를 대여한 경우에는 동 규정에 의한 시공참여자로 보지 아니한다.

---

[71] "건설공사 현장에 종사하는 기능공을 보면 공업고등학교나 대학에서 해당 분야를 전공하거나 공부한 사람이 거의 없고, 기능사 자격증이 있는 사람도 찾아보기 힘든 실정이라고 한다. 국가에서 기능공을 훈련하여 배출하고 있지만, 건설기능공의 경우 국가에서 직접 훈련하여 배출하고 있는 경우는 미미한 실정이다. 그런데도 우리나라에는 150만 명에 달하는 건설기능공이 있다고 한다. 이러한 기능공들은 학교에서나 직업훈련소에서 특별히 훈련되지 않은 사람들이 대부분이다. 그러면 이들은 어디에서 기능을 배울까? 또 어느 정도 기능이 있을 때 기능공으로 불릴 수 있을까? 사실, 세칭 '노가다'라고 불리는 건설 기능공 교육을 받는다는 것은 '노가다'가 되기 위해서다. 어감이 주는 자조성은 굳이 설명하지 않더라도 우리 사회에서 '노가다'는 밑바닥 인생을 대변해 주는 직업으로 통용되고 있다. 이러한 실정인데 도대체 누가 '노가다'가 되기 위해서 교육이나 훈련을 받겠는가? 이들은 선배기능공을 통하여 눈어림으로 기능의 세습을 받는다고 한다. 중세시대의 도제제도와 비슷한 시스템이다. 그러나 중세시대의 도제제도는 엄격한 조직이 존재했지만 오늘날 건설기능공은 부나비같이 건설현장을 이리저리 흘러 다니고 있다. 언제라도 기회가 주어지면 '노가다'라는 이름을 떨쳐 버릴 만반의 준비가 되어 있는 사람들이라고 할 수 있다. 소속감이나 책임감을 북돋워 줄 수 있는 시스템이 전혀 마련되어 있지 않다는 말이다." 성낙준, 정부발주공사를 통해 본 건설산업해부, 125면

다. 건설기술자 및 성과급으로 고용된 건설근로자

건설기술자라 함은 건설공사에 관한 기술 또는 기능을 가진 자로서 관계법령에서 그 기술이나 기능이 있다고 인정된 자를 말하고[72] 성과급으로 고용된 건설근로자라 함은 전문건설업자와 시공약정을 체결하고 그 대가를 성과급으로 지급받기로 하고 건설공사에 참여하는 자로서 전문건설업자와 고용관계에 있는 건설기술자는 시공참여자에 해당하지 아니한다.

라. 당해 건설공사용 부품을 제작하는 자

당해 건설공사용 부품을 제작하는 자라 함은 전문건설업자가 도급받은 건설공사의 완성에 필요한 부품을 제작하여 납품하는 자를 말한다.

따라서 전문건설업자인 하수급인이 시공참여자와 약정할 수 있는 범위는 당해 건설공사에 사실상 참여하는 건설기계대여업자, 공사용부품 제작자 외에는 노무부분이어야 하고 시공참여자는 건설업자가 아니어야 하며, 일괄하도급의 금지에 위반하지 않아야 한다.

5. 시공참여자가 재하도급받을 수 있는 범위

전문건설업자는 자신이 하도급받은 건설공사의 일부를 자신의 관리책임하에 시공참여자에게 성과급·도급·위탁·기타의 방법으로 재하도급하는 것이 가능하다.

전문건설업자의 관리책임하에 있다는 점을 감안하여 시공참여자가 시공할 수 있는 금액에 대해서는 특별한 제한이 없어서 공사금액 전체도 시공참여자와 재하도급할 수 있는 것으로 해석될 여지는 있으나 시공참여자와의 계약이 또 다른 형태의 일괄하도급이 되어서는 아니된다고 본다. 일괄하도급금지는 일반건설업자가 전문건설업자에게 하도급하는 경우뿐만 아니라 전문건설업자가 시공참여자에게 재하도급을 하는 경우에도 마찬가지로 적용이 되어야 하기 때문이다.

---

72) 건설산업기본법 제2조 제12호

6. 시공참여자 등의 권리의무

가. 전문건설업자의 의무

1) 전문건설업자가 시공참여자와 계약을 체결한 경우에는 전문건설업자는 발주자에게 세부공종, 시공참여자의 이름과 주민등록번호, 약정금액, 공사기간, 약정체결일, 현장기술자 등을 건설산업기본법 시행령 제32조 제1항의 규정에 의하여 30일 이내에 통보하여야 한다.[73]

2) 전문건설업자는 발주자 또는 수급인으로부터 하도급대금을 받은 날로부터 15일 이내에 시공참여자에게 현금으로 지급하여야 한다.[74]

그러나 하도급대금지급보증의무 및 선급금지급보증의무는 법에서 정하고 있지 않고 시공참여자 역시 전문건설업자에게 계약보증서나 하자보증서를 교부할 의무는 정하고 있지 않지만 당사자 사이의 약정에 따라 각 보증서가 교부될 수는 있을 것이다.

3) 전문건설업자가 시공참여자에게 성과급·도급·위탁의 방법으로 계약을 체결할 수 있다고 해도 그가 받은 공사의 전부를 하도급하는 것은 허용되지 않는다. 또한 전문건설업자의 관리책임하에 시공에 참여하는 것이 가능한 것이지 시공참여자가 독립적으로 일의 전부 또는 일부를 완성하는 경우에는 시공참여자로 볼 수 없다고 생각된다.

나. 시공참여자의 권리와 의무

1) 시공참여자도 대금수령에 있어서 하수급인에 준하여 법적보호를 받는다. 또한 시공참여자는 발주자 또는 수급인에게 공사대금을 직접 지급할 것을 청구할 권리가 있다. 이 경우 하도급대금 직접지급조항이 적용이 된다.

---

73) 건설산업기본법 시행규칙 제26조, 같은 법 시행규칙 별지 24호 서식참조
74) 건설산업기본법 제34조 제1항

그러나 이 경우에도 건설산업기본법 제32조 제4항에서 같은 법 제35조 제1항 제5호의 하도급대금지급보증서를 교부하지 않은 경우 하도급대금 직접지급조항은 배제하고 있으므로 전문건설업자가 하도급대금지급보증서를 시공참여자에게 교부하지 않았다고 하여 시공참여자가 발주자 또는 수급인에게 하도급대금 직접지급청구는 할 수 없다고 본다.

2) 시공참여자의 부실시공으로 인하여 목적물에 하자가 발생한 경우 하자담보책임을 지게 되고 발주자 또는 수급인에 대하여 전문건설업자와 연대하여 채무불이행 책임을 지며, 건설공사의 안전에 관한 법령에 위반하여 건설공사를 시공함으로써 착공 후 건설산업 기본법 제28조의 규정에 의한 하자담보 책임기간 내에 교량·터널·철도 기타 대통령령이 정하는 시설물의 구조상 주요부분에 중대한 손괴를 야기하여 공중의 위험을 발생하게 한 자는 10년 이하의 징역에, 사람을 사상에 이르게 한 자는 무기 또는 3년 이상의 징역에 처한다.[75]

업무상 과실로 위의 죄를 범한 자는 5년 이하의 징역이나 금고 또는 5천만 원 이하의 벌금에 처하고, 업무상 과실로 위의 죄를 범하여 사람을 사상에 이르게 한 자는 10년 이하의 징역이나 금고 또는 1억 원 이하의 벌금에 처한다.[76]

II. 십장(오야지)의 법률적 지위에 대한 검토

1. 문제의 제기

일반적으로 십장의 경우는 전문건설업자로부터 공사를 하도급받아 실제로 그 공사를 시공하는 자이다. 그런데 대부분의 건설현장에서 전문건설업자가 십장에게 일정한 작업을 성과급 혹은 품떼기 형태로 재하도급하는 경우 재하도급을 받은 십장(오야지)의 경우에는 독립한 사

---

75) 건설산업기본법 제93조
76) 건설산업기본법 제94조

업자인지 근로자인지 여부가 문제가 된다.

2. 십장(오야지)은 사업자인가 근로자인가

가. 건설공사의 수행은 통상적으로 발주자→수급인(일반건설업체)→하수급인(전문건설업체)→십장→건설일용공의 하도급구조에 의하여 이루어진다. 이 과정에서 전문건설업자와 성과급·도급·위탁·기타의 방법으로 시공참여자 계약을 체결한 십장은 실제로 시공에 참여하는 소속 근로자의 고용 및 해고를 단행하고, 임금액의 결정 및 임금지불의무를 지며, 근로시간 조정을 포함한 공사집행 계획을 수립·시행하고, 수급인이 고용한 근로자에게 임금을 지불하고 나머지 잉여금을 자기의 이윤으로 취득하는바 이에 따라 십장이 근로자인지 사용자인지가 문제가 된다.

나. 십장이 공사를 수행하는 과정에서 제3자에게 손해를 입힌 경우 십장이 성과급제 근로자로 인정되는 경우에는 전문건설업자가 사용자로서 책임을 부담하여야 할 것이고, 십장이 도급적 성격을 가진 사용자로 인정이 될 경우에는 작업 중에 제3자에게 입힌 손해는 십장이 책임을 부담하여야 할 것이다.

먼저 십장이 근로자인지 사용자인지 여부가 검토되어야 할 것인데, 근로기준법상 근로자라 함은 계약의 형식에 관계없이 사업 또는 사업장에서 종속적인 관계하에 임금을 목적으로 근로를 제공하는 자를 말하며, 이때 종속적인 관계가 있는지에 관하여는

① 업무의 내용이 사용자에 의하여 정하여지는지 여부
② 취업규칙·복무규정·인사규정 등의 적용을 받으며 업무수행과정에 있어서도 사용자로부터 구체적이고 직접적인 지휘·감독을 받는지 여부
③ 사용자에 의해 근무시간과 장소가 지정되고 이에 구속을 받는지 여부
④ 근로자 스스로가 제3자를 고용하여 업무를 대행케 하는 등 업무의 대체성 유무
⑤ 비품·원자재, 작업도구 등의 소유관계
⑥ 보수가 근로자체의 대상적 성격을 갖고 있는지 여부
⑦ 기본급이나 고정급이 정하여져 있는지 여부
⑧ 근로소득세의 유무와 정도
⑨ 근로제공관계의 계속성과 사용자에의 전속성의 유무와 정도
⑩ 사회보장제도 등 다른 법령에 의해 근로자 지위를 인정해야 하는지 여부

⑪ 양 당사자의 경제·사회적 조건 등 당사자 사이의 관계 전반에 나타나는 사정 등을 종합적으로 고려하여야 할 것이다.

다. '오야지'가 건설현장에서 공사의 일부분을 하도급받은 하도급업자로서 하도급 공사를 진행하기 위하여 '오야지'가 직접 근로자를 채용하고 임금 등 근로조건을 결정하였다면 달리 볼 사정이 없는 한 원칙적으로 근로기준법상 근로자로 보기 어렵지만 '오야지'가 다른 근로자와 함께 건설회사와 직접 근로계약을 체결하고 직접적인 지휘·감독을 받으면서 근로를 제공하고 임금을 지급 받은 경우라면 근로기준법상 근로자로 인정될 수 있을 것이다.[77]

라. 노무도급인(일명 '십장, 오야지')이 도급계약 형식을 빌렸다 하더라도 그 계약내용이 사용자와의 사이에 사용종속관계를 유지하면서 도급인의 사업장에서 특정한 노무제공만을 그 목적으로 하고 있는 경우에는 그 노무제공에 대하여 능률급 내지 성과급을 지급받는 근로기준법 제46조의 '도급근로자'에 해당된다.

단, 노무도급인(일명 '십장, 오야지')이 도급계약에 의거 소속근로자의 고용 및 해고를 전행하고, 임금액의 결정 및 임금지불의무를 지며, 근로시간 조정을 포함한 공사집행 계획을 수립·집행하고, 수급인이 고용한 근로자에게 임금을 지불하고 나머지 잉여금을 자기의 이윤으로 취득하는 등의 경우에는 근로기준법에 의한 근로자로 인정되지 않는다고 한다.[78]

3. 사용자 책임의 성립여부

가. 법률의 규정

민법 제765조에서 제1항에서 타인을 사용하여 어느 사무에 종사하게 한 자는 피용자가 그 사무집행에 관하여 제3자에게 가한 손해를 배상할 책임이 있다. 그러나 사용자가 피용자의 선임 및 그 사무감독에 상당한 주의를 한 때 또는 상당한 주의를 하여도 손해가 있을 경우에는 그러하지 아니하다고 정하고 있다.

---

77) 근기 68207-1980, (2002. 5. 21.)
78) 근로복지공단 보상 6601-1957, 2000. 12. 4.

전문건설업자에게 사용자책임이 인정되어 시공참여자가 공사를 시공하는 중에 제3자에게 손해를 입한 경우 전문건설업자가 사용자로서 책임을 지는가가 문제가 된다.

나. 사용자 책임의 성립요건

사용자로서 책임을 지기 위해서는 전문건설업자가 시공참여자를 지휘·감독하는 관계에 있어야 할 것인데 사용자책임의 성립여부는 각각의 사안별로 당사자 사이에 약정한 내용과 실제 시공과정을 종합적으로 고려하여 판단할 사항이라고 본다.

다. 법원의 판결

원칙적으로 도급인은 도급 또는 지시에 관하여 중대한 과실이 없는 한 수급인이 그 일에 관하여 제3자에게 가한 손해를 배상할 책임이 없으며(민법 제757조), 다만 예외적으로 도급인이 수급인의 일의 진행 및 방법에 관하여 구체적인 지휘·감독권을 유보한 경우에는 도급인과 수급인의 관계는 실질적으로 사용자와 피용자의 관계와 다를 바 없으므로 수급인 또는 그 피용인의 불법행위로 인한 손해에 대하여 도급인은 민법 제756조에 의한 사용자책임을 지게 되고, 이러한 이치는 하도급의 경우에도 마찬가지라고 할 것이다.[79]

시공참여자와의 재하도급계약도 그 성질은 도급계약이므로 시공참여자는 전문건설업자와는 독립하여 계약을 이행하는 것이므로 전문건설업자의 피용자라고 할 수 없고, 이 경우 민법 제757조 제1항에 따라 도급인인 전문건설업자는 시공참여자가 제3자에게 가한 손해를 배상할 책임이 없게 되는 것이 원칙이다. 그러나 도급 또는 지시에 관하여 전문건설업자에게 중대한 과실이 있으면 전문건설업자는 시공참여자의 행위에 대하여 사용자로서 책임을 진다.[80]

사용자 및 피용자 관계 인정의 기초가 되는 도급인의 수급인에 대한 지휘 감독은 건설공사의 경우에는 현장에서 구체적인 공사의 운영 및 시행을 직접 지시 지도하고 감시 독려함으로써 시공 자체를 관리함을 말하는 것이고, 단순히 공사의 운영 및 시공의 정도가 설계도 또는 시방서대로 시행되고 있는가를 확인하여 공정을 감독하는 데에 불과한 이른바 감리는 여기에 해당하지 않는다고 판시한 바 있다.[81]

---

79) 대법원 1992. 6. 23. 선고 92다2615 판결. 1993. 5. 27. 선고 92다48109 판결들 참조
80) 민법 제757조 단서
81) 대법원 1992.6.23. 선고 92다2615 판결

라. 판결에 대한 사견

대법원은 노무도급의 수행과정에서의 실질적 관계를 고려하여 사용종속성을 판단한 후, 십
장의 근로기준법상 사용자책임을 부인하고 시공사(전문건설업체)를 사용자로 인정하고 있는
것과 달리 노동부의 유권해석은 십장을 근로기준법상의 사용자로 판단하고 있다.[82]

이것은 아마도 십장에 종속된 건설기술자가 타인에게 손해를 가한 경우에 십장보다는 자금
력이 있는 전문건설업체에게 사용자책임을 지움으로서 피해자를 보호하고자 하는 측면이 있
지 않았나 하는 생각이 든다.

4. 시공참여자 제도의 장점[83]

가. 시공참여자와 계약을 한 노무자, 장비업체, 자재업체 등은 시공참여자에 대해서만 채
권을 갖게 되고 전문건설업체에 대해서는 채권을 갖지 못한다. 노무자가 노임을 받지 못하여
노동부에 전문건설업체를 고발해도 전문건설업체는 처벌을 받지 않는다. 반면에 시공참여자
약정을 하지 않고 모작을 준 경우 노무자, 장비임대업체, 자재업체 등은 모작반장이 아니라
전문건설업체에 대하여 채권을 가지며, 이것이 소란을 일으키는 원인이 된다.

나. 시공참여자 약정을 한 경우에는 시공참여자에게 부실시공에 대한 책임을 물을 수 있
다. 따라서 부실시공을 방지하는 효과가 있다.

5. 시공참여자 제도의 문제점

가. 시공참여자 제도는 재하도급 금지 규정에 의해 불법인 오야지나 십장에 대한 노무도급
을 양성화하고 시공참여자의 공사대금보장은 전문건설업자의 수준으로 높이고자 도입된 것으
로 생각된다.

---

82) 김소영, 건설업 하도급관계의 법적쟁점과 개선방안
83) 문장록, 건설실무자를 위한 건설분쟁의 해법

그러나 실제로 공사의 현장에서 시공에 참여하는 자는 십장이나 오야지가 아닌 건설근로자인데 노임지급의 확실성은 오야지나 십장을 보호하는 결과가 된 것이지 건설근로자를 보호하는 제도는 아니라고 생각된다.

오히려 오야지나 십장보다 자금력에서 우월한 전문건설업자의 책임을 면제함으로서 전문건설업자가 도산하는 경우에는 노무도급의 대금이 오히려 보호되지 않는 결과도 초래하고 있다. 또한 대부분의 십장은 숙련공 또는 작업반장과 다름이 없다고 생각이 됨에도, 독립된 사업자의 지위를 인정하여 고용 및 피보험자로서의 관리책임을 부여함으로 인해 공사와 인력을 관리할 능력이 부족한 자에게 너무 무거운 책임을 지운 느낌도 받는다.

나. 또한 직접 시공을 촉진하기 위한 정부의 방침에도 역행을 한다는 점이다. 건설산업기본법 제28조의 2에서는 30억 미만인 공사의 30% 이상은 직접 시공할 의무를 부여하고 있음에도 전문건설업체와 시공참여자와의 계약의 한도는 정하지 않음으로써 30억 이상의 공사를 하도급받은 전문건설업자는 일괄하도급에 해당하지 않는 한 합법적으로 수십억에 달하는 공사를 시공참여자와 계약을 할 수 있다는 점도 문제라고 본다.

시공참여자에게 부실시공에 대한 책임을 지움으로써 전문건설업자가 당해 시공분에 대한 책임을 면하게 되어 자칫 책임전가로 연결되지 않을지 염려스럽다.

다. 건설산업기본법과 하도급거래공정화에관한법률 등은 모두 실제 시공 이전 단계까지를 그 적용대상으로 하고 있다. 즉, 실제 시공단계인 십장 이하로 내려가는 재하도급 관행에 대하여는 아무런 감독이나 통제장치가 없다. 합법적인 하도급거래에서는 원사업자와 수급사업자 사이의 관계는 하도급거래공정화에관한법률에 의하여 규율되고, 수급사업자와 수급사업자의 근로자 사이에는 노동법이 적용된다. 그러나 위장하도급관계에서는 경제법적 규율과 노동법적 규율이 모두 배제되는 결과를 초래한다. 즉, 위장도급관계인 경우 원사업자와 수급사업자 간의 하도급관계가 실질적으로 고용관계에 해당하는지의 여부가 문제되어 노동법적 판단이 요구되므로 하도급거래공정화에관한법률은 적용이 배제된다.

따라서 건설현장의 중층화된 하도급거래 관행은 시공참여자 제도를 또 하나의 형식적 절차로 만듦으로써 십장 이하의 단계는 여전히 법률적 보호의 사각지대에 놓여 있다.[84]

---

84) 김소영, 건설업 하도급관계의 법적 쟁점과 개선방안

제3절 명의대여의 법률관계

I. 명의대여

1. 의 의

상법 제24조는 "타인에게 자기의 성명 또는 상호를 사용하여 영업을 할 것을 허락한 자는 자기를 영업주로 오인하여 거래한 제3자에 대하여 그 타인과 연대하여 변제할 책임이 있다"고 규정하고 있다.

원래 명의대여란 어떤 사람이 타인에게 자기의 성명 또는 상호를 사용하여 영업을 할 것을 허락하는 것을 말하고, 거래소의 거래원이 아닌 자에게 자기의 명의를 대여하여 영업을 하도록 하였던 관습에서 발전되어 온 것이다. 이것은 명의차용자가 상인이며 계약의 당사자로서 책임의 주체가 됨을 전제로 하여 거래안전의 필요에서 명의대여자에게도 연대책임을 인정한 것인데, 그 이론적 기초는 외관이론 내지는 금반언의 법리이며, 상호진실을 간접적으로 강제하는 효과가 있다.[85]

이러한 명의대여의 사례는 우리나라 전반에서 광범위하게 이루어지고 있는 것이 현실이다. 명의대여에 대해서는 상법에서도 정하고 있으나 건설산업기본법에서도 엄격히 금지하고 있는 바, 명의대여의 요건과 효과에 대해 살펴보고자 한다.

---

85) 최완진, 명의대여자의 책임

2. 요 건

가. 명의대여

명의대여자의 책임이 발생하기 위해서는 명의대여자는 타인에게 "자기의 성명 또는 상호를 사용하여 영업할 것을 허락"하여야 한다.

상법 제24조는 대여하는 명의에 관하여 "성명 또는 상호"라고 표현하고 있으나, 이에 국한하지 않고 거래통념상 대여자의 영업으로 오인하기에 적합한 명칭을 사용하게 되면 모두 적용대상이 된다.

예컨대 일반적으로 명의대여자를 표시하는 명칭으로 인정되는 예명·아호·약칭·통칭 등을 사용하는 경우와 명의대여자의 상호에 지점이나 출장소 등의 명칭을 부가하여 사용하는 경우에도 명의대여자의 책임이 인정된다.[86]

대여자가 상인인 경우에는 대여자의 영업과 차용인의 영업 간의 명칭이 동일·유사성(영업의 동종성)을 요하느냐에 대하여 영업의 종류가 다르면 명의대여자의 상호 내지 그것을 기초로 하는 영업에 대한 제3자의 신뢰가 생기지 않음으로 명의차용인의 영업과 대여자의 영업이 동종이어야 한다는 견해와 영업의 동종성은 필요 없다는 견해로 갈린다.

대법원은 명의차용인의 영업과 대여자의 영업이 동종이어야 한다는 입장이다.[87]

나. 외관존재

명의대여자의 책임이 발생하기 위해서는 명의차용자의 영업이 "명의대여자의 영업인 듯한 외관"이 존재하여야 한다.

명의대여에 있어서 대여자의 명의를 차용자가 사용하는 경우 어느 정도까지 일치하여야 하는 것이 문제이다. 차용자의 명의가 대여자의 명의와 완전히 일치할 필요는 없고, 명의의 주요 부분이 일치하여 사회통념상 명의대여자의 영업으로 인식될 정도면 족하다고 본다.[88]

명의사용에 대하여 명의대여자의 명시적 혹은 묵시적인 사용허락이 있어야 한다. 명의대여

---

86) 최완진, 명의대여자의 책임
87) 대법원 1983. 3. 22. 선고 82다카1852 판결
88) 정완용, 명의대여자의 책임

자는 상인일 필요는 없으나 명의차용인이 상인이어야 하고, 명의차용인이 상인이 아닌 경우에는 상법 제24조를 유추적용할 수 있다.

다. 상대방의 선의·무과실

명의대여자의 책임이 발생하기 위해서는 명의차용자의 거래의 상대방은 명의대여자를 영업주로 오인하여 거래하였어야 한다.

명의차용자를 명의대여자로 오인한 자에게 악의 또는 중과실이 있는 경우에 명의대여자의 책임은 면책이 된다.[89]

상법 제24조의 규정에 의한 명의대여자의 책임은 명의자를 영업주로 오인하여 거래한 제3자를 보호하기 위한 것이므로 거래 상대방이 명의대여사실을 알았거나 모른 데 대하여 중대한 과실이 있는 때에는 책임을 지지 않는바, 이때 거래의 상대방이 위와 같이 명의대여사실을 알았거나 모른 데 대한 중대한 과실이 있었는지 여부에 대하여는 면책을 주장하는 명의대여자들이 입증책임을 부담한다고 보는 것이 상당하다.[90]

II. 건설산업에 있어서 명의대여(건설업등록증 대여)

1. 법률의 규정

건설산업기본법 제21조(건설업 등록증 등의 대여금지)에서 건설업자는 다른 사람에게 자기의 성명 또는 상호를 사용하여 건설공사를 수급 또는 시공하게 하거나 그 건설업등록증 또는 건설업등록수첩을 대여하여서는 아니 된다고 정하고 있다.

건설산업은 공공의 안전과 밀접한 시설물을 완성하는 것이므로 무자격자의 부실시공으로 인해 발생할 수 있는 사회적 손실을 예방하기 위하여 건설업등록증 또는 건설업등록수첩의

---

89) 대법원 1991. 11. 12. 선고 91다18309 판결
90) 대법원 2001. 4. 13. 선고 2000다10512 판결

대여행위를 금지하고 있는 것이나 음성적으로 은밀하게 면허대여행위가 이루어지고 있는 것
이 사실이다. 특히 공동도급공사의 경우에는 상당수가 그러하리라고 추정된다.

2. 명의대여의 유형

가. 법인의 임원이 계약은 법인명의로 체결했지만 사실은 자신의 계산으로 시공하는 경우

건설업자인 법인의 임원이 형식상 건설공사의 도급계약을 법인명의로 체결하고 실질적으로
그 임원 본인이 자기 책임하에 건설공사를 시공하고 그에 따른 손익은 자기에게 귀속시키는
것으로 법인과 이면계약을 체결하는 경우가 이에 해당한다.

혹은 공사를 수주한 개인이 개인명의로 계약을 체결할 수 없게 되자 형식상 법인의 이사로
등재하고 법인에 일정한 금액을 관리비 명목으로 납부한 후 자기의 계산으로 공사를 시공하
는 경우도 이에 해당한다.

나. 건설업등록증 사용료의 지급이나 이익의 분배를 목적으로 한 등록증 대여

건설공사 도급계약에서 필요로 하는 시공능력공시금액 등 계약체결에 필요한 요건을 충족
하지 못한 경우, 공사의 수주를 약속받았으나 건설업 등록이 없어 계약을 체결할 수 없는 경
우 등 건설업을 등록하지 않고 건설업을 실제 수행하는 개인사업자가 시공능력공시금액이나
관련 등록을 갖춘 건설업자로부터 건설업등록증을 대여하고 관리비나 이익금의 일부를 분배
하기로 약정하고 건설업등록증을 대여하는 경우가 이에 해당한다.

다. 공동도급을 위장한 등록대여

발주자가 일정한 자격요건을 가진 건설업자와 공동도급받을 것을 조건으로 수급자격을 정
한 공사에 있어서(주로 지역업체와의 공동도급) 자격요건을 갖춘 업체가 공동수급체의 구성
원으로 참여하여 공동도급을 받은 후 실제 시공 시 일정한 금액(대여료)만 받고 시공에 참여

하지 않는 경우도 이에 해당한다.[91]

3. 건설업 등록증 대여와 관련한 판례

가. 건설공사에 실질적으로 관련할 의사로 수급하고 시공과정에 실질적으로 관여한 경우

건설산업기본법 제21조가 금지하고 있는 "다른 사람에게 자기의 성명 또는 상호를 사용하여 건설공사를 시공하게 하는 행위"란 타인이 자신의 상호나 이름을 사용하여 자격을 갖춘 건설업자로 행세하면서 건설공사를 시공하리라는 것을 알면서도 그와 같은 목적에 자신의 상호나 이름을 사용하도록 승낙 내지 양해한 경우를 의미한다고 해석함이 상당하다 할 것이므로, 어떤 건설업자의 명의로 하도급된 건설공사 전부 또는 대부분을 다른 사람이 맡아서 시공하였다 하더라도 그 건설업자 자신이 그 건설공사에 실질적으로 관여할 의사로 수급하였고, 또 그 시공과정에 실질적으로 관여하여 왔다면 이를 명의대여로 볼 수는 없다고 판시하고 있다.[92]

나. 하수급인을 수급인의 공사현장 소장인 것처럼 행동하게 한 경우
수급인의 명의대여자로서의 책임여부

공사의 수급인이 타인에게 그 공사를 하도급주어 그 타인으로 하여금 공사를 시공케 함에 있어 대외관계에 있어서는 그 하수급인을 수급인의 공사현장에 파견한 현장소장인 양 표시하여 행동하게 하였다면 수급인은 상법상의 명의대여자로서의 책임을 면할 수 없다.[93]

다. 구 건설업법상 양벌규정이 건설업자가 아닌 자에게도 적용되는지 여부

구 건설업법(1995. 12. 30. 법률 제5137호로 개정되기 전의 것) 제63조는 법인의 대표

---

91) 정기화, 건설산업기본법 이론과 실무해설(중), 753면
92) 대법원 2003. 12. 26. 선고 2003도5541 판결, 대법원 2003. 5. 13. 선고 2002도7425 판결
93) 대법원 1985. 2. 26. 선고 83다카1018 판결

자나 법인 또는 개인의 대리인, 사용인 기타의 종업원이 그 법인 또는 개인의 업무에 관하여 제59조 내지 제62조의 위반행위를 한 때에는 그 행위자를 벌하는 외에 그 법인이나 개인에 대하여도 해당 각 조의 벌금형을 과한다는 양벌규정을 두고 있고, 이 규정의 취지는 각 본조의 위반행위를 한 행위자와 건설업자인 법인 또는 개인의 쌍방을 모두 처벌하려는 데에 있으므로, 이 양벌규정에 의하여 건설업자가 아닌 행위자도 각 본조의 벌칙규정의 적용대상이 되는 것이다.[94]

라. 건설업면허대여의 방편으로 체결되는 건설업양도양수계약의 효력 및 불법원 인급여 해당여부

건설업면허의 대여계약은 같은 법에 위반하는 계약으로서 무효이고 건설업면허대여의 방편으로 체결되는 건설업양도양수계약 또한 강행규정인 위 구 건설업법 규정들의 적용을 잠탈하기 위한 탈법행위로서 무효라고 보아야 할 것이지만, 위 계약 자체가 선량한 풍속 기타 사회질서에 어긋나는 반윤리적인 것은 아니어서 건설업양도양수계약의 형식으로 이루어진 건설업면허의 대여가 불법원인급여에 해당하는 것은 아니므로 건설업양도양수계약 형식으로 건설업면허를 대여받은 자가 이를 반환할 의무를 지는 것은 당연하고, 따라서 위와 같은 형식으로 대여된 건설업면허의 반환에 대한 약정까지 그 효력이 부인될 수는 없는 것이다.[95]

마. 감독관청의 주선으로 면허대여를 받아 시공한 무면허건축업자 행위의 적부

건설업면허가 없는 피고인으로서는 시공할 수 없는 이건 건축공사를 피고인이 타인의 건설업면허를 대여받아 그 명의로 시공하였다면 비록 위 면허의 대여가 감독관청인 진주시의 주선에 의하여 이루어졌다 하더라도 그와 같은 사정만으로는 피고인의 소위를 사회상규에 위배되지 않는 적법행위로 볼 수는 없을 뿐만 아니라, 나아가 설사 피고인으로서는 이를 적법행위로 오인하였다 하더라도 위와 같은 사정만으로는 그 오인에 정당한 이유가 있다고 볼 수도 없다.[96]

---

94) 대법원 1997. 6. 13. 선고 97도534 판결
95) 대법원 1988. 11. 22. 선고 88다카7306 판결
96) 대법원 1987. 12. 22. 선고 86도1175 판결

바. 회사의 대표이사가 회사의 건설업면허를 대여하고 수령한 대여료가 회사에
   입금되지 않은 경우 회사의 수입금액으로 귀속하는지 여부

대표이사가 원고회사의 건설업면허를 대여하고 그 명의대여료조로 금 1,300,000원을 수
령한 것이라면, 원고회사를 대표하는 대표이사가 수령한 위 금원은 특별한 사정이 없는 한
원고회사의 수입금액으로 귀속함이 당연함에도 불구하고, 원심이 위 금 1,300,000원이 원고
회사에 입금되지 아니하였다고 하여 원고회사의 수입금액으로 보지 아니하였음은 법인의 대
표에 관한 법리를 오해한 잘못이 있다고 아니할 수 없다.[97]

사. 구 건설업법(1984. 12. 31. 법률 제3765호로 전면 개정되기 전의 것)
   제38조 제1항 단서 및 동항 제8호에 규정된 건설업면허취소사유의 의미

구 건설업법(1984. 12. 31. 법률 제3765호로 전면 개정되기 전의 것) 제38조 제1항 단
서 및 같은 항 제8호에 규정된 건설업면허의 취소사유인 "타인에게 그 면허증 또는 면허수첩
을 대여하거나 부당하게 사용한 때"란 면허증 또는 면허수첩 자체를 타인에게 대여하거나 부
당하게 사용하는 것을 의미하고 스스로 건설업을 영위하고 있는 건설업자가 타인에게 자기의
성명이나 상호를 사용하여 건설공사를 수급 또는 시공하게 하는 행위는 이에 포함되지 아니
한다.[98]

Ⅲ. 명의대여의 책임문제

1. 상법의 규정

상법 제24조는 "그 타인과 연대하여 변제할 책임이 있다"고 규정하여 거래상대방은 명의대

---

97) 대법원 1987. 11. 24. 선고 87누826 판결
98) 서울고법 1987. 9. 17. 85구777 건설업면허취소처분취소청구사건

여자와 명의차용자 중 그가 선택하는 누구에 대하여도 변제를 청구할 수 있고 명의대여자는 자기를 영업주로 오인하여 명의차용자와 거래한 제3자에 대하여 명의차용자와 연대책임을 진다. 이 책임은 부진정연대책임이다. 명의대여자가 변제한 경우에는 명의차용자에게 구상할 수 있다.

입찰자격이 없는 회사가 입찰자격이 있는 회사의 명의를 빌려 입찰에 참가하여 낙찰받고 기계공급계약을 체결한 경우 계약 당사자나 계약상의 이행채무와 채무불이행으로 인한 손해배상책임을 부담하는 것은 명의회사라고 한다.[99]

2. 사용자책임

명의대여자 책임은 명의차용인과 그 상대방의 거래행위에 의하여 생긴 채무에 관하여 명의대여자를 진실한 상대방으로 오인하고 그 신용·명의 등을 신뢰한 제3자를 보호하기 위한 것이므로 법률행위로 인한 채권·채무관계에 한하여 적용될 뿐 불법행위로 인한 채권·채무관계에는 적용되지 아니한다.

한편, 상법 제24조 소정의 명의대여자 책임은 명의차용인과 그 상대방의 거래행위에 의하여 생긴 채무에 관하여 명의대여자를 진실한 상대방으로 오인하고 그 신용·명의 등을 신뢰한 제3자를 보호하기 위한 것으로, 불법행위의 경우에는 설령 피해자가 명의대여자를 영업주로 오인하고 있었더라도 그와 같은 오인과 피해의 발생 사이에 아무런 인과관계가 없으므로, 이 경우 신뢰관계를 이유로 명의대여자에게 책임을 지워야 할 이유가 없다고 판시한 바 있다.[100]

이 경우 명의대여자는 명의차용자의 불법행위에 대하여 민법 제756조를 적용하여 사용자책임을 부담하게 된다. 명의대여자가 명의차용자의 불법행위에 대하여 사용자책임을 지기 위해서는 그들 사이에 사용자와 피용자 사이의 지휘감독 관계가 성립하여야 한다. 이러한 사용관계는 반드시 법적으로 유효한 계약관계가 있어야 하는 것은 아니고, 사실상의 사용관계로도 충분하다.

타인에게 어떤 사업에 관하여 자기의 명의를 사용할 것을 허용한 경우에 그 사업이 내부적으로는 그 타인과 명의자가 이를 공동운영하는 관계로서 그 타인이 명의자의 고용인이 아니

---

99) 대법원 1993. 4. 27. 선고 92다43432 판결
100) 대법원 1998. 3. 24. 선고 97다55621 판결

라 하더라도 외부적으로는 그 타인이 명의자의 고용인임을 표명한 것과 다름이 없으므로 명의사용을 허가받은 사람이 업무수행을 함에 있어 고의 또는 과실로 다른 사람에게 손해를 끼쳤다면 명의사용을 허가한 사람은 민법 제756조 제1항에 의하여 그 손해를 배상할 책임이 있다.101)

3. 건설산업기본법의 규정

건설업자가 다른 사람에게 자기의 성명 또는 상호를 사용하여 건설공사를 수급 또는 시공하게 하거나 그 건설업등록증 또는 건설업등록수첩을 대여한 경우 건설업의 등록을 말소하여야 한다.102)

다른 사람에게 자기의 성명 또는 상호를 사용하여 건설공사를 수급 또는 시공하게 하거나 그 건설업등록증 또는 건설업등록수첩을 대여한 경우 1년 이하의 징역 또는 1천만 원 이하의 벌금형에 처하고 법인의 대표자가 법인 또는 개인의 대리인, 사용인 기타의 종업원이 면허대여행위를 한 때에는 그 행위자를 벌하는 외에 그 법인이나 개인에 대해 벌금형을 처하게 된다.103)

따라서 건설업자는 건설업 등록증을 대여한 경우에는 이러한 행정벌 이외에 관련 법률에 의한 책임을 부담한다.

---

101) 대법원 1998. 5. 15. 선고 97다58538 판결
102) 건설산업기본법 제83조 제5호
103) 건설산업기본법 제96조 제4호

제4절 현장소장의 법적지위와 권한

I. 개 설

1. 들어가는 말

기업은 경영활동을 위하여 인적설비와 물적설비를 갖추어야 하는데, 그중 인적설비에는 기업의 경영자와 보조자가 있다. 기업의 보조자에는 특정한 상인(혹은 기업)에 종속하여 기업의 내부에서 기업을 보조하는 자와 기업의 외부에서 독립한 상인으로 기업을 보조하는 자가있고 기업내부에서 기업을 보조하는 자가 상업사용인이고 기업외부에서 기업을 보조하는 자가 대리상, 중개인, 위탁매매인, 운송주선인, 운송인, 창고업자이다.

기업내부에서 기업을 보조하는 자에는 다시 두 종류가 있으니 경영을 보조하는 자와 기술보조자가 있다. 경영보조자는 유통과정에 참가하여 대외적으로 활동하는 보조자인데 이것이 상업사용인이며, 생산과정에 참가하여 대내적으로 활동하는 자가 기술보조자이다.

2. 상업사용인

가. 의 의

상업사용인은 특정한 상인에 종속되어 그 대외적인 영업활동을 보조하는 자를 말한다. 상

법은 상업사용인에 대하여 대리권의 유무와 그 범위에 따라 지배인과 부분적 포괄대리권을
가진 상업사용인, 물건판매점포사용인을 인정하고 있다.

나. 지배인

그 중에서 지배인은 영업주에 갈음하여 그 영업에 관한 재판상 또는 재판 외의 모든 행위
를 할 수 있는 대리권을 가진 상업사용인으로서,[104] 지배인의 선임은 영업주 또는 그 대리
인이 선임을 하고[105] 지배인은 다른 지배인을 선임할 수 없으며[106] 지배인의 선임과 종임
은 등기사항이므로 그 지배인을 둔 본점 또는 지점에서 등기하여야 한다.[107] 지배인의 대리
권에 대한 제한은 선의의 제3자에게 대항하지 못한다.[108]

다. 부분적 포괄대리권을 가진 상업사용인

부분적 포괄대리권을 가진 상업사용인이란 영업주의 영업의 특정한 종류 또는 특정한 사항
에 관하여 재판 외의 모든 행위를 할 수 있는 대리권을 가진 상업사용인을 말하는 것으로,
보통 회사의 부장, 과장, 대리 등의 명칭을 가진 상업사용인이 이에 해당한다. 대리권의 범
위가 부분적이고 재판상의 행위가 제한되며 선임 및 대리권의 소멸이 등기사항이 아닌 점에
서 지배인과 다르나 대리권의 제한을 선의의 제3자에게 대항하지 못하는 점은 같다.

라. 물건을 판매하는 점포의 사용인

물건을 판매하는 점포의 사용인은 그 판매에 관한 모든 권한이 있는 것으로 의제되는
데[109] 이로 인하여 물건판매점포사용인을 의제상업사용인이라고도 한다. 이러한 물건판매점
포사용인은 물건을 판매하는 점포의 사용인에 대해서만 적용되고 물건의 판매에 관해서만 그
권한이 있는 것으로 의제하고 있다.

---

104) 상법 제11조 제1항
105) 상법 제10조
106) 상법 제11조 제2항
107) 상법 제13조
108) 상법 제11조 제3항
109) 상법 제16조 제1항

　일반적으로 건설공사 현장소장은 위에서 살펴본 바와 같이 기업의 경영활동에서 부분적 포괄대리권을 가진 상업사용인이라고 한다. 현장소장의 권한과 책임에 대해 살펴보자.

II. 현장소장

1. 현장소장의 법률상 지위

　건설회사의 업무는 공사의 수주와 공사의 시공으로 크게 나누어지고, 건설회사의 현장소장은 일반적으로 특정한 건설현장에서 공사의 시공에 관련한 업무만을 담당하는 자이므로 특별한 사정이 없는 한 상법 제14조 소정의 본점 또는 지점의 영업주임 기타 유사한 명칭을 가진 사용인, 즉 이른바 표현지배인이라고 할 수는 없고, 단지 같은 법 제15조 소정의 영업의 특정한 종류 또는 특정한 사항에 대한 위임을 받은 사용인으로서 그 업무에 관하여 부분적 포괄대리권을 가지고 있다고 봄이 상당하다는 것이다.[110]

2. 현장소장의 대리권 범위와 한계

　가. 대리권의 범위

　그렇다면 현장소장의 권한은 공사와 관련된 시공에만 한정된다고 보아야 할 것인가? 아니면 포괄적인 대리권을 가진다고 보아야 할 것인가?

　1) 업무상과실치사상죄의 책임
　대법원은 도로공사의 현장소장을 지반의 붕괴 및 토석의 낙하 등에 의하여 근로자에게 위

---

110) 대법원 1994. 9. 30. 선고 94다20884 판결

험을 미칠 우려가 있는 때에는 그 위험을 방지하기 위하여 지반을 안전한 경사로 하고 낙하의 위험이 있는 토석을 제거하거나 옹벽 및 흙막이 지보공 등을 설치하는 등 위험을 방지하기 위하여 필요한 조치를 취하지 않은 경우에는 업무상과실치사죄와 산업안전보건법위반죄에 해당하는 경우에 해당하여 형이 더 중한 업무상과실치사죄에 정한 형으로 처벌받았어야 한다고 판시하고 있다.111)

2) 임금지급책임

근로기준법 제15조에 의하면, 동법에서 사용자라 함은 사업주 또는 사업경영담당자만이 아니라 기타 근로자에 관한 사항에 대하여 사업주를 위하여 행위하는 자를 말한다고 규정하고 있는바, 회사로부터 임금지급을 위하여 교부받은 돈을 피고인이 임의로 다른 용도에 사용하였기 때문에 이 사건 피해자들이 각 임금을 지급받지 못하게 된 것이라면 피고인은 비록 위 회사의 현장소장에 지나지 아니하였다고 하더라도 위 피해자들에 대한 관계에 있어서는 근로자에 관한 사항에 대하여 사업주를 위하여 행위하는 자에 해당한다고 봄이 상당하다고 판시한 바 있다.112)

3) 새로운 공사의 수주행위

건설현장의 현장소장의 통상적인 업무의 범위는 그 공사의 시공에 관련한 자재, 노무관리 외에 그에 관련된 하도급계약 계약체결 및 그 공사대금지급, 공사에 투입되는 중기 등의 임대차계약체결 및 그 임대료의 지급 등에 관한 모든 행위이고, 아무리 소규모라 하더라도 그와 관련 없는 새로운 수주활동을 하는 것과 같은 영업활동은 그의 업무범위에 속하지 아니한다.113)

4) 소결론

따라서 건설현장의 현장소장의 통상적인 업무의 범위는 그 공사의 시공에 관련한 자재, 노무관리 외에 그에 관련된 하도급계약 계약체결 및 그 공사대금지급, 공사에 투입되는 중기 등의 임대차계약체결 및 그 임대료의 지급 등에 관한 모든 행위이고 현장의 안전사고와 임금지급의 책임도 부담한다고 하겠으나 아무리 소규모라 하더라도 그와 관련 없는 새로운 수주활동을 하는 것과 같은 영업활동은 그의 업무범위에 속하지 않는다고 할 것이다.

---

111) 대법원 2002. 11. 26. 선고 2002도649 판결
112) 대법원 1983. 11. 8. 선고 83도2505 판결
113) 대법원 1994. 9. 30. 선고 94다20884 판결

나. 대리권의 한계

1) 원 칙

부분적 포괄대리권을 가진 현장소장의 대리권은 영업주가 정하는 사실을 기초로 하겠지만, 어떠한 행위가 위임받은 영업의 특정한 종류 또는 사항에 속하겠는가는 당해 영업의 규모와 성격, 전체적인 업무분장 등 여러 가지 사정을 고려해서 거래통념에 따라 객관적으로 판단해야 한다.

2) 무권대리, 사용자책임의 성립여부

그러므로 사용인이 영업주의 이익을 위해서 했는지, 아니면 자기 또는 제3자의 이익을 위해서 했는지 등은 문제가 되지 않고 그 영업을 위하여 필요한가 아닌가 하는 객관적인 기준에 의해서만 결정된다. 이 대리권의 범위에 포함되지 않는 경우에는 무권대리가 되고, 이 경우 영업주가 책임을 지기 위해서는 민법상 표현대리의 법리에 의하여 상업사용인과 거래한 상대방이 상업사용인에게 권한이 있다고 믿을 만한 정당한 이유가 있어야 한다.[114]

피용자의 불법행위가 외관상 사용자의 사무집행의 범위 내에 속하는 것으로 보여지는 경우에 있어서도 피용자의 행위가 사용자나 사용자에 갈음하여 그 사무를 감독하는 자의 사무집행 행위에 해당하지 않음을 피해자 자신이 알았거나 또는 중대한 과실로 인하여 알지 못한 경우에는 사용자 혹은 사용자에 갈음하여 그 사무를 감독하는 자에 대하여 사용자책임을 물을 수 없다.[115]

3) 판례의 태도

그러나 현장소장의 그 통상적인 업무의 범위가 위에서 본 바와 같이 공사의 시공에 관련된 사항에 한정되어 있는 이상 일반적으로 회사의 부담으로 될 채무보증 또는 채무인수 등과 같은 행위를 할 권한이 회사로부터 위임되어 있다고 볼 수는 없을 것이지만 이 사건 공사는 130여 만 평의 부지 위에 조성하는 대규모 공사로서 그 관리인원이 500여 명, 그 공사에 관련한 하도급 및 재하도급업체가 100여 개나 되고 그 공사비로 1,000억여 원이 소요되는 방대한 규모인 사실, 건설 현장소장은 회사로부터 그 공사에 관한 하도급계약과 그 공사에 소요

---

114) 유영일, 부분적 포괄대리권을 가진 사용인
115) 대법원 1999. 3. 9. 선고 97다7721, 7738 판결, 1996. 4. 26. 선고 94다29850 판결 등

될 장비에 관한 임대차계약의 체결 및 그 대금 등의 지급 등 어느 정도 광범한 권한을 부여받고 있었으며 위 공사를 함에 있어서도 이 사건 중기와 같은 장비를 구하기가 어려웠고 그 장비가 투입이 되지 않으면 공사에 큰 지장이 초래될 우려가 있었기 때문에 피고가 원고로부터 이를 임차하여 공사에 투입할 때 장비대금지급에 관한 보증을 하게 되었으며, 그 보증의 내용도 위 공사의 일부를 하도급받은 같은 피고에게 지급할 공사대금 중에서 이 사건 중기 임대료 등에 해당하는 만큼을 원고에게 직접 지급하겠다는 것이어서 피고 회사가 중기 임대료 등에 해당하는 만큼을 직접 지급하면 그에 상당하는 하도급 공사대금채무를 면하게 되고 그 보증행위로 인하여 별다른 금전적 손해를 입는 것도 아니었던 사실을 알아볼 수 있다.

따라서 위와 같은 사정이 인정된다면 다른 특별한 사정이 없는 한 피고 회사로서는 현장소장에게 위와 같은 보증행위를 스스로 할 수 있는 권한까지 위임하였다고 봄이 상당하고, 설사 그러한 권한이 위임되어 있지 않다고 하더라도 위 보증행위의 상대방으로서는 이러한 권한이 있다고 믿은 데 정당한 이유가 있다고 보아야 할 것이라고 판시하고 있다.116)

이 사건의 판결이유를 보면 현장소장에게 보증행위를 할 권한까지 부여받았다고 보는 것이 타당하고, 부분적 포괄대리권을 가진 상업사용인의 권한의 범위를 판단하는 데 있어서 사용인의 주관적 판단을 따를 것이 아니라 '그 영업을 위하여 필요한가 어떠한가'라는 객관적 표준'에 의한 합리적인 결정이라고 보아야 한다. 만약 건설회사 현장소장의 보증행위가 부분적 포괄대리권을 가진 상업사용인의 권한 범위에 들어가지 않더라도 그 행위가 민법상 표현대리가 성립되어야 한다고 보아야 한다.117)

4) 현장소장의 지휘 아래 노무, 자재, 안전 및 경리업무를 담당하는 관리부서장이 회사의
    부담으로 될 채무보증 등의 행위를 할 권한이 있는지 여부

도로공사를 도급받은 회사에서 그 공사의 시공에 관련한 업무를 총괄하는 현장소장의 지휘 아래 노무, 자재, 안전 및 경리업무를 담당하는 관리부서장은 그 업무에 관하여 상법 제15조 소정의 부분적 포괄대리권을 가지고 있다고 할 것이지만, 그 통상적인 업무가 공사의 시공에 관련된 노무, 자재, 안전 및 경리업무에 한정되어 있는 이상 일반적으로 회사의 부담으로 될 채무보증 또는 채무인수 등과 같은 행위를 할 권한이 있다고 볼 수는 없다고 한다.118)

---

116) 대법원 1994. 9. 30. 선고 94다20884 판결
117) 건설회사 현장소장과 부분적 포괄대리권을 가진 사용인, 판례회고 386면
118) 대법원 1999. 5. 28. 선고 98다34515 판결

다. 사 견

1) 이 사건에서 채무보증 또는 채무인수에 관하여 지급을 약속한 자가 현장소장이냐 현장
소장의 지휘 아래에 있는 관리부서장이냐의 차이만 있을 뿐이고 신용이 부족한 하도급
자를 믿고 자재납품을 거부한 자재업자에 대해 자재대금 직접지급을 위해 간이세금계
산서의 납품처 명의를 정리회사로 하여 납품한 것인데, 현장소장에게는 그러한 권한이
있고 공사현장의 각종 대금을 지급하는 권한이 있는 관리부서장에게는 그러한 권한이
없다고 판단한 것은 이해하기 어렵다.

과연 현장의 관리부서장이 현장소장과 의논 없이 일방적으로 그러한 행위를 할 수 있었을까?
나중에 책임문제가 발생할 것을 대비하여 현장소장이 그의 대리인으로 관리부서장을 내세
운 것은 아닐까? 기성금이나 공사대금을 자재·장비업자에게 지급하고 그에 해당하는 만큼
하도급자에게 지급할 기성금에서 공제하면 되는 문제인데 그로 인하여 도급인에게 무슨 손해
가 있다는 것인지? 이러함에도 법률효과는 왜 달라져야 하는지 의문이다.

2) 만약 현장소장이 나중에 이러한 문제가 발생할 것을 예상하고 발뺌하기 위하여 현장의
실무책임자인 관리부서장을 내세운 것이 아닌지 여부에 대하여 석명권을 행사하여 구
체적으로 사실관계를 조사하여야 할 의무가 있고 원칙적으로 현장소장과 아무런 의논
도 없이 독단적으로 처리한 경우에 한하여 관리부서장의 채무보증행위를 효력이 없다
고 인정하여야 할 것이다.

Ⅲ. 결 론

부분적 포괄대리권을 가진 상업사용인인 현장소장의 권한은 그 공사의 시공에 관련한 자
재, 노무관리 외에 그에 관련된 하도급계약 계약체결 및 그 공사대금지급, 공사에 투입되는
중기 등의 임대차계약 체결 및 그 임대료의 지급 등에 관한 모든 행위이고, 이 범위를 벗어
난 행위에 대해서 현장소장은 그 권한이 없다 할 것이다.

  따라서 이 범위를 벗어난 행위로 인하여 현장소장을 고용한 회사가 책임을 묻기 위해서는 현장소장과 거래한 상대방이 그 현장소장에게 그러한 권한이 있다고 믿을 만한 정당한 이유가 있어야 한다.

  현장소장의 행위가 외관상 사무집행의 범위 내에 속하는 것으로 보여지는 경우에 있어서도 피용자의 행위가 사용자나 사용자에 갈음하여 그 사무를 감독하는 자의 사무집행 행위에 해당하지 않음을 피해자 자신이 알았거나 또는 중대한 과실로 인하여 알지 못한 경우에는 사용자 혹은 사용자에 갈음하여 그 사무를 감독하는 자에 대하여 사용자책임을 물을 수 없다.

제5절 보증가능금액 확인서 제도

I. 보증가능금액확인 제도의 개관

1. 보증가능금액확인 제도

보증가능금액확인서제도라 함은 건설업을 등록하고자 하는 자가 건설업 등록을 신청할 때 건설산업기본법 시행령 제13조(건설업의 등록기준) 제1항 제1호의2 규정에 의하여 건설교통부장관이 지정하는 금융기관이 발행하는 건설업 등록기준상의 법정 자본금 이상에 해당하는 금액의 보증가능금액확인서를 등록관청에 제출해야 하는 제도를 말한다.

2. 법률의 규정

보증가능금액확인서 발행 금융기관 등은 보증가능금액확인서의 발급을 신청하는 자의 재무상태 · 신용상태 등을 평가하여 그 평가결과에 따라 업종별 자본금의 100분의 20 내지 100분의 50의 범위 안에서 담보를 제공받거나 현금의 예치를 받고, 금융기관 등은 재무상태 · 신용상태 등의 평가 및 담보제공 · 현금예치에 관한 기준을 정하여 일반인이 알기 쉽도록 공시해야 하고, 금융기관 등은 보증가능금액확인서의 발급을 받는 자의 자본금의 기준금액 이상의 금액에 대한 보증의무를 부담한다는 내용을 보증가능금액확인서에 기재할 것을 정하고 있다.[119]

---

119) 건설산업기본법 시행령 제13조 제1항 제1호의2

3. 확인서 발급기관

건설교통부가 보증가능금액확인서 발급기관으로 지정한 기관은 건설공제조합, 전문건설공제조합, 대한설비건설공제조합, 서울보증보험 등 4개 기관이다.

4. 제도의 도입경과

가. 부실업체 퇴출의 필요성

1999년 건설업이 면허제에서 등록제로 전환이 되면서 건설업 등록 시에만 자본금을 갖추었다가 건설업 등록 후에는 이를 유용함으로써 등록기준을 계속 유지하지 않거나 공사낙찰 후 실제로는 공사를 수행 않고 입찰브로커로서 불법행위를 양산하는 핸드폰 컴퍼니, 페이퍼 컴퍼니의 난립으로 건실한 업체가 시장에서 도태되고 시장질서가 교란되는 등 부작용이 발생하게 되었다.

나. 보증가능금액확인서 제도의 도입

이에 따라 정부에서는 건설업 등록기준을 강화하여 부실업체를 시장에서 퇴출시키고자 보증가능금액확인서 제도를 도입하고 기술자, 자본금 보유기준을 강화하게 되었는데, 그중 보증가능금액확인서 제도는 규제완화와 시장질서를 통한 자율적인 퇴출과는 상충되는 측면이 있어 2001년 9월 25일부터 3년 기한으로 한시적으로 시행하게 되었고 기술자와 자본금 보유기준강화는 기존 건설업체의 경우에는 '04년 말까지 유예기간을 두어 강화된 등록요건을 구비하도록 하게 하였다.

다. 보증가능금액확인서 제도의 존치

정부에서는 보증가능금액확인서 제도가 한시적으로 도입된 관계로 폐지를 앞두고 존속여부를 검토한바, 그간 보증가능금액확인서 제도가 자본금을 위장납입하거나 등록 후 자본금을 유용하는 문제로 인한 부실업체 난립방지에 기여한 점, 건설시장 규모에 비하여 업체 수가 여전히 과잉상태에 있는 점, 제도 폐지에 따라 건설업체의 건전한 재무구조를 유인하기 위한 유인부족으로 부실업체 난립의 우려 등 제반사정을 감안하여 보증가능금액확인서 제도를 재도입하게 된 것이다.

라. 유사한 제도

이와 유사한 제도로는 정보통신공사업등록자 및 신규로 정보통신공사업을 등록하고자 하는 자가 정보통신공사업법시행령 제16조 제1의 2호의 규정에 의한 정보통신공사업 등록기준 자본금의 100분의 10 이상에 해당하는 금액을 예치·출자하여 정보통신공제조합으로부터 자본금확인서를 발급받아 등록관청에 제출하는 자본금확인서 제도가 있다.

5. 보증가능금액확인서 발급절차

가. 신용평가의 필요

일반적인 경우, 건설업을 등록하고자 하는 자가 보증가능금액확인서 발급을 신청할 경우 당해 건설업자의 신용을 평가하여[120] 신용등급을 확정하고 당해 조합원이 출자할 금액을 통보하면 이 신용등급에 따라 출자좌수가 부족한 조합원은 추가 출자해야 하고, 출자좌수가 충분한 조합원인 경우에는 추가 출자가 필요 없다.

보증가능금액확인서 신청인이 비조합원일 경우 조합이 신청인의 신용을 평가하여 신용등급을 확정하고 신청인이 공제조합에 예치할 금액을 신청인에게 통보하면 해당 금액을 출자하게 된다.

나. 발급사실 통보

공제조합은 확인서 발급사실을 등록관청에 통보하게 되는데 건설교통부의 건설산업지식정보

---

120) 일반적으로 이미 신용평가를 받은 조합원은 생략 가능하지만 신용평가의 유효기간이 경과한 조합원의 경우에는 최하위 신용등급을 적용하여 확인서를 발급한다.

시스템(http://www.kiscon.net)에 전자적으로 통보하고 조합원에게는 서면으로 통보한다.

다. 보증가능금액확인서 발급절차 도해

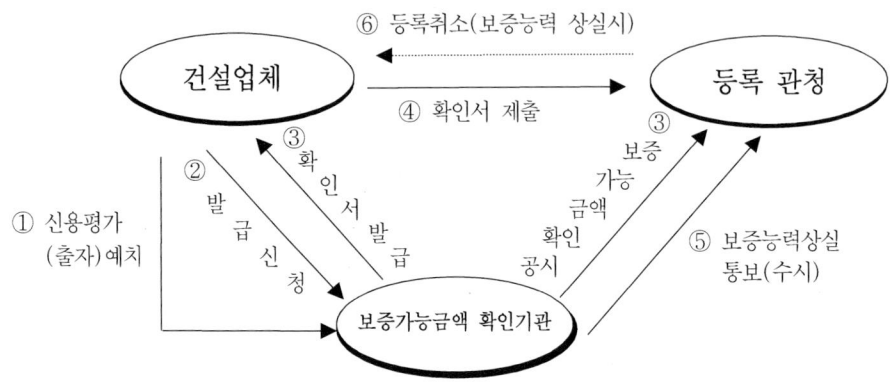

라. 조합원인 경우와 비조합원인 경우 절차

1) 조합원인 경우

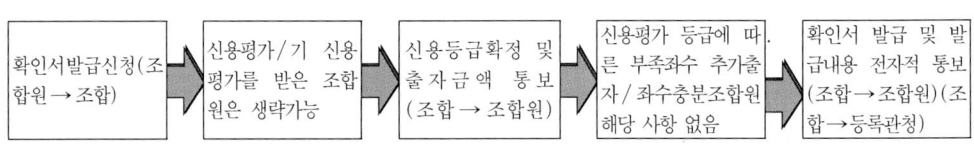

2) 비합원인 경우

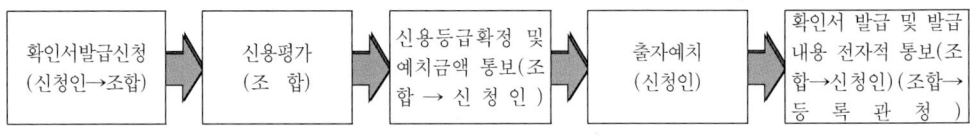

6. 보증가능금액확인서와 보증서 비교[121]

보증가능금액확인서는 보증기관이 업체에 대해서 보증할 수 있는 보증한도총액이 자본금에 상당함을 확인하는 법정등록서류인 데 반해 보증서는 건설업자에게 발주한 건설공사가 계약 내용대로 이행되지 않을 경우에 발주자가 입게 되는 손해에 대하여 제3자(보증회사)가 보상 금 지불을 약정하는 증서이다.

구 분	보 증 가 능 금 액 확 인 서	보 증 서
목 적	개별업체에 대한 보증한도액이 자본금에 상당함을 확인하여 부실업체 시장진입 방지	건설업체의 개별계약 불이행 시 보증회사가 금전적인 보증책임을 부담함으로써 발주자 보호
책 임	보증가능금액확인서 발급은 향후 확인액만큼의 보증서발급으로 연계되므로, 간접적인 금전책임을 부담	보증서의 발급은 건설업체의 계약내용대로 공사를 완료하지 못할 경우 직접적인 금전책임을 부담
발 급 요 건	개별업체의 보증기관에 대한 자금예치·담보제공금액, 재무상태, 신인도 등으로 평가한 보증한도총액이 법정자본금기준을 상회하는 경우 발급	보증기관에 대한 자금예치, 담보 제공액 및 업체의 재무상태, 신인도 등에 따라 개별 보증 계약건별로 일정액의 수수료 부담
부정발급 제재	발급기관 지정취소, 관련 임·직원은 형법상 배임죄 적용 고소·고발	별도 행정적인 제재는 없으나 선의의 제3자에 대한 금전책임 부담
발 급 기 관	건설관련 보증업무 취급기관 중 건설교통부장관이 지정한 기관	일반보증은 금융기관, 증권회사, 체신관서, 보험사업자, 공제조합 등으로 다양하나, 건설보증은 공제조합과 서울보증이 대부분

7. 보증가능금액확인서의 유효기간

확인서의 유효기간은 발급일로부터 1년이며, 매년 관할 건설업 등록관청에 새로운 확인서를 제출하여야 한다.

---

121) 건설교통부 자료

8. 보증가능금액확인서 발급을 위한 출자좌수(예치금액)

가. 건설공제조합

〔단위: 좌,122) 억원〕

구 분	건설업종	법정자본금	출 자 좌 수	
			C 등급	D 등급
일 반	건 축	5	83	94
	토 목	7	117	131
	토 목 건 축	12	200	225
	산 업 환 경	12	200	225
	조 경	7	117	131
전 문	철강재설치	10	166	187
	준 설	10	166	187
	삭 도 설 치	3	50	57
	승 강 기 설 치	2	34	38
	시설물유지관리	3	50	57

※ 1. 법인 기준이며, 개인사업자의 경우 상기 (출자)예치좌수의 2배(승강기설치, 가스시설시공,
　시설물유지관리 제외)를 적용.
　2. 일반건설업종을 중복보유한 경우에는 해당 건설업에 대한 기준좌수를 모두 보유해야 함.
　3. 전문건설업종은 조합에서 보증가능금액확인서를 이용하는 경우만 해당됨.

나. 전문건설공제조합

〔단위: 좌123), 억원〕

업 종		법 인			개 인		
		법정자본금	20%	25%	법정자본금	20%	25%
일반	토목, 조경	7	159좌	199좌	14	318좌	398좌
	건 축	5	114좌	142좌	10	228좌	284좌
	토건, 산업설비	12	273좌	341좌	24	546좌	682좌
전문	철강재, 준설	10	228좌	284좌	20	455좌	568좌
	철도, 포장, 강구조, 삭도	3	69좌	86좌	6	137좌	171좌
	시설물	3→69좌(20%), 86좌(25%)					
	기타 전문건설업종	2→46좌(20%), 57좌(25%)					
	가스 2종~3종, 난방 1~3종	법정자본금 없음					

※ 일반건설업종을 포함한 업종을 중복보유할 경우에는 해당 건설업에 대한 기준좌수를 모두 구비해야 함.

---

122) 1좌당 지분가는 1,264,250원(2006. 3. 1. 기준)임.

다. 서울보증보험

1) 담보금액

구 분		8등급 이상	9등급	10등급
일 반 건 설		20% 이상	22% 이상	25% 이상
전문건설	기계설비 가스설비	20% 이상	23% 이상	20% 이상
	기 타	20% 이상	22% 이상	25% 이상

2) 업종별자본금

〔단위: 억원〕

구 분	일 반 건 설 업			전 문 건 설 업			
	토목, 조경	건 축	토목건축, 산업, 환경설비	철도, 궤도, 포장, 강구조물, 삭도설치	철강제 설치, 준 설	시설물 유지관리	기 타
법 인	7	5	12	3	10	3	2
개 인	14	10	24	6	20	3	2

3) 발급기준

 - 1등급에서 10등급까지 10등급으로 구분하되, 개인사업자, 신설업체 등 평가자료를 받을 수 없는 신용등급 미산출업체는 최하위등급인 10등급으로 적용한다.

 - 업체별 신용등급에 따라 신청자가 회사에 제공할 최저 담보금액은 건설산업기본법 시행령 별표2에서 정한 업종별 자본금의 일정비율로서 각 업종별 최저담보율은 아래 표와 같으며, 법인 또는 대표자가 신용도에 결격사유가 있는 경우에는 해당 등급별 담보금액을 상향조정할 수 있다.

9. 보증가능금액확인서 발급실적('04. 8 현재)

구 분	총 계	건설공제조합	전문건설 공제조합	설비건설 공제조합	서울보증보험㈜
업체수(건수)	46,288	13,858	28,803	3,603	24

출처: 건설교통부

---

123) 1좌당 지분가는 881,591원임(2006. 3. 1. 기준).

10. 보증가능금액확인서의 효력상실

확인서 발급 이후 아래의 사유가 발생한 경우에는 그 유효기간에도 불구하고 확인서의 효력이 상실되며 해당내용을 행정관청과 조합원에게 통보한다.

구 분	효 력 상 실 사 유
건설공제 조 합	- 건설업등록이 말소되거나 그 효력상실 등이 발생한 때 - 건설산업기본법 제17조의 규정에 의한 건설업을 양도한 때. 다만, 동법 시행규칙 제18조 제6항에 의한 양도의 경우에는 그러하지 아니함 - 허위자료 제출 등 정당하지 아니한 방법으로 확인서를 발급받은 때 - 금치산 또는 파산의 선고를 받거나 조합에서 제명된 때 - 법·영, 정관, 제 규정에서 정한 의무를 불이행하거나, 기타 사유로 보증가능금액 확인 부적격으로 인정되는 때 - 출자지분의 취득으로 보증가능금액확인서 발급기준에 미달하게 된 때 - 신용평가등급 하락으로 보증가능금액확인서 발급기준에 미달하게 된 때 - 예치금에 대한 압류 등 보증가능금액확인서 효력에 영향을 미치는 것으로 판단되는 사유가 발생된 때
전문건설 공제조합	- 조합원이 그 지분 전부를 양도함으로써 조합을 탈퇴한 때 - 건설업 등록이 말소되거나 그 효력이 상실된 때 - 금치산 또는 파산의 선고를 받은 때 - 건설산업기본법 제17조의 규정에 의한 건설업을 양도하는 때. 단, 동법시행규칙 제18조 제5항에 해당되는 경우에는 그러하지 아니함 - 제명된 때
서울보증 보험㈜	- 건설업을 양도한 때. 다만 건설산업기본법시행규칙 제18조 제5항의 규정에 해당하는 경우에는 그러하지 아니할 수 있다. - 다른 사람에게 자기의 성명 또는 상호를 사용하여 건설공사를 수급 또는 시공하게 하거나 그 건설업등록증 또는 건설업등록수첩을 대여한 때 - 건설산업기본법 제13조 제1항의 규정에 해당하는 사유가 발생한 때 - 허위서류 제출 등 정당하지 아니한 방법으로 확인서를 발급받은 때 - '보증가능금액확인서 발급업무 처리기준'에 의한 신청자의 의무를 이행하지 아니한 때 - 신청자에 대하여 파산·화의개시·회사정리절차개시의 신청이 있거나 청산에 들어간 때 - 기타 부도 또는 어음교환소의 거래정지 처분이 있는 때 등 사실상 건설업을 영위할 수 있는 능력을 상실한 것으로 인정되는 때 - 건설산업기본법 등 관련법령·지침 또는 영업지침 등에 반하는 행위를 하여 확인서의 효력에 중대한 훼손이 발생한 것으로 인정되는 때

11. 융자의 제한

보증가능금액확인서 제도의 취지가 부실한 건설업체가 자본금을 유용하는 것을 방지하여 자본충실에 목적이 있고 이를 통해 시장퇴출을 도모하기 위하여 건설산업의 경쟁력을 제고하고 공사의 성실시공을 위하여 시행한 것이므로 확인서 발급에 필요한 출자예치금에 대해서 확인서발급일(조합가입일)로부터 1년간 융자를 제한한다.

Ⅱ. 제도시행의 효과

1. 건설회사 증가추이

외환위기 이후 건설공사의 물량이 절대적으로 감소했음에도 불구하고 건설업체 수는 지속적으로 증가하는 기형적인 현상이 발생하였다. 이는 외환위기 과정에서 많은 건설업체가 도산하면서 도산한 건설업체의 임직원이 건설업체를 설립한 것으로 추정된다.

(단위: 억원, 개사)

구 분	1998	1999	2000	2001	2002	2003
총 수 주 액	478,917	511,363	601,523	678,358	831,492	1,024,478
토 목	250,390	207,971	224,250	260,014	289,012	319,499
건 축	228,524	303,394	377,270	418,346	542,478	704,979
주 택	126,045	193,170	224,878	237,732	312,300	451,484
일 반 건 설 업 체 수	4,207	5,151	7,978	11,961	12,643	12,996
토 건	2,160	2,795	3,316	4,176	4,159	4,140
토 목	992	1,179	2,297	3,576	3,323	3,305
건 축	971	1,074	2,267	4,057	4,989	5,364
업체당 평균수주액	113.8	99.3	75.4	56.7	65.8	78.8
토 목	79.4	52.3	40.0	33.5	38.6	42.9
건 축	73.0	78.4	67.6	50.8	59.3	74.2
주 택	40.3	49.9	40.3	28.9	34.1	47.5

출처: 대한건설협회.

보증가능금액확인제도는 건설업 등록 후에 자본금 등을 유용함으로써 그 등록기준을 계속 유지하지 아니하거나 건설공사를 수행할 의사와 능력도 없이 공사만 낙찰받아 시공을 하지 아니하고 다른 건설업자에게 넘기면서 소개료만 챙기는 등의 행위를 하는 부실건설업자의 난립을 방지하기 위하여 사무실 확보 및 자본금 강화 등과 함께 재도입되었다.

2. 분기별 등록 일반건설업체 수 및 증감(률) 추이

(단위: 개사, %)

구 분	2000년				2001년				2002년				2003년			
	1/4 분기	2/4 분기	3/4 분기	4/4 분기	1/4 분기	2/4 분기	3/4 분기	4/4 분기	1/4 분기	2/4 분기	3/4 분기	4/4 분기	1/4 분기	2/4 분기	3/4 분기	4/4 분기
업체수	5,374	5,694	6,882	7,978	9,433	10,698	11,712	11,961	11,971	12,159	12,292	12,643	12,893	13,033	13,079	12,996
증 감	219	320	1,188	1,096	1,455	1,265	1,014	249	10	188	133	351	250	140	46	△83
증감률	4.25	5.95	20.86	15.93	18.24	13.41	9.48	2.13	0.08	1.57	1.09	2.86	1.98	1.09	0.35	△0.63

출처: 대한건설협회.

일반건설업체의 경우, 2000년 7월 1일 일반건설업 등록 시 부과된 건설공제조합에 대한 의무출자제도 폐지 이후부터 2001년 9월 25일 보증가능금액확인제도 도입 이전까지 업체 수의 평균 증가율은 15.58%이나 보증가능금액확인제도 시행부터 2003년 4/4분기까지 업체 수의 평균 증감률은 1.17%로 보증가능금액확인제도 도입 전후의 두 시기가 뚜렷하게 구별된다.

전문건설업체의 경우, 전문건설업 등록 시 부과된 전문건설공제조합에 대한 의무출자제도가 폐지된 2001년 7월 1일 이후부터 보증가능금액확인제도가 도입된 2001년 9월 25일까지, 즉 2001년 3/4분기 업체 수의 평균 증가율은 5.54%이나 보증가능금액확인제도 시행부터 2003년 4/4분기까지 업체 수의 평균 증감률은 0.74%로 보증가능금액확인제도 도입 전후의 두 시기가 뚜렷하게 구별된다.[124]

---

124) 빈재익, 보증가능금액확인제도의 재도입 여부 검토 및 고려 사항, 2004 건설산업연구원

3. 분기별 등록 전문건설업체 수 및 증감(률) 추이

(단위: 개사, %)

구분	2001년				2002년				2003년			
	1/4 분기	2/4 분기	3/4 분기	4/4 분기	1/4 분기	2/4 분기	3/4 분기	4/4 분기	1/4 분기	2/4 분기	3/4 분기	4/4 분기
업체수	32,390	33,238	35,081	35,572	35,656	36,144	36,337	36,665	37,301	37,675	37,269	37,120
증 감	567	848	1,843	491	84	488	193	328	636	374	△46	△149
증감율	1.78	2.62	5.54	1.40	0.24	1.37	0.53	0.90	1.73	1.00	△0.12	△0.40

출처: 전문건설공제조합 '건설보증기관(공제조합)의 역할강화' 2004. 6.

4. 보증가능금액확인서 제도의 효과

건설산업은 국민의 생명 및 재산과 직결되는 공공성이 강한 산업인데, 기술능력·자본금·신용상태 등이 부실한 업체가 지속적으로 증가한다는 것도 문제이고 이를 시장기능을 통해서 자정한다는 것도 쉬운 일은 아닌데 보증가능금액확인서 제도와 자본금 강화를 통해 부적격업체를 시장에서 퇴출하여 궁극적으로 건설업체의 경쟁력 강화와 국민경제 발전에 이바지한다는 긍정적인 효과는 부정할 수 없다고 하겠다.[125)]

연도별 전문건설업체 행정처분 결과

구 분	계	등록말소	영업정지	과태료	자진반납	기 타
2001	3,519	659	1,539	109	1,044	168
2002	3,240	991	1,294	46	906	3
2003	9,386	1,374	4,899	170	3,098	
계	6,759	1,650	2,833	155	1,950	171

125) "건설업을 영위하기 위해서는 일반건설업의 경우 법인은 3억 원, 개인은 6억 원 이상(토목건축 공사업의 경우는 법인 10억 원, 개인 20억 원 이상)의 자본금이 있어야 등록이 가능하도록 기준을 마련하고 있다. 일단 등록하고 난 다음에는 이 자본금을 어떻게 사용하더라도 전혀 문제가 되지 않는다. 물론 영업을 하기 위하여 자본금을 사용하는 것은 당연한 일이겠지만 등록과 동시에 자본금을 인출하여도 무방하다면 구태여 등록 기준에 이를 규제하고 있는 이유는 무엇일까? 오죽했으면 건설업 등록을 대행해 주는 대행업자까지 생겼다고 한다. 이런 경우에 등록과 동시에 대행업자가 자본금을 인출해 버리는 것은 너무나 당연한 일이다. 소위 말해서 속이 빈 껍데기 건설회사가 우후 죽순처럼 난립하더라도, 또 발주자가 적정한 시공을 보증받을 수 있는 수단이 확보되지 않더라도 건설업체는 별다른 어려움 없이 영업을 할 수 있다는 뜻이다." 성낙준, 정부발주공사를 통해 본 건설산업해부, 18면

행정처분조치 사유별 현황(2003. 3. 24. 기준)

구 분	계	자본금미달	보증가능금액확인서	사무실	기술자 미달	경력임원 미달	기 타
전문	9,386	1,173	1,216	1,451	1,122		4,424
일반	2,391	342	1,095	93	362	66	433
계	9,386	1,173	1,216	1,451	1,122	66	4,424

Ⅲ. 관련문제

1. 공제조합의 출자를 위하여 금융권(은행)으로부터 융자를 받아 건설공제조합에 출자금을 납입하고, 금융권에서는 대출금액에 대한 채권확보를 위하여 건설공제조합에 압류 및 출자증권(출자지분) 양도 및 처분금지 가처분 신청을 하였을 경우 보증가능금액확인서의 효력유무

보증가능금액확인서 발급을 목적으로 확인서 발급 이전에 은행 등으로부터 금전을 차입예치하고, 은행 등은 채권회수를 위하여 예치금(출자지분)에 대해 보증을 포함한 일체 업무거래를 원천적으로 제한하여 법원의 가처분 결정에 따라 당해 업체에 대한 보증이 불가능하게 된 경우라면 보증가능금액확인서 실효사유에 해당된다고 볼 것이다.

다만, 발급기관은 실효조치 전에 해당 업체가 실효사유를 자율적으로 치유할 수 있도록 적정한 유예기간을 부여할 수 있을 것으로 보며, 유예기간이 경과되어 실효조치한 경우에는 발급기관은 해당 등록관청에 즉시 통보하고, 이는 등록기준 미달로 건설산업기본법 제83조 제2호에 따라 처리될 사항이다.

2. 영업정지 처분을 받은 건설업체도 보증가능금액확인서를 제출해야 하는지 여부

영업정지업체는 일체의 영업을 하지 못하므로 건설업등록기준을 구비하지 않아도 된다는 견해도 있으나 영업정지도 말소된 것이 아니므로 잠재적으로 건설업자이며, 등록기준의 일시적 존멸은 타당하지 아니하므로 건설업의 등록기준사항은 영업정지 등의 경우에도 일반적으로 모두 구비되어야 할 것이다.

3. 보증가능금액확인서를 제출하지 않은 업체가 입찰에 참가해서 낙찰을 받았을 경우의 계약의 효력

건설산업기본법 제14조 제1항 및 제3항의 규정에 의하여 영업정지 또는 등록말소 등을 받은 건설업자 및 그 포괄승계인은 그 처분 전에 도급계약을 체결하였거나 관계법령에 의하여 허가·인가 등을 받아 착공한 건설공사에 대해서는 이를 계속 시공할 수 있으며, 등록이 실효된 경우에도 계속 시공할 수 있으며 당해 공사를 완성할 때까지는 이를 건설업자로 보도록 하고 있다.

따라서 행정처분 전에 도급계약을 체결한 경우라면 계속 공사를 할 수 있을 것이나 건설산업기본법 제14조 제2항의 규정에 의거 처분의 내용을 지체 없이 당해 건설공사의 발주자에게 통지하여야 할 것이며, 동조 제4항의 규정에 의하여 발주자는 통지를 받거나 그 사실을 안 날로부터 30일 이내에 한하여 도급계약을 해지할 수 있을 것이다.

4. 미국에 본사를 두고 한국에 지사를 가진 외국법인으로 현재 서울시에 토목건축공사업 등록을 하고 미군발주공사만을 수행하는 경우에 보증가능금액확인서를 제출하여야 하는지 여부

건설산업기본법 시행령 제13조 제1항 제1호의 2 규정에 의한 보증가능금액확인서는 건설업의 등록기준으로서 건설업을 영위하는 동안에 상시 유효하게 구비되어야 하며, 건설업 등록 시 영업범위를 특정지역 또는 특정발주자로 제한하고 있지 아니하므로, 외국법인인 경우에도 보증가능금액확인서를 기한 내에 제출하여야 한다.

5. 법인소유 부동산 담보로 보증가능금액확인서 발급이 가능한지 여부

법령에는 담보도 가능하게 되어 있으나 공제조합 출자금은 현금으로 출자되어야 하는 이유로 현금으로 운용되고 있다.

국가별 건설업 등록제도 비교

구 분	한 국	미국(공통, California)	일 본	유럽(독일, 프랑스 등)
법적근거	건설산업기본법	State Construction (Contracrors) License law	建設業法	EU Law, Direction(EU) 수공업에 관한 법률(독) 공공계약법, 건설부령(프)
등록·면허제도	등록제 (Registration)	허가·등록제 (License, Registration)	허가제 (특정, 일반건설자)	동업자조합등록제(일반) 건설업허가제(스페, 독) 공사별허가Concession(프)
등록통제 기 능	없 음	-일부 州의 경우 건설업 면허위원회의 심사(면접)	없 음	협회, 조합의 카르텔에 의한 사업제한
대표자·법인의 자격-제한	법 제13조의 결격사유가 있는 자의 등록제한	-경력제한 -학력제한(고졸이상) -시험제도(4과목) -건설업위법행위전력조회 -신분조회 -신용확인(평가기관)	-대표자(5년 이상 해당 업종의 경영관리 책임 경험이 있는 자) -불성실, 불공정 우려 없는 자 -임원전임자격제	-동업자조합등록 및 마이스터 시험합격자 -기술력 및 구조계산능력실사 (정부지정기관) -Qulibat의 검증을 받은 자
자본금 제도	업종별 자본금제 (5~10억)	-2,500$ 이상 (Operating Capital) -1,000만$ 이상 순자산 -세무 관련 내용 확인서	-재산, 금전기초요건 -재무제표, 손익계산 -납세증명, 금융거래	-상법상 자본금요건 충족 (실질자본) -12만 유로(독) -15만 유로(프)
면허 비용	없 음	25$ (추가등록 50$)	-	-
재정보완	보증가능금액확인서제도	License Bond, 재무능력심사제도, 보증금예치제도	-	동업자조합(독)의 검증 Qulibat(프)의 검증
기술자 및 사무실규제	자격, 인원, 사무실 면적제한	기술자격 및 경력자격	기술자격	-기술자격 및 조합등록자 여부
건설 보증	보증기관	Surety Company (대자본보증회사로서 보험회사)	보증기관 및 은행	-은행, 조합(사업자단체, 프) -보증협회(독)

주: 스페인은 국가 전체가 단일화된 건설법을 두고 면허제를 시행
　　이탈리아의 경우 지방자치단체가 별도로 건설업법을 제정 시행
　　기타의 국가들은 정부지정단체, 사업자단체, 동업자조합의 등록제 시행
　　미국 캘리포니아 주는 州건설업면허위원회에서 건설업자의 재정, 인품과 덕망을 심사
자료: 건설공제조합

제6절 출자증권의 법적성질과 강제집행 방법에 대한 고찰

I. 출자증권의 법률적 성격

1. 공제조합 가입요건으로서의 출자증권

건설업자가 공제조합에 가입하기 위해서는 일정한 출자좌수 이상의 금액을 출자하여야 하고[126] 이 출자금의 출자는 공제조합이 발행한 출자증권을 매입하는 방법으로 한다. 다른 조합원 또는 조합원이었던 자로부터 출자증권을 매입했을 때에도 공제조합 출자주명부에 명의개서를 하는 방법으로 한다.

---

126) 대법원 2000. 2. 25. 선고 98다36474 판결
　　　구 전문건설공제조합법(1996. 12. 30. 법률 제5230호 건설산업기본법 부칙 제2조로 폐지)상의 전문건설공제조합과 업종별공제조합이 기본적으로 조합원의 출자금을 기초로 하여 운영되고, 조합에 대한 조합원으로서의 모든 권리 의무는 출자를 기준으로 발생 및 행사되는 것인 점에 비추어, 전문건설공제조합 정관 제12조 제2항 제3호가 '출자증권을 전부 양도하였을 때'를 당연탈퇴 사유로 규정한 취지는 그 원인의 여하와 관계없이 조합원의 지위가 표창된 출자증권이 전부 양도됨으로써 조합원의 기본적 의무인 출자의무를 전혀 이행하지 아니한 결과가 될 뿐만 아니라, 출자지분에 따라 인정되는 조합원의 권리 의무도 가질 수 없게 된 조합원에 대하여는 별도의 절차를 거칠 필요도 없이 조합원으로서의 지위를 상실시키도록 함에 있는 것이라고 풀이함이 상당하므로, 전문건설공제조합이 조합원에 대한 담보권 실행을 이유로 그 출자지분을 모두 취득함으로써 출자지분이 영(0)이 된 업체(이른바 영좌업체)는 전문건설공제조합의 조합원으로서의 지위를 상실한다.

2. 법률의 규정

가. 양도의 제한

조합원 또는 조합원이었던 자는 대통령령이 정하는 바에 따라 그 지분을 다른 조합원이나 조합원이 되고자 하는 자에게 양도할 수 있고, 지분을 양수한 자는 그 지분에 관한 양도인의 권리·의무를 승계하며, 지분의 양도 및 질권설정은 상법의 규정에 의한 기명주식의 양도 및 질권설정의 방법에 의한다.

나. 담보제공의 제한

조합원의 지분은 공제조합에 대한 채무의 담보로 제공되는 경우 외에는 질권의 목적으로 할 수 없다.

다. 담보권의 실행

공제조합이 조합원에 대하여 가지는 담보권을 실행하기 위하여 필요한 때, 공제조합에 출자한 자가 자기 출자액을 회수하기 위하여 공제조합에 지분의 양수를 요구한 때, 조합원이 탈퇴한 후 2년이 경과한 때, 준비금의 출자전입 시 단좌가 발생한 때에는 조합원 또는 조합원이었던 자의 지분을 취득할 수 있고, 출자금을 감소하고자 하는 때에는 그 지분을 취득하여야 한다.

민사집행절차나 국세 등의 체납처분절차에 의하여 행하는 지분의 압류 또는 가압류는 민사집행법 제233조의 규정에 의한 지시채권의 압류 또는 가압류의 방법에 의한다.127)

라. 출자증권의 처분

공제조합이 출자금을 감소하고자 지분을 취득한 때에는 지체 없이 출자금 감소절차를 밟아야 하며, 조합원에 대하여 가지는 담보권을 실행하기 위하여 필요한 때, 공제조합에 출자한

---

127) 건설산업기본법 제59조

자가 자기 출자액을 회수하기 위하여 공제조합에 지분의 양수를 요구한 때, 조합원이 탈퇴한 후 2년이 경과한 때, 준비금의 출자전입 시 단좌가 발생한 때에는 이에 해당하는 지분을 지체 없이 처분하되 처분되지 아니한 지분은 정관이 정하는 바에 의하여 출자금을 감소시킬 수 있다.

마. 출자증권에 대한 담보권 실행절차

조합원 또는 조합원이었던 자가 그의 지분을 양도하고자 하는 때에는 공제조합으로부터 출자증권에 명의개서를 받아야 하고, 공제조합이 조합원에 대하여 가지는 담보권을 실행하기 위하여 필요한 때, 공제조합에 출자한 자가 자기 출자액을 회수하기 위하여 공제조합에 지분의 양수를 요구한 때, 조합원이 탈퇴한 후 2년이 경과한 때, 준비금의 출자전입 시 단좌가 발생을 이유로 지분을 취득한 때에는 당해 출자증권을 공제조합의 명의로 개서한 뒤 이를 처분하여야 한다.[128]

공제조합이 지분을 취득한 때에는 조합원 또는 조합원이었던 자에게 지급하여야 할 금액을 지체 없이 지급하여야 하고, 공제조합의 지분취득에 따라 조합원 또는 조합원이었던 자가 가지는 청산금청구권은 그 지분을 취득한 날부터 5년간 행사하지 아니하면 시효로 인하여 소멸한다.[129]

구 주택건설촉진법시행령(1999. 4. 30. 대통령령 제16283호로 개정되기 전의 것) 제43조의8 제1항에서는 조합원이 지분취득 요구를 한 때 주택사업공제조합이 지분을 취득하여야 한다고 규정하고 있고, 같은 시행령 제43조의7 제4항에 의하면, 주택사업공제조합 출자지분의 양도는 상법에 의한 기명주식양도의 방법에 의한다고 되어 있어 출자지분의 취득을 위하여 반드시 명의개서를 필요로 하는 것은 아니며, 같은 시행령 제43조의7 제3항에 의하면, 명의개서를 받은 때 양수인이 양도인의 권리·의무를 승계한다고 되어 있으나 위 조항은 주택사업공제조합 이외의 제3자가 양수인이 된 경우에만 해당되는 것으로 보아야 할 것이므로, 주택사업공제조합은 같은 시행령 제43조의8 제1항 제3호에 의한 지분취득 요구를 받은 시점에서 당해 출자지분을 취득한다고 볼 것이고, 취득요구일로부터 1월 이내에 양수 희망자가 없을 경우에 주택사업공제조합 명의로 명의개서를 하여야 한다는 주택사업공제조합의 출자증권취급규정(1997. 10. 30. 개정된 것) 제21조 제2항의 규정은 명의개서의 절차에 관한 것일 뿐 위 명의개서 시점에 주택사업공제조합이 지분을 취득하게 된다는 것을 의미하는 것은 아니라고 할 것이다.[130]

---

128) 건설산업기본법 시행령 제59조
129) 건설산업기본법 제60조
130) 대법원 2002. 10. 25. 선고 2001다45737, 45744 판결

3. 출자증권의 법적성격

가. 양도제한성

건설업을 등록한 자만이 조합원이 될 수 있고 공제조합의 출자증권을 매입할 수 있으며 조합원 또는 조합원이었던 자의 출자지분도 조합원 또는 조합원이 되고자 하는 자에게만 양도할 수 있고, 지분을 양수한 자는 그 지분에 관한 양도인의 공제조합에 대한 권리·의무를 승계하므로 조합원 또는 조합원이었던 자가 법률의 규정을 위반하여 조합원이 아닌 자에게 출자증권을 양도하는 경우에는 그 양도행위 자체가 아무런 효력이 없는 것으로 보아야 할 것이다.

또한 출자증권은 공제조합에 대한 채무의 담보로 제공되는 경우 외에는 질권의 목적으로 할 수 없으므로 이에 위반한 경우 질권설정행위 자체도 무효라고 생각된다.

나. 유가증권으로서의 출자증권

출자증권은 공제조합에 대한 출자지분을 표창하는 유가증권이다.[131] 출자증권을 분실·도난당한 경우와 오손으로 진위를 식별할 수 없는 때에는 제권판결의 정본을 제출하여 증권의 재발행을 요구하여야 하고, 지분의 양도 및 질권의 설정은 상법의 규정에 의한 기명주식의 양도 및 질권 설정의 방법에 의한다.

따라서 건설업을 등록한 자만이 공제조합이 가입할 수 있고 공제조합에 출자할 수 있으며 조합원 또는 조합원이었던 자에게만 양도할 수 있는 출자증권은 출자금을 표창하는 출자지분이므로 법률에 의해 양도가 제한된 유가증권으로서의 성격을 가진다.

---

131) 법원실무제요 민사집행[Ⅲ] 133면에서는 출자증권을 순수한 증거증권이라고 기재하고 있는데 의문이다. 나아가 손진홍, 채권집행의 이론과 실무 298면에서 출자증권은 순수한 증거증권에 해당하여 민사집행법 제189조 제3항 3호에서 정하고 있는 유가증권이 아니므로 유체동산집행방법으로 집행해서는 아니 되고 민사집행법 제234조가 정하는 방법에 따라 채권압류 후 강제집행의 방법으로 집행관이 그 증서를 인도받고 출자증권을 제3자가 점유하고 있는 때에는 채권자의 신청에 따라 금전채권의 압류에 관한 규정에 의해 채무자의 제3자에 대한 인도청구권을 채권자에게 넘겨야 한다고 기재하고 있다. 이 역시 의문이다.

4. 출자증권의 양도 및 질권설정 방법

가. 출자증권의 양도

건설산업기본법에서는 출자증권의 양도는 상법의 규정에 의한 기명주식의 양도방법에 의한다고 정하고 있으므로 양도인과 양수인이 양도합의를 하고 출자증권에 배서와 출자주명부에 명의개서를 하는 방법으로 양도한다.

나. 질권설정의 방법

출자증권에 대한 질권설정은 상법의 규정에 의한 기명주식의 질권설정 방법으로 한다. 기명주식의 질권설정 방법에는 약식질과 등록질의 두 가지가 있다.

약식질은 당사자 사이에 질권설정의 합의를 하고 출자증권을 질권자에게 교부함으로써 성립한다. 이 경우 질권자는 계속하여 출자증권을 점유하지 아니하면 그 질권으로써 제3자에게 대항하지 못한다.[132]

등록질은 출자증권을 질권자에게 교부하고 채권자가 질권설정자인 조합원 또는 조합원이었던 자의 청구에 의하여 질권자의 성명과 주소를 주주명부(출자주명부)에 부기하고 그 성명을 출자증권에 기재하는 방법으로 한다.[133]

한편, 건설산업기본법 제60조 제3항에서 조합원의 지분은 공제조합에 대한 채무의 담보로 제공되는 경우 외에는 질권의 목적으로 할 수 없다고 정하고 있으므로 출자증권에 대해서는 공제조합만이 질권자가 될 수 있다.

다. 공제조합의 질권실행

1) 공제조합은 조합원 또는 조합원이었던 자와의 업무거래를 위하여 출자증권에 대하여 질권을 설정하고 업무거래를 하게 되는데 일정한 사유가 발생하는 경우 이 출자증권에 설정한 질권을 실행할 수 있다.

---

132) 상법 제338조
133) 상법 제340조

2) 질권을 실행할 사유는 대부분 당사자 간의 질권설정계약에서 정해지는데 보통은 공제조합이 보증·융자거래를 통하여 구상채권을 취득한 경우, 조합원이 담보제공한 출자증권이나 기타 담보물에 대한 다른 채권자의 강제집행, 영업정지 등의 행정처분, 부도나 회사정리절차 등 조합원의 신용이나 재산상태의 악화, 보증금 청구 등 약정에 의한 질권실행 사유가 발생한 것들이 될 것이다.

3) 조합원과 공제조합과의 약정에 따라 질권을 실행할 사유가 발생할 경우 조합원 또는 조합원이었던 자는 약정에 따른 채무에 대한 상환의무를 지거나 기한의 이익을 상실과 함께 즉시 채무를 변제할 책임을 지게 되고 공제조합은 그 채권의 상환방법으로 질권 설정한 출자증권을 처분하여 공제조합으로 명의개서하고 매각대금으로 공제조합의 채무에 충당을 하게 되고 남는 것이 있으면 조합원에게 청산금을 반환하게 된다.

4) 출자증권에 대한 담보권의 실행시기에 대해 법원은, 전문건설공제조합법 제12조 제1항 제2호에는 조합은 조합원에 대하여 가지는 담보권을 실행하기 위하여 필요한 때에는 조합원 또는 조합원이었던 자의 지분을 취득할 수 있다고 규정하고 있는바, 조합원의 지분 취득여부 및 취득시기는 피고조합의 재량에 해당하는 사항이라 할 것이고 원고 주장과 같이 부도 즉시 이를 취득하지 아니하였다고 하여 그것이 어떠한 불법행위를 구성한다고 볼 수 없다고 판시한 바 있다.[134]

II. 출자증권에 대한 강제집행

1. 강제집행 방법

가. 법률의 규정

민사집행절차나 국세 등의 체납처분절차에 의하여 행하는 지분의 압류 또는 가압류는 민사

---

[134] 부산지방법원 1996. 4. 17. 선고 95나8819 출자금반환(이 판결은 대법원 1996. 8. 27. 선고 96다25647 출자금반환 판결로 확정되었다)

집행법 제233조의 규정에 의한 지시채권의 압류 또는 가압류 방법에 의하고[135] 어음·수표 그 밖에 배서로서 이전할 수 있는 증권으로서 배서가 금지된 증권채권의 압류는 법원의 압류 명령으로 집행관이 그 증권을 점유하여야 한다.[136]

이 조항은 민사집행법 제189조 제2항 3호가 배서가 금지되지 아니한 유가증권을 유체동산으로 보아 그에 대한 강제집행을 유체동산 강제집행절차에 따르도록 규정하고 있는 것에 대하여 채권 집행의 대상이 되는 유가증권을 지시증권 중에서 배서가 금지된 것으로 한정한 다음 이러한 유가 증권을 압류하기 위해서는 법원의 압류명령 이외에 집행관의 점유가 필요함을 정한 것이다.[137]

즉, 어음·수표 그 밖에 배서로서 이전할 수 있는 증권으로서 배서가 금지된 증권채권의 압류는 법원의 압류명령으로 집행관이 그 증권을 점유하여야 하고 출자증권은 배서가 금지되지 아니한 유가증권으로서 유체동산 집행의 대상이 된다는 뜻이다.[138]

나. 압류집행 방법

조합원 또는 조합원이었던 자의 채권자가 공제조합이 보관 중인 출자증권에 대하여 강제집 행을 하고자 하는 경우 채무자의 보통주소지 관할법원의 지방법원소속 집행관에 대하여 강제 집행신청을 하면, 집행관은 공제조합으로부터 출자증권을 인도받아 점유를 취득한 후 출자증 권을 경매하여 환가한다. 이 경우에도 건설산업기본법 제59조 제1항에 의하여 다른 조합원 이나 조합원이 되고자 하는 자에게만 매각할 수 있다.

다. 점유를 취득하지 못한 경우 압류의 효력

집행관이 출자증권에 대한 점유를 취득하지 아니한 경우에 (가)압류는 아무런 효력이 없고 집행관이 출자증권의 점유를 취득하는 때에 (가)압류의 효력이 발생한다. 조합원의 출자지분 은 유가증권인 출자증권에 포함되는 것이므로 유가증권 자체의 가압류 없이 이에서 파생되는 채권(예, 출자한 금원의 반환청구채권 등)만을 가압류할 수 없다.[139]

---

135) 건설산업기본법 제59조 제4항
136) 민사집행법 제233조
137) 손진홍, 채권집행의 이론과 실무
138) 공제조합의 출자증권은 양도가 제한된 유가증권으로서의 성질을 가질 뿐 배서가 금지되어 있지는 않음에도 건설산업기본법에서는 왜 지시채권의 집행방법으로 강제집행을 하여야 한다고 정하고 있는지 의문이다. 유체동산집행방법에 의하여 집행하여야 하는 것이 타당하다고 생각된다.

이 사건 압류의 대상인 건설공제조합의 출자금 전좌란 위 조합에 대한 조합원의 출자지분으로서 유가증권인 출자증권에 표상되는 것이므로 국세징수법에 의한 압류는 같은 법 제38조에 의하여 세무공무원이 출자증권을 점유함으로써 효력이 생기는 것이라고 판시한 바 있다.[140]

실무상 출자증권에 대한 (가)압류의 경우 대부분이 채권가압류 혹은 채권압류 및 추심명령의 방법으로 강제집행을 시도하는 경우도 있고 단순히 가압류결정문의 송달만 있고 집행관의 직접 점유가 없는 경우도 있다.

집행관이 출자증권에 대한 점유를 취득하지 못한 경우에는 법률상 (가)압류가 유효하게 집행되었다고 할 수 없다고 할 것이나 공제조합의 입장에서 조합원 또는 조합원이었던 자의 신용판단의 자료로 삼아 공제조합과의 업무거래를 중지시키거나 기한이익 상실사유로 정할 수 있을 것이다.

라. 출자증권에 대한 추심명령과 전부명령의 효력

출자증권에 대한 압류 및 추심명령이나 전부명령의 경우에는, 피고조합은 건설공제조합법에 의하여 설립된 특수법인임을 알 수 있는데, 동 조합원의 출자에 의하여 그 출자 1좌의 금액은 균일하여야 하며(제5조), 조합원은 그 출자한 지분의 전부 또는 일부를 운영위원회의 승인을 얻어 다른 조합원 또는 건설업 면허를 받은 비조합원에게 양도할 수 있고(제9조), 조합은 조합원에 대한 담보권 실행에 필요한 때 그 지분을 취득할 수 있되 취득한 지분은 조속한 시일 내에 처분하여야 하며(제9조의 2), 조합은 출자한 조합원에게 출자증권을 발급토록(시행령 제2조) 되어 있고, 피고조합의 정관에 의하면 조합원은 건설업법에 의한 면허를 받은 건설업자라야 하며(제12조), 1좌 이상의 금액을 출자하여야 하며(제13조), 조합원은 조합으로부터 보증 융자 및 자재의 공급과 구매알선을 받을 수 있고(제14조), 조합원은 그 지분액을 한도로 하여 조합의 채무를 변제할 책임이 있으며(제15조), 조합원이 출자증권을 양도한 때에는 명의서환을 하여야 하며(제20조), 조합은 감자를 하는 때에는 감자의 좌수 및 금액 지분액의 환급기간 및 그 방법을 1개월 이상 공고하여야 하는(제18조의 2) 등의 규정을 두고 있는바, 이런 규정 등을 보면 조합원의 출자는 출자증권에 표상된 조합원의 지분이라 할 것이다.

그러므로 이런 조합의 조합원의 지분 내지 지분권은 민사소송법 제563조 제1항에서 말하는 금전채권이라 할 수 없음이 명백하니 원심판결이 피고 조합원이 피고조합에 대하여 가지는 지분권은 피전부적격이 없다고 한 판단은 정당하다고 판시한 바 있다.[141]

---

139) 윤경, 보전처분(가압류, 가처분)의 실무, 30면
140) 대법원 1987. 1. 20. 선고 86다카1456 판결

위 대법원 판결에서처럼 채권압류 및 추심명령이나 전부명령은 금전채권에 대한 강제집행 방법이므로 출자증권이 단순한 금전채권이 아니라 조합원 또는 조합원이었던 자가 공제조합에 가지는 지분권이므로 강제집행방법으로서의 추심명령이나 전부명령 나아가 추심금 혹은 전부금 청구소송은 적절한 방법이 되지 못한다고 본다.

결국 이 출자증권(지분권)에 대한 강제집행방법은 유체동산 집행방법에 의한 환가 또는 출자증권 압류 및 인도·양도명령 혹은 매각명령[142]의 방법 정도가 될 것이고 이 경우에도 질권자인 공제조합은 채권침해가 없는 한도 내에서 후순위 채권자의 강제집행에 응할 수 있을 것이다.

2. 출자증권 강제집행과 관련한 주문례

가. 출자증권에 대한 가압류 결정에서 주문례

---
1. 채무자가 제3채무자에 대하여 가지는 별지 기재 출자증권에 기한 조합원 지분을 가압류 한다.
2. 제3채무자는 채무자에게 위 지분에 관하여 이익금의 배당, 출자금의 반환, 잔여 재산의 분배를 하여서는 아니 된다.
3. 채권자의 위임을 받은 집행관은 채무자로부터 위 출자증권을 수취하여 보관하여야 한다.

나. 압류명령의 주문례[143]

---
1. 채무자가 제3채무자에 대하여 가지는 별지 기재 출자증권에 기한 조합원 지분을 압류한다.
2. 제3채무자는 채무자에게 위 지분에 관하여 이익금의 배당, 출자금의 반환, 잔여재산의 분배를 하여서는 아니 된다.
3. 채권자의 위임을 받은 집행관은 채무자로부터 위 출자증권을 빼앗아 보관하여야 한다.

다. 매각명령의 주문례

---
1. 위 당사자 간 서울중앙지방법원 2005타기12345 출자증권압류명령에 의하여 압류된 별지기재 출자증권을 추심에 갈음하여 매각할 것을 명한다.
2. 채권자의 위임을 받은 집행관은 유체동산 경매에 관한 절차에 따라 매각하여야 한다.

---

141) 대법원 1979. 12. 11. 선고 79다1487 판결
142) 민사집행법 제241조
143) 이와 관련한 자세한 내용은 손진홍, 채권집행의 이론과 실무, 296~300 참조

라. 양도명령의 주문례

위 당사자 간 서울지방법원 2005타기12345 출자증권압류명령에 의하여 압류된 별지 기재 출자증권을 금 100,000,000원으로 지급에 갈음하여 채권자에게 양도한다.

---

3. 출자증권에 대한 현금화절차

출자증권에 대하여 현금화명령신청이 있는 경우에 제3채무자에게 ① 채무자가 조합원인지 여부 ② 조합원이라면 출자증권계좌수, 출자증권번호, 1계좌당 금액은 얼마인지 ③ 채무자의 위 출자증권에 다른 제3자로부터 가압류, 압류, 체납처분에 의한 압류 등이 있는지 여부, 있다면 그 권리자 및 청구금액 ④ 질권의 설정 여부 등을 조회하여야 한다.[144]

집행관이 출자증권을 빼앗지 못하는 경우에는 현금화명령신청을 기각하고, 빼앗더라도 질권자로서 배당요구가 있는 경우에는 무잉여 여부를 조사하여, 무잉여인 때에는 민사집행법 제188조 제3항에 의하여 압류명령을 취소하고, 현금화명령신청 및 압류명령을 모두 기각하여야 한다. 출자증권에 대한 현금화는 민사집행법 제241조의 특별현금화절차에 의한다.[145]

III. 출자금반환청구권에 대한 강제집행

공제조합의 출자증권은 유체동산집행방법에 의하여 집행하여야 함은 살펴본 바와 같다. 때때로 조합원 또는 조합원이었던 자의 채권자가 출자금반환청구권을 (가)압류하는 경우도 있다.

건설산업기본법 제60조에서 공제조합이 출자지분을 취득할 수 있는 사유를 정하고 있는바, 이 조항에 따라 공제조합이 출자지분을 취득하고 공제조합의 채권에 충당하고 남는 것이 있는 때에 한하여 조합원 또는 조합원이었던 자가 공제조합에 대하여 출자금반환청구권을 행사할 수

---

144) 법원실무제요 민사집행III, 455면
145) 법원실무제요 민사집행III, 456면

있을 것이고, 조합원이나 조합원이었던 자가 공제조합에 대하여 출자금반환청구권을 행사할 수 없는 상태에서 이루어진 출자금반환청구권에 채권자의 (가)압류는 아무런 효력이 없다고 본다.

조합원 또는 조합원이었던 자가 공제조합에 부담하고 있는 채무가 없어 지분의 반환을 청구할 수 있는 경우라면 채권자는 채무자인 조합원의 출자금반환청구권을 대위하여 행사함으로써 공제조합에 대하여 출자금의 반환을 청구할 수 있을 것이다. 공제조합도 채권이 출자금에 미치지 못하는 경우 출자증권처분금으로 채권을 회수하고 남는 것을 채권자에게 지급하거나 공탁하면 될 것이다.

Ⅳ. 출자증권인도청구권에 대한 강제집행

출자증권인도청구권의 (가)압류는 채무자에 대한 출자증권의 인도를 금지하는 것뿐이지 출자증권 자체를 압류하는 효력이 없는 것이므로 공제조합은 질권자로서 임의처분을 하고 환가대금으로 우선변제에 충당할 수 있다. 따라서 공제조합의 질권실행으로 출자증권이 공제조합으로 명의개서되면 이러한 (가)압류는 공제조합의 조합원에 대한 출자증권 인도의무가 소멸되어 (가)압류의 목적 대상이 없어진 것이므로 (가)압류 역시 소멸된다고 보아야 할 것이다.

Ⅴ. 출자증권 강제집행과 질권과의 관계

가. 출자증권의 압류와 질권자와의 경합문제

1) 조합원 또는 조합원이었던 자의 채권자로부터 강제집행의 신청을 받은 집행관이 출자증권을 인도해 줄 것을 청구하더라도 공제조합은 질권자로서 질권의 유치적 효력에 의하여 출자증권의 인도를 거부할 수 있다.146)

2) 출자증권 자체에 대한 가압류 또는 압류의 효력은, 채권자로부터 집행신청을 받은 집행 관이 출자증권의 점유를 취득하여야 생기는 것이므로, 질권자인 공제조합이 출자증권의 점유를 임의로 집행관에 넘겨주지 않는 한 가압류나 압류의 효력 자체가 생기지 않는다.

3) 그러나 질권자보다 선순위의 권리자가 가압류하거나 강제집행하는 경우에는 질권의 유 치적 효력을 주장하여 출자증권의 인도청구를 거절하지 못하고 질권자로서 배당에 참 가하여 배당을 받을 수밖에 없을 것이다.147)

4) 결국 질권자인 공제조합이 우선특권자를 배제하고 출자증권으로부터 채권을 변제받기 위해서는 우선특권자가 출자증권에 대하여 강제집행절차나 체납처분절차를 취하기 전 특약에 의한 임의처분이나 질권에 기한 경매절차를 신속히 진행하여 그 환가대금으로 채권의 변제에 충당하는 절차를 완료하는 수밖에 없다.

나. 집행채권자의 압류와 채권자와 채무자 간의 특약

1) 질권자인 공제조합은 조합원 또는 조합원이었던 자와의 특약을 통하여 주채무의 변제 기가 도래하지는 않은 상태 또는 주채무가 발생할 것인지 아닌지 아직 불확실한 상 태148)나 주채무자의 신용상태가 악화된 경우에 사전상환의무를 부담한다는 내용과 채 무상환의 방법으로 상계를 정하고 이 경우에 상계의 의사표시 없이도 일정한 사유가 발생하는 경우 조합원의 출자증권 처분금과 공제조합의 채무금을 상계한다는 약정을 체결할 수 있을 것이다.149)

2) 이 약정의 효력에 대하여 대법원은 주채무자와 보증인 사이에 이루어진 "제3자가 주채 무자의 재산에 대하여 가압류 또는 압류신청을 하는 때에는 주채무자는 보증인에 대하 여 즉시 사전상환의무를 진다"는 취지의 약정도 계약자유의 원칙상 유효하다고 보지 못

---

146) 민법 제335조
147) 민법 제335조 단서
148) 예컨대 계약이행보증금, 하자보수보증금이 청구되는 등으로 채권발생이 임박한 경우
149) 이러한 약정을 기한이익 상실약정과 상계예약의 약정이라 부르는데 이러한 약정을 체결하는 목적은 민법에서 정하고 있는 상계의 요건을 완화하여 상계의 담보적 기능을 강화하고자 하는 데 있다.

할 바 아니며 보증인은 위 약정에 따라 취득한 사전구상채권을 자동채권으로 하여 상계의 주장도 할 수 있다고 판시한 바 있다.[150)

3) 임금채권의 우선변제권은 이른바 법정담보물권으로서 담보물권의 일반적 실행절차에 의하여 우선적으로 만족을 얻을 수 있는 정도 이상의 효력을 가진다고 할 수 없고, 따라서 이는 채무자의 재산에 대하여 강제집행을 하였을 경우에 그 강제집행에 의한 환가금에서 일반채권에 우선하여 변제받을 수 있음에 그치는 것이므로, 원고들이 소외 회사에 대한 임금채권을 집행채권으로 하여 소외 회사의 피고에 대한 이 사건 예금채권에 관하여 압류 및 추심명령을 얻었다고 하더라도 그 압류 및 추심명령 당시 이미 상계적상에 있던 이 사건 예금채권과 피고의 소외 회사에 대한 대출금채권과의 상계를 허용하는 것이 임금채권 우선변제 원칙에 반한다거나 저당권 등 다른 담보권자의 관계에서 형평 또는 신의칙에 반한다고 볼 수 없다고 판시한 바 있다.[151)

다. 상계예약의 효력

1) 여기에서 문제가 되는 것은 당사자 간의 상계예약이 제3자와의 관계에서도 효력을 가지는가 하는 점에 있다.

2) 상계예약이 제3자에게 대항할 수 있는 효력을 가지려면 제3자에 대한 공시방법을 갖추어야 하는데, 위 특약은 그러한 공시방법을 갖추지 않았다는 점과 당사자 일방에 의하여 작성된 약관에 의하여 압류채권자가 불이익을 받게 되는 것은 채권자평등의 원칙에 어긋난다는 점을 들어 제3자에 대한 효력을 부인하는 견해가 있다.

3) 그러나 기한이익상실약정에 의한 변제기도 본래 약정한 변제기와 마찬가지로 기한이익상실약정 자체가 불공정약관으로서 무효가 되지 않는 이상, 이를 제3자에 대한 관계라고 적용할 수 없다는 것은 불합리하다. 따라서 제3자에 대한 효력을 긍정하는 것이 타당하다.[152)

150) 대법원 1989. 1. 31. 선고 87다카594 판결
151) 대법원 2000. 5. 16 선고 99다31551 판결
152) 대법원 1989. 1. 31. 선고 87다카594 판결

부　록

Ⅰ. 공사계약일반조건

회계예규 2200.04-104-5 (1998.02.20)

회계예규 2200.04-104-6 (1998.03.31)

회계예규 2200.04-104-7 (1998.08.10)

회계예규 2200.04-104-8 (1999.09.09)

회계예규 2200.04-104-9 (2001.02.10)

회계예규 2200.04-104-10 (2002.09.11)

회계예규 2200.04-104-11 (2003.12.26)

회계예규 2200.04-104-12 (2004.04.06)

회계예규 2200.04-104-13 (2005.09.08)

제1조(총칙) 계약담당공무원과 계약상대자는 공사도급표준계약서(이하"계약서"라한다)에 기재한 공사의 도급계약에 관하여 제3조의 규정에 의한 계약문서에서 정하는 바에 따라 신의와 성실의 원칙에 입각하여 이를 이행한다.

제2조(정의) 이 조건에서 사용하는 용어의 정의는 다음과 같다.

① "계약담당공무원"이라 함은 국가를당사자로하는계약에관한법률시행규칙(이하 "시행규칙"이라 한다) 제2조의 규정에 의한 공무원을 말한다. 이 경우 각 중앙관서의 장이 계약에 관한 사무를 그 소속공무원에게 위임하지 아니하고 직접 처리하는 경우에는 이를 계약담당공무원으로 본다.

② "계약상대자"라 함은 정부와 공사계약을 체결한 자연인 또는 법인을 말한다.

③ "공사감독관"이라 함은 제16조에 규정된 임무를 수행하기 위하여 정부가 임명한 기술직원 또는 그의 대리인을 말한다. 다만, 건설기술관리법 제27조의 규정에 의하여 책임감리를 하는 공사에 있어서는 당해공사의 감리를 수행하는 감리원을 말한다.

④ "설계서"라 함은 공사시방서, 설계도면 및 현장설명서를 말한다. 다만, 공사추정가격이 1억원이상인 공사(제19조제2항제2호 및 제3호에 규정한 공사는 제외)에 있어서는 공종별 목적물 물량(가설물의 설치에 소요되는 물량포함. 이하 같다)이 표시된 내역서를 포함한다.

⑤ "공종별 목적물 물량내역서"라 함은 공종별 목적물을 구성하는 품목 또는 비목과 동 품목 또는 비목의 규격·수량·단위 등이 표시되고, 시행령 제14조제1항 및 제2항의 규정에 의하여 입찰공고 후 또는 낙찰자 결정후 입찰에 참가하고자 하는 자 또는 낙찰자에게 교부된 내역서(이하 "물량내역서"라 한다)를 말한다.

⑥ "산출내역서"라 함은 시행령 제14조제6항 및 제7항의 규정에 의하여 발주기관이 교부한 물량내역서에 입찰자 또는 계약상대자가 단가를 기재하여 제출한 내역서와 시행령 제85조제2항 내지 제4항의 규정에 의하여 제출한 내역서 및 수의계약으로 체결된 공사의 경우 착공신고서 제출시까지 제출한 내역서를 말한다.

⑦ 이 조건에서 따로 정하는 경우를 제외하고는 국가를 당사자로 하는 계약에관한법률시행령, 특정조달을위한국가를당사자로하는계약에관한법률시행령특례규정(이하 각각 "시행령", "특정규정"이라 한다), 시행규칙 및 회계예규 공사입찰유의서(이하 "유의서"라 한다)에 정하는 바에 의한다.

제3조(계약문서)

① 계약문서는 계약서, 설계서, 유의서, 공사계약일반조건, 공사계약특수조건 및 산출내역서로 구성되며 상호보완의 효력을 가진다. 다만, 제19조제2항의 규정에 정한 공사에 있어서의 산출내역서는 이 조건에서 규정하는 계약금액의 조정 및 기성부분에 대한 대가의 지급시에 적용할 기준으로서 계약문서의 효력을 가진다.

② 계약담당공무원은 제1항에 규정된 공사계약특수조건을 정함에 있어서는 국가를 당사자로 하는 계약에관한법령에서 정한 계약사항과 관련법령에 규정된 계약상대자의 계약상 이익을 부당하게 제한하지 않는 범위내에서 당해 공사계약의 특성상 필요하다고 인정되는 사항에 한하여 명시할 수 있다.

③ 이 조건이 정하는 바에 의하여 계약당사자간에 행한 통지문서 등은 계약문서로서의 효력을 가진다.

제4조(사용언어)

① 계약을 이행함에 있어서 사용하는 언어는 한국어로 함을 원칙으로 한다.

② 계약담당공무원은 계약체결시 제1항의 규정에 불구하고 필요하다고 인정하는 경우에는 계약이행과 관련하여 계약상대자가 외국어를 사용하거나 외국어와 한국어를 병행하여 사용할 수 있도록 필요한 조치를 할 수 있다.

③ 제2항의 규정에 의하여 외국어와 한국어를 병행하여 사용한 경우 외국어로 기재된 사항이 한국어와 상이할 때에는 한국어로 기재한 사항이 우선한다.

제5조(통지등)

① 구두에 의한 통지·신청· 청구·요구·회신·승인 또는 지시 등(이하 "통지등"이라 한다)은 문서로 보완되어야 효력이 있다.

② 통지 등의 장소는 계약서에 기재된 주소로 하며, 주소를 변경하는 경우에는 이를 즉시 계약당사자에게 통지하여야 한다.

③ 통지 등의 효력은 계약문서에 따로 정하는 경우를 제외하고는 계약당사자에게 도달한 날부터 발생한다. 이 경우 도달일이 공휴일인 경우에는 그 익일부터 효력이 발생한다.

④ 계약당사자는 계약이행중 이 조건 및 관계법령 등에서 정한 바에 따라 서면으로 정당한 요구를 받은 경우에는 이를 성실히 검토하여 회신하여야 한다.

제6조(채권양도)

① 계약상대자는 이 계약에 의하여 발생한 채권(공사대금 청구권)을 제3자에게 양도할 수 있다.

② 계약담당공무원은 제1항의 규정에 의한 채권양도와 관련하여 적정한 공사이행목적등 필요한 경우에는 채권양도를 제한하는 특약을 정하여 운용할 수 있다.

제7조(계약보증금)

① 계약상대자는 이 조건의 규정에 의하여 계약금액이 증액된 경우에는 이에 상응하는 금액

의 계약보증금을 시행령 제50조 및 제52조에 정한 바에 따라 추가로 납부하여야 하며 계약금액이 감액된 경우에는 이에 상응하는 금액의 계약보증금을 반환청구할 수 있다.

② 계약담당공무원은 시행령 제37조제2항제2호의 규정에 의한 유가증권이나 현금으로 납부된 계약보증금을 계약상대자가 특별한 사유로 시행령 제37조제2항제1호 내지 제5호에 규정된 보증서 등으로 대체납부할 것을 요청한 때에는 동가치 상당액 이상으로 대체납부하게 할 수 있다.

제8조(계약보증금의 처리)

① 계약상대자가 정당한 이유 없이 계약상의 의무를 이행하지 아니한 때에는 계약보증금을 국고에 귀속한다.

② 제1항의 규정은 시행령 제69조의 규정에 의한 장기계속공사계약에 있어서 계약상대자가 2차 이후의 공사계약을 체결하지 아니한 경우에 이를 준용한다.

③ 시행령 제50조제10항의 규정에 의하여 계약보증금지급각서를 제출한 경우로서 계약보증금의 국고귀속사유가 발생하여 계약담당공무원의 납입요청이 있을 때에는 계약상대자는 당해 계약보증금을 지체없이 현금으로 납부하여야 한다.

④ 제1항 및 제2항의 규정에 의하여 계약보증금을 국고에 귀속함에 있어서 그 계약보증금은 이를 기성부분에 대한 미지급액과 상계처리할 수 없다.

⑤ 계약상대자가 납부한 계약보증금은 계약이 이행된 후 계약상대자에게 지체없이 반환한다.

제9조(연대보증인등의 자격)

① 시행령 제52조의 규정에 의한 연대보증인 및 보증이행업체는 다음 각호에 해당하는 자격을 갖추고 있어야 하며, 계약담당공무원은 연대보증인 및 보증이행업체의 적격여부를 심사하기 위하여 계약상대자에게 관련자료의 제출을 요구할 수 있다.

1. 독점규제및공정거래에관한법률에 의한 계열회사가 아닌 자

2. 시행령 제76조의 규정에 의한 입찰참가자격 제한을 받고 그 제한기간 중에 있지 아니한 자

3. 시행령 제36조의 규정에 의한 입찰공고등에서 정한 입찰참가자격과 동등이상의 자격을 갖춘 자

4. 시행령 제13조의 규정에 의한 입찰의 경우에는 입찰참가자격 사전 심사기준에 따른

　　입찰참가에 필요한 종합평점 이상이 되는 자

② 계약담당공무원은 제1항의 규정에 의하여 연대보증인 및 보증이행업체로 된 자가 부적
　　격하다고 인정되는 때에는 계약상대자에게 연대보증인 및 보증이행업체의 변경을 요구
　　할 수 있다.

③ 시행령 제52조제1항제1호의 단서의 규정에 의한 공사이행보증서의 제출등에 대하여는
　　제1항 및 제2항외에 회계예규 공사이행보증제도운용요령(이하 "보증제도운용요령"이라
　　한다)에 정한 바에 의한다.

제10조(손해보험)

① 계약상대자는 당해 계약의 목적물 등에 대하여 손해보험에 가입할 수 있으며, 시행령
　　제78조 및 시행규칙 제23조제1항에 규정된 공사에 대하여는 특별한 사유가 없는 한
　　계약목적물 및 제3자 배상책임을 담보할 수 있는 손해보험에 가입하여야 한다.

② 계약상대자는 제1항의 규정에 의한 보험가입시 발주기관, 계약상대자, 하수급인 및 당
　　해공사의 이해관계인을 피보험자로 하여야 하며, 보험사고 발생으로 발주기관이외의 자
　　가 보험금을 수령하게 될 경우에는 발주기관의 장의 사전동의를 받아야 한다.

③ 계약목적물에 대한 보험가입금액은 공사의 보험가입 대상부분의 순계약금액(계약금액에
　　서 부가가치세와 손해보험료를 제외한 금액을 말하며, 관급자재가 있을 경우에는 이를
　　포함한다. 이하 같다)을 기준으로 한다.

④ 제1항의 규정에 의한 보험가입은 공사착공일(손해보험가입 비대상공사가 포함된 공사
　　의 경우에는 손해보험가입대상공사 착공일을 말함) 이전까지 하고 그 증서를 착공신고
　　서 제출시(손해보험가입 비대상공사가 포함된 공사의 경우에는 손해보험가입대상공사
　　착공시) 발주기관에 제출하여야 하며, 보험기간은 당해공사 착공시부터 발주기관의 인
　　수시(시운전이 필요한 공사인 경우에는 시운전 시기까지 포함한다)까지로 하여야 한다.

⑤ 계약상대자는 손해보험가입시 제48조의 규정에 의하여 연대보증인 또는 보증기관이 시
　　공하게 될 경우 계약상대자의 보험계약상의 권리와 의무가 연대보증인 또는 보증기관에
　　승계될 수 있도록 하여야 하며 제44조 내지 제46조의 규정에 의하여 계약이 해제 또는
　　해지된 후 새로운 계약상대자가 선정될 경우에도 계약상대자의 보험계약상의 권리와 의
　　무가 새로운 계약상대자에게 승계될 수 있도록 하여야 한다.

⑥ 계약상대자는 발주기관이 작성한 예정가격조서상의 보험료 또는 계약상대자가 제출한 입

찰금액 산출내역서상의 보험료와 계약상대자가 손해보험회사에 실제 납입한 보험료간의 차액발생을 이유로 보험가입을 거절하거나 동 차액의 정산을 요구하여서는 아니된다.

⑦ 계약상대자는 보험가입 목적물의 보험사고로 보험금이 지급되는 경우 동 보험금을 당해 공사의 복구에 우선 사용하여야 하며, 보험금 지급이 지연되거나 부족하게 지급되는 경우에도 이를 이유로 피해복구를 지연하거나 거절하여서는 아니된다.

⑧ 제1항 내지 제7항에 규정한 사항이외에 손해보험과 관련된 기타 계약조건은 회계예규 "공사손해보험 가입업무 집행요령"에 정한 바에 의한다.

제11조(공사용지의 확보)

① 발주기관은 계약문서에 따로 정한 경우를 제외하고는 계약상대자가 공사의 수행에 필요로 하는 날까지 공사용지를 확보하여 계약상대자에게 인도하여야 한다.

② 계약상대자는 현장에 인력, 장비 또는 자재를 투입하기 전에 공사용지의 확보여부를 계약담당공무원으로부터 확인을 받아야 한다.

제12조(공사자재의 검사)

① 공사에 사용할 자재는 신품이어야 하며 품질·규격 등은 반드시 설계서와 일치되어야 한다. 그러나 설계서에 명확히 규정되지 아니한 것은 표준품 이상으로서 계약의 목적을 달성하는 데에 가장 적합한 것이어야 한다.

② 계약상대자는 공사자재를 사용하기 전에 공사감독관의 검사를 받아야 하며, 불합격된 자재는 즉시 대체하여 다시 검사를 받아야 한다.

③ 제2항의 규정에 의한 검사에 이의가 있을 경우 계약상대자는 계약담당공무원에게 재검사를 청구할 수 있으며, 재검사가 필요하다고 인정되는 경우 계약담당공무원은 지체없이 재검사하도록 조치하여야 한다.

④ 계약담당공무원은 계약상대자로부터 공사에 사용할 자재의 검사를 요청받거나 제3항의 규정에 의한 재검사의 요청을 받은 때에는 정당한 이유없이 검사를 지체할 수 없다.

⑤ 계약상대자가 불합격된 자재를 즉시 이송하지 않거나 대체하지 아니하는 경우에는 계약담당공무원이 일방적으로 불합격 자재를 제거하거나 대체시킬 수 있다.

⑥ 계약상대자는 시험 또는 조합을 요하는 자재가 있는 경우 공사감독관의 참여하에 그 시험 또는 조합을 하여야 한다.

⑦ 수중 또는 지하에 매몰하는 공작물 기타 준공후 외부로부터 검사할 수 없는 공작물의 공사는 공사감독관의 참여하에 시공하여야 한다.

⑧ 계약상대자가 제1항 내지 제7항에 정한 조건에 위배하거나 또는 설계서에 합치되지 않는 시공을 하였을 때에는 계약담당공무원은 공작물의 대체 또는 개조를 명할 수 있다.

⑨ 제2항 내지 제8항의 경우 계약금액을 증감하거나 계약기간을 연장할 수 없다. 다만, 제3항의 규정에 의하여 재검사 결과 적합한 자재인 것으로 판명될 경우에는 재검사에 소요된 기간에 대하여는 계약기간을 연장할 수 있다.

제13조(관급자재 및 대여품)

① 발주기관은 공사의 수행에 필요한 특정자재 또는 기계·기구 등을 계약상대자에게 공급하거나 대여할 수 있으며, 이 경우 관급자재등(관급자재 및 대여품을 말한다. 이하 같다)은 설계서에 명시하여야 한다.

② 관급자재등은 제17조제1항제2호의 공사공정예정표에 따라 적기에 공급되어야 하며, 인도일시 및 장소는 계약당사자간에 협의하여 결정한다.

③ 관급자재등의 소유권은 발주기관에 있으며, 잉여분이 있을 경우 계약상대자는 이를 발주기관에 통지하여 계약담당공무원의 지시에 따라 이를 반환하여야 한다.

④ 제2항의 규정에 의한 인도후의 관급자재등에 대한 관리상의 책임은 계약상대자에게 있으며, 이를 멸실 또는 훼손하였을 경우에는 발주기관에 변상하여야 한다.

⑤ 계약상대자는 관급자재등을 계약의 수행외의 목적으로 사용할 수 없으며, 공사감독관의 서면승인없이는 현장외부로 반출하여서는 아니된다.

⑥ 계약상대자는 관급자재등을 인수할 때에는 이를 검수하여야 하며 그 품질 또는 규격이 시공에 적당하지 아니하다고 인정될 경우에는 즉시 계약담당공무원에게 이를 통지하여 이의 대체를 요구하여야 한다.

⑦ 계약담당공무원은 필요하다고 인정할 경우에는 관급자재등의 수량·품질·규격·인도시기·인도장소 등을 변경할 수 있다. 이 경우에는 제20조 및 제23조의 규정을 적용한다.

제14조(공사현장대리인)

① 계약상대자는 계약된 공사에 적격한 공사현장대리인(국가기술자격취득자 또는 건설기술관리법등 관계법령에 의하여 기술자로 인정하고 있는 자를 말한다. 이하 같다)을 지명

하여 계약담당공무원에게 통지하여야 한다.

② 공사현장대리인은 공사현장에 상주하여 계약문서와 공사감독관의 지시에 따라 공사현장의 단속 및 공사에 관한 모든 사항을 처리하여야 한다.

제15조(공사현장 근로자)

① 계약상대자는 당해계약의 시공 또는 관리에 필요한 기술과 경험을 가진 근로자를 채용하여야 하며 근로자의 행위에 대하여 모든 책임을 져야 한다.

② 계약상대자는 계약담당공무원이 계약상대자가 채용한 근로자에 대하여 당해계약의 시공 또는 관리상 적당하지 아니하다고 인정하여 이의 교체를 요구한 때에는 즉시 교체하여야 하며 계약담당공무원의 승인없이는 교체된 근로자를 당해계약의 시공 또는 관리를 위하여 다시 채용할 수 없다.

제16조(공사감독관)

① 공사감독관은 계약된 공사의 수행과 품질의 확보 및 향상을 위하여 건설기술관리법 제35조의 규정 및 이 조건에서 규정한 업무를 행한다.

② 공사감독관은 계약담당공무원의 승인없이 계약상대자의 의무와 책임을 면제시키거나 증감시킬 수 없다.

③ 계약상대자는 공사감독관의 지시 또는 결정이 이 조건에서 정한 사항에 위반되거나 계약의 이행에 적합하지 아니하다고 인정될 경우에는 즉시 계약담당공무원에게 이의 시정을 요구하여야 한다.

④ 계약담당공무원은 제3항의 규정에 의한 시정요구를 받은 날부터 7일이내에 필요한 조치를 하여야 한다.

⑤ 계약상대자는 그가 발주기관에 제출하는 모든 문서에 대하여 그 사본을 공사감독관에게 제출하여야 한다.

제17조(착공 및 공정보고)

① 계약상대자는 계약문서에서 정하는 바에 따라 착공하여야 하며 착공시에는 다음 각호의 서류가 포함된 착공신고서를 발주기관에 제출하여야 한다.

  1.건설기술관리법령 등 관련법령의 규정에 의한 현장기술자지정신고서

　2.공사공정예정표

　3.안전·환경 및 품질관리계획서

　4.공정별인력 및 장비투입계획서

　5.착공전 현장사진

　6.기타 계약담당공무원이 지정한 사항

② 계약상대자는 계약의 이행중에 설계변경 또는 기타 계약내용의 변경으로 인하여 제1항의 규정에 의하여 제출한 서류의 변경이 필요한 때에는 관련서류를 변경하여 제출하여야 한다.

③ 계약담당공무원은 제1항 및 제2항의 규정에 의하여 제출된 서류의 내용을 조정할 필요가 있다고 인정하는 경우에는 계약상대자에게 이의 조정을 요구할 수 있다.

④ 계약담당공무원은 계약상대자로 하여금 월별로 수행한 공사에 대하여 다음 각호의 사항을 명백히 하여 익월 14일까지 발주기관에 제출하게 할 수 있으며, 이 경우 계약상대자는 이에 응하여야 한다.

　1.월별공정율 및 수행공사금액

　2.인력·장비 및 자재현황

　3.계약사항의 변경 및 계약금액의 조정내용

　4.공정상황을 나타내는 현장사진

⑤ 계약담당공무원은 공정이 지체되어 소정기한내에 공사가 준공될 수 없다고 인정할 경우에는 제4항의 규정에 의한 월별 현황과는 별도로 주간공정현황의 제출등 공사추진에 필요한 조치를 계약상대자에게 지시할 수 있다.

제18조(휴일 및 야간작업)

① 계약상대자는 계약문서에서 별도로 규정하고 있지 아니하는 한 계약담당공무원의 필요에 의한 경우를 제외하고는 계약담당공무원의 승인없이 휴일 또는 야간작업을 할 수 없다.

② 계약상대자는 제1항의 규정에 의하여 계약담당공무원의 승인을 얻어 휴일 또는 야간작업을 하는 경우에는 추가비용을 청구할 수 없다. 다만, 계약담당공무원의 공기단축지시 및 발주기관의 부득이한 사유로 인하여 휴일 또는 야간작업을 지시하였을 때에는 그러하지 아니하다.

③ 제23조의 규정은 제2항 단서의 경우에 이를 준용한다.

제19조(설계변경등)

① 설계변경은 다음 각호의 1에 해당하는 경우에 한다.

　　1.설계서의 내용이 불분명하거나 누락·오류 또는 상호모순되는 점이 있을 경우

　　2.지질, 용수등 공사현장의 상태가 설계서와 다를 경우

　　3.새로운 기술·공법사용으로 공사비의 절감 및 시공기간의 단축 등의 효과가 현저할 경우

　　4.기타 발주기관이 설계서를 변경할 필요가 있다고 인정할 경우 등

② 제1항의 규정에 의한 설계변경을 함에 있어서 다음 각호의 1의 사항은 설계서에 포함하지 아니한다.

　1.추정가격이 1억원미만인 공사로서 입찰을 실시하여 체결한 공사의 산출내역서

　2.수의계약으로 체결한 공사의 산출내역서

　3.시행령 제78조의 규정에 의한 일괄입찰, 및 대안입찰에 있어 대안이 채택된 공종의 공사에 있어서의 산출내역서

③ 제1항의 규정에 의한 설계변경은 그 설계변경이 필요한 부분의 시공전에 완료하여야 한다. 다만, 계약담당공무원은 공정이행의 지연으로 품질저하가 우려되는 등 긴급하게 공사를 수행할 필요가 있는 때에는 계약상대자와 협의하여 설계변경의 시기 등을 명확히 정하고, 설계변경을 완료하기 전에 우선시공을 하게 할 수 있다.

제19조의2(설계서의 불분명·누락·오류 및 설계서간의 상호모순 등에 의한 설계변경)

① 계약상대자는 공사계약의 이행 중 설계서의 내용이 불분명하거나 설계서에 누락·오류 및 설계서간에 상호모순 등이 있는 사실을 발견하였을 때에는 설계변경이 필요한 부분의 이행 전에 당해사항을 분명히 한 서류를 작성하여 공사감독관을 경유하여 계약담당공무원에게 이를 통지하여야 한다.

② 계약담당공무원은 제1항의 규정에 의한 통지를 받은 즉시 공사가 적절히 이행될 수 있도록 다음 각호의 1의 방법으로 설계변경 등 필요한 조치를 하여야 한다.

　1.설계서의 내용이 불분명한 경우(설계서만으로는 시공방법, 투입자재 등을 확정할 수 없는 경우)에는 설계자의 의견 및 발주기관이 작성한 단가산출서 또는 수량산출서 등의 검토를 통하여 당초 설계서에 의한 시공방법·투입자재 등을 확인하고 이를 기준으로 설계변경 여부를 결정

　2.설계서에 누락·오류가 있는 경우에는 그 사실을 조사 확인하고 계약목적물의 기능 및 안전을 확보할 수 있도록 설계서를 보완

3. 설계도면과 공사시방서는 서로 일치하나 물량내역서와 상이한 경우에는 설계도면 및 공사시방서에 물량내역서를 일치

4. 설계도면과 공사시방서가 상이한 경우로서 물량내역서가 설계도면과 상이하거나 공사시방서와 상이한 경우에는 설계도면과 공사시방서중 최선의 공사시공을 위하여 우선되어야 할 내용으로 설계도면 또는 공사시방서를 확정한 후 그 확정된 내용에 따라 물량내역서를 일치

③ 제2항제3호 및 제4호의 규정은 제19조제2항의 규정에 정한 공사의 경우에는 적용되지 아니한다. 다만, 제19조제2항의 규정에 정한 공사의 경우로서 설계도면과 공사시방서가 상호모순되는 경우에는 관련 법령 및 입찰에 관한 서류 등에 정한 내용에 따라 우선 여부를 결정하여야 한다.

제19조의3(현장상태와 설계서의 상이로 인한 설계변경)

① 계약상대자는 공사의 이행중 지질, 용수, 지하매설물등 공사현장의 상태가 설계서와 다른 사실을 발견하였을 때에는 지체없이 설계서에 명시된 현장상태와 상이하게 나타난 현장상태를 기재한 서류를 작성하여 공사감독관을 경유하여 계약담당공무원에게 이를 통지하여야 한다.

② 계약담당공무원은 제1항의 통지를 받은 즉시 현장을 확인하고 현장상태에 따라 설계서를 변경하여야 한다.

제19조의4(신기술 및 신공법에 의한 설계변경)

① 계약상대자는 새로운 기술·공법(발주기관의 설계와 동등이상의 기능·효과를 가진 기술·공법 및 기자재 등을 포함한다. 이하 같다)을 사용함으로써 공사비의 절감 및 시공기간의 단축 등에 효과가 현저할 것으로 인정하는 경우에는 다음 각호의 서류를 첨부하여 공사감독관을 경유하여 계약담당공무원에게 서면으로 설계변경을 요청할 수 있다.

1. 제안사항에 대한 구체적인 설명서

2. 제안사항에 대한 산출내역서

3. 제17조제1항제2호에 대한 수정공정예정표

4. 공사비의 절감 및 시공기간의 단축효과

5. 기타 참고사항

② 계약담당공무원은 제1항의 규정에 의하여 설계변경을 요청받은 경우에는 이를 검토하여 그 결과를 계약상대자에게 통지하여야 한다. 이 경우 새로운 기술·공법 등의 범위와 한계에 대하여 이의가 있을 때에는 건설기술관리법 시행령 제21조의 규정에 의한 설계자문위원회(이하 "설계자문위원회"라 한다)에 청구하여 심의를 받아야 한다. 다만, 설계자문위원회가 설치되어 있지 아니한 경우에는 건설기술관리법 제5조의 규정에 의한 건설기술심의위원회의 심의를 받아야 한다.

③ 계약상대자는 제1항의 규정에 의한 요청이 승인되었을 경우에는 지체없이 새로운 기술·공법으로 수행할 공사에 대한 시공상세도면을 공사감독관을 경유하여 계약담당공무원에게 제출하여야 한다.

④ 계약상대자는 제2항의 규정에 의한 계약담당공무원의 결정에 대하여 이의를 제기할 수 없으며, 또한 새로운 기술·공법의 개발에 소요된 비용 및 새로운 기술·공법에 의한 설계변경후 동기술·공법에 의한 시공이 불가능한 것으로 판명된 경우 시공에 소요된 비용을 발주기관에 청구할 수 없다.

제19조의5(발주기관의 필요에 의한 설계변경)

① 계약담당공무원은 다음 각호의 1의 사유로 인하여 설계서를 변경할 필요가 있다고 인정할 경우에는 계약상대자에게 이를 서면으로 통보할 수 있다.

　1.당해공사의 일부변경이 수반되는 추가공사의 발생

　2.특정공종의 삭제

　3.공정계획의 변경

　4.시공방법의 변경

　5.기타 공사의 적정한 이행을 위한 변경

② 계약담당공무원은 제1항의 규정에 의한 설계변경 통보시에는 다음 각호의 서류를 첨부하여야 한다. 다만, 발주기관이 설계서를 변경 작성할 수 없을 경우에는 설계변경 개요서만을 첨부하여 설계변경을 통보할 수 있다.

　1.설계변경개요서

　2.수정설계도면 및 공사시방서

　3.기타 필요한 서류

③ 계약상대자는 제1항의 규정에 의한 통보를 받은 즉시 공사이행상황 및 자재수급 상황

등을 검토하여 설계변경 통보내용의 이행가능 여부(이행이 불가능하다고 판단될 경우에
는 그 사유과 근거자료를 첨부)를 공사감독관을 경유하여 계약담당공무원에게 이를 서
면으로 통지하여야 한다.

제19조의6(소요자재의 수급방법 변경)

① 계약담당공무원은 발주기관의 사정으로 인하여 당초 관급자재로 정한 품목을 계약상대
자와 협의하여 계약상대자가 직접 구입하여 투입하는 자재(이하 "사급자재"라 한다)로
변경하고자 하는 경우 또는 관급자재 등의 공급지체로 공사가 상당기간 지연될 것이
예상되어 계약상대자가 대체사용 승인을 신청한 경우로서 이를 승인한 경우에는 이를
서면으로 계약상대자에게 통보하여야 한다. 이때 계약담당공무원은 계약상대자와 협의
하여 변경된 방법으로 일괄하여 자재를 구입할 수 없는 경우에는 분할하여 구입하게
할 수 있으며, 분할 구입하게 할 경우에는 구입시기별로 이를 서면으로 계약상대자에게
통보하여야 한다.

② 계약담당공무원은 공사의 이행 중 설계변경 등으로 인하여 당초 관급자재의 수량이 증가
되는 경우로서 증가되는 수량을 적기에 지급할 수 없어 공사의 이행이 지연될 것으로 예
상되는 등 필요하다고 인정되는 때에는 계약상대자와 협의한 후 증가되는 수량을 계약상
대자가 직접 구입하여 투입하도록 이를 서면으로 계약상대자에게 통보할 수 있다.

③ 제1항의 규정에 의하여 자재의 수급방법을 변경한 경우에는 계약담당공무원은 통보당
시의 가격에 의하여 그 대가(기성부분에 실제 투입된 자재에 대한 대가)를 제39조 내
지 제40조의 규정에 의한 기성대가 또는 준공대가에 합산하여 지급하여야 한다. 다만,
계약상대자의 대체사용 승인신청에 따라 자재를 대체사용한 경우에는 계약상대자와 합
의된 장소 및 일시에 현품으로 반환할 수도 있다.

④ 계약담당공무원은 당초계약시의 사급자재를 관급자재로 변경할 수 없다. 다만, 사급자
재를 관급자재로 변경하지 않으면 계약목적을 이행할 수 없다고 인정될 때에는 계약당
사자간의 협의에 의하여 변경할 수 있다.

⑤ 제2항 및 제4항의 규정에 의하여 추가되는 관급자재를 사급자재로 변경하거나 사급자
재를 관급자재로 변경한 경우에는 제20조의 규정에 정한 바에 따라 계약금액을 조정하
여야 하며, 제3항 본문의 규정에 의하여 대가를 지급하는 경우에는 제20조제4항의 규
정을 준용한다.

제19조의7(설계변경에 따른 추가조치 등)

① 계약담당공무원은 제19조제1항의 규정에 의하여 설계변경을 하는 경우 그 변경사항이 목적물의 구조변경 등으로 인하여 안전과 관련이 있는 때에는 하자발생시 책임한계를 명확하게 하기 위하여 당초 설계자의 의견을 들어야 한다.

② 계약담당공무원은 제19조의2, 제19조의3 및 제19조의5의 규정에 의하여 설계변경을 하는 경우 계약상대자로 하여금 다음 각호의 사항을 공사감독관을 경유하여 제출하게 할 수 있으며, 이 경우 계약상대자는 이에 응하여야 한다.

  1.당해공종의 수정공정예정표

  2.당해공종의 수정도면 및 수정상세도면

  3.조정이 요구되는 계약금액 및 기간

  4.여타의 공정에 미치는 영향

③ 계약담당공무원은 제2항제2호의 규정에 의하여 당초의 설계도면 및 시공상세도면을 계약상대자가 수정하여 제출하는 경우에는 그 수정에 소요된 비용을 제23조의 규정에 의하여 계약상대자에게 지급하여야 한다.

제20조(설계변경으로 인한 계약금액의 조정)

① 계약담당공무원은 설계변경으로 시공방법의 변경, 투입자재의 변경 등 공사량의 증감이 발생하는 경우에는 다음 각호의 1의 기준에 의하여 계약금액을 조정하여야 한다.

  1. 증감된 공사량의 단가는 계약단가로 한다. 다만, 계약단가가 예정가격단가보다 높은 경우로서 물량이 증가하게 되는 경우 그 증가된 물량에 대한 적용단가는 예정가격단가로 한다.

  2. 산출내역서에 없는 품목 또는 비목(동일한 품목이라도 성능, 규격 등이 다른 경우를 포함한다. 이하 "신규비목"이라 한다)의 단가는 설계변경 당시(설계도면의 변경을 요하는 경우에는 변경도면을 발주기관이 확정된 때, 설계도면의 변경을 요하지 않는 경우에는 계약당사자간에 설계변경을 문서에 의하여 합의한 때를 말한다. 이하 같다)를 기준으로 산정한 단가에 낙찰률(예정가격에 대한 낙찰금액 또는 계약금액의 비율을 말한다. 이하 같다)을 곱한 금액으로 한다.

② 발주기관이 설계변경을 요구한 경우(계약상대자의 책임없는 사유로 인한 경우를 포함한다. 이하 같다)에는 제1항의 규정에 불구하고 증가된 물량 또는 신규비목의 단가는 설

계변경당시를 기준으로 하여 산정한 단가와 동 단가에 낙찰율을 곱한 금액의 범위안에서 발주기관과 계약상대자가 상호 협의하여 결정한다. 다만, 계약당사자간에 협의가 이루어지지 아니하는 경우에는 설계변경당시를 기준으로 하여 산정한 단가와 동 단가에 낙찰율을 곱한 금액을 합한 금액의 100분의 50으로 한다.

③ 제19조의4의 규정에 의한 설계변경의 경우에는 당해 절감액의 100분의 30에 해당하는 금액을 감액한다.

④ 제1항 및 제2항의 규정에 의한 계약금액의 증감분에 대한 간접노무비, 산재보험료 및 산업안전보건관리비등 승율비용과 일반관리비 및 이윤은 산출내역서상의 간접노무비율, 산재보험료율 및 산업안전보건관리비율 등의 승율비율과 일반관리비율 및 이윤율에 의하되 설계변경당시의 관계법령 및 재정경제부장관 등이 정한 율을 초과할 수 없다.

⑤ 계약담당공무원은 예정가격의 100분의 86미만으로 낙찰된 공사계약의 계약금액을 제1항의 규정에 의하여 증액조정하고자 하는 경우로서 당해 증액조정금액(2차 이후의 계약금액 조정에 있어서는 그 전에 설계변경으로 인하여 감액 또는 증액조정된 금액과 증액조정하려는 금액을 모두 합한 금액을 말한다)이 당초 계약금액(장기계속공사계약의 경우에는 총 공사 부기금액을 말한다)의 100분의 10 이상인 경우에는 시행령 제94조의 규정에 의한 계약심의회, 「예산회계법 시행령」 제162조의 규정에 의한 예산집행심의회 또는 설계자문위원회의 심의를 거쳐 소속중앙관서의 장의 승인을 얻어야 한다.

⑥ 일부 공종의 단가가 세부공종별로 분류되어 작성되지 아니하고 총계방식으로 작성(이하 "1식단가"라 한다)되어 있는 경우에도 설계도면 또는 공사시방서가 변경되어 1식단가의 구성내용이 변경되는 때에는 제1항 내지 제5항의 규정에 의하여 계약금액을 조정하여야 한다.

⑦ 발주기관은 제1항 내지 제6항의 규정에 의하여 계약금액을 조정하는 경우에는 계약상대자의 계약금액조정 청구를 받은 날부터 30일이내에 계약금액조정 청구를 받은 날부터 30일이내에 계약금액을 조정하여야 한다.이경우 예산배정의 지연등 불가피한 경우에는 계약상대자와 협의하여 그 조정기한을 연장할 수 있으며,계약금액을 조정할 수 있는 예산이 없는 때에는 공사량등을 조정하여 그 대가를 지급할 수 있다.

⑧ 계약담당공무원은 제7항의 규정의 의한 계약상대자의 계약금액조정 청구 내용이 부당함을 발견한 때에는 지체없이 필요한 보완요구 등의 조치를 하여야 한다.이 경우 계약상대자가 보완요구 등의 조치를 통보받은 날부터 발주기관이 그 보완을 완료한 사시을 통지받은 날까지의 기간은 제7항의 규정에 의한 기간에 산입하지 아니한다.

제21조(대형공사의 설계변경등)

① 시행령 제78조의 규정에 의한 일괄입찰 및 대안입찰(대안이 채택된 공종에 한함)을 실시하여 체결된 공사계약에 있어서는 설계변경으로 계약내용을 변경하는 경우에도 정부에 책임 있는 사유 또는 천재·지변 등 불가항력의 사유로 인한 경우를 제외하고는 그 계약금액을 증액할 수 없다.

② 제1항의 경우에 계약금액을 조정하고자 할 때에는 다음 각호의 기준에 의한다.

 1. 감소된 공사량의 단가 : 시행령 제85조제2항 내지 제4항의 규정에 의하여 제출한 산출내역서상의 단가

 2. 증가된 공사량의 단가 : 설계변경당시를 기준으로 산정한 단가와 제1호의 규정에 의한 산출내역서상의 단가의 범위 안에서 계약당사자간에 협의하여 결정한 단가

 3. 계약당사자간에 제2호의 규정에 의하여 협의가 이루어지지 아니하는 경우의 단가 : 설계변경당시를 기준으로 산정한 단가와 제1호의 규정에 의한 산출내역서상의 단가를 합한 금액의 100분의 50으로 하되, 산출내역서상의 단가가 설계변경당시를 기준으로 산정한 단가보다 높은 경우에는 설계변경당시를 기준으로 산정한 단가

 4. 제1호의 규정에 의한 산출내역서상에 없는 신규비목의 단가 : 설계변경당시를 기준으로 산정한 단가

③ 제1항에 정한 정부의 책임 있는 사유 또는 불가항력의 사유란 다음 각호의 1의 경우를 말한다. 다만, 설계시 공사관련법령 등에 정한 바에 따라 설계서가 작성된 경우에 한한다.

 1. 사업계획 변경등 발주기관의 필요에 의한 경우

 2. 발주기관외에 당해공사와 관련된 인허가기관등의 요구가 있어 이를 발주기관이 수용하는 경우

 3. 공사관련법령(표준시방서, 전문시방서, 설계기준 및 지침등 포함)의 제·개정으로 인한 경우

 4. 공사관련법령에 정한 바에 따라 시공하였음에도 불구하고 발생되는 민원에 의한 경우

 5. 발주기관 또는 공사 관련기관이 교부한 지하매설 지장물도면과 현장 상태가 상이하거나 계약이후 신규로 매설된 지장물에 의한 경우

 6. 토지·건물소유자의 반대, 지장물의 존치, 관련기관의 인허가 불허등으로 지질조사가 불가능했던 부분의 경우

 7. 제32조의 규정에 정한 사항 등 계약당사자 누구의 책임에도 속하지 않는 사유에 의한

경우

④ 제2항의 규정에 의하여 계약금액을 증액하고자 하는 경우 증가되는 공사물량은 수정전의 설계도면과 수정후의 설계도면을 비교하여 산출한다.

⑤ 제3항의 각호의 1에 정한 사유에 해당되지 않는 경우로서 현장상태와 설계서의 상이등으로 인하여 설계변경을 하는 경우 세부공종(단일사유로 계약금액 조정이 동시에 발생되는 관련 공종이 있는 경우에는 동 공종을 포함한다. 이하 같다)에서 감액되는 금액과 증액되는 금액이 동시에 발생되는 때에는 세부 공종단위로 증·감되는 금액을 합산하여 계약금액을 조정하되, 세부공종 단위별 계약금액을 증액할 수는 없다.

⑥ 제1항내지 제5항의 규정에 의한 계약금액조정의 경우에는 제20조제7항 및 제8항의 규정을 준용한다.

제22조(물가변동으로 인한 계약금액의 조정)

① 물가변동으로 인한 계약금액의 조정은 시행령 제64조 및 시행규칙 제74조의 규정에 정한 바에 의한다.

② 동일한 계약에 대한 계약금액의 조정시 품목조정율 및 지수조정율을 동시에 적용하여서는 아니 되며, 계약을 체결할 때에 계약상대자가 지수조정율 방법을 원하는 경우 외에는 품목조정율 방법으로 계약금액을 조정하도록 계약서에 명시하여야 한다.

③ 제1항의 규정에 의하여 계약금액을 증액하는 경우에는 상대자의 청구에 의하여야 하며, 조정된 계약금액은 직전의 물가변동으로 인하여 계약금액조정기준일부터 90일이내에 이를 다시 조정할 수 없다. 다만, 천재·지변 또는 원자재의 가격급등으로 당해 기간내에 계약금액을 조정하지 아니하고는 계약이행이 곤란하다고 인정되는 경우에는 계약을 체결한 날 또는 직전 조정기준일로부터 90일이내에도 계약금액을 조정할 수 있다.

④ 계약상대자는 제3항의 규정에 의하여 계약금액의 증액을 청구하는 경우에는 계약금액 조정 내역서를 첨부하여야 한다.

⑤ 발주기관은 제1항내지 제4항의 규정에 의하여 계약금액을 증액하는 경우에는 계약상대자의 청구를 받은 날로부터 30일 이내에 계약금액을 조정하여야 한다. 이 경우 예산배정의 지연 등 불가피한경우에는 계약상대자와 협의하여 그 조정기한을 연기할 수 있으며, 계약금액을 증액할 수 있는 예산이 없는 때에는 공사량 등을 조정하여 그 대가를 지급할 수 있다.

⑥ 계약담당공무원은 제4항 및 제5항의 규정에 의한 계약상대자의 계약금액조정청구 내용
   이 부당함을 발견한 때에는 지체없이 필요한 보완요구 등의 조치를 하여야 한다. 이 경
   우 계약상대자가 보완요구 등의 조치를 통보받은 날부터 발주기관이 그 보완을 완료한
   사실을 통지받은 날까지의 기간은 제5항의 규정에 의한 기간에 산입하지 아니한다.

제23조(기타 계약내용의 변경으로 인한 계약금액의 조정)

① 계약담당공무원은 공사계약에 있어서 제20조 및 제22조의 규정에 의한 경우 외에 공사
   기간·운반거리의 변경 등 계약내용의 변경으로 계약금액을 조정하여야 할 필요가 있는
   경우에는 그 변경된 내용에 따라 실비를 초과하지 아니하는 범위 안에서 이를 조정한다.
② 제1항의 규정에 의한 계약내용의 변경은 변경되는 부분의 이행에 착수하가 전에 완료하
   여야 한다. 다만 계약담당공무원은 계약이행의 지연으로 품질저하가 우려되는 등 긴급하
   게 계약을 이행 하게 할 필요가 있는 때에는 계약상대자와 협의하여 계약내용 변경의 시
   기 등을 명확히 정하고, 계약내용을 변경하기 전에 계약을 이행하게 할 수 있다.
③ 제1항의 경우에는 제20조제4항을 준용한다.
④ 제1항의 경우 계약금액이 증액될 때에는 계약상대자의 신청에 의거 조정하여야 한다.
⑤ 제1항내지 제4항의 규정에 의한 계약금액조정의 경우에는 제20조제7항·제8항의 규정
   을 준용한다.

제24조(응급조치)

① 계약상대자는 시공기간 중 재해방지를 위하여 필요하다고 인정할 때에는 미리 공사감독
   관의 의견을 들어 필요한 조치를 취하여야 한다.
② 공사감독관은 재해방지 기타 시공상 부득이할 때에는 계약상대자에게 필요한 응급조치
   를 취할 것을 구두 또는 서면으로 요구할 수 있다. 이 경우 구두로 응급조치를 요구한
   때에는 추후 서면으로 이를 보완하여야 한다.
③ 계약상대자는 제2항의 규정에 의한 요구를 받은 때에는 즉시 이에 응하여야 한다. 다
   만, 계약상대자가 요구에 응하지 아니할 때에는 계약담당공무원은 일방적으로 계약상대
   자 부담으로 제3자로 하여금 응급조치하게 할 수 있다.
④ 제1항 내지 제3항의 조치에 소요된 경비 중에서 계약상대자가 계약금액의 범위내에서
   부담하는 것이 부당하다고 인정되는 때에는 제23조의 규정에 의하여 실비의 범위 안에

서 계약금액을 조정할 수 있다.

제25조(지체상금)

① 계약상대자는 계약서에 정한 준공기한(계약서상 준공신고서 제출기일을 말한다. 이하 같다)내에 공사를 완성하지 아니한 때에는 매 지체일수마다 계약서에 정한 지체상금율을 계약금액에 곱하여 산출한 금액(이하 "지체상금"이라 한다)을 현금으로 납부하여야 한다.

② 계약담당공무원은 제1항의 경우에 제29조의 규정에 의하여 기성부분을 인수(인수하지 아니하고 관리·사용하고 있는 경우를 포함한다. 이하 이조에서 같다)한 때에는 그 부분에 상당하는 금액을 계약금액에서 공제한다. 이 경우 기성부분의 인수는 그 성질상 분할할 수 있는 공사에 대한 완성부분으로 인수하는 것에 한한다.

③ 계약담당공무원은 다음 각호의 1에 해당되어 공사가 지체되었다고 인정할 때에는 그 해당일수를 제1항의 지체일수에 산입하지 아니한다.

 1. 제32조에서 규정한 불가항력의 사유에 의한 경우

 2. 계약상대자가 대체 사용할 수 없는 중요 관급자재 등의 공급이 지연되어 공사의 진행이 불가능하였을 경우

 3. 발주기관의 책임으로 착공이 지연되거나 시공이 중단되었을 경우

 4. 계약상대자의 부도 등으로 연대보증인이 보증시공을 할 경우

 5. 계약상대자의 부도 등으로 보증기관이 보증이행업체를 지정하여 보증시공할 경우

 6. 제19조의 규정에 의한 설계변경으로 인하여 준공기한내에 계약을 이행할 수 없을 경우

 7. 기타 계약상대자의 책임에 속하지 아니하는 사유로 인하여 지체된 경우

④ 제3항제4호의 규정에 의하여 지체일수에 산입하지 아니하는 기간은 부도등이 확정된 날부터 보증시공을 지시한 날까지이며, 제3항제5호의 규정에 의하여 지체일수에 산입하지 아니하는 기간은 발주기관으로부터 보증채무 이행청구서를 접수한 날부터 보증이행개시일 전일까지(단, 30일이내에 한한다)로 한다.

⑤ 계약담당공무원은 제1항의 규정에 의한 지체일수를 다음 각호에 따라 산정하여야한다.

 1. 준공기한내에 준공신고서를 제출한 때에는 제27조의 규정에 의한 준공검사에 소요된 기간은 지체일수에 산입하지 아니한다. 다만, 준공기한이후에 제27조 3항의 규정에 의한 시정조치를 한 때에는 시정조치를 한 날부터 최종 준공검사에 합격한 날까지의

기간(검사기간이 제27조의 규정에 정한 기간을 초과하는 경우에는 동조에 정한기간을 말한다. 이하 같다)을 지체일수에 산입한다.

2. 준공기한을 경과하여 준공신고서를 제출한 때에는 준공기한 익일부터 준공검사(시정조치를 한 때에는 최종준공검사)에 합격한 날까지의 기간을 지체일수에 산입한다.

⑥ 계약담당공무원은 제1항 내지 제3항의 규정에 의한 지체상금은 계약상대자에게 지급될 대가, 대가지급지연에 대한 이자 또는 기타 예치금 등과 상계할 수 있다.

제26조(계약기간의 연장)

① 계약상대자는 제25조제3항 각호의 1의 사유가 계약기간내에 발생한 경우에는 지체없이 제17조제1항 제2호에 대한 수정공정표를 첨부하여 공사감독관을 경유하여 계약담당공무원에게 서면으로 계약기간의 연장을 청구하여야 한다.

② 계약담당공무원은 제1항의 규정에 의한 계약기간연장 신청이 접수된 때에는 즉시 그 사실을 조사 확인하고 공사가 적절히 이행될 수 있도록 계약기간의 연장등 필요한 조치를 하여야 한다.

③ 계약담당공무원은 제1항에서 규정한 연장청구를 승인하였을 경우 동 연장기간에 대하여는 제25조의 규정에 의한 지체상금을 부과하여서는 아니 된다.

④ 제2항의 규정에 의하여 계약기간을 연장한 경우에는 제23조의 규정에 의하여 그 변경된 내용에 따라 실비를 초과하지 아니하는 범위 안에서 계약금액을 조정한다. 다만, 제25조제3항제4호 및 제5호의 사유에 의한 경우에는 그러하지 아니한다.

⑤ 계약담당공무원은 제1항 내지 제4항의 규정에 불구하고 계약상대자의 의무불이행으로 인하여 발생한 지체상금이 시행령 제50조제1항의 규정에 의한 계약보증금상당액에 달한 경우로서 계약목적물이 국가정책사업 대상이거나 계약의 이행이 노사분규 등 불가피한 사유로 인하여 지연된 때에는 계약기간을 연장할 수 있다.

⑥ 제5항의 규정에 의한 계약기간의 연장은 지체상금이 계약보증금상당액에 달한 때에 하여야 하며, 연장된 계약기간에 대하여는 제25조의 규정에 불구하고 지체상금을 부과하여서는 아니 된다.

제27조(검사)

① 계약상대자는 공사를 완성하였을 때에는 그 사실을 준공신고서등 서면으로 계약담당공

무원(건설기술관리법 제27조의 규정에 의하여 책임감리를 하는 공사에 있어서는 당해 공사의 감리전문회사를 말한다. 이하 이조 제2항, 제3항 및 제6항에서 같다)에게 통지하고 필요한 검사를 받아야 한다.

② 계약담당공무원은 제1항의 통지를 받은 때에는 계약서, 설계서, 준공신고서 기타 관계서류에 의하여 그날로부터 14일이내에 계약상대자의 입회하에 그 이행을 확인하기 위한 검사를 하여야 한다. 다만, 천재·지변 등 불가항력적인 사유로 인하여 검사를 완료하지 못한 경우에는 당해사유가 존속되는 기간과 당해사유가 소멸된 날로부터 3일까지는 이를 연장할 수 있으며, 공사계약금액(관급자재가 있는 경우에는 관급자재대가를 포함한다)이 100억 원 이상이거나 기술적 특수성 등으로 인하여 14일이내에 검사를 완료할 수 없는 특별한 사유가 있는 경우에는 7일 범위내에서 검사기간을 연장할 수 있다.

③ 계약담당공무원은 제2항의 검사에 있어서 계약상대자의 계약이행내용의 전부 또는 일부가 계약에 위반되거나 부당함을 발견한 때에는 필요한 시정조치를 하여야 한다. 이 경우에는 계약상대자로부터 그 시정을 완료한 사실을 통지받은 날로부터 제2항의 기간을 계산한다.

④ 제3항의 경우에 계약이행기간이 연장될 때에는 계약담당공무원은 제25조의 규정에 의한 지체상금을 부과하여야 한다.

⑤ 계약상대자는 제2항의 규정에 의한 검사에 입회·협력하여야 한다. 계약상대자가 입회를 거부하거나 검사에 협력하지 아니함으로써 발생하는 지체에 대하여는 제3항 및 제4항의 규정을 준용한다.

⑥ 계약담당공무원은 검사를 완료한 때에는 그 결과를 지체없이 계약상대자에게 통지하여야 한다. 이 경우 계약상대자는 검사에 대한 이의가 있을 때에는 재검사를 요청할 수 있으며 계약담당공무원은 필요한 조치를 하여야 한다.

⑦ 계약상대자는 제6항의 규정에 의한 검사완료통지를 받은 때에는 모든 공사시설, 잉여자재, 폐기물 및 가설물을 공사장으로부터 즉시 철거반출하여야 하며 공사장을 정돈하여야 한다.

⑧ 제39조의 규정에 의한 기성대가지급시의 기성검사는 공사감독관이 작성한 감독조서의 확인으로 갈음할 수 있다. 다만, 동 검사 3회마다 1회는 제1항의 규정에 의한 검사를 실시하여야 한다.

⑨ 제8항의 규정에 의한 기성검사시 검사에 합격된 자재라도 단순히 공사현장에 반입된

것만으로는 기성부분으로 인정할 수 없다. 다만, 계약상대자가 직접 또는 제3자에게 위탁하여 가공·조립 또는 제작된 자재인 때에는 당해 자재의 특성, 용도 및 시장거래상황 등을 고려하여 반입(당해 자재를 계약목적물에 투입하는 과정의 특수성으로 인하여 가공·조립 또는 제작하는 공장에서 기성검사를 실시, 동 검사에 합격한 경우를 포함)된 자재의 100분의 50범위내에서 기성부분으로 인정할 수 있다.

제28조(인수)

① 계약담당공무원은 제27조제6항의 규정에 의하여 검사완료통지를 한 후 계약상대자가 서면으로 인수를 요청하였을 때에는 즉시 현장인수증명서를 발급하고 당해 공사목적물을 인수하여야 한다.

② 계약담당공무원은 제1항의 규정에 의하여 인수를 요청할 경우 공사규모 등을 고려하여 필요하다고 인정할 때에는 계약상대자로 하여금 다음 각호의 사항이 첨부된 준공명세서를 제출하게 하여야 한다.

 1. 완성된 공사목적물의 전면·후면·측면사진(10 ″×15 ″) 각 5매 및 필름

 2. 제27조의 주요검사과정을 촬영한 비디오테이프(VHS) 5본

 3. 착공에서 준공까지의 행정처리과정, 참여기술자, 관련참여업체 등의 내용을 포함하는 건설기술관리법시행령 제38조의9의 규정에 의한 준공보고서

③ 계약담당공무원은 계약상대자가 검사완료통지를 받은 날부터 7일이내에 제1항의 규정에 의한 인수요청을 아니할 때에는 계약상대자에게 현장인수증명서를 발급하고 당해 공사목적물을 인수할 수 있다. 이 경우 계약상대자는 지체없이 제2항의 규정에 의한 준공명세서를 제출하여야 한다.

④ 계약담당공무원은 공사목적물을 인수한 때에는 다음 사항을 기재한 표찰을 부착하여 공시하여야 한다.

 1. 공사명 및 발주기관(관리청)

 2. 착공 및 준공년월일

 3. 공사금액

 4. 계약상대자

 5. 공사감독관 및 검사관

 6. 하자발생시 신고처

7. 기타 필요한 사항

⑤ 발주관서는 제3항의 규정에 의하여 인수된 공사목적물을 계약상대자에게 유지관리를 요구하는 경우에는 이에 필요한 비용을 지급하여야 한다.

제29조(기성부분의 인수)

① 계약담당공무원은 전체 공사목적물이 아닌 기성부분(성질상 분할할 수 있는 공사에 대한 완성부분에 한한다)에 대하여 이를 인수할 수 있다.

② 제28조의 규정은 제1항의 경우에 이를 준용한다.

제30조(부분사용 및 부가공사)

① 발주기관은 계약목적물의 인수 전에 기성부분이나 미완성부분을 사용할 수 있으며 동 부분에 대하여는 당해 구조물 안전에 지장을 주지 아니하는 부가공사를 할 수 있다.

② 제1항의 경우 계약상대자와 부가공사에 대한 계약상대자는 계약담당공무원의 지시에 따라 공사를 진행하여야 한다.

③ 계약담당공무원은 제1항의 규정에 의한 부분사용 또는 부가공사로 인하여 계약상대자에게 손해가 발생한 경우 또는 추가공사비가 필요한 경우로서 계약상대자의 청구가 있는 때에는 제23조의 규정에 의하여 설비의 범위 안에서 보상하거나 계약금액을 조정하여야 한다.

제31조(일반적 손해)

① 계약상대자는 계약의 이행 중 공사목적물, 관급자재, 대여품 및 제3자에 대한 손해를 부담하여야 한다. 다만, 계약상대자의 책임없는 사유로 인하여 발생한 경우에는 발주기관의 부담으로 한다.

② 제10조의 규정에 의하여 손해보험에 가입한 공사계약의 경우 제1항의 규정에 의한 계약상대자 및 발주기관의 부담은 보험에 의하여 보전되는 금액을 초과하는 부분으로 한다.

③ 제28조 및 제29조의 규정에 의하여 인수한 공사목적물에 대한 손해는 발주기관이 부담하여야 한다.

제32조(불가항력)

① 불가항력이라 함은 태풍·홍수 기타 악천후, 전쟁 또는 사변, 지진, 화재, 전염병, 폭동

기타 계약대상자의 통제범위를 초월하는 사태의 발생 등의 사유(이하 "불가항력의 사유"라 한다)로 인하여 계약당사자 누구의 책임에도 속하지 아니하는 경우를 말한다. 다만, 이는 대한민국 국내에서 발생하여 공사이행에 직접적인 영향을 미친 경우에 한한다.

② 제1항에서 규정한 불가항력의 사유로 인하여 다음 각호에 발생한 손해는 발주기관이 부담하여야 한다.

 1. 제27조의 규정에 의하여 검사를 필한 기성부분

 2. 검사를 필하지 아니한 부분 중 객관적인 자료(감독일지, 사진 또는 비디오테잎 등)에 의하여 이미 시공되었음이 판명된 부분

 3. 제31조제1항 단서 및 동조 제3항의 규정에 의한 손해

③ 계약당사자는 계약이행 기간 중 제2항의 손해가 발생하였을 때에는 지체없이 그 사실을 계약담당공무원에게 통지하여야 하며, 계약담당공무원은 통지를 받았을 때에는 즉시 그 사실을 조사하고 그 손해의 상황을 확인한 후 그 결과를 계약상대자에게 통지하여야 한다. 이 경우 공사감독관의 의견을 참작할 수 있다.

④ 계약담당공무원은 제3항의 규정에 의하여 손해의 상황을 확인하였을 때에는 별도의 약정이 없는 한 공사금액의 변경 또는 손해액의 부담 등 필요한 조치를 계약상대자와 협의하여 이를 결정한다. 다만, 협의가 성립되지 않을 때에는 제51조의 규정에 의해서 처리한다.

제33조(하자보수)

① 계약상대자는 전체목적물을 인수한 날과 준공검사를 완료한 날 중에서 먼저 도래한 날부터 시행령 제60조의 규정에 의하여 계약서에 정한 기간(이하 "하자담보책임기간"이라 한다)동안 공사목적물의 하자(계약상대자의 시공상의 잘못으로 인하여 발생한 하자에 한함)에 대한 보수책임이 있다.

② 계약상대자는 하자보수통지를 받은 때에는 즉시 보수작업을 하여야 하며 당해 하자의 발생원인 및 기타 조치사항을 명시하여 발주기관에 제출하여야 한다.

제34조(하자보수보증금)

① 계약상대자는 공사의 하자보수를 보증하기 위하여 계약서에서 정한 하자보수보증금률을 계약금액(당초 계약금액이 조정된 경우에는 조정된 계약금액을 말한다)에 곱하여 산

출한 금액(이하 "하자보수보증금"이라 한다)을 시행령 제62조 및 시행규칙 제72조의 규정에 정한 바에 따라 납부하여야 한다.

② 계약상대자가 제33조제1항의 규정에 의한 하자담보책임기간 중 계약담당공무원으로부터 하자보수요구를 받고 이에 불응한 경우에는 제1항의 규정에 의한 하자보수보증금을 국고에 귀속한다.

③ 계약담당공무원은 제35조제2항의 규정에 의한 하자보수완료확인서의 발급일까지 하자보수보증금을 계약상대자에게 반환하여야 한다. 다만, 하자담보책임기간이 서로 다른 공종이 복합된 건설공사에 있어서는 시행규칙 제70조의 규정에 의한 공종별하자담보책임 기간이 만료되어 보증목적이 달성된 공종의 하자보수보증금은 계약상대자의 요청이 있을 경우 즉시 반환하여야 한다.

제35조(하자검사)

① 계약담당공무원은 제33조제1항에서 규정한 하자담보책임기간 중 연2회이상 정기적으로 하자를 검사하여야 한다.

② 계약담당공무원은 하자담보책임기간의 만료일부터 14일 이내에 따로 최종검사를 하여야 하며, 최종검사를 완료하였을 때에는 즉시 하자보수완료확인서를 계약상대자에게 발급하여야 한다. 이 경우 최종검사에서 발견되는 하자사항은 이 확인서가 발급되기 전까지 계약상대자가 자신의 부담으로 보수하여야 한다.

③ 계약상대자는 제1항 및 제2항의 검사에 입회하여야 한다. 다만, 계약상대자가 입회를 거부하는 경우에는 계약담당공무원은 일방적으로 검사를 할 수 있으며 검사결과에 대하여 계약상대자가 동의한 것으로 간주한다.

④ 계약상대자의 책임과 의무는 제2항의 규정에 의한 하자보수완료확인서의 발급일부터 소멸한다.

제36조(특별책임) 계약담당공무원은 제35조제2항의 규정에 의한 하자보수완료확인서의 발급에 불구하고 당해공사의 특성 및 관련법령에서 정한 바에 따라 필요하다고 인정하는 경우 제27조 및 제35조의 규정에 의한 검사과정에서 발견되지 아니한 시공상의 하자에 대하여는 계약상대자의 책임으로 하는 특약을 정할 수 있다.

제37조(특허권 등의 사용) 공사의 이행에 특허권 기타 제3자의 권리의 대상으로 되어 있는 시공방법을 사용할 때에는 계약상대자는 그 사용에 관한 일체의 책임을 져야 한다. 그러나 발주기관이 제3조의 계약문서에 시공방법을 지정하지 아니하고 그 시공을 요구할 때에는 계약상대자에 대하여 제반편의를 제공·알선하거나 소요된 비용을 지급할 수 있다.

제38조(발굴물의 처리)

① 공사현장에서 발견한 모든 가치 있는 화석·금전·보물 기타 지질학 및 고고학상의 유물 또는 물품은 관계법규에서 정하는 바에 의하여 처리한다.

② 계약상대자는 제1항의 물품이나 유물을 발견하였을 때에는 즉시 계약담당공무원에게 통지하고 그 지시에 따라야 하며 이를 취급할 때에는 파손이 없도록 적절한 예방조치를 하여야 한다.

제39조(기성대가의 지급)

① 계약상대자는 적어도 30일마다 제27조제8항에 의한 검사를 완료하는 날까지 기성부분에 대한 대가지급청구서(기 수령한 기성대가가 있는 경우에는 건설산업기본법 제34조제1항의 규정에 의하여 기성대가를 하수급인에게 지급하였음을 증빙하는 서류를 첨부하여야 한다)를 공사감독관을 경유하여 발주기관에 제출할 수 있다.

② 계약담당공무원은 검사완료일부터 7일이내에 검사된 내용에 따라 기성대가를 확정하여 계약상대자에게 지급하여야 한다. 다만, 계약상대자가 검사완료일후에 대가의 지급을 청구한 때에는 그 청구를 받은 날부터 7일이내에 지급하여야 한다.

③ 계약담당공무원은 제27조제9항 단서의 규정에 의한 자재에 대하여 기성대가를 지급하는 경우에는 계약상대자로 하여금 그 지급 대가에 상당하는 보증서(시행령 제37조제2항에 규정된 증권 또는 보증서 등을 말한다)를 제출하게 하여야 한다.

④ 계약담당공무원은 제1항의 규정에 의한 청구서의 기재 사항이 검사된 내용과 일치하지 아니할 때에는 그 사유를 명시하여 계약상대자에게 이의 시정을 요구하여야 한다. 이 경우 시정에 소요되는 기간은 제2항에서 규정한 기간에 산입하지 아니한다.

⑤ 기성대가는 계약단가에 의하여 산정·지급한다. 다만, 계약단가가 없을 경우에는 제20조제1항제2호 및 제2항의 규정에 의하여 산정된 단가에 의한다.

⑥ 제40조제3항의 규정은 기성대가 지급의 경우에 이를 준용한다.

제39조의2(계약금액조정전의 기성대가지급)

① 계약담당공무원은 물가변동, 설계변경 및 기타계약내용의 변경으로 인하여 계약금액이 당초 계약금액보다 증감될 것이 예상되는 경우로서 기성대가를 지급하고자 하는 경우에는 국고금관리법시행규칙 제72조의 규정에 의하여 당초 산출내역서를 기준으로 산출한 기성대가를 개산급으로 지급할 수 있다. 다만, 감액이 예상되는 경우에는 예상되는 감액금액을 제외하고 지급하여야 한다.

② 계약상대자는 제1항의 규정에 의하여 기성대가를 개산급으로 지급받고자 하는 경우에는 기성대가신청시 개산급신청사유를 서면으로 작성하여 첨부하여야 한다.

제40조(준공대가의 지급)

① 계약상대자는 공사를 완성한 후 제27조의 규정에 의한 검사에 합격한 때에는 소정절차에 따라 대가지급을 청구할 수 있다.

② 계약담당공무원은 제1항의 청구를 받은 때에는 그 청구를 받은 날로부터 14일이내에 그 대가를 지급한다. 이 경우 계약당사자와의 합의에 의하여 14일을 초과하지 아니하는 범위 안에서 대가의 지급기간을 연장할 수 있는 특약을 정할 수 있다.

③ 천재·지변 등 불가항력의 사유로 인하여 대가를 지급할 수 없게 된 경우에는 당해사유가 존속되는 기간과 당해사유가 소멸된 날로부터 3일까지는 대가의 지급을 연장할 수 있다.

④ 계약담당공무원은 제1항의 청구를 받은 후 그 청구내용의 전부 또는 일부가 부당함을 발견한 때에는 그 사유를 명시하여 계약상대자에게 당해 청구서를 반송할 수 있다. 이 경우에는 반송한 날로부터 재청구를 받은 날까지의 기간은 제2항의 지급기간에 이를 산입하지 아니한다.

제41조(대가지급지연에 대한 이자)

① 계약담당공무원은 대가지급청구를 받은 경우에 제39조 및 제40조의 규정에 의한 대가지급기한(국고채무부담행위에 의한 계약의 경우에는 다음 회계년도 개시후 예산회계법에 의하여 당해 예산이 배정된 날부터 20일)까지 대가를 지급하지 못하는 경우에는 지급기한의 다음날부터 지급하는 날까지의 일수(이하 "대가지급지연일수"라 한다)에 당해 미지급금액에 대하여 은행의 일반자금대출시 적용되는 연체이자율을 곱하여 산출한 금

액을 이자로 지급하여야 한다.

② 천재·지변 등 불가항력적인 사유로 인하여 검사 또는 대가지급이 지연된 경우에 제27
조제2항 단서 및 제40조제3항의 규정에 의한 연장기간은 대가지급 지연일수에 산입하
지 아니한다.

제42조(하도급의 승인 등)

① 계약상대자가 계약된 공사의 일부를 제3자에게 하도급 하고자 하는 경우에는 건설산업
기본법 등 관련법령에 정한 바에 의하여야 한다.

② 계약담당공무원은 제1항의 규정에 의하여 계약상대자로부터 하도급계약을 통보받은 때
에는 건설교통부장관이 고시한 건설공사하도급심사기준에 정한 바에 따라 하도급금액의
적정성을 심사하여야 한다.

제43조(하도급대가의 직접지급 등)

① 계약담당공무원은 계약상대자가 다음 각호의 1에 해당하는 경우 건설산업기본법 등 관
련법령의 규정에 의하여 체결한 하도급계약 중 하수급인이 시공한 부분에 상당하는 금
액에 대하여는 계약상대자가 하수급인에게 제39조 및 제40조의 규정에 의한 대가지급
을 의뢰한 것으로 보아 당해 하수급인에게 직접 지급하여야 한다.

 1. 하수급인이 계약상대자를 상대로 하여 받은 판결로서 그가 시공한 분에 대한 하도급
대금지급을 명하는 확정판결이 있는 경우

 2. 계약상대자가 파산, 부도, 영업정지 및 면허취소 등으로 하도급대금을 하수급인에게
지급할 수 없게 된 경우

 3. 하도급거래공정화에관한법률 또는 건설산업기본법에 규정한 내용에 따라 계약상대자
가 하수급인에 대한 하도급대금 지급보증서를 제출하여야 할 대상 중 그 지급보증서
를 제출하지 아니한 경우

② 계약담당공무원은 제1항의 규정에 불구하고 하수급인이 당해 하도급계약과 관련하여
노임, 중기사용료, 자재대 등을 체불한 사실을 계약상대자가 객관적으로 입증할 수 있
는 서류를 첨부하여 당해 하도급대가의 직접 지급중지를 요청한 때에는 당해 하도급대
가를 직접 지급하지 아니할 수 있다.

③ 계약상대자는 제27조제1항의 규정에 의한 준공신고 또는 제39조의 규정에 의한 기성

대가의 지급청구를 위한 검사를 신청하고자 할 경우에는 하수급인이 시공한 부분에 대한 내역을 구분하여 신청하여야 하며, 제39조 및 제40조의 규정에 의하여 제1항의 하도급대가가 포함된 대가지급을 청구할 때에는 당해 하도급대가를 분리하여 청구하여야 한다.

제44조(계약상대자의 책임 있는 사유로 인한 계약의 해제 또는 해지)

① 계약담당공무원은 계약상대자가 다음 각호의 1에 해당하는 경우에는 당해 계약의 전부 또는 일부를 해제 또는 해지할 수 있다. 다만, 제3호의 경우에는 해제 또는 해지하여야 한다.

 1. 정당한 이유 없이 약정한 착공시일을 경과하고도 공사에 착수하지 아니할 경우

 2. 계약상대자의 책임 있는 사유로 인하여 준공기한까지 공사를 완성하지 못하거나 완성할 가능성이 없다고 인정될 경우

 3. 제25조제1항의 규정에 의한 지체상금이 시행령 제50조 제1항의 규정에 의한 당해 계약(장기계속공사계약인 경우에는 차수별 계약)의 계약보증금상당액(계약금액의 100분의 10이상)에 달한 경우로서 계약기간을 연장하여도 공사를 완공할 가능성이 없다고 판단되는 경우

 4. 장기계속공사의 계약에 있어서 제2차공사이후의 계약을 체결하지 아니하는 경우

 5. 계약의 수행 중 뇌물수수 또는 정상적인 계약관리를 방해하는 불법·부정행위가 있는 경우

 6. 기타 계약조건을 위반하고 그 위반으로 인하여 계약의 목적을 달성할 수 없다고 인정될 경우

② 계약담당공무원은 제1항의 규정에 의하여 계약을 해제 또는 해지한 때에는 그 사실을 계약상대자 및 제42조의 규정에 의한 하수급자에게 통지하여야 한다.

③ 제2항의 규정에 의한 통지를 받은 계약상대자는 다음 각호의 사항을 준수하여야 한다.

 1. 당해공사를 즉시 중지하고 모든 공사자재 및 기구 등을 공사장으로부터 철거하여야 한다.

 2. 제13조의 규정에 의한 대여품이 있을 때에는 지체없이 발주기관에 반환하여야 한다. 이 경우 당해 대여품이 계약상대자의 고의 또는 과실로 인하여 멸실 또는 파손되었을 때에는 원상회복 또는 그 손해배상을 하여야 한다.

3. 제13조의 규정에 의한 관급재료중 공사의 기성부분으로서 인수된 부분에 사용한 것을 제외한 잔여재료는 발주관서에 반환하여야 한다. 이 경우 당해 재료가 계약상대자의 고의 또는 과실로 인하여 멸실 또는 파손 되었을 때, 또는 공사의 기성부분으로서 인수되지 아니하는 부분에 사용된 때에는 원상회복 또는 그 손해배상을 하여야 한다.

4. 발주기관이 요구하는 공사장의 모든 재료, 정보 및 편의를 발주기관에 제공하여야 한다.

④ 계약담당공무원은 제1항의 규정에 의하여 계약을 해제 또는 해지한 경우 및 제48조의 규정에 의하여 연대보증인 또는 보증기관이 보증이행을 하는 경우에 기성부분을 검사하여 인수한 때에는 당해부분에 상당하는 대가를 계약상대자에게 지급하여야 한다.

⑤ 제1항의 규정에 의하여 계약이 해제 또는 해지된 경우 계약상대자는 지급받은 선금에 대하여 미정산잔액이 있는 경우에는 그 잔액에 대한 약정이자상당액을 가산하여 발주기관에 상환하여야 한다. 이 경우 계약담당공무원은 상환할 금액과 기성부분의 대가를 상계할 수 있다. 다만, 제43조제1항의 규정에 의하여 하도급대가를 직접 지급하는 경우 하도급대가 지급후 잔액이 있을 때에는 이와 상계할 수 있다.

제45조(사정변경에 의한 계약의 해제 또는 해지)

① 발주기관은 제44조제1항 각호의 경우 외에 객관적으로 명백한 발주기관의 불가피한 사정이 발생한 때에는 계약을 해제 또는 해지할 수 있다.

② 제44조 제2항 본문 및 제3항의 규정은 제1항의 규정에 의하여 계약을 해제 또는 해지하는 경우에 이를 준용한다.

③ 발주기관은 제1항의 규정에 의하여 계약을 해제 또는 해지하는 경우에는 다음 각호에 해당하는 금액을 제44조제3항 각호의 수행을 완료한 날부터 14일이내에 계약상대자에게 지급하여야 한다. 이 경우 제7조의 규정에 의한 계약보증금을 동시에 반환하여야 한다.

1. 제32조제2항제1호 및 제2호에 해당하는 시공부분의 대가 중 지급하지 아니한 금액

2. 전체공사의 완성을 위하여 계약의 해제 또는 해지일 이전에 투입된 계약상대자의 인력·자재 및 장비의 철수 비용

④ 계약상대자는 선금에 대한 미정산잔액이 있는 경우에는 이를 발주기관에 상환하여야 한다. 이 경우 미정산잔액에 대한 이자는 가산하지 아니한다.

제46조(계약상대자에 의한 계약의 해제 또는 해지)

① 계약상대자는 다음 각호의 1에 해당하는 사유가 발생한 경우에는 당해계약을 해제 또
는 해지할 수 있다.

 1. 제19조의 규정에 의하여 공사내용을 변경함으로써 계약금액이 100분의 40이상 감소
되었을 때

 2. 제47조의 규정에 의한 공사정지기간이 공기의 100분의 50을 초과하였을 경우

② 제45조제2항 내지 제4항의 규정은 제1항의 규정에 의하여 계약이 해제 또는 해지되었
을 경우에 이를 준용한다.

제47조(공사의 일시정지)

① 공사감독관은 다음 각호의 경우에는 공사의 전부 또는 일부의 이행을 정지시킬 수 있
다. 이 경우 계약상대자는 정지기간 중 선량한 관리자의 주의의무를 해태하여서는 아니
된다.

 1. 공사의 이행이 계약내용과 일치하지 아니하는 경우

 2. 공사의 전부 또는 일부의 안전을 위하여 공사의 정지가 필요한 경우

 3. 제24조의 규정에 의한 응급조치의 경우

 4. 기타 발주기관의 필요에 의하여 계약담당공무원이 지시한 경우

② 공사감독관은 제1항의 규정에 의하여 공사를 정지시킨 경우에는 지체없이 계약상대자
및 계약담당공무원에게 정지사유 및 정지기간을 통지하여야 한다.

③ 제1항의 규정에 의하여 공사를 정지시킨 경우 계약상대자는 계약기간의 연장 또는 추
가금액을 청구할 수 없다. 다만, 계약상대자의 책임 있는 사유로 인한 정지가 아닌 때
에는 그러하지 아니한다.

④ 발주기관의 책임 있는 사유에 의한 공사정지기간(각각의 사유로 인한 정지기간을 합산
하며, 장기계속계약의 경우에는 당해 차수내의 정지기간을 말함)이 60일을 초과한 경
우 발주기관은 그 초과된 기간에 대하여 잔여계약금액(공사중지기간이 60일을 초과하
는 날 현재의 잔여계약금액을 말하며, 장기계속공사계약의 경우에는 차수별 계약금액을
기준으로 함)에 초과일수 매 1일마다 시중은행 일반자금대출금리를 곱하여 산출한 금
액을 준공대가 지급시 계약상대자에게 지급하여야 한다.

제47조의2(계약상대자의 공사정지등)

① 계약상대자는 발주기관이 국가를 당사자로 하는 계약에관한법령과 계약문서 등 에서 정하고 있는 계약상의 의무를 이행하지 아니하는 때에는 발주기관에 계약상의 의무이행을 서면으로 요청할 수 있다.

② 계약담당공무원은 계약상대자로부터 제1항의 규정에 의한 요청을 받은 날부터 14일이내에 이행계획을 서면으로 계약상대자에게 통지하여야 한다.

③ 계약상대자는 계약담당공무원이 제2항에 규정한 기한내에 통지를 하지 아니하거나 계약상의 의무이행을 거부하는 때에는 당해 기간이 경과한 날 또는 의무이행을 거부한 날부터 공사의 전부 또는 일부의 시공을 정지할 수 있다.

④ 계약담당공무원은 제3항의 규정에 의하여 정지된 기간에 대하여는 제26조의 규정에 의하여 공사기간을 연장하여야 한다.

제48조(공사계약의 보증이행)

① 계약담당공무원은 계약상대자가 제44조제1항 각호의 1에 해당하는 경우에는 제9조의 규정에 의한 연대보증인 또는 보증기관에 대하여 공사를 완성할 것을 청구하여야 한다.

② 제1항의 청구가 있을 때에는 연대보증인 또는 보증기관은 지체없이 그 보증의무를 이행하여야 한다. 이 경우 보증의무를 이행한 연대보증인 또는 보증기관은 계속공사에 있어서 계약상대자가 가지는 계약체결상의 이익을 가진다. 다만, 보증기관은 보증이행업체를 지정하여 보증의무를 이행하는 대신 공사이행보증서에 정한 금액을 현금으로 발주기관에 납부함으로써 보증의무이행에 갈음할 수 있다.

③ 제2항의 규정에 의하여 당해 계약을 이행하는 연대보증인 또는 보증기관은 계약금액 중 보증이행부분에 상당하는 금액을 발주관서에 직접 청구할 수 있는 권리를 가지며 계약상대자는 연대보증인 또는 보증기관의 보증이행부분에 상당하는 금액을 청구할 수 있는 권리를 상실한다.

④ 계약담당공무원은 연대보증인이 제1항의 청구를 받고 보증의무를 이행하지 아니한 경우에는 계약상대자와 동일한 제재조치를 하여야 하며, 연대보증인이 제33조의 규정에 의한 하자 보수의무를 이행하지 아니하는 경우에도 이와 같다.

⑤ 제1항 내지 제3항의 규정 외에 공사이행보증서 제출에 따른 보증의무이행에 대하여는 보증제도운용요령에 정한 바에 의한다.

제49조(부정당업자의 입찰참가자격 제한)

① 계약상대자(연대보증인을 포함한다. 이하 이조에서 같다)가 시행령 제76조의 규정에 해당하는 경우에는 해당중앙관서의 장으로부터 일정기간동안의 입찰참가자격 제한조치를 받게 된다.

② 계약상대자는 지방자치단체 또는 정부투자기관에서 입찰참가자격제한을 받은 경우 시행령 제76조제8항의 규정에 의하여 그 제한사유가 시행령 제76조제1항제1호 내지 제5호, 제7호 내지 제8호에 의한 것은 반드시 그 제한을 받게 된다.

제50조(기술지식의 이용 및 비밀엄수 의무)

① 발주기관은 계약서상의 규정에 의하여 계약상대자가 제출하는 각종 보고서, 정보 기타 자료 및 이에 의하여 얻은 기술지식의 전부 또는 일부를 계약상대자의 승인을 얻어 발주기관의 이익을 위하여 복사·이용 또는 공개할 수 있다.

② 계약상대자는 당해 계약을 통하여 얻은 정보 또는 국가의 비밀사항을 계약이행의 전후를 막론하고 외부에 누설할 수 없다.

제51조(분쟁의 해결)

① 계약의 수행 중 계약당사자간에 발생하는 분쟁은 협의에 의하여 해결한다.

② 제1항의 규정에 의한 협의가 이루어지지 아니할 때에는 법원의 판결 또는 중재법에 의한 중재에 의하여 해결한다. 다만, 국가를 당사자로 하는 계약에관한법률(이하 "국가계약법"이라 한다.) 제4조의 규정에 의한 국제입찰의 경우에는 국가계약법 제28조 내지 제31조에 규정한 절차에 의할 수 있다.

③ 계약상대자는 제1항 및 제2항의 규정에 의한 분쟁처리절차수행기간 중 공사의 수행을 중지하여서는 아니 된다.

제52조(공사관련자료의 제출) 계약담당공무원은 필요하다고 인정할 경우 계약상대자에게 산출내역서의 기초가 되는 단가산출서 또는 일위대가표의 제출을 요구할 수 있으며 이 경우 계약상대자는 이에 응하여야 한다.

제53조(적격심사관련사항 이행)

① 시행령 제42조제1항 본문의 규정에 의한 공사를 수행함에 있어 계약상대자는 회계예규 적격심사기준 별표의 심사항목에 규정된 사항에 대하여 적격심사당시 제출한 내용대로 철저하게 이행하여야 한다.

② 계약담당공무원은 제1항에 규정한 이행상황을 수시로 확인하여야 하며, 제출된 내용대로 이행이 되지 않고 있을 때에는 즉시 시정토록 조치하여야 한다.

◆부 칙

① 이 회계예규는 1999년 9월 9일부터 시행한다.

② 이 예규시행과 동시에 회계예규 2200.04-104-7 "공사계약일반조건"은 폐지하되, 동 예규중 개정되지 아니한 규정은 유효하다.

〈01.02.10〉

① 이 회계예규는 2001년 2월 10일부터 시행한다.

② 이 예규시행과 동시에 회계예규 2200.04-104-8 "공사계약일반조건"은 폐지하되, 동 예규 중 개정되지 아니한 규정은 유효하다.

〈01.09.11〉

① 이 예규는 2002년 9월 11일부터 시행한다.

② 이 예규시행과 동시에 회계예규 2200.01- 104-9 "공사계약일반조건"은 폐지한다.

〈03.12.26〉

①이 예규는 2003년 12월 26일부터 시행한다.

②이 예규시행과 동시에 회계예규 2200.01-104-10 "공사계약일반조건"은 폐지한다.

〈04.04.06〉

① (시행일) 이 회계예규는 2004년 4월 6일부터 시행한다.

② (경과조치) 이 예규시행일 이전에 체결된 계약에 대하여 계약당사자가 합의하는 경우에는 개정규정을 적용할 수 있다.

〈05.09.08〉

① (시행일) 이 회계예규는 2005년 9월 8일부터 시행한다.

② (설계변경으로 인한 계약금액조정 관련 경과조치) 제20조 및 제21조의 개정규정은 이 예규 시행전에 체결된 계약의 경우 계약금액 조정이 완료되지 않은 계약금액 조정분부터 적용한다.

③ (물가변동으로 인한 계약금액조정 관련 경과조치) 제22조의 개정규정(동조 제2항 제외)은 이 예규 시행 전에 체결된 계약의 경우 계약금액 조정이 완료되지 않은 계약금액 조정분부터 적용하되, 시행령 제64조제1항의 개정내용이 반영되어 있는 제22조제1항은 다음 각 호의 방법에 의하여 적용한다.

1. 증액조정의 경우 계약상대자는 개정 전 규정과 개정된 규정 중 하나를 선택하여 물가변동 조정요건 산정 및 조정신청을 할 수 있다.
2. 감액조정의 경우 발주기관은 개정 전 규정에 의하여 조정요건을 산정하여야 한다.
3. 개정된 규정을 선택하여 증액조정을 한 경우 그 이후의 물가변동으로 인한 계약금액 증감조정은 개정된 규정에 의한다.

II. 민간건설과 표준도급계약서

(건설교통부 고시 제2000-56호, 2000.3.11, 개정 제2004-170호, 2004.7.8)

민간건설공사 표준도급계약서

1. 공 사 명 :

2. 공사장소 :

3. 착공년월일 :   년   월   일

4. 준공예정년월일 :   년   월   일

5. 계약금액 : 일금   원정 (부가가치세 포함)

   (노무비 : 일금   원정)

   ※ 건설산업기본법 제88조제2항, 동시행령 제84제1항 규정에 의하여 산출한 노임

6. 계약보증금 : 일금   원정

7. 선   금 : 일금   원정

8. 기성부분금 : (   )월에 1회

9. 지급자재의 품목 및 수량

10. 하자담보책임(복합공종인 경우 공종별로 구분 기재)

공종	공종별계약금액	하자보수보증금율(%) 및 금액	하자담보책임기간
		( ) % 원정	
		( ) % 원정	
		( ) % 원정	

11. 지체상금율 :

12. 대가지급 지연 이자율 :

13. 기타사항 :

도급인과 수급인은 합의에 따라 붙임의 계약문서에 의하여 계약을 체결하고, 신의에 따라 성실히 계약상의 의무를 이행할 것을 확약하며, 이 계약의 증거로서 계약문서를 2통 작성하여 각 1통씩 보관한다.

붙임서류 : 1. 민간건설공사 도급계약 일반조건 1부

2. 공사계약특수조건 1부

3. 설계서 및 산출내역서 1부

년   월   일

도 급 인   수 급 인

주소   주소

성명   (인)   성명   (인)

민간건설공사 표준도급계약 일반조건

제1조〔총칙〕

도급인(이하 "갑"이라 한다)과 수급인(이하 "을"이라 한다)은 대등한 입장에서 서로 협력하여 신의에 따라 성실히 계약을 이행한다.

제2조〔정의〕

이 조건에서 사용하는 용어의 정의는 다음과 같다

1. "도급인"이라 함은 건설공사를 건설업자에게 도급하는 자를 말한다.
2. "도급"이라 함은 당사자 일방이 건설공사를 완성할 것으로 약정하고, 상대방이 그 일의 결과에 대하여 대가를 지급할 것을 약정하는 계약을 말한다.
3. "수급인"이라 함은 도급인으로부터 건설공사를 도급받는 건설업자를 말한다.
4. "하도급"이라 함은 도급받은 건설공사의 전부 또는 일부를 다시 도급하기 위하여 수급인이 제3자와 체결하는 계약을 말한다.
5. "하수급인"이라 함은 수급인으로부터 건설공사를 하도급받은 자를 말한다.
6. "설계서"라 함은 공사시방서, 설계도면(물량내역서를 작성한 경우 이를 포함한다) 및 현장설명서를 말한다.
7. "물량내역서"라 함은 공종별 목적물을 구성하는 품목 또는 비목과 동 품목 또는 비목의 규격·수량단위 등이 표시된 내역서를 말한다.
8. "산출내역서"라 함은 물량내역서에 수급인이 단가를 기재하여 도급인에게 제출한 내역서를 말한다.

제3조〔계약문서〕

① 계약문서는 민간건설공사 도급계약서, 민간건설공사 도급계약 일반조건, 공사계약특수조건, 설계서 및 산출내역서로 구성되며, 상호 보완의 효력을 가진다.
② 이 조건이 정하는 바에 의하여 계약당사자간에 행한 통지문서 등은 계약문서로서의 효력을 가진다.

제4조〔계약보증금〕

① "을"은 계약상의 의무이행을 보증하기 위해 계약서에서 정한 계약보증금을 계약체결전까지 "갑"에게 현금 등으로 납부하여야 한다. 다만, "갑"과 "을"이 합의에 의하여 계약보증금을 납부하지 아니하기로 약정한 경우에는 그러하지 아니하다

② 제1항의 계약보증금은 다음 각호의 기관이 발행한 보증서로 납부할 수 있다.

 1. 건설산업기본법 제54조 제1항의 규정에 의한 각 공제조합 발행 보증서

 2. 보증보험회사, 신용보증기금등 이와 동등한 기관이 발행하는 보증서

 3. 금융기관의 지급보증서 또는 예금증서

 4. 국채 또는 지방채

③ "을"은 제19조 내지 제21조의 규정에 의하여 계약금액이 증액된 경우에는 이에 상응하는 금액의 보증금을 제1항 및 제2항의 규정에 따라 추가 납부하여야 하며, 계약금액이 감액된 경우에는 "갑"은 이에 상응하는 금액의 계약보증금을 "을"에게 반환하여야 한다.

제5조〔계약보증금의 처리〕

① 제31조제1항의 각호의 사유로 계약이 해제 또는 해지된 경우 제4조의 규정에 의하여 납부된 계약보증금은 "갑"에게 귀속한다. 이 경우 계약의 해제 또는 해지에 따른 손해배상액이 계약보증금을 초과한 경우에는 그 초과분에 대한 손해배상을 청구할 수 있다.

② "갑"은 제32조제1항 각호의 사유로 계약이 해제 또는 해지되거나 계약의 이행이 완료된 때에는 제4조의 규정에 의하여 납부된 계약보증금을 지체없이 "을"에게 반환하여야 한다.

제6조〔공사감독원〕

① "갑"은 계약의 적정한 이행을 확보하기 위하여 스스로 이를 감독하거나 자신을 대리하여 다음 각호의 사항을 행하는 자(이하 '공사감독원'이라 한다)를 선임할 수 있다.

 1. 시공일반에 대하여 감독하고 입회하는 일

 2. 계약이행에 있어서 "을"에 대한 지시·승낙 또는 협의하는 일

 3. 공사의 재료와 시공에 대한 검사 또는 시험에 입회하는 일

 4. 공사의 기성부분 검사, 준공검사 또는 공사목적물의 인도에 입회하는 일

 5. 기타 공사감독에 관하여 "갑"이 위임하는 일

② "갑"은 제1항의 규정에 의하여 공사감독원을 선임한 때에는 그 사실을 즉시 "을"에게 통

지하여야 한다.

③ "을"은 공사감독원의 감독 또는 지시사항이 공사수행에 현저히 부당하다고 인정할 때에는 "갑"에게 그 사유를 명시하여 필요한 조치를 요구할 수 있다.

제7조〔현장대리인의 배치〕

① "을"은 착공 전에 건설산업기본법령에서 정한 바에 따라 당해공사의 주된 공종에 상응하는 건설기술자를 현장에 배치하고, 그중 1인을 현장대리인로 선임한 후 "갑"에게 통지하여야 한다.

② 제1항의 현장대리인은 법령의 규정 또는 "갑"이 동의한 경우를 제외하고는 현장에 상주하여 시공에 관한 일체의 사항에 대하여 "을"을 대리하며, 도급받은 공사의 시공관리기타 기술상의 관리를 담당한다.

제8조〔착공신고〕

① "을"은 계약서에서 정한 바에 따라 착공하여야 하며, 착공시에는 다음 각호의 서류가 포함된 착공신고서를 "갑"에게 제출하여야 한다.

1. 건설산업기본법령에 의하여 배치하는 건설기술자 지정서
2. 공사예정공정표
3. 공사비 산출내역서 (단, 계약체결시 산출내역서를 제출하고 계약금액을 정한 경우를 제외한다)
4. 기타 "갑"이 지정한 사항

② "을"은 계약의 이행 중에 제1항의 규정에 의하여 제출한 서류의 변경이 필요한 때에는 관련서류를 변경하여 제출하여야 한다.

③ "갑"은 제1항 및 제2항의 규정에 의하여 제출된 서류의 내용을 조정할 필요가 있다고 인정하는 때에는 "을"에게 이의 조정을 요구할 수 있다.

제9조〔공사기간〕

① 공사착공일과 준공일은 계약서에 명시된 일자로 한다.

② "을"의 귀책사유 없이 공사착공일에 착공할 수 없는 경우에는 "을"의 현장인수일자를 착공일로 하며, 이 경우 "을"은 공사기간의 연장을 요구할 수 있다.

③ 준공일은 '을'이 건설공사를 완성하고 "갑"에게 서면으로 준공검사를 요청한 날을 말한

다. 다만, 제24조의 규정에 의하여 준공검사에 합격한 경우에 한 한다.

제10조〔선금〕

① "갑"은 계약서에서 정한 바에 따라 "을"에게 선금을 지급하여야 하며, "갑"이 선금 지급시 보증서 제출을 요구하는 경우 "을"은 제4조 제2항 각호의 보증기관이 발행한 보증서를 제출하여야 한다.

② 제1항에 의한 선금지급은 "을"의 청구를 받은 날부터 14일이내에 지급하여야 한다. 다만, 자금사정 등 불가피한 사유로 인하여 지급이 불가능한 경우 그 사유 및 지급시기를 "을"에게 서면으로 통지한 때에는 그러하지 아니다.

③ "을"은 선금을 계약목적달성을 위한 용도이외의 타 목적에 사용할 수 없으며, 노임지급 및 자재확보에 우선 사용하여야 한다.

④ 선금은 기성부분에 대한 대가를 지급할 때마다 다음 방식에 의하여 산출한 금액을 정산한다.

$$선금정산액 = 선금액 \times \frac{기성부분의\ 대가}{계약금액}$$

⑤ "갑"은 선금을 지급한 경우 다음 각호의 1에 해당하는 경우에는 당해 선금잔액에 대하여 반환을 청구할 수 있다.

  1. 계약을 해제 또는 해지하는 경우

  2. 선금지급조건을 위반한 경우

⑥ "갑"은 제5항의 규정에 의한 반환청구시 기성부분에 대한 미지급금액이 있는 경우에는 선금잔액을 그 미지급금액에 우선적으로 충당하여야 한다.

제11조〔자재의 검사 등〕

① 공사에 사용할 자재 중에서 "갑"이 품목을 지정하여 검사를 요구하는 경우에는 "을"은 사용전에 "갑"의 검사를 받아야 하며, 설계도서와 상이하거나 품질이 현저히 저하되어 불합격된 자재는 즉시 대체하여 다시 검사를 받아야 한다.

② 제1항의 검사에 이의가 있을 경우 "을"은 "갑"에게 재검사를 요구할 수 있으며, 재검사가 필요하다고 인정되는 경우 "갑"은 지체없이 재검사하도록 조치하여야 한다.

③ "을"은 자재의 검사에 소요되는 비용을 부담하여야 하며, 검사 또는 재검사 등을 이유로 계약기간의 연장을 요구할 수 없다. 다만, 제2항의 규정에 의하여 재검사 결과 적합한 자재인 것으로 판명될 경우에는 재검사에 소요된 기간에 대하여는 계약기간을 연장할 수 있다.

④ 공사에 사용하는 자재 중 조립 또는 시험을 요하는 것은 "갑"의 입회하에 그 조립 또는 시험을 하여야 한다.

⑤ 수중 또는 지하에서 행하여지는 공사나 준공 후 외부에서 확인할 수 없는 공사는 "갑"의 참여 없이 시행할 수 없다. 다만, 사전에 "갑"의 서면승인을 받고 사진, 비디오 등으로 시공방법을 확인할 수 있는 경우에는 시행할 수 있다.

⑥ "을"은 공사수행과 관련하여 필요한 경우 "갑"에게 입회를 요구할 수 있으며, "갑"은 이에 응하여야 한다.

제12조〔지급자재와 대여품〕

① 계약에 의하여 "갑"이 지급하는 자재와 대여품은 공사예정공정표에 의한 공사일정에 지장이 없도록 적기에 인도되어야 하며, 그 인도 장소는 시방서 등에 따로 정한 바가 없으면 공사현장으로 한다.

② 제1항의 규정에 의하여 지급된 자재의 소유권은 "갑"에게 있으며, "을"은 "갑"의 서면 승낙 없이 현장 외부로 반출하여서는 아니 된다.

③ 제1항의 규정에 의하여 인도된 지급자재와 대여품에 대한 관리상의 책임은 "을"에게 있으며, "을"이 이를 멸실 또는 훼손하였을 경우에는 "갑"에게 변상하여야 한다.

④ "을"은 지급자재 및 대여품의 품질 또는 규격이 시공에 적당하지 아니하다고 인정할 때에는 즉시 "갑"에게 이를 통지하고 그 대체를 요구할 수 있다.

⑤ 자재 등의 지급지연으로 공사가 지연될 우려가 있을 때에는 "을"은 "갑"의 서면승낙을 얻어 자기가 보유한 자재를 대체 사용할 수 있다. 이 경우 "갑"은 대체 사용한 자재 등을 "을"과 합의된 일시 및 장소에서 현품으로 반환하거나 대체사용당시의 가격을 지체없이 "을"에게 지급하여야 한다.

⑥ "을"은 갑이 지급한 자재와 기계·기구 등 대여품을 선량한 관리자의 주의로 관리하여야 하며, 계약의 목적을 수행하는 데에만 사용하여야 한다.

⑦ "을"은 공사내용의 변경으로 인하여 필요없게 된 지급자재 또는 사용완료된 대여품을 지체없이 "갑"에게 반환하여야 한다.

제13조〔안전관리 및 재해보상〕

① "을"은 산업재해를 예방하기 위하여 안전시설의 설치 및 보험의 가입 등 적정한 조치를 하여야 하며, 이를 위해 "갑"은 계약금액에 안전관리비 및 산업재해보상 보험료 상당액을 계상하여야 한다.

② 공사현장에서 발생한 산업재해에 대한 책임은 "을"에게 있다. 다만, 설계상의 하자 또는 "갑"의 요구에 의한 작업으로 재해가 발생한 경우에는 "갑"에 대하여 구상권을 행사할 수 있다.

제14조〔건설근로자의 보호〕

① "을"은 도급받은 공사가 건설산업기본법, 임금채권보장법 및 고용보험법에 의하여 의무 가입대상인 경우에는 퇴직공제제도, 임금채권보장제도 및 고용보험에 가입하여야 한다.

② "갑"은 제1항의 건설근로자퇴직공제부금, 임금채권보장제도에 따른 사업주부담금 및 고용보험료를 계약금액에 계상하여야 한다.

제15조〔응급조치〕

① "을"은 재해방지를 위하여 특히 필요하다고 인정될 때에는 미리 긴급조치를 취하고 즉시 이를 "갑"에게 통지하여야 한다.

② "갑"은 재해방지 기타 공사의 시공상 부득이하다고 인정할 때에는 "을"에게 긴급조치를 요구할 수 있다. 이 경우 "을"은 즉시 이에 응하여야 하며, "을"이 "갑"의 요구에 응하지 않는 경우 "갑"은 제3자로 하여금 필요한 조치를 하게 할 수 있다.

③ 제1항 및 제2항의 응급조치에 소요된 경비는 실비를 기준으로 "갑"과 "을"이 협의하여 부담한다.

제16조〔공사기간의 연장〕

① "갑"의 책임 있는 사유 또는 천재지변, 불가항력적인 사태, 원자재 수급불균형 등으로 현저히 계약이행이 어려운 경우 등 "을"의 책임이 아닌 사유로 공사수행이 지연되는 경우 "을"은 서면으로 공사기간의 연장을 "갑"에게 요구할 수 있다.

② "갑"은 제1항의 규정에 의한 계약기간 연장의 요구가 있는 경우 즉시 그 사실을 조사확인하고 공사가 적절히 이행될 수 있도록 계약기간의 연장 등 필요한 조치를 하여야 한다.

③ 제1항의 규정에 의거 공사기간이 연장되는 경우 이에 따르는 현장관리비 등 추가경비

는 제21조의 규정을 적용하여 조정한다.

④ "갑"은 제1항의 계약기간의 연장을 승인하였을 경우 동 연장기간에 대하여는 지체상금을 부과하여서는 아니 된다.

제17조〔부적합한 공사〕

① "갑"은 "을"이 시공한 공사 중 설계서에 적합하지 아니한 부분이 있을 때에는 이의 시정을 요구할 수 있으며, "을"은 지체 없이 이에 응하여야 한다.

② 제1항의 경우 설계서에 적합하지 아니한 공사가 "갑"의 요구 또는 지시에 의하거나 기타 "을"의 책임으로 돌릴 수 없는 사유로 인한 때에는 "을"은 그 책임을 지지 아니한다.

제18조〔불가항력에 의한 손해〕

① "을"은 검사를 마친 기성부분 또는 지급자재와 대여품에 대하여 태풍·홍수·악천후·전쟁·사변·지진·전염병·폭동 등 불가항력에 의한 손해가 발생한 때에는 즉시 그 사실을 "갑"에게 통지하여야 한다.

② "갑"은 제1항의 통지를 받은 경우 즉시 그 사실을 조사확인하고 그 손해의 부담에 있어서 기성검사를 필한 부분은 "갑"이 부담하고, 기타 부분은 "갑"과 "을"이 협의하여 결정한다.

③ 제2항의 협의가 성립되지 않은 때에는 제38조의 규정에 의한다.

제19조〔설계변경으로 인한 계약금액의 조정〕

① 설계서의 내용이 공사현장의 상태와 일치하지 않거나 불분명, 누락, 오류가 있을 때 또는 시공에 관하여 예기하지 못한 상태가 발생되거나 사업계획의 변경 등으로 인하여 추가 시설물의 설치가 필요한 때에는 "갑"은 설계를 변경하여야 한다.

② 제1항의 설계변경으로 인하여 공사량의 증감이 발생한 때에는 다음 각호의 기준에 의하여 계약금액을 조정하며, 필요한 경우 공사기간을 연장하거나 단축한다.

 1. 증감된 공사의 단가는 제8조의 규정에 의한 산출내역서상의 단가를 기준으로 상호 협의하여 결정한다.

 2. 산출내역서에 포함되어 있지 아니한 신규비목의 단가는 설계변경 당시를 기준으로 산정한 단가로 한다.

3. 증감된 공사에 대한 일반관리비 및 이윤 등은 산출내역서상의 율을 적용한다.

제20조〔물가변동으로 인한 계약금액의 조정〕

① 계약체결 후 90일이상 경과한 경우에 잔여공사에 대하여 산출내역서에 포함되어 있는 품목 또는 비목의 가격 등의 변동으로 인한 등락액이 잔여공사에 해당하는 계약금액의 100분의3 이상인 때에는 계약금액을 조정한다. 다만, 제16조제1항의 규정에 의한 사유로 계약이행이 곤란하다고 인정되는 경우에는 계약체결일(계약체결 후 계약금액을 조정한 경우 그 조정일)부터 90일이내에도 계약금액을 조정할 수 있다.

② 제1항의 규정에 불구하고 계약금액에서 차지하는 비중이 100분의 1이상인 자재의 가격이 계약체결일(계약체결 후 계약금액을 조정한 경우 그 조정일)부터 90일이내에 100분의 20이상 증감된 경우에는 "갑"과 "을"이 합의하여 계약금액을 조정할 수 있다.

③ 제1항 및 제2항의 규정에 의한 계약금액의 조정에 있어서 그 조정금액은 계약금액중 물가변동기준일 이후에 이행되는 부분의 대가에 적용하되, 물가변동이 있는 날 이전에 이미 계약이행이 완료되어야 할 부분에 대하여는 적용하지 아니한다. 다만, "갑"의 책임이 있는 사유 또는 천재지변 등 불가항력으로 인하여 지연된 경우에는 그러하지 아니하다.

④ 제1항의 규정에 의하여 조정된 계약금액은 직전의 물가변동으로 인하여 계약금액 조정 기준일(조정 사유가 발생한 날을 말한다)부터 60일이내에는 이를 다시 조정할 수 없다. 다만, 제16조제1항의 규정에 의한 사유로 계약이행이 지연된 경우에는 그러하지 아니하다.

⑤ 제1항의 규정에 의하여 계약금액 조정을 청구하는 경우에는 조정내역서를 첨부하여야 하며, 청구를 받은 날부터 30일 이내에 계약금액을 조정하여야 한다

⑥ 제4항의 규정에 의한 계약금액조정 청구내용이 부당함을 발견한 때에는 지체없이 필요한 보완요구 등의 조치를 하여야 한다. 이 경우 보완요구 등의 조치를 통보받은 날부터 그 보완을 완료한 사실을 상대방에게 통지한 날까지의 기간은 제4항의 규정에 의한 기간에 산입하지 아니한다.

제21조〔기타 계약내용의 변동으로 인한 계약금액의 조정〕

① 제19조 및 제20조에 의한 경우 이외에 계약내용의 변경으로 계약금액을 조정하여야 할

필요가 있는 경우에는 그 변경된 내용에 따라 계약금액을 조정하며, 이 경우 증감된 공사에 대한 일반관리비 및 이윤 등은 산출내역서상의 율을 적용한다.

② 제1항과 관련하여 "을"은 제19조 및 제20조에 규정된 계약금액 조정사유 이외에 계약체결후 계약조건의 미숙지 등을 이유로 계약금액의 변경을 요구하거나 시공을 거부할수 없다.

제22조〔기성부분금〕

① 계약서에 기성부분금에 관하여 명시한 때에는 "을"은 이에 따라 기성부분에 대한 검사를 요청할 수 있으며, 이때 "갑"은 지체없이 검사를 하고 그 결과를 "을"에게 통지하여야 하며, 14일이내에 통지가 없는 경우에는 검사에 합격한 것으로 본다.

② 기성부분은 제2조 제8호의 산출내역서의 단가에 의하여 산정한다. 다만, 산출내역서가 없는 경우에는 공사진척율에 따라 "갑"과 "을"이 합의하여 산정한다.

③ "갑"은 검사완료일로부터 14일이내에 검사된 내용에 따라 기성부분금을 "을"에게 지급하여야 한다.

④ "갑"이 제3항의 규정에 의한 기성부분금의 지급을 지연하는 경우에는 제25조 제3항의 규정을 준용한다.

제23조〔부분사용〕

① "갑"은 공사목적물의 인도전이라 하더라도 "을"의 동의를 얻어 공사목적물의 전부 또는 일부를 사용할 수 있다.

② 제1항의 경우 "갑"은 그 사용부분에 대하여 선량한 관리자의 주의 의무를 다하여야 한다.

③ "갑"은 제1항에 의한 사용으로 "을"에게 손해를 끼치거나 "을"의 비용을 증가하게 한 때는 그 손해를 배상하거나 증가된 비용을 부담한다.

제24조〔준공검사〕

① "을"은 공사를 완성한 때에는 "갑"에게 통지하여야 하며 "갑"은 통지를 받은 후 지체없이 "을"의 입회하에 검사를 하여야 하며, "갑"이 "을"의 통지를 받은 후 10일 이내에 검사 결과를 통지하지 아니한 경우에는 10일이 경과한 날에 검사에 합격한 것으로 본다. 다만, 천재지변 등 불가항력적인 사유로 인하여 검사를 완료하지 못한 경우에는 당해 사

유가 존속되는 기간과 당해 사유가 소멸된 날로부터 3일까지는 이를 연장할 수 있다.

② "을"은 제1항의 검사에 합격하지 못한 때에는 지체없이 이를 보수 또는 개조하여 다시 준공검사를 받아야 한다.

③ "을"은 검사의 결과에 이의가 있을 때에는 재검사를 요구할 수 있으며, "갑"은 이에 응하여야 한다.

④ "갑"은 제1항의 규정에 의한 검사에 합격한 후 "을"이 공사목적물의 인수를 요청하면 인수증명서를 발급하고 공사목적물을 인수하여야 한다.

제25조〔대금지급〕

① "을"은 "갑"의 준공검사에 합격한 후 즉시 잉여자재, 폐기물, 가설물 등을 철거, 반출하는 등 공사현장을 정리하고 공사대금의 지급을 "갑"에게 청구할 수 있다.

② "갑"은 특약이 없는 한 계약의 목적물을 인도 받음과 동시에 "을"에게 공사 대금을 지급하여야 한다.

③ "갑"이 공사대금을 지급기한내에 지급하지 못하는 경우에는 그 미지급금액에 대하여 지급기한의 다음날부터 지급하는 날까지의 일수에 계약서상에서 정한 대가지급 지연이자율(시중은행의 일반대출시 적용되는 연체이자율 수준을 감안 하여 상향 적용할 수 있다)을 적용하여 산출한 이자를 가산하여 지급하여야 한다.

제26조〔폐기물의 처리 등〕

"을"은 공사현장에서 발생한 폐기물을 관계법령에 의거 처리하여야 하며, "갑"은 폐기물처리에 소요되는 비용을 계약금액에 반영하여야 한다.

제27조〔지체상금〕

① "을"은 준공기한내에 공사를 완성하지 아니한 때에는 매 지체일수마다 계약서상의 지체상금율을 계약금액에 곱하여 산출한 금액(이하 '지체상금'이라 한다)을 "갑"에게 납부하여야 한다. 다만, "갑"의 귀책사유로 준공검사가 지체된 경우와 다음 각호의 1에 해당하는 사유로 공사가 지체된 경우에는 그 해당일수에 상당하는 지체상금을 지급하지 아니하여도 된다.

 1. 제18조에서 규정한 불가항력의 사유에 의한 경우

2. "을"이 대체하여 사용할 수 없는 중요한 자재의 공급이 "갑"의 책임있는 사유로 인해 지연되어 공사 진행이 불가능하게 된 경우

3. "갑"의 귀책사유로 착공이 지연되거나 시공이 중단된 경우

4. 기타 "을"의 책임에 속하지 아니하는 사유로 공사가 지체된 경우

② 제1항을 적용함에 있어 제23조의 규정에 의하여 "갑"이 공사목적물의 전부 또는 일부를 사용한 경우에는 그 부분에 상당하는 금액을 계약금액에서 공제한다.

③ "갑"은 제1항 및 제2항의 규정에 의하여 산출된 지체상금은 제25조의 규정에 의하여 "을"에게 지급되는 공사대금과 상계할 수 있다.

제28조〔하자담보〕

① "을"은 공사의 하자보수를 보증하기 위하여 계약서에 정한 하자보수보증금율을 계약금액에 곱하여 산출한 금액(이하 '하자보수보증금'이라 한다)을 준공검사 후 그 공사의 대가를 지급할 때까지 현금 또는 제4조 제2항 각호의 보증기관이 발행한 보증서로서 "갑"에게 납부하여야 한다.

② "을"은 "갑"이 전체목적물을 인수한 날과 준공검사를 완료한 날 중에서 먼저 도래한 날부터 계약서에 정한 하자담보 책임기간 중 당해공사에 발생하는 일체의 하자를 보수하여야 한다. 다만, 공사목적물의 인도 후에 천재지변 등 불가항력이나 "을"의 책임이 아닌 사유로 인하여 발생한 것일 때에는 그러하지 아니하다.

③ "을"이 "갑"으로부터 제2항의 규정에 의한 하자보수의 요구를 받고 이에 응하지 아니하는 경우 제1항의 규정에 의한 하자보수보증금은 "갑"에게 귀속한다.

④ "갑"은 하자담보책임기간이 종료한 때에는 제1항의 규정에 의한 하자보수 보증금을 "을"의 청구에 의하여 반환하여야 한다. 다만, 하자담보책임기간이 서로 다른 공종이 복합된 공사에 있어서는 공종별 하자담보 책임기간이 만료된 공종의 하자보수보증금은 "을"의 청구가 있는 경우 즉시 반환하여야 한다.

제29조〔건설공사의 하도급 등〕

① "을"이 도급받은 공사를 제3자에게 하도급하고자 하는 경우에는 건설산업기본법 및 하도급거래공정화에관한법률에서 정한 바에 따라 하도급하여야 하며, 하수급인의 선정, 하도급계약의 체결 및 이행, 하도급 대가의 지급에 있어 관계 법령의 제규정을 준수하

여야 한다.

② "갑"은 건설공사의 시공에 있어 현저히 부적당하다고 인정하는 하수급인이 있는 경우에
는 하도급의 통보를 받은 날 또는 그 사유가 있음을 안 날부터 30일이내에 서면으로
그 사유를 명시하여 하수급인의 변경 또는 하도급 계약내용의 변경을 요구할 수 있다.
이 경우 "을"은 정당한 사유가 없는 한 이에 응하여야 한다.

③ "갑"은 제2항의 규정에 의하여 건설공사의 시공에 있어 현저히 부적당한 하수급인이 있
는지 여부를 판단하기 위하여 하수급인의 시공능력, 하도급 계약 금액의 적정성 등을
심사할 수 있다.

제30조〔하도급대금의 직접 지급〕

① "갑"은 "을"이 제29조의 규정에 의하여 체결한 하도급계약 중 하도급거래공정화에 관한
법률과 건설산업기본법에서 정한 바에 따라 하도급대금의 직접 지급사유가 발생하는 경
우에는 그 법에 따라 하수급인이 시공한 부분에 해당하는 하도급대금을 하수급인에게
지급한다.

② "갑"이 제1항의 규정에 의하여 하도급대금을 직접 지급한 경우에는 "갑"의 "을"에 대한
대금지급채무는 하수급인에게 지급한 한도 안에서 소멸한 것으로 본다.

제31조〔"갑"의 계약해제 등〕

① "갑"은 다음 각호의 1에 해당하는 경우에는 계약의 전부 또는 일부를 해제 또는 해지할
수 있다.

 1. "을"이 정당한 이유없이 약정한 착공기일을 경과하고도 공사에 착수하지 아니한 경우
 2. "을"의 책임있는 사유로 인하여 준공기일내에 공사를 완성할 가능성이 없음이 명백한
  경우
 3. 제27조 제1항의 규정에 의한 지체상금이 계약보증금 상당액에 도달한 경우로서 계약
  기간을 연장하여도 공사를 완공할 가능성이 없다고 판단되는 경우
 4. 기타 "을"의 계약조건 위반으로 인하여 계약의 목적을 달성할 수 없다고 인정되는 경우

② 제1항의 규정에 의한 계약의 해제 또는 해지는 "갑"이 "을"에게 서면으로 계약의 이행기
한을 정하여 통보한 후 기한내에 이행되지 아니한 때 계약의 해제 또는 해지를 "을"에
게 통지함으로써 효력이 발생한다.

③ "을"은 제2항의 규정에 의한 계약의 해제 또는 해지 통지를 받은 때에는 다음 각호의 사항을 이행하여야 한다.

 1. 당해 공사를 지체없이 중지하고 모든 공사용 시설·장비 등을 공사현장으로부터 철거하여야 한다

 2. 제12조의 규정에 의한 지급재료의 잔여분과 대여품은 "갑"에게 반환하여야 한다.

제32조〔"을"의 계약해제 등〕

① "을"은 다음 각호의 1에 해당하는 경우에는 계약의 전부 또는 일부를 해제 또는 해지할 수 있다.

 1. 공사내용을 변경함으로써 계약금액이 100분의 40이상 감소된 때

 2. "갑"의 책임있는 사유에 의한 공사의 정지기간이 계약서상의 공사기간의 100분의 50을 초과한 때

 3. "갑"이 정당한 이유없이 계약내용을 이행하지 아니함으로써 공사의 적정이행이 불가능하다고 명백히 인정되는 때

② 제1항의 규정에 의하여 계약을 해제 또는 해지하는 경우에는 제31조 제2항 및 제3항의 규정을 준용한다.

제33조〔계약해지시의 처리〕

① 제31조 및 제32조의 규정에 의하여 계약이 해지된 때에는 "갑"과 "을"은 지체없이 기성부분의 공사금액을 정산하여야 한다.

② 제31조 및 제32조의 규정에 의한 계약의 해제 또는 해지로 인하여 손해가 발생한 때에는 상대방에게 그에 대한 배상을 청구할 수 있다.

제34조〔을의 동시이행 항변권〕

① "갑"이 계약조건에 의한 선금과 기성부분금의 지급을 지연할 경우 "을"이 상당한 기한을 정하여 그 지급을 독촉하였음에도 불구하고 "갑"이 이를 지급치 않을 때에는 "을"은 공사의 일부 또는 전부를 일시 중지할 수 있다.

② 제1항의 공사중지에 따른 기간은 지체상금 산정시 공사기간에서 제외되며, "갑"은 공사중지에 따른 비용을 "을"에게 지급하여야 한다.

제35조〔채권양도〕

① "을"은 이 공사의 이행을 위한 목적이외에는 이 계약에 의하여 발생한 채권(공사대금 청구권)을 제3자에게 양도하지 못한다.

② "을"이 채권양도를 하고자 하는 경우에는 미리 보증기관(연대보증인이 있는 경우 연대 보증인을 포함한다)의 동의를 얻어 "갑"의 서면승인을 받아야 한다.

③ "갑"은 제2항의 규정에 의한 "을"의 채권양도 승인요청에 대하여 승인 여부를 서면으로 "을"과 그 채권을 양수하고자 하는 자에게 통지하여야 한다.

제36조〔손해배상책임〕

① "을"이 고의 또는 과실로 인하여 도급받은 건설공사의 시공관리를 조잡하게 하여 타인 에게 손해를 가한 때에는 그 손해를 배상할 책임이 있다.

② "을"은 제1항의 규정에 의한 손해가 "갑"의 고의 또는 과실에 의하여 발생한 것인 때에 는 "갑"에 대하여 구상권을 행사할 수 있다.

③ "을"은 하수급인이 고의 또는 과실로 인하여 하도급 받은 공사를 조잡하게 하여 타인에 게 손해를 가한 때는 하수급인과 연대하여 그 손해를 배상할 책임이 있다.

제37조〔법령의 준수〕

"갑"과 "을"은 이 공사의 시공 및 계약의 이행에 있어서 건설산업기본법 등 관계법령의 제 규정을 준수하여야 한다.

제38조〔분쟁의 해결〕

① 계약에 별도로 규정된 것을 제외하고는 계약에서 발생하는 문제에 관한 분쟁은 계약당 사자가 쌍방의 합의에 의하여 해결한다.

② 제1항의 합의가 성립되지 못할 때에는 당사자는 건설산업기본법에 의하여 설치된 건설분쟁조정 위원회에 조정을 신청하거나 다른 법령에 의하여 설치된 중재기관에 중재를 신청할 수 있다.

제39조〔특약사항〕

기타 이 계약에서 정하지 아니한 사항에 대하여는 "갑"과 "을"이 합의하여 별도의 특약을 정할 수 있다.

Ⅲ. 건설공사표준하도급계약서

건설공사표준하도급계약서 (기본, 변경)

1. 발 주 자 :
   원도급공사명 :

2. 하도급공사명 :

3. 공 사 장 소 :

4. 공 사 기 간 : 착공   년   월   일
                준공   년   월   일

5. 계 약 금 액 : 일금   원정 (₩   )
   ○공급가액   : 일금   원정 (₩   ) (노무비: 일금   원정)
   　　　　　 * 건설산업기본법시행령 제84조 규정에 의한 노무비
   ○부가가치세 : 일금   원정 (₩   )
   ※ 변경전 계약금액 : 일금   원정 (₩   )

6. 대금의 지급

   가. 선급금

   (1) 계약체결후 ( )일 이내에 일금   원정 (₩   )
   (2) 발주자로부터 지급받은 날 또는 계약일로부터 15일이내 그 내용과 비율에 따름

나. 기성부분금 : (1) 월 (   )회

                  (2) 목적물 수령일로부터 (   )일 이내

                  (3) 지급방법 : 현금   %, 어음   %

다. 설계변경, 경제상황변동 등에 따른 대금조정 및 지급

  (1) 발주자로부터 조정받은 날로부터 (30)일이내 그 내용과 비율에 따라 조정

  (2) 발주자로부터 지급받은날로부터 15일이내 지급

7. 지급자재의 품목 및 수량 : 별도첨부

8. 계약보증금 :   원정 (W   )

9. 하자보수보증금률 :   %

10. 하자담보책임기간 :

11. 지체상금률 :   %

    당사자는 위 내용과 별첨 공사하도급 계약조건, 설계도(   )장, 시방서(   ) 책에 의하여 이 공사하도급 계약을 체결하고 계약서 2통을 작성하여 각각 1통씩 가진다.

    199 년   월   일

  * 원사업자

    주소 :

    상호 :

    성명 :   (인)

  * 수급사업자

    주소 :

    상호 :

    성명 :   (인)

건설공사 하도급계약서 (본문)

제1조(기본원칙)

① 원사업자 (이하"갑"이라 한다)와 수급사업자 (이하"을"이라 한다)는 대등한 입장에서 서
로 협력하여 신의에 따라 성실히 계약을 이행한다.

② 갑과 을은 이 공사의 시공 및 이 계약의 이행에 있어서 건설산업기본법, 하도급거래공
정화에 관한 법률 및 관계법령의 제규정을 준수하다.

③ 이 계약의 내용과 배치되는 타계약에 대해서는 이 계약에 의한 내용을 우선하여 적용한다.

다만, 제30조(특수조건)에 의거 이계약에서 정하지 아니한 사항에 대하여 갑과을이 대등
한 지위에서 합의하여 특약으로 정한 내용은 그러하지 아니한다.

제2조(원사업자의 협조)

① 갑은 하도급계약을 체결한 날로부터 30일이내에 발주자에게 통지한다. 다만, 갑이 기
한내에 통지를 하지 아니한 경우에는 을이 발주자에게 이를 통지할 수 있다.

② 갑은 을에게 이 공사 이행에 필요한 협조와 지원을 한다.

제3조(공사시공 등)

① 을은 이 계약조건과 설계도서(공사시방서, 설계도면 및 현장설명서를 포함한다. 다만,
총액단가계약의 경우는 산출내역서를 포함하며, 양식은 재정경제부 회계예규의 양식을
준용한다. 이하 같다)에 의하여 공사를 시공한다.

② 을은 공사예정공정표를 작성하여 계약체결후 지체없이 갑의 승인을 받아야 하며, 계약
체결후 지체없이 갑에게 산출내역서를 제출하여야 한다.

제4조(관련공사와의 조정)

① 갑은 도급공사를 원활히 수행하기 위하여 이 공사와 관련이 있는 공사(이하 "관련공사"
라 한다)와의 조정이 필요한 경우에 을과 협의하여 이 공사의 공사기간, 공사내용, 계
약금액 등을 변경할 수 있다.

② 을은 관련공사의 시공자와 긴밀히 연락 협조하여 도급공사의 원활한 완성에 협력한다.

제5조(의견의 청취)

갑은 시공상 공정의 세부작업 방법 등을 정함에 있어 미리 을의 의견을 청취한다.

제6조(권리·의무의 양도)

① 갑을은 이 계약으로부터 발생하는 권리 또는 의무를 제3자에게 양도하거나 승계하게 할 수 없다. 다만 상대방의 서면에 의한 승낙을 받았을 때에는 그러하지 아니하다.

② 을은 공사목적물 또는 공사현장에 반입하여 검사를 마친 공사자재를 제3자에게 매각, 양도 또는 대여하거나 담보목적으로 제공할 수 없다.

제7조(계약이행 및 공사대금지급보증)

① 갑과 을은 다음 각호의 1의 방법으로 계약이행 및 공사대금의 지급을 상호 보증한다. 다만, 건설산업기본법령 또는 하도급거래공정화에관한 법령에 의거 하도급대금지급보증이 면제된 경우에는 상호간에 보증을 하지 아니할 수 있다.

  1. 을은 갑에게 계약금액의 10%에 해당하는 금액의 계약이행보증
  2. 갑은 을에게 다음 각목의 1에 해당하는 금액의 공사대금지급보증
  가. 공사기간이 4월이하인 경우에는 계약금액에서 계약상 선급금을 제외한 금액
  나. 공사기간이 4월을 초과하는 경우로서 기성금지급 주기가 2월이내이면 「(하도급계약금액-계약상 선급금)÷공사기간인 월수」에 4를 곱한 금액
  다. 공사기간이 4월을 초과하는 경우로서 기성금지급 주기가 2월을 초과하면 「(하도급계약금액-계약상 선급금)÷공사기간인 월수」에 기성금지급주기인 월수의 배수를 곱한 금액

② 제1항의 규정에 의한 갑과 을 상호간의 보증은 현금의 납부 또는 다음 각호의 1에 의한 보증서의 교부에 의한다.

  1. 건설공제조합, 전문건설공제조합 또는 보증보험회사, 신용보증기금등 이와 동등한 보증기관이 발행하는 보증서
  2. 국채 또는 지방채
  3. 금융기관의 지급보증서 또는 예금증서

③ 갑이 을에 대하여 제2항제1호의 방법으로 공사대금지급보증서를 교부하는 경우 갑이 도급받은 공사의 공사기간중 하도급하는 모든 공사에 대한 공사대금 일괄지급보증서 또

는 갑이 1회계년도에 하도급하는 모든 공사에 대한 공사대금 일괄지급보증서로 갈음할 수 있다.

④ 갑이 제20조의 규정에 의한 공사대금의 지급을 지체하여 을로부터 서면으로 지급독촉을 받고도 이를 지급치 아니한 경우 을은 제2항 제1호의 보증기관에 공사대금중 미지급액에 상당하는 보증금의 지급을 청구할 수 있다. 다만, 갑이 현금납부 또는 제2항제2호 및 제3호의 증서를 교부한 경우에는 동 금액에서 공사대금중 미지급액에 상당하는 금액을 을에게 귀속한다.

⑤ 을이 계약상 의무를 이행하지 아니하여 갑이 제25조제1항의 규정에 의거 계약의 전부 또는 일부를 해제 또는 해지한 경우 갑은 제2항 제1호의 보증금에 대해 계약의 해제 또는 해지에 따른 손실에 상당하는 금액의 지급을 청구할 수 있다. 다만, 을이 현금납부 또는 제2항제2호 및 제3호의 증서를 교부한 경우에는 손실액에 상당하는 금액은 갑에게 귀속된다.

⑥ 갑의 공사대금 미지급액 및 을의 계약불이행 등에 의한 손실액이 제1항의 규정에 의한 보증금을 초과하는 경우에는 갑과 을은 그 초과액에 대하여 상대방에게 청구할 수 있다

⑦ 갑과 을이 납부한 보증금은 계약이 이행된 후 계약상대방에게 지체없이 반환한다. 이 경우 갑이 을에게 공사대금을 어음으로 지급한 경우는 어음만기일을 공사대금 지급보증에 있어서의 계약이행완료일로 본다.

제8조(감독원)

①갑은 자기를 대리하는 감독원을 임명하였을 때에는 이를 서면으로 을에게 통지한다.

②감독원은 다음과 같은 직무를 수행한다.

 1. 시공일반에 대하여 감독하고 입회하는 일

 2. 계약이행에 있어서 을 또는 을의 현장대리인에 대한 지시, 승낙 또는 협의하는 일

 3. 공사재료와 시공에 대한 검사 또는 시험에 입회하는 일

 4. 공사의 기성부분검사, 준공검사 또는 공사목적물의 인도에 입회하는 일

③ 을이 갑 또는 감독원에 대하여 검사입회 등을 요구한 때에는 갑 또는 감독원은 지체없이 이에 응한다.

④ 을은 감독원의 감독 또는 관리에 있어서 그 처리가 현저히 부당하다고 인정될 때에는 갑에 대하여 그 사유를 명시한 서면으로써 필요한 지시를 요구할 수 있다.

제9조(현장대리인)

① 을은 현장대리인을 두며 이를 미리 갑에게 통지한다.

② 현장대리인은 법률에 의하여 2개 현장에 배치할 수 있는 경우를 제외하고는 공사현장
에 상주해야 하며 을을 대리하여 일체의 사항을 처리한다.

③ 현장대리인이 건설산업기본법시행령 제35조 별표5의 규정에 의한 건설기술자의 현장배
치 기준에 적합한 기술자가 아닌 경우에는 을은 공사관리 기타 기술상의 관리를 위하
여 적격한 건설기술자를 별도로 배치하고 갑에게 통지한다.

제10조(종업원 및 고용원)

① 을이 공사를 시공함에 있어서 종업원이나 고용원을 사용할 때에는 당해 공사의 시공 또
는 관리에 관한 상당한 기술과 경험이 있는 자를 채용한다.

② 을은 그의 대리인, 안전관리책임자, 종업원 또는 고용원의 행위에 대하여 사용자로서의
모든 책임을 지며, 갑이 을의 대리인, 종업원 또는 고용원에 대하여 공사의 시공 또는
관리에 있어 현저히 부적당하다고 인정하여 이의 교체를 요구한 때에는 정당한 사유가
없는 한 지체없이 이에 응한다.

③ 을은 제2항에 의하여 교체된 대리인, 종업원 또는 고용원을 갑의 동의없이 당해공사를
위하여 다시 채용할 수 없다.

제11조(공사재료의 검사)

① 공사에 사용할 재료는 신품이어야 하며, 품질, 품명 등은 반드시 설계도서와 일치하여
야 한다. 다만, 설계도서에 품질·품명 등이 명확히 규정되지 아니한 것은 표준품 또는
표준품에 상당하는 재료로서 계약의 목적을 달성하는데 가장 적합한 것이어야 한다.

② 공사에 사용할 재료는 사용 전에 공사 감독원의 검사를 받아야 하며 불합격된 재료는
즉시 대체하여 다시 검사를 받아야 한다. 이 경우에 을은 이를 이유로 계약기간의 연장
을 청구할 수 없다.

③ 검사결과 불합격품으로 결정된 재료는 공사에 사용할 수 없다. 다만, 감독원의 검사에
이의가 있을 때에는 을은 갑에 대하여 재검사를 요청할 수 있으며, 재검사의 필요가 있
을 때에는 갑은 지체없이 재심사하도록 조치한다.

④ 갑은 을로부터 공사에 사용할 재료의 검사를 요청받거나 제3항의 규정에 의한 재검사

의 요청을 받은 때에는 정당한 사유없이 검사를 지체할 수 없다

⑤ 을이 불합격된 재료를 즉시 이송하지 않거나 대품으로 대체하지 않을 경우에는 갑은 일방적으로 불합격된 재료를 제거하거나 대품으로 대체시킬 수 있으며, 그 비용은 을의 부담으로 한다.

⑥ 을은 재료의 검사를 받을 때에는 감독원의 지시에 따라야 하며, 검사에 소요되는 비용은 별도로 정한 바가 없으면 자재를 조달하는 자가 부담한다. 다만, 검사에 소요되는 비용을 발주자로부터 지급받았을 경우에는 갑이 이를 부담한다.

⑦ 공사에 사용하는 재료 중 조합 또는 시험을 요하는 것은 감독원의 참여하에 그 조합 또는 시험을 한다.

⑧ 을은 공사현장내에 반입한 공사재료를 감독원의 승낙없이 공사현장 밖으로 반출하지 못한다.

⑨ 수중 또는 지하에 설치하는 공작물과 기타 준공 후 외부로부터 검사할 수 없는 공작물의 검사는 감독원의 참여없이 시공할 수 없다.

제12조(지급재료 및 대여품)

① 계약에 의하여 갑이 지급하는 재료의 인도 시기는 공사예정공정표에 의하고, 그 인도 장소는 시방서에 따로 정한 바가 없으면 공사현장으로 한다.

② 제1항에 의하여 지급된 재료의 소유권은 갑에게 속하며 감독원의 서면 승낙없이 공사현장에 반입된 재료를 이동할 수 없다.

③ 을은 갑 또는 감독원이 지급재료가 비치된 장소에 출입하여 이를 검사하고자 할 때에는 이에 협조한다.

④ 갑은 목적물의 품질유지, 개선이나 기타 정당한 사유가 있는 경우 또는 을의 요청이 있는 때에 건설위탁과 관련된 기계·기구(이하 "대여품"이라 한다) 등을 대여할 수 있다. 이 경우 갑은 대여품을 지정된 일시와 장소에서 인도하며 인도후의 반송비는 을의 부담으로 한다.

⑤ 제1항의 지급재료와 제4항의 대여품을 지급한 후에 멸실 또는 훼손이 있을 때에는 을은 이에 대하여 책임을 진다. 다만 선량한 관리자의 주의의무를 다한 경우에는 그러하지 아니한다.

⑥ 갑이 지급한 재료와 기계, 기구등은 계약의 목적을 수행하는데에만 사용한다.

⑦ 재료지급의 지연으로 공사가 지연될 우려가 있을 때에는 을은 갑의 서면승락을 얻어 자기가 보유한 재료를 대체 사용할 수 있다. 다만, 대체사용에 따른 경비는 갑이 부담한다.

⑧ 갑은 제7항의 규정에 의하여 대체사용한 재료를 그 사용당시의 가격에 의하여 그 대가를 공사기성금에 포함하여 을에게 지급하여야 한다. 다만 현품반환을조건으로 하여 재료의 대체사용을 승인한 경우에는 그러하지 아니하다.

⑨ 감독원은 지급재료 및 대여품을 을의 입회하에 검사하여 인도한다.

⑩ 을은 공사내용의 변경으로 인하여 필요없게 된 지급재료 또는 대여품을 지체없이 갑에 반환한다.

제13조(부적합한 공사)

① 갑은 을이 시공한 공사 중 설계도서에 적합하지 아니한 부분이 있을 때에는 이에 대한 시정을 요청할 수 있으며, 을은 지체없이 이에 응한다. 이 경우 을은 계약금액의 증액 또는 공기의 연장을 요청할 수 없다.

② 제1항의 경우에 그 부적합한 시공이 갑의 요청 또는 시공에 의하거나 기타 을의 책임으로 돌릴 수 없는 사유로 인한 때에는 을은 그 책임을 지지 아니한다.

제14조(공사의 변경·중지)

① 갑은 필요하다고 인정하거나 발주자의 요청에 의하여 공사내용을 변경하거나 추가 또는 공사의 전부나 일부에 대한 시공을 일시 중지할 경우에는 변경계약서 등 서면을 사전에 을에게 교부하여야 한다.

② 제1항의 규정에 의한 계약금액의 증감은 발주자로부터 조정받은 범위내에서 다음 각호의 기준에 의한다.

 1. 증감된 공사의 단가는 제3조제2항의 규정에 의한 산출내역서상의 단가 (이하 "계약단가"라 한다)로 한다.

 2. 계약단가가 없는 신규 비목의 단가는 설계변경 당시를 기준으로 산정한 단가에 낙찰율을 곱한 금액으로 한다.

③ 계약금액의 증감분에 대한 일반관리비 및 이윤은 계약체결 당시의 율에 의한다.

④ 갑의 지시에 의하여 을이 추가로 시공한 공사물량에 대하여 갑은 발주자로부터 증액받

지 못하였다 하더라도 을에게 증액 지급한다.

⑤ 을은 제14조 또는 제15조에 규정된 계약금액의 조정사유 이외의 계약체결 후 계약조건의 미숙지, 덤핑 수주 등을 이유로 계약금액의 변경을 요구하거나 시공을 거부할 수 없다.

제15조(물가변동으로 인한 계약금액의 변경)

① 갑은 계약체결이후 품목의 가격 또는 요금변동 등의 이유로 발주자로부터 계약금액을 조정받아 지급받은 경우 동일한 사유로 목적물의 완성에 추가비용이 소요되든가 감액되는 때에는 그 내용과 비율에 따라 을에게 계약금액을 조정하여 지급한다. 이 경우 하도급계약 금액의 조정은 갑이 발주자로부터 조정을 받은 날부터 30일이내에 하기로 한다.

② 갑은 발주자로부터 계약금액을 조정받지 않은 경우에도 산출내역서에 포함되어 있는 품목의 가격 또는 요금의 급격한 변동이 있는 경우 계약금액을 조정하여 지급할 수 있는 약정을 상호 협의하여 별도로 정할 수 있다.

③ 제1, 2항의 규정에 의한 계약금액의 조정은 물가변동 후 반입한 재료와 제공된 역무의 대가에 적용하되 시공 전에 제출된 공사예정공정표에서 물가변동이 있는 날 이전에 이미 계약이행이 완료되었어야 할 부분을 제외한 잔여부분의 대가에 대하여만 적용한다. 다만, 갑의 책임이 있는 사유 또는 천재지변 등 불가항력으로 인하여 지연된 경우에는 그러하지 아니하다.

제16조(응급조치)

① 을은 화재방지 등을 위하여 필요하다고 인정될 때에는 미리 응급조치를 취하고 즉시 이를 갑에게 통지한다.

② 갑 또는 감독원은 화재방지, 기타 공사의 시공상 긴급하고 부득이하다고 인정할 때에는 을에게 응급조치를 요구할 수 있다. 이 경우에 을은 즉시 이에 응한다. 다만, 을이 요구에 응하지 아니할 때에는 갑은 제3자로 하여금 필요한 조치를 하게 할 수 있다.

③ 제1항 및 제2항의 응급조치에 소요된 경비에 대하여는 갑과 을이 협의하여 제14조의 규정을 준용한다. 다만, 응급조치 원인에 대한 책임이 을에게 있는 경우 을의 부담으로 한다.

제17조(검사 및 인도)

① 갑은 을로부터 기성부분 검사 또는 준공검사의 요청이 있는 때에는 하도급거래공정화에 관한법률 제9조 제1항의 규정에서 정한 검사기준 및 방법에 따라 즉시 검사를 하여야 하며, 정당한 사유가 없는 한 10일이내에 검사결과를 을에게 서면으로 통지하여야 한다. 갑이 10일이내에 통지를 하지 아니하는 경우에는 검사에 합격한 것으로 본다.

② 제1항의 검사합격 통지시 갑에게 목적물이 인도된 것으로 보며, 갑은 즉시 이를 인수하여야 한다.

③ 을은 제1항의 검사에 합격하지 못한 때에는 지체없이 이를 보수 또는 개조하여 다시 검사를 받아야 한다.

④ 을은 갑의 검사에 이의가 있을 때에는 갑에 대하여 재검사를 요구 할 수 있으며, 재검사의 요구가 있을 때에는 갑은 지체없이 재검사를 한다.

⑤ 을은 공사를 완성하였을 때에는 모든 공사시설, 잉여자재, 폐물질 및 가설물 등을 공사현장으로부터 즉시 철거, 반출하고 공사현장을 정돈한다.

제18조(손해의 부담)

① 공사의 목적물이 갑에게 인도되기 전에 갑을 쌍방의 책임 없는 사유로 공사의 목적물이나 제3자에게 손해가 생긴 경우 이는 을이 부담한다. 단, 갑의 귀책사유가 있는 경우나 갑의 인수지연 중 갑을 쌍방의 책임 없는 사유로 목적물 또는 제3자에게 손해가 생긴 경우 이는 갑이 부담한다.

② 공사목적물 검사기간 중 갑을 쌍방의 책임 없는 사유로 공사의 목적물이나 제3자에게 손해가 생긴 경우 다른 약정이 없는 한 갑과 을이 협의하여 결정한다.

③ 갑에게 공사의 목적물이 인도된 후 갑을 쌍방의 책임 없는 사유로 공사의 목적물이나 제3자에게 손해가 발생한 경우 이는 갑이 부담한다. 그리고 천재지변 기타 불가항력에 의하여 검사를 마친 기성부분에 손해가 발생한 때에는 을은 그 사실을 지체없이 갑에게 통지한다.

④ 을은 고의·과실로 인하여 하도급받은 공사를 조잡하게 하여 타인에게 손해를 가한 때에는 그 손해를 배상한다.

⑤ 갑이 제4항의 규정에 의한 손해를 건설산업기본법 제44조 (건설업자의 손해배상책임) 제3항의 규정에 따라 배상한 때에는 을에게 구상권을 행사할 수 있다.

제19조(부분사용)

① 갑은 공사목적물의 인도전이라 하더라도 을의 동의를 얻어 공사목적물의 전부 또는 일부를 사용할 수 있다.

② 제1항의 경우 갑은 그 사용부분을 선량한 관리자의 주의로서 사용한다.

③ 갑은 제1항에 의한 사용으로 을에게 손해가 있거나 을의 비용을 증가하게 한 때에는 그 손해를 배상하거나 증가된 비용을 부담한다. 이 경우 배상액 또는 부담액은 갑과 을이 협의하여 정한다.

제20조(대금지급)

① 갑은 목적물인수일로부터 60일이내의 기한으로 정한 지급기일까지 을에게 대금을 지급하여야 한다.

② 갑이 발주자로부터 준공금을 받은 때에는 하도급대금을, 기성금을 받은 때에는 을이 시공한 분에 상당한 금액을 그 지급받은 날로부터 15일(대금지급기일이 그전에 도래한 경우에는 지급기일)이내에 을에게 지급하여야 한다.

③ 갑이 대금을 어음으로 지급하는 경우에는 그 어음은 법률에 근거하여 설립된 금융기관에서 할인이 가능한 것이어야 하며, 어음을 교부한 날부터 어음의 만기일까지의 기간에 대한 할인료를 어음을 교부하는 날에 을에게 지급하여야 한다. 다만, 목적물인수일로부터 60일 (발주자로부터 준공금 또는 기성금을 받은 때에는 제2항에서 정한 기일을 말함. 이하 같다) 이내에 어음을 교부하는 경우에는 목적물의 인수일로부터 60일을 초과한 날 이후 만기일까지의 기간에 대한 할인료를 목적물의 인수일로부터 60일이내에 을에게 지급하여야 한다.

제21조(하도급대금의 직접지급청구)

① 건설산업기본법등 관계법령에 의거 발주자가 하도급대금을 직접 지급할 수 있는 사유에 해당하는 경우, 을은 발주자에게 하도급대금의 직접지급을 청구할 수 있다.

② 을이 제1항의 규정에 의하여 하도급대금의 직접지급을 청구하거나 발주자가 관계법령에 의하여 하도급대금을 을에게 직접 지급하고자 할 때에는 갑은 특별한 사유가 없는 한 그 지급의 방법 및 절차에 관하여 협조한다.

제22조(선급금)

① 갑은 계약서에 정한 바에 따라 선급금을 을에게 지급한다.

② 갑이 발주자로부터 선급금을 받은 때에는 을이 시공에 착수할 수 있도록 그가 받은 선급금의 내용과 비율에 따라 선급금을 지급받은 날로부터 15일이내의 범위안에서 계약서에 정한 바에 따라 선급금을 을에게 지급한다.

③ 을이 선급금을 지급받고자 할 때에는 제23조제1항 각호의 1에 해당하는 증서를 갑에게 제출한다.

④ 선급금은 계약목적외에 사용할 수 없으며, 노임지급 및 자재확보에 우선 사용하도록 한다.

⑤ 선급금은 기성부분의 대가를 지급할 때마다 다음 산식에 의하여 산출한 금액을 정산한다.

$$선급금 \ 정산액 = 선급금액 \times \frac{기성부분의 \ 대가 \ 상당액}{계약금액}$$

제23조(하자담보)

① 을은 계약서에서 정한 하자보수보증금율을 계약금액에 곱하여 산출한 금액 (이하 "하자보수보증금"이라 한다)을 준공검사 후 그 공사의 대가를 지급받을 때까지 현금 또는 다음의 증서로써 갑에게 납부한다. 다만, 공사의 성질상 보증금의 납부가 필요하지 아니한 경우에는 그러하지 아니하다.

　1. 건설공제조합, 전문건설공제조합, 설비공사공제조합, 전기공사공제조합 및 정보통신공제조합이 발행하는 보증서

　2. 보증보험증권

　3. 신용보증기금의 보증서

　4. 국채 또는 지방채

　5. 금융기관의 지급보증서

　6. 금융기관의 예금증서

② 을은 준공검사를 마친 날로부터 계약서에 정하는 하자보수의무기간 중 을의 귀책사유로 하자가 발생한 것에 대하여는 이를 보수하여야 한다.

③ 을이 제2항의 하자보수의무기간 중 갑으로부터 하자보수의 요구를 받고 이에 응하지

아니하면 제1항의 하자보수보증금은 갑에게 귀속한다.

④ 제1항의 하자보수보증금은 하자보수의무기간이 종료한 후 을의 청구가 있는 날로부터 10일이내에 반환하여야 한다.

제24조(이행지체)

① 을이 계약서에서 정한 준공기한내에 공사를 완성하지 못하였을 때에는 계약금액에 계약서에 정한 지체상금율과 지체일수를 곱한 금액 (이하 "지체상금"이라 한다)을 갑에게 현금으로 납부한다.

② 제1항의 경우 기성부분에 대하여 검사를 거쳐 이를 인수한 때에는 그 부분에 상당하는 금액을 계약금액에서 공제한 금액을 기준으로 지체상금을 계산한다. 이 경우 기성부분의 인수는 성질상 분할할 수 있는 공사의 완성부분으로서 인수하는 것에 한한다.

③ 다음 각호의 1에 해당되는 사유로 공사가 지체되었다고 인정될 때에는 그 해당일수에 상당한 일수를 지체일수에 산입하지 아니한다.

 1. 태풍, 홍수, 기타 악천후, 전쟁 또는 사변, 지진, 화재, 폭동, 항만봉쇄, 방역 및 보안상 출입제한 등으로 인한 경우

 2. 갑이 지급키로 한 지급재료의 공급이 지연되어 공사진행이 불가능하였을 경우

 3. 갑의 귀책사유로 인하여 착공이 지연되거나 시공이 중단된 경우

 4. 기타 을의 책임에 속하지 아니하는 사유로 인하여 지체된 경우

④ 갑은 제1항의 지체상금을 을에게 지급하여야 할 공사비 또는 기타 예치금에서 공제할 수 있다.

제25조(갑, 을의 계약해제, 해지)

① 갑 또는 을은 다음 각호의 1에 해당하는 경우 서면으로 서약의 이행을 (일 또는 월)의 기간으로 정하여 최고한 후 동 기간내에 계약이 이행되지 아니하는 때에는 당해 계약의 전부 또는 일부를 해제·해지할 수 있다.

 1. 갑 또는 을이 계약조건에 위반하여 그 위반으로 계약의 목적을 달성할 수 없다고 인정될 때

 2. 부도·파산 등 을의 귀책사유로 공기내에 공사를 완성할 수 없는 것이 명백히 인정될 때

  3. 갑이 정당한 이유없이 계약내용을 이행하지 아니하고 그 위반으로 공사를 완성하는
    것이 불가능한 때

  4. 을이 정당한 이유없이 약정한 착공기간을 경과하고도 공사에 착공하지 아니한 때

  5. 갑이 공사내용을 변경함으로써 계약금액이 40/100이상 감소한 때

  6. 제14조 제1항에 의한 공사의 정지기간이 전체공사 기간의 50/100이상인 때

② 제1항 각호의 사유로 계약을 해제 또는 해지한 경우 을은 기성부분 검사를 필한 부분
  에 대한 하자보수보증금을 제23조 제1항의 규정에 의거 갑에게 납부한다.

③ 을은 제2항의 하자보수보증금을 현금으로 납부한 경우 공사 준공검사 후 하자보수보증
  서로 대체할 수 있다.

④ 갑이 제1항 각호의 사유로 계약을 해제 또는 해지한 경우 을은 다음 각호의 사항을 이
  행한다.

  1. 해약통지서를 받은 부분에 대한 공사를 지체없이 중지하고 모든 공사관련시설 및 장
    비 등을 공사현장으로부터 철거한다.

  2. 제12조에 의한 대여품이 있을 때에는 지체없이 갑에게 반환한다. 이 경우 당해 대여
    품이 을의 고의 또는 과실로 인하여 멸실 또는 파손되었을 때에는 원상회복 또는 그
    손해를 배상한다.

  3. 제12조에 의한 지급자재 중 공사의 기성부분으로서 인수된 부분에 사용한 것을 제외
    한 잔여재료는 갑에게 반환한다. 이 경우 당해재료가 을의 고의 또는 과실로 인하여
    멸실 또는 파손되었거나 공사의 기성부분으로서 인수되지 아니한 부분에 사용된 때에
    는 원상으로 회복하거나 그 손해를 배상한다.

⑤ 을은 제1항에 의한 계약의 해제 또는 해지로 손해가 발생한 때에는 갑에게 손해배상을
  청구할 수 있다.

제26조(서류제출) 을은 하도급공사의 임금, 산업재해보상보험금의 지급, 요양 등에 관한
서류에 대하여 갑의 요구가 있을 때에는 이에 협조한다.

제27조(보험가입등)

① 관계법령에 의하여 가입이 의무화된 보험 등 (산재보험, 고용보험 등. 이하 같다)은 갑
  이 가입함을 원칙으로 하고, 을은 시공에 있어서 재해방지를 위하여 만전을 기한다.

② 을은 관계법령이 정하는 바에 의하여 보험 등에 가입할 수 있으며, 이때 갑은 을의 하

도급내역을 기초로 산출된 보험가입에 필요한 금액을 별도 계상 지급한다.

③ 갑은 제1항에 의해 보험 등에 가입한 경우에는 당해 사업장의 근로자가 보험금 등을 지급받아야할 사유가 발생한때에는 관계법령에 의한 보험금 등의 혜택을 받을 수 있도록 하여야 한다.

④ 갑은 재해발생에 대비하여 을에게 아래각호의 보험을 택일 또는 중복 가입토록 요구할 수 있고, 이 경우 동보험료 상당액을 지급한다.

  1. 사용자 배상책임보험

  2. 영업배상 책임보험

  3. 공사보험

⑤ 갑이 산업재해보험에 일괄 가입하였을 경우 을이 책임이 있는 경우를 제외하고는 갑이 재해발생으로 인한 모든 책임을 져야 한다.

제28조(안전관리비)

① 갑은 건설공사 표준안전관리비계상 및 사용기준에 따라 안전관리비를 책정하여야 한다.

② 갑은 계상된 안전관리비의 범위 안에서 을의 위험도 등을 고려하여 적정하게 지급하거나, 갑의 관리하에 공동으로 사용해야 한다.

③ 을은 계약체결 후 지체없이 안전관리비 사용기준, 공사특성에 적합한 안전관리계획 및 안전관리비 사용계획을 작성, 갑에게 제출하고 이에 따라 안전관리비를 사용하여야 한다.

제29조(공업소유권)

① 을은 목적물 시공과 관련하여 갑으로부터 사용을 허락받은 특허권·실용신안권·의장권 등(이하"공업소유권"이라 한다)을 목적물 시공 외에는 사용하지 못하며, 갑의 승락없이 제3자에게 공업소유권을 사용하게 할 수 없다.

② 갑 또는 을은 목적물에 대해 공업소유권침해 등 분쟁이 발생한 경우 상대방에게 지체없이 통지하여야 하며, 갑 또는 을 중 책임이 있는 자가 분쟁을 해결하여야 한다.

③ 갑과 을이 공동연구하여 개발한 공업소유권의 취득은 상호 협의하여 정한다.

제30조(특수조건) 이 계약에서 정하지 아니한 사항에 대하여는 갑과 을이 대등한 지위에서 합의하여 특약으로 정할 수 있다.

제31조(분쟁의 해결)

① 이 계약에서 발생하는 문제에 관한 분쟁은 갑과 을이 쌍방의 합의에 의하여 해결한다.

② 제1항의 합의가 성립하지 못할 때는 건설산업기본법 제69조의 규정에 의한 건설분쟁조정위원회나 하도급거래공정화에관한법률 제24조의 규정에 의한 하도급분쟁조정협의회 등에 조정을 신청하거나 다른 법령에 의하여 설치된 중재기관에 중재를 신청할 수 있다.

Ⅳ. 건설공제조합 보증약관

계약보증약관

제1조 (보증책임)

① 건설공제조합(이하 "조합"이라 한다)은 계약자(이하 "채무자"라 한다)가 앞면 기재공사 등의 계약의무를 이행하지 아니함으로써(이하 "보증사고"라 한다) 그 상대방(이하 "보증 채권자"라 한다)에게 부담하는 채무를 이 보증서에 기재된 사항과 약관에 따라 지급하여 드립니다.

② 이 보증은 계약금착수금 등의 명칭에 불문하고 보증채권자가 채무자에게 지급한 선금에 대한 채무는 보증하지 아니합니다.

제2조 (보증채무를 이행하지 아니하는 사유)

조합은 다음 각호의 1에 해당하는 때에는 보증금을 지급하여 드리지 아니합니다.

　　1. 천재지변, 전쟁, 내란 기타 이와 비슷한 변란으로 인하여 보증사고가 발생한 때

　　2. 보증채권자의 책임있는 사유로 인하여 보증사고가 발생한 때

　　3. 보증서를 보증목적(주계약내용) 이외의 용도로 사용한 때

　　4. 제5조, 제7조제2항 또는 제8조제4항에 해당하는 사유가 있는 때

제3조 (보증채무의 이행한도)

① 조합이 지급할 보증금은 이 보증서에 기재된 보증금액을 한도로 하여 주계약 또는 관계 법령이 정하는 바에 따라 보증채권자가 몰수 또는 귀속시켜야 할 금액으로 합니다. 다만, 주계약 등에 보증금의 몰수 또는 귀속조항이 없는 경우에는 보증금액을 한도로 하여 보증채권자가 청구하는 금액중 실제 손해액으로 합니다.

② 제1항에 규정한 실제 손해액에는 지체상금약정액은 포함되지 아니합니다.

제4조 (손해의 방지 및 경감의무)

① 보증채권자는 보증기간 중 보증사고의 방지에 힘써야 하며, 보증사고가 발생한 때에는

손해의 방지와 경감에 힘써야 합니다.

② 보증채권자가 보증사고 발생 후 손해의 방지 또는 경감을 위하여 조합의 동의를 얻어 지출한 필요하고도 유익한 비용은 보증금액을 초과하지 않는 범위내에서 조합이 이를 보상하여 드립니다.

제5조 (주계약의 해지)

보증채권자는 보증금을 청구하기 전에 주계약을 해제 또는 해지하여야 하며, 이를 이행하지 아니한 때에는 조합은 보증금을 지급하지 아니합니다.

제6조 (보증서의 효력상실)

이 보증서의 보증채권자가 변경되거나, 주계약의 내용에 중대한 변경이 있었을 때에는 그 때부터 이 보증서의 효력은 상실됩니다. 다만, 서면으로 조합의 승인을 받은 경우에는 그러하지 아니합니다.

제7조 (보증사고의 통지 및 보증채무의 이행청구)

① 보증채권자는 보증사고가 생긴 경우 이를 지체없이 조합에 알리고, 보증금청구시에는 보증금청구서와 함께 아래의 서류를 제출하여야 합니다.

 1. 보증서(또는 그 사본) 및 계약서 사본
 2. 공사포기나 계약해제(해지)등 보증사고의 발생을 입증하는 서류와 그 책임이 채무자에게 있음을 증명하는 서류
 3. 보증사고로 인한 손해액을 입증하는 서류
 4. 무통장입금증영수증 등 공사 기성금의 지급에 관한 서류
 5. 공사 타절기성검사서 및 내역서
 6. 기타 보증사고심사에 필요하여 조합이 요청하는 서류

② 보증채권자가 정당한 사유없이 보증사고의 통지나 보증채무의 이행청구를 게을리함으로써 증가된 채무는 지급하지 아니합니다.

제8조 (시공상황 및 보증채무의 확인조사)

① 조합은 건설산업기본법 제64조의 규정에 의하여 이 보증서에 기재된 공사현장에 출입하여 시공상황을 조사할 수 있습니다.

② 조합은 시공상황조사를 위하여 필요한 때에는 보증채권자 또는 감리자에게 시공방법·공정·자재·대가지급 등에 관한 자료의 제공을 요청할 수 있습니다.

③ 조합은 보증사고의 통지나 보증금 청구를 받은 경우 채무자 또는 보증채권자에 대하여 손해의 조사에 필요한 협조를 요구할 수 있습니다.

④ 보증채권자가 정당한 사유없이 제2항 또는 제3항의 규정에 의한 조사에 협조하지 아니함으로써 증가된 채무는 지급하지 아니합니다.

제9조 (보증금 지급시기)

조합은 보증금 청구를 받은 경우 보증채권자로부터 손해사정과 관련한 서류를 징구하여 보증금 지급에 필요한 조사를 마친 후 지체없이 지급할 보증금을 결정하고, 보증금이 결정되면

7일 이내에 이를 지급하여 드립니다.

제10조 (대위 및 구상)

① 조합이 보증금을 지급한 때에는 채무자에 대하여 구상권을 가지며, 보증채권자의 이익을 해치지 아니하는 범위내에서 보증채권자가 채무자에 대하여 가지는 권리를 대위하여 가집니다.

② 보증채권자는 제1항의 권리를 보전하거나 행사하는데 필요한 모든 서류를 조합에 제출하고 조합의 구상권행사에 적극 협조하여야 하며, 조합이 요구하는 필요한 조치를 취하여야 합니다.

③ 조합은 보증채권자가 정당한 사유없이 제2항의 규정을 위반한 때에는 제1항의 대위권에 의한 권리행사로 취득할 수 있었을 금액중 그 위반으로 취득하지 못한 금액을 보증채권자에게 청구할 수 있습니다.

제11조 (양도 및 질권설정 금지)

이 보증서에 의한 권리는 양도 또는 질권설정을 할 수 없으며, 이를 위배한 경우 조합은 보증책임이 없습니다.

제12조 (관할법원 및 준거법)

이 보증에 관한 소송은 보증서를 발급한 조합의 영업점 또는 조합 주사무소를 관할하는 법원중에서 보증채권자가 선택하는 법원을 합의에 따른 관할법원으로 하며, 이 약관에 정하지 아니하는 사항은 대한민국 법령에 따릅니다.

하자보수보증약관

제1조 (보증책임)

건설공제조합(이하 "조합"이라 한다)은 계약자(이하 "채무자"라 한다)가 앞면 기재공사등의 사용검사 또는 검수를 받은 후 하자담보책임기간내에 사용검사(준공)시의 설계도서를 기준으로 발생한 하자에 대하여 그 보수 이행청구를 받았음에도 이를 이행하지 아니함으로써(이하 "보증사고"라 한다) 그 상대방(이하 "보증채권자"라 한다)에게 부담하는 채무를 이 보증서에 기재된 사항과 약관에 따라 지급하여 드립니다.

제2조 (보증채무를 이행하지 아니하는 사유)

조합은 다음 각호의 1에 해당하는 때에는 보증금을 지급하여 드리지 아니합니다.

1. 천재지변, 전쟁, 내란 기타 이와 비슷한 변란으로 인하여 보증사고가 발생한 때
2. 보증채권자의 책임 있는 사유로 인하여 보증사고가 발생한 때
3. 보증서를 보증목적(주계약내용) 이외의 용도로 사용한 때
4. 제6조제2항 또는 제7조제2항에 해당하는 사유가 있는 때
5. 미시공 또는 설계상 잘못으로 인하여 보증사고가 발생한 때
6. 사용상 부주의 또는 제3자에 의하여 보증사고가 발생한 때

제3조 (보증채무의 이행한도)

조합이 지급할 보증금은 이 보증서에 기재된 보증금액을 한도로 하여 당해 공사 등의 하자 보수에 실제로 소요되는 비용으로써 일반적으로 타당하다고 인정되는 금액으로 합니다. 다만, 관계법령 등에 보증금 귀속조항이 있는 경우에는 실제비용과 관계없이 보증금액 범위내에서 보증채권자가 귀속시켜야 할 금액을 지급합니다.

제4조 (손해의 방지 및 경감의무)

① 보증채권자는 보증기간 중 보증사고의 방지에 힘써야 하며, 보증사고가 발생한 때에는 손해의 방지와 경감에 힘써야 합니다.

② 보증채권자가 보증사고 발생 후 손해의 방지 또는 경감을 위하여 조합의 동의를 얻어 지출한 필요하고도 유익한 비용은 보증금액을 초과하지 않는 범위내에서 조합이 이를 보상하여 드립니다.

제5조 (보증서의 효력상실)

이 보증서의 보증채권자가 변경되거나, 주계약의 내용에 중대한 변경이 있었을 때에는 그 때부터 이 보증서의 효력은 상실됩니다. 다만, 서면으로 조합의 승인을 받은 경우에는 그러하지 아니합니다.

제6조 (보증사고의 통지 및 보증채무의 이행청구)

① 보증채권자는 보증사고가 생긴 경우 이를 지체없이 조합에 알리고, 보증금청구시에는

보증금청구서와 함께 아래의 서류를 제출하여야 합니다.

1. 보증서 또는 그 사본
2. 보증사고 사유 및 그 사유를 증명할 수 있는 서류
3. 보증사고 손해액을 입증하는 서류
4. 기타 조합내규에서 정한 서류 등

② 보증채권자가 정당한 사유없이 보증사고의 통지나 보증채무의 이행청구를 게을리함으로써 증가된 채무는 지급하지 아니합니다.

제7조 (보증채무의 확인조사)

① 조합은 보증사고의 통지나 보증금 청구를 받은 경우 채무자 또는 보증채권자에 대하여 손해의 조사에 필요한 협조를 요구할 수 있습니다.

② 보증채권자가 정당한 사유없이 조사에 협조하지 아니함으로써 증가된 채무는 지급하지 아니합니다.

제8조 (보증금 지급시기)

조합은 보증금 청구를 받은 경우 보증채권자로부터 손해사정과 관련한 서류를 징구하여 보증금 지급에 필요한 조사를 마친 후 지체없이 지급할 보증금을 결정하고, 보증금이 결정되면 7일 이내에 이를 지급하여 드립니다.

제9조 (대위 및 구상)

① 조합이 보증금을 지급한 때에는 채무자에 대하여 구상권을 가지며, 보증채권자의 이익을 해치지 아니하는 범위내에서 보증채권자가 채무자에 대하여 가지는 권리를 대위하여 가집니다.

② 보증채권자는 제1항의 권리를 보전하거나 행사하는데 필요한 모든 서류를 조합에 제출하고 조합의 구상권행사에 적극 협조하여야 하며, 조합이 요구하는 필요한 조치를 취하여야 합니다.

③ 조합은 보증채권자가 정당한 사유없이 제2항의 규정을 위반한 때에는 제1항의 대위권에 의한 권리행사로 취득할 수 있었을 금액 중 그 위반으로 취득하지 못한 금액을 보증채권자에게 청구할 수 있습니다.

제10조 (양도 및 질권설정 금지)

이 보증서에 의한 권리는 양도 또는 질권설정을 할 수 없으며, 이를 위배한 경우 조합은 보증책임이 없습니다.

제11조 (분쟁시 중앙건설분쟁조정위원회의 조정)

조합과 보증채권자간에 하자담보의 책임범위에 관하여 분쟁이 있는 경우 조합은 건설산업기본법에 의하여 설치된 "중앙건설분쟁조정위원회"에 조정신청을 할 수 있습니다.

제12조 (관할법원 및 준거법)

이 보증에 관한 소송은 보증서를 발급한 조합의 영업점 또는 조합 주사무소를 관할하는 법원중에서 보증채권자가 선택하는 법원을 합의에 따른 관할법원으로 하며, 이 약관에 정하지 아니하는 사항은 대한민국 법령에 따릅니다.

선급금보증약관

제1조 (보증책임)
건설공제조합(이하 "조합"이라 한다)은 계약자(이하 "채무자"라 한다)가 앞면 기재계약과 관련한 선급금채무(선금의 반환사유가 보증기간내에 발생된 경우에 한함)를 이행하지 아니함으로써(이하 "보증사고"라 한다) 그 상대방(이하 "보증채권자"라 한다)에게 부담하는 채무를 이 보증서에 기재된 사항과 약관에 따라 지급하여 드립니다.

제2조 (보증채무를 이행하지 아니하는 사유)
조합은 다음 각호의 1에 해당하는 때에는 보증금을 지급하여 드리지 아니합니다.('99. 10. 25 개정)

1. 천재지변, 전쟁, 내란 기타 이와 비슷한 변란으로 인하여 보증사고가 발생한 때
2. 보증채권자의 책임있는 사유로 인하여 보증사고가 발생한 때
3. 보증서를 보증목적(주계약내용) 이외의 용도로 사용한 때
4. 보증기간개시전에 선금을 지급(어음교부 포함)하였을 때
5. 선금을 약속어음 또는 당좌수표로 지급한 경우 결제가 보증기간내에 이루어지지 않은 때
6. 선금을 임의로 채무자가 아닌 제3자에게 지급한 때
7. 제6조제2항 또는 제7조제4항에 해당하는 사유가 있는 때

제3조 (보증채무의 이행한도)
조합이 이행할 보증금은 이 보증서에 기재된 보증금액을 한도로 하여 채무자가 계약이행기일 이내에 보증채권자에게 반환하여야 할 선금해당액으로 합니다. 이 경우 채무자가 이행한 공사에 관한 미지급기성금이 있을 때에는 그 미지급기성금을 공제한 금액으로 합니다. 다만, 국가를 당사자로 하는 계약에 관한 법률을 적용 또는 준용하여 체결된 공사계약인 때에는 동 법령이 정하는 바에 따릅니다.

제4조 (손해의 방지 및 경감의무)
① 보증채권자는 보증기간 중 보증사고의 방지에 힘써야 하며, 보증사고가 발생한 때에는 손해의 방지와 경감에 힘써야 합니다.
② 보증채권자가 보증사고 발생 후 손해의 방지 또는 경감을 위하여 조합의 동의를 얻어 지출한 필요하고도 유익한 비용은 보증금액을 초과하지 않는 범위내에서 조합이 이를 보상하여 드립니다.

제5조 (보증서의 효력상실)
이 보증서의 보증채권자가 변경되거나, 주계약의 내용에 중대한 변경이 있었을 때에는 그 때부터 이 보증서의 효력은 상실됩니다. 다만, 서면으로 조합의 승인을 받은 경우에는 그러

하지 아니합니다.

제6조 (보증사고의 통지 및 보증채무의 이행청구)

① 보증채권자는 보증사고가 생긴 경우 이를 지체없이 조합에 알리고, 보증금청구시에는 보증금청구서와 함께 아래의 서류를 제출하여야 합니다.

1. 보증서(또는 그 사본) 및 계약서 사본
2. 공사포기각서나 보증시공조치 또는 계약해제(해지)문서 등 보증사고의 발생을 입증하는 서류
3. 무통장입금증영수증 등 선금과 기성금의 지급을 입증하는 서류
4. 공사 타절기성검사서 및 내역서
5. 기타 보증사고심사에 필요하여 조합이 요청하는 서류

② 보증채권자가 정당한 사유없이 보증사고의 통지나 보증채무의 이행청구를 게을리함으로써 증가된 채무는 지급하지 아니합니다.

제7조 (시공상황 및 보증채무의 확인조사)

① 조합은 건설산업기본법 제64조의 규정에 의하여 이 보증서에 기재된 공사현장에 출입하여 시공상황을 조사할 수 있습니다.

② 조합은 시공상황조사를 위하여 필요한 때에는 보증채권자 또는 감리자에게 시공방법·공정·자재·대가지급 등에 관한 자료의 제공을 요청할 수 있습니다.

③ 조합은 보증사고의 통지나 보증금 청구를 받은 경우 채무자 또는 보증채권자에 대하여 손해의 조사에 필요한 협조를 요구할 수 있습니다.

④ 보증채권자가 정당한 사유없이 제2항 또는 제3항의 규정에 의한 조사에 협조하지 아니함으로써 증가된 채무는 지급하지 아니합니다.

제8조 (보증금 지급시기)

조합은 보증금 청구를 받은 경우 보증채권자로부터 손해사정과 관련한 서류를 징구하여 보증금 지급에 필요한 조사를 마친 후 지체없이 지급할 보증금을 결정하고, 보증금이 결정되면 7일 이내에 이를 지급하여 드립니다.

제9조 (대위 및 구상)

① 조합이 보증금을 지급한 때에는 채무자에 대하여 구상권을 가지며, 보증채권자의 이익을 해치지 아니하는 범위내에서 보증채권자가 채무자에 대하여 가지는 권리를 대위하여 가집니다.

② 보증채권자는 제1항의 권리를 보전하거나 행사하는데 필요한 모든 서류를 조합에 제출하고 조합의 구상권행사에 적극 협조하여야 하며, 조합이 요구하는 필요한 조치를 취하여야 합니다.

③ 조합은 보증채권자가 정당한 사유없이 제2항의 규정을 위반한 때에는 제1항의 대위권에 의한 권리행사로 취득할 수 있었을 금액 중 그 위반으로 취득하지 못한 금액을 보증채권자에게 청구할 수 있습니다.

제10조 (양도 및 질권설정 금지)

이 보증서에 의한 권리는 양도 또는 질권설정을 할 수 없으며, 이를 위배한 경우 조합은 보증책임이 없습니다.

제11조 (관할법원 및 준거법)

이 보증에 관한 소송은 보증서를 발급한 조합의 영업점 또는 조합 주사무소를 관할하는 법원 중에서 보증채권자가 선택하는 법원을 합의에 따른 관할법원으로 하며, 이 약관에 정하지 아니하는 사항은 대한민국 법령에 따릅니다.

공사이행보증약관

제1조 (보증책임)

① 건설공제조합(이하 "조합"이라 한다)은 계약자(이하 "채무자"라 한다)가 앞면 기재공사의 도급계약(이하 "주계약"이라 한다)상의 의무를 이행하지 아니할 경우(이하 "보증사고"라 한다) 그 상대방(이하 "보증채권자"라 한다)에게 계약상의 의무를 대신 이행하거나 해당보증금의 지급(이하 "보증채무"라 한다)을 이 보증서에 기재된 사항과 약관에 따라 이행하여 드립니다.

② 제1항의 보증채무에는 다음 각호의 의무 또는 채무는 포함되지 않습니다.
 1. 하자담보의무
 2. 채무자가 보증채권자로부터 수령한 선금의 반환채무

제2조 (보증채무를 이행하지 아니하는 사유)

조합은 다음 각호의 1에 해당하는 때에는 보증금을 지급하여 드리지 아니합니다.
 1. 천재지변, 전쟁, 내란 기타 이와 비슷한 변란으로 인하여 보증사고가 발생한 때
 2. 보증채권자의 책임있는 사유로 인하여 보증사고가 발생한 때
 3. 보증서를 보증목적(주계약내용) 이외의 용도로 사용한 때
 4. 제11조제3항 또는 제12조제2항에 해당하는 사유가 있는 때

제3조 (보증채무의 이행방법)

① 조합은 채무자의 귀책사유로 보증사고가 발생하였을 경우 제3자(이하 "보증이행업체"라 한다)를 지정하여 보증채무를 이행(이하 "보증시공"이라 한다)하게 하는 것을 원칙으로 합니다.

② 조합이 제1항의 보증시공을 할 수 없는 때에는 이 보증서에 기재된 보증금액을 한도로 하여 주계약 또는 관련법령이 정하는 바에 따라 해당 보증금의 지급으로 보증채무를 이행합니다.

제4조 (보증채무이행청구 및 타절기성검사)

① 보증채권자는 보증사고가 발생한 경우 이를 지체없이 조합에 알려야 하며, 보증채무의 이행을 청구할 때에는 청구서와 아래의 서류를 제출하여야 합니다.
 1. 보증서 또는 그 사본
 2. 보증사고의 발생을 증명할 수 있는 서류
 3. 기타 조합의 보증채무이행에 필요한 서류

② 공동이행방식으로 체결된 공동도급계약에 있어서는 공동수급체구성원 중 일부가 부도 등의 사유로 계약을 이행할 수 없는 경우 잔존 구성원이 당해계약 이행에 필요한 자격요건을 갖추고 있지 아니하거나, 당해계약이행요건을 갖추었더라도 계약이행을 하지 아니하는 때에 한하여 조합에 보증채무의 이행청구를 할 수 있습니다.

③ 보증채무의 이행청구를 한 경우 보증채권자는 지체없이 채무자의 시공부분에 대하여 조합의 참석하에 타절기성검사를 실시하고 채무자의 기성금액과 잔여공사금액을 확정하여야 하며, 그 검사서 및 내역서를 조합에 통보하여야 합니다.

제5조 (보증이행업체 지정 및 권리양도의 승인 등)

① 조합이 보증채무를 이행하기 위하여 보증이행업체의 지정승인 및 보증시공에 의하여 조합이 가지는 공사대금청구권 등 제

반 권리의 양도승인을 요청하는 경우 보
증채권자는 특별한 사유가 없는 한 이를
승인하여야 합니다.

② 보증채권자는 보증이행업체가 보증시공을
하는 경우 당해 공사의 감리·감독에 있어
서나 설계변경·물가변동 등으로 인한 계
약의 변경 또는 계속공사계약 체결상의
이익 등에 관하여 채무자와 동일하게 하
여야 합니다.

제6조 (보증채무이행의 개시기한)

조합은 보증채권자로부터 보증채무이행청구
서를 접수한 날부터 30일이내에 보증채무의 이
행을 개시합니다. 다만, 타절기성검사의 지연
등으로 이 기간내에 부득이 보증채무이행을 개
시할 수 없거나, 공사의 특성등 특별한 사유가
있는 경우에는 그 기간의 연장신청을 할 수 있
으며, 보증채권자는 그 사유가 타당한 때에는
이를 허용하여야 합니다.

제7조 (공사현장의 보존 및 손해발생의 방지)

보증채권자는 보증사고가 발생한 때에는 공
사현장(기성부분, 가설물, 기계기구자재 등)의
보존과 손해의 발생을 방지하여야 하며, 조합
이 보증이행업체를 지정하여 보증시공을 하게
한 경우에는 보증이행업체에게 이를 인도하여
야 합니다.

제8조 (공사대채권의 양도승인 금지)

보증채권자는 채무자가 공사대채권을 조합이
외의 제3자에게 양도하고자 할 때에는 조합의
동의없이 이를 승인하여서는 아니됩니다.

제9조 (지체상금의 부과제한)

보증채권자는 조합이 제6조의 규정에 의하여
보증채무를 이행한 때에는 보증채무이행청구서
접수일부터 보증채무이행개시일 전일까지의 기
간에 해당하는 지체상금을 부과하여서는 아니
됩니다.

제10조 (보증채무의 소멸)

① 이 보증서의 보증채권자가 변경되거나,
주계약의 내용에 중대한 변경이 있었을

때에는 그때부터 이 보증서의 효력은 상
실됩니다. 그러나 서면으로 조합의 승인
을 받은 경우에는 그러하지 아니합니다.

② 조합의 보증채무는 이 보증서 앞면에 기재
된 보증기간 말일의 다음날부터 기산하여
6월이 경과한 때에 소멸됩니다.

제11조 (보증채권자의 통지 및 확인의무)

① 보증채권자는 다음 각호의 1에 해당하는
경우에는 지체없이 그 사실을 조합에 서
면으로 통지하여야 합니다.

1. 공사의 전부 또는 일부를 중지하였을
경우

2. 물가변동, 설계변경, 기타 계약내용 변
경에 따라 계약금액을 조정하였을 경우

3. 공사계약기간을 연장 또는 단축하고자
할 경우

4. 채무자의 공사대채권에 대하여 타인으
로부터 압류·가압류 또는 가처분등의 강
제집행이 있는 경우

5. 채무자가 공사대채권을 제3자에게 양도
하였을 경우

6. 채무자가 계약체결 후 특별한 사유없이
공사를 착공하지 않거나, 상당기간 공
사가 지체되어 그 진행공정이 예정공정
률의 100분의 80에 미달하는 경우

7. 기타 채무자의 계약불이행 발생이 우려
되는 사태가 발생하였을 경우

② 채무자가 조합에 제출하기 위하여 보증채
권자에게 매월의 공사기성내역 또는 선
금기성금의 수령여부 등에 관하여 확인
(원)을 제출한 경우에는 신속히 그 사실
여부를 확인해 주어야 합니다.

③ 보증채권자가 정당한 사유없이 제1항 및
제2항의 통지나 확인을 게을리함으로써 증
가된 채무는 조합이 부담하지 아니합니다.

제12조 (보증채권자의 협조사항)

① 보증채권자는 다음 사항에 관하여 조합의
요청이 있는 경우 적극 협조하여야 합니다.

1. 조합이 보증채무이행을 위하여 설계도서, 이미 공급한 관급자재내역 등에 대한 자료요청을 하는 경우
2. 조합이 공사진행상황을 직접 조사하고자 하는 경우
3. 공사에 대하여 하도급내용을 조회하는 경우
4. 채무자의 공사지체 등으로 조합에서 보증채무이행의 필요여부를 조회하는 경우
② 보증채권자가 정당한 이유없이 제1항의 협조를 하지 아니함으로써 증가된 채무는 조합이 부담하지 아니합니다.

제13조 (대위 및 구상)

① 조합이 보증채무를 이행한 때에는 채무자에 대하여 구상권을 가지며, 보증채권자의 이익을 해치지 않는 범위내에서 보증채권자가 채무자에 대하여 가지는 권리를 대위하여 가집니다.
② 보증채권자는 제1항의 권리를 보전하거나 행사하는 데 필요한 모든 서류를 조합에 제출하고, 조합의 구상권 행사에 적극 협조하여야 하며, 조합이 요구하는 필요한 조치를 하여야 합니다.
③ 조합은 보증채권자가 정당한 사유없이 제2항의 규정을 위반한 경우 제1항의 대위권에 의한 권리행사로 취득할 수 있었을 금액 중 그 위반으로 취득하지 못한 금액을 보증채권자에게 청구할 수 있습니다.

제14조 (양도 및 질권설정 금지)

이 보증서에 의한 권리는 양도 또는 질권설정을 할 수 없으며, 이를 위배할 경우 조합은 보증책임이 없습니다.

제15조 (관할법원 및 준거법)

이 보증에 관한 소송은 보증서를 발급한 조합의 영업점 또는 조합주사무소를 관할하는 법원 중 보증채권자가 선택하는 법원을 합의에 의한 관할법원으로 하며, 이 약관에 정하지 아니하는 사항은 대한민국의 법령에 따릅니다.

하도급대금지급보증약관

제1조 (보증책임)

건설공제조합(이하 "조합"이라 한다)은 계약자(이하 "채무자"라 한다)가 당좌거래정지 또는 파산으로 인하여 앞면 기재계약의 하도급대금지급채무를 이행하지 못하게 된 경우(이하 "보증사고"라 한다) 그 상대방(이하 "보증채권자"라 한다)에게 부담하는 채무를 이 보증서에 기재된 사항과 약관에 따라 지급하여 드립니다.

제2조 (보증채무를 이행하지 아니하는 사유)

조합은 다음 각호의 1에 해당하는 때에는 보증금을 지급하여 드리지 아니합니다.

1. 천재지변, 전쟁, 내란 기타 이와 비슷한 변란으로 인하여 보증사고가 발생한 때
2. 보증채권자의 책임있는 사유로 인하여 보증사고가 발생한 때
3. 보증서를 보증목적(주계약내용) 이외의 용도로 사용한 때
4. 건설산업기본법령상 하도급을 금지하는 공사를 하도급받거나, 무자격자가 하도급 받은 공사인 때
5. 제7조제3항 또는 제9조제2항에 해당하는 사유가 있는 때

제3조 (보증채무의 이행한도)

조합이 지급할 보증금은 이 보증서에 기재된 보증금액을 한도로 하여 보증기간 개시일부터 주계약에서 정한 계약이행기일까지 보증채권자의 실제시공으로 발생한 공사대금중 미수령 채권액에서 제8조의 기준에 의해 인정되는 금액으로 합니다. 다만, 다음 각호의 금액은 포함되지 아니합니다.

1. 보증채권자(하수급인)가 "하도급거래공정화에관한법률"에 의해 원도급의 발주자로부터 직접 지급받을 수 있는 공사기성금액
2. 하도급대금을 어음으로 지급한 때에 공사대금외 할인료 등의 이자가 포함되었을 경우 그 이자금액
3. 보증사고 발생후 보증채권자의 계속시공으로 생긴 공사금액
4. 채무자의 기성인정 여부에 불구하고 보증채권자가 시공을 위하여 현장에 반입한 자재 중 시공에 사용되지 아니한 자재에 해당하는 금액

제4조 (손해의 방지 및 경감의무)

① 보증채권자는 보증기간 중 보증사고의 방지에 힘써야 하며, 보증사고가 발생한 때에는 신의성실로 손해의 방지와 경감에 힘써야 합니다.

② 보증채권자가 보증사고 발생 후 손해의 방지 또는 경감을 위하여 조합의 동의를 얻어 지출한 필요하고도 유익한 비용은 보증금액을 초과하지 않는 범위내에서 조합이 이를

보상하여 드립니다.

제5조 (주계약의 해지)

보증채권자는 보증금을 청구하기 전에 주계약을 해제 또는 해지하여야 합니다.

제6조 (보증서의 효력상실)

이 보증서의 보증채권자가 변경되거나, 주계약의 내용에 중대한 변경이 있었을 때에는 그 때부터 이 보증서의 효력은 상실됩니다. 다만, 서면으로 조합의 승인을 받은 경우에는 그러하지 아니합니다.

제7조 (보증채권자의 통지의무 및 보증채무의 이행청구)

① 보증채권자는 다음 각호의 사항이 발생한 때에는 이를 반드시 조합에 통지하여야 합니다.

1. 주계약에 따라 지급받아야 할 선금 또는 하도급기성금을 그 기일에 수령하지 못한 때에는 그 기일부터 15일이내에 그 사실

2. 보증사고가 발생한 때에는 보증사고일부터 15일이내에 그 사실

3. 선금 또는 기성금수령여부에 관한 사항을 조합으로부터 통지요청을 받은 때에는 그 요청을 받은 날로부터 10일이내에 수령여부, 기성내역 및 대금수령내용(어음인 경우 어음사본 첨부)의 사실

4. 하도급대금지급채무의 지급기일(어음의 경우 만기일)이 보증기간 이후이거나, 당초 대금지급기일(어음의 경우 만기일)을 연장하는 때에는 그 사유 발생일로부터 3일 이내에 그 사실

② 보증사고 발생으로 보증금을 청구할 때에는 보증금청구서와 다음 각호의 서류를 제출하여야 합니다.

1. 보증서 또는 그 사본

2. 보증사고의 사유 및 원도급의 발주자(자체사업의 경우 감리자)가 확인한 기성내역서 등 보증금 청구금액에 관한 정당한 입증서류

3. 기타 보증사고 심사에 필요하여 조합이 요청하는 서류

③ 보증채권자가 정당한 사유없이 제1항의 통지의무와 제2항의 보증채무이행청구를 게을리함으로써 증가된 채무는 지급하지 아니합니다.

제8조 (보증사고 발생시 기성인정 기준)

제3조의 실제시공으로 발생한 하도급공사 인정금액은 원도급의 발주자(자체사업의 경우 감리자)가 채무자의 공사이행 기성고를 확정하기 위하여 최종적으로 행한 타절기성검사를 기준으로 합니다.

제9조 (보증채무의 확인조사)

① 조합은 제7조제1항의 통지나 보증금청구를 받은 경우 채무자 또는 보증채권자에 대하여 필요한 조사를 할 수 있으며, 공사내역서 등 자료제출을 요구할 수 있습니다.

② 보증채권자는 제1항의 조사 및 자료제출요구에 성실히 협조하여야 하며, 정당한 사유없이 협조하지 아니함으로써 증가된 채무는 지급하지 아니합니다.

제10조 (보증금 지급시기)

조합은 보증금 청구를 받은 경우 보증채권자로부터 손해사정과 관련한 서류를 징구하여 보증금 지급에 필요한 조사를 마친 후 지체없이 지급할 보증금을 결정하고, 보증금이 결정되면 7일 이내에 이를 지급하여 드립니다.

제11조 (대위 및 구상)

① 조합이 보증금을 지급한 때에는 채무자에 대하여 구상권을 가지며, 보증채권자의 이익을 해치지 아니하는 범위내에서 보증채권자가 채무자에 대하여 가지는 권리를 대위하여 가집니다.

② 보증채권자는 제1항의 권리를 보전하거나 행사하는데 필요한 모든 서류를 조합에 제출하고 조합의 구상권행사에 적극 협조하여야 하며, 조합이 요구하는 필요한 조치를 취하여야 합니다. 또한 조합은 보증금 지급전이라도 위의 서류제출 및 조치를 요구할 수 있습니다.

③ 조합은 보증채권자가 정당한 사유없이 제2항의 협조 또는 조치요구에 응하지 아니한 때에는 제1항의 대위권에 의한 권리행사로 취득할 수 있었을 금액 중 그 위반으로 취득하지 못한 금액을 보증채권자에게 청구하거나 이를 조합이 지급할 금액에서 차감할 수 있습니다.

제12조 (양도 및 질권설정 금지)

이 보증서에 의한 권리는 양도 또는 질권설정을 할 수 없으며, 이를 위배한 경우 조합은 보증책임이 없습니다.

제13조 (관할법원 및 준거법)

이 보증에 관한 소송은 보증서를 발급한 조합의 영업점 또는 조합 주사무소를 관할하는 법원중에서 보증채권자가 선택하는 법원을 합의에 따른 관할법원으로 하며, 이 약관에 정하지 아니하는 사항은 대한민국 법령에 따릅니다.

V. 전문건설공제조합 보증약관

제1조(보증책임)

전문건설공제조합(이하"조합"이라 한다)은 계약자(이하 "채무자"라 한다)가 약면 기재계약과 관련하여 의무를 이행하지 아니함으로써(이하 "보증사고"라 한다) 그 상대방(이하 "보증채권자"라 한다)에게 부담하는 채무를 이 보증서에 기재된 사항과 약관에 따라 지급하여 드리며, 보증별 보증사고 및 보증금 지급한도는 아래 표와 같습니다.

구 분	보 증 사 고	보증금 지급한도
계약보증서 차액보증서	보증기간 내에 발생한 계약 이행의무 불이행(주계약 해지시 청구가능)	보증금액 범위 내에서 주계약 또는 관계법령으로 정한 금액
손해배상 보 증	보증기간 내에 계약이행 중 발생한 제3자의 피해에 대한 배상의무 불이행	보증금액 범위 내에서 제3자가 실제로 입은 손해금액
하자보수 보 증	설계도서 기타 지시서에 위배된 시공으로 발생한 하자에 대한 보수이행의무 불이행 (책임기간 내에 발생한 하자에 한함)	보증금액 범위 내에서 하자보수에 실제로 소요되는 비용으로서 일반적으로 타당하다고 인정되는 금액 또는 관계법령으로 정한 금액
선급금 보 증	채무자의 귀책사유로 정산되지 아니한 선급금 반환의무 불이행(보증기간 내에 반환사유가 발생한 경우에 한함)	보증금액 범위 내에서 미정산선급금 중 미지급기성금을 차감한 금액

제2조(보증금을 지급하지 아니하는 사유)

조합은 보증사고가 아래와 같은 사유로 인하여 발생한 때에는 보증금을 지급하여 드리지 아니합니다.

1. 천재지변, 전쟁, 내란 기타 이와 비슷한 변란으로 인한 때
2. 보증채권자의 책임있는 사유로 인한 때
3. 보증서를 보증목적(주계약내용) 이외의 용도로 사용한 때

4. 보증서발급일 이전에 이미 보증사고가 발생한 경우

제3조(보증채무의 이행청구)

① 보증채권자는 보증사고가 생긴 경우 이를 지체없이 조합에 알리고, 보증금 청구시 보증금청구문서와 함께 아래서류를 제출하여야 합니다.

 1. 보증서 또는 그 사본

 2. 보증사고 사유 및 그 사유를 증명할 수 있는 서류

 3. 주계약의 내용을 확인할 수 있는 계약문서 사본

 4. 손해액을 증명하는 서류

② 조합은 보증채권자가 정당한 이유없이 제1항의 청구를 지체함으로써 증가된 채무에 대하여는 보증금을 지급하여 드리지 아니합니다.

③ 이 보증서와 관련된 보증금청구권은 5년간 행사하지 아니하면 소멸시효가 완성합니다.

제4조(보증계약의 효력상실)

이 보증계약에 관하여 아래와 같은 사유가 생긴 때에는 그 때부터 이 보증계약은 효력이 상실됩니다. 그러나, 서면으로 조합의 승인을 받은 경우에는 그러하지 아니합니다.

 1. 보증채권자가변경되었을 때

 2. 주계약의 내용에 중대한 변경이 있었을 때

제5조(보증채무의 확인조사)

① 조합은 보증사고의 통지나 보증금 청구를 받은 경우 채무자 또는 보증채권자에 대하여 보증사고와 관련한 필요한 조사를 할 수 있습니다.

② 보증채권자는 제1항의 조사에 협조하여야 하며, 정당한 사유 없이 조사에 협조하지 아니함으로써 증가된 채무는 지급하지 아니합니다.

제6조(보증금 지급시기)

조합은 제5조의 조사를 마치는 대로 지체없이 지급할 보증금을 결정하여 즉시 이를 지급하여 드립니다.

제7조(대위 및 구상)

① 조합이 보증금을 지급한 때에는 채무자에 대하여 구상권을 가지며, 보증채권자의 이익을 해치지 아니하는 범위내에서 보증채권자가 채무자에 대하여 가지는 권리를 대위하여 가집니다.

② 보증채권자는 제1항의 권리를 보전하거나 행사하는데 필요한 모든 서류를 조합에 제출

하고 조합의 구상권행사에 적극 협조하여야 합니다.

③ 조합은 보증채권자가 정당한 사유없이 제2항의 규정을 위반한 때에는 그 위반으로 취득하지 못한 금액을 보증채권자에게 청구할 수 있습니다.

제8조(양도 및 질권설정)

이 보증서는 양도 또는 질권설정을 할 수 없으며, 보증목적 이외의 용도로 유용하였을 경우에는 조합이 지급의무를 지지 아니합니다.

제9조(분쟁의 조정)

보증금의 지급 등에 관하여 조합과 보증채권자, 채무자, 기타 이해관계인과의 사이에 분쟁이 있는 경우에는 이해당사자의 신청에 의하여 중앙건설분쟁조정위원회의 조정을 받을 수 있습니다.

제10조(관할법원 및 준거법)

이 보증에 관한 소송은 조합의 영업점 소재지중 보증채권자가 선택하는 법원을 합의에 따른 관할법원으로 하며, 이 약관에 정하지 아니하는 사항은 대한민국 법령에 따릅니다.

VI. 대한설비건설공제조합 보증약관

보증서 일반약관

제1조(보증책임)

① 대한설비건설공제조합(이하 "조합"이라 합니다)은 계약자(이하 "채무자"라 합니다)가 이 보증서에 기재된 공사등과 관련한 계약·하자보수·선급금반환 등의 의무를 이행하지 아니함으로써(이하 "보증사고"라 합니다) 그 상대방(이하 "보증채권자"라 합니다)에게 부담하는 채무를 이 보증서에 기재된 사항과 약관에 따라 보증금액 범위내에서 지급하여 드립니다.

② 계약보증서는 계약금. 착수금 등의 명칭에 불문하고 보증채권자가 채무자에게 지급한 선금에 대한 채무는 보증하지 아니합니다.

제2조(보증채무를 이행하지 아니하는 사유)

조합은 보증사고가 아래와 같은 사유로 인하여 발생한 때에는 보증금을 지급하여 드리지 아니합니다.

 1. 천재지변, 전쟁, 내란 기타 이와 비슷한 변란으로 인한 때
 2. 보증채권자의 책임있는 사유로 인한 때
 3. 보증서를 보증목적(계약내용) 이외의 용도로 사용한 때
 4. 보증서발급일 이전에 이미 보증사고가 발생한 경우
 5. 보증서발급일 이전에 선급금을 지급(어음포함)하였을 때

6. 선급금을 약속어음 또는 당좌수표로 지급한 경우 결제가 보증기간내에 이루어지지 않았을 때

제3조(보증채무의 이행청구)

① 보증채권자는 보증사고가 생긴 경우 이를 지체없이 조합에 알리고, 보증금 청구시에는 보증금 청구문서와 함께 아래의 서류를 제출하여야 합니다.

1. 보증사고 사유 및 그 사유를 증명할 수 있는 서류
2. 보증사고로 인한 실제 손해금액을 입증하는 서류
(보증사고 발생당시의 공정·기성금지급·자재 및 노임등 공사비정산내용을 확인할 수 있는 관계서류를 포함합니다)
3. 공사타절기성검사서 및 내역서
4. 기타 보증사고 심사에 필요하여 조합이 요청하는 서류

② 조합은 보증채권자가 정당한 사유없이 제1항에 의한 보증사고의 통지나 보증채무의 이행청구를 게을리 함으로써 증가된 손해는 지급하지 아니합니다.

③ 이 보증서와 관련된 보증금청구권은 5년간 행사하지 아니하면 소멸시효가 완성합니다.

제4조(손해의 방지 및 경감의무)

① 보증채권자는 보증기간 중 보증사고의 방지에 힘써야 하며, 보증사고가 발생할 우려가 있을 때에는 기성금 또는 준공금의 지급유예조치·기성부분의 훼손예방 등 손해의 방지와 경감에 힘써야 합니다.

② 보증채권자가 제1항의 손해의 방지 또는 경감을 위하여 조합의 동의를 얻어 지출한 필요하고도 유익한 비용은 보증금액을 초과하지 아니하는 범위내에서 조합이 이를 보상하여 드립니다.

제5조(계약의 해지)

① 보증채권자가 계약을 해지 또는 해제하지 않을 수 없는 불가피한 사유가 있는 경우에는 그 사유를 미리 조합에 통지하고, 조합에 보증채무의 이행을 청구하기 전에 계약을 해지 또는 해제하여야 합니다.

② 보증채권자가 제1항의 해지 또는 해제를 하지 아니한 때에는 조합은 보증금을 지급하지 아니합니다.

제6조(보증계약의 효력상실)

이 보증계약에 관하여 아래와 같은 사유가 생긴 때에는 그 때부터 이 보증계약은 효력이 상실됩니다. 그러나 서면으로 조합의 승인을 받은 경우에는 그러하지 아니합니다.

1. 보증채권자가 변경되었을 때
2. 계약의 내용에 중대한 변경이 있었을 때

제7조(시공상황 및 보증채무의 확인조사)

① 조합은 건설산업기본법 제64조의 규정에 의하여 이 보증서에 기재된 공사현장을 출입하여 시공상황을 직접 조사하거나 조합이 지정한 다음의 자로 하여금 대행하게 할 수 있습니다. 이 경우 조사자에게 조합이사장 또는 대행기관의 장이 발행하는 증표를 휴대하게 합니다.

1. 대한설비건설협회 또는 대한전문건설협회
2. 전기공사협회, 한국정보통신공사협회 또는 한국소방안전협회
3. 기타 법령의 규정에 의하여 설립된 법인 또는 단체

② 조합은 시공상황조사를 위하여 필요한 때에는 보증채권자, 채무자 및 감리자에게 계약 변경내용·시공방법·착공 및 공정계획·공사진척상황·기성금지급·자재 및 노임등에 관한 자료의 제공을 요청할 수 있으며, 이에 적극 협조하여야 합니다.

③ 조합은 보증사고의 통지나 보증금 청구를 받은 경우 채무자 또는 보증채권자에 대하여 보증사고와 관련한 손해의 조사 등 필요한 조사를 할 수 있습니다.

④ 보증채권자는 전항의 조사에 협조하여야 하며, 정당한 사유없이 조사에 협조하지 아니 함 으로써 증가된 채무는 지급하지 아니합니다.

제8조(보증금 지급시기)

조합은 제7조 제3항의 조사를 마친 후 지급할 보증금을 결정하여 지체없이 이를 지급하여 드립니다.

제9조(대위 및 구상)

① 조합이 보증금을 지급한 때에는 채무자에 대하여 구상권을 가지며, 보증채권자의 이익 을 해치지 아니하는 범위내에서 보증채권자가 채무자에 대하여 가지는 권리를 대위하여 가집니다.

② 보증채권자는 제1항의 권리를 보전하거나 행사하는데 필요한 모든 서류를 조합에 제출하고 조합의 구상권 행사에 적극 협조하여야 합니다.

③ 조합은 보증채권자가 정당한 사유 없이 제2항의 규정을 위반한 때에는 그 위반으로 취득하지 못한 금액을 보증채권자에게 청구할 수 있습니다.

제10조(양도 및 질권설정)

이 보증서는 양도 또는 질권설정을 할 수 없으며, 이에 위반한 경우 조합은 지급의무를 지지 아니합니다.

제11조(분쟁의 조정)

보증금의 지급 등에 관하여 조합과 보증채권자, 채무자, 기타 이해관계인과의 사이에 분쟁이 있는 경우에는 이해당사자의 신청에 의하여 중앙건설분쟁조정위원회의 조정을 받을 수 있습니다.

제12조(관할법원 및 준거법)

이 보증에 관한 소송은 조합의 영업점 또는 주사무소를 관할하는 법원중에서 보증채권자가 선택하는 법원을 합의에 따른 관할 법원으로 하며, 이 약관에 정하지 아니하는 사항은 대한민국 법령을 따릅니다.

보 증 별 특 별 약 관		
구분	의무이행의 정의 (보증기한 또는 책임기간내에 발생한 것에 한함)	보증금 지급한도(보증금액범위)
계약보증서	당해 공사의 계약이행의무	주계약 또는 관계법령에 정한 금액. 다만, 주계약에 귀속조항이 없는 경우 실제 손해액
하자보수보증서	시공중 설계도서 기타 지시서에 위배된 사실로 발생한 하자에 대한 보수이행의무	하자보수에 실제로 소요되는 비용으로서 일반적으로 타당하다고 인정되는 금액 또는 관계법령에 정한 금액
선급금보증서	채무자의 귀책사유로 정산되지 아니한 선급금 채무	미회수채권액 중 미지급기성금을 차감한 금액

Ⅶ. 서울보증보험(주) 보증보험약관

이행(계약)보증보험

보통약관

Ⅰ. 피보험자 관련사항

제 1 조 (보상하는 손해) 우리회사(이하 "회사"라 합니다)는 채무자인 보험계약자가 보험증권에 기재된 계약(이하 "주계약"이라 합니다)에서 정한 채무를 이행하지 아니함으로써 채권자인 피보험자가 몰수 또는 귀속시켜야 할 계약보증금을 보험증권에 기재된 사항과 이 약관에 따라 보상하여 드립니다.

제 2 조 (보상하지 아니하는 손해) 회사는 아래와 같은 손해는 보상하여 드리지 아니합니다.

① 천재지변·전쟁·내란, 기타 이와 비슷한 변란으로 채무를 이행하지 못함으로써 생긴 손해
② 피보험자의 책임있는 사유로 생긴 손해
③ 제 5 조의 (2) 또는 제 12 조의 (2)에 규정된 사유에 기인한 손해

제 3 조 (손해의 방지와 경감의무) (1) 피보험자는 보험기간 중 보험사고의 방지에 힘써야 하며 보험사고가 생긴 때에는 손해의 방지와 경감에 힘써야 합니다.

(2) 피보험자가 위 (1)의 손해의 방지 또는 경감을 위하여 회사의 동의를 얻어 지출한 필요하고도 유익한 비용은 보험가입금액을 초과한 경우라도 회사가 보상하여 드립니다.

제 4 조 (보험금의 청구) (1) 피보험자는 보험사고가 생긴 경우 지체없이 이를 회사에 알리고 아래의 서류를 갖추어 회사에 보험금을 청구하여야 합니다.

① 보험금 청구사유, 청구금액 등을 기재한 보험금 청구서(피보험자가 작성하는 서식)
② 보험증권 또는 그 사본
③ 손해액을 증명하는 서류

(2) 이 보험계약과 관련된 보험금 청구권은 2 년간 행사하지 아니하면 소멸시효가 완성합니다.

제 5 조 (주계약의 해지) (1) 피보험자는 보험금을 청구하기 전에 주계약을 해지 또는 해제하여야 합니다.

(2) 피보험자가 위 (1)의 해지 또는 해제를 하지 아니한 때에는 회사는 손해를 보상하여 드리지 아니합니다.

제 6 조 (보험금 지급액) (1) 회사가 지급할 보험금은 주계약에서 정한 바에 따라 피보험자가 몰수 또는 귀속시켜야 할 금액으로 합니다. 다만, 주계약에 계약보증금의 몰수 또는 귀속조항이 없는 경우에는 계약보증금액을 한도로 피보험자가 청구하는 금액중 실손해액으로 합니다.

(2) 위 (1)의 지급보험금은 보험가입금액을 한도로 합니다.

제 7 조 (보험금의 지급시기) 회사는 보험금 청구를 받은 경우, 피보험자로부터 손해액 산정과 관련된 서류를 제출받아 보험금 지급에 필요한 조사를 마친 후 지체없이 지급할 보험금을 결정하고 지급할 보험금이 결정되면 10 일 이내에 이를 지급하여 드립니다.

II. 보험계약자 관련사항

제 8 조 (보험료) 보험료는 다른 약정이 없으면 보험계약을 체결할 때에 내어야 합니다.

제 9 조 (보험료의 환급) (1) 회사는 이 보험계약에 관하여 아래와 같은 사유가 생긴 때에는 보험료를 돌려 드립니다.

　　① 보험계약의 효력이 상실된 때
　　② 보험계약자가 보험사고 발생 전에 피보험자의 동의를 얻거나, 회사의 책임이 소멸되었음을 증명하여 이 보험계약을 해지한 때
　　③ 보험계약자가 보험증권을 발급받았으나 주계약이 체결되지 아니한 때

　(2) 보험계약자는 보험료의 환급을 청구할 때에는 보험증권과 위 (1)의 환급사유를 증빙하는 서류를 제출하여야 합니다. 다만, 피보험자의 사정으로 보험증권 제출이 어려운 때에는 이를 생략할 수 있습니다.

　(3) 회사가 돌려드릴 보험료는 이미 받은 보험료에서 경과보험료(최저보험료가 경과보험료보다 많은 때에는 최저보험료)를 뺀 금액으로 합니다. 다만, 위 (1)의 ③의 경우에는 최저보험료를 뺀 금액으로 합니다.

　(4) 위 (3)의 경과보험료는 아래와 같이 계산한 금액으로 합니다.

　　① 주계약에서 정한 보험계약자의 채무가 소멸하여 보험계약을 해지한 때 : 보험기간 개시일로부터 주계약에서 정한 채무가 소멸한 날까지의 경과기간에 대하여 일단위 계산

　　② 기타 사유로 보험계약을 해지한 때 또는 보험계약의 효력이 상실된 때 : 보험기간 개시일로부터 보험료 환급청구 서류를 접수한 날까지의 경과기간에 대하여 일단위 계산

　(5) 이 보험계약과 관련된 보험료 환급청구권은 2 년간 행사하지 아니하면 소멸시효가 완성됩니다.

　(6) 회사가 부담하는 보험사고가 발생하는 경우에는 보험료를 돌려드리지 아니합니다.

III. 공통사항

제 10 조 (보험계약의 해지등의 금지) 보험계약자 또는 회사는 피보험자의 동의없이 임의로 이 보험계약을 해지할 수 없습니다. 다만, 보험사고 발생 전에 피보험자의 동의를 얻거나, 회사의 책임이 소멸되었음을 증명하는 경우에는 그러하지 아니합니다.

제 11 조 (보험계약의 효력상실) 이 보험계약의 주계약에 관하여 아래와 같은 사유가 발생하여 회사가 부담하는 위험이 변경 또는 증가된 때에는 그때부터 이 보험계약의 효력은 상실됩니다. 그러나 서면으로 회사의 승인을 받은 경우에는 그러하지 아니합니다.

   ① 계약당사자(보험계약자, 피보험자)의 변경
   ② 계약금액의 증액
   ③ 계약기간의 변경
   ④ 기타 중요한 계약내용의 변경

제 12 조 (손해의 조사) (1) 회사는 보험계약자 또는 피보험자에 대하여 손해의 조사에 관하여 필요한 협조를 요구할 수 있습니다.

  (2) 피보험자가 정당한 이유없이 위 (1)의 협조를 하지 아니함으로써 증가된 손해는 보상하여 드리지 아니합니다.

제 13 조 (구상 및 대위) (1) 회사는 보험금을 지급한 때에는 보험계약자에 대하여 구상권을 가지며, 피보험자의 이익을 해치지 아니하는 범위안에서 피보험자가 보험계약자에 대하여 가지는 권리를 대위하여 가집니다.

  (2) 피보험자는 위 (1)의 권리를 보전하거나 행사하는데 필요한 서류를 회사에 제출하고 회사가 요청하는 필요한 조치를 취하여야 합니다.

  (3) 회사는 피보험자가 정당한 이유없이 위 (2)의 규정에 위반한 때에는 회사가 위 (1)의 대위권에 의한 권리행사로 취득할 수 있었을 금액 중 그 위반으로 취득하지 못한 금액을 피보험자에 대하여 청구할 수 있습니다.

제 14 조 (분쟁의 조정) 이 보험계약의 내용 또는 보험금의 지급 등에 관하여 회사와 보험계약자, 피보험자, 기타 이해관계인과의 사이에 분쟁이 있는 경우에는 금융감독원에 설치된 금융분쟁조정위원회의 조정을 받을 수 있습니다.

제 15 조 (관할법원) 이 보험계약에 관한 소송은 회사의 본점 또는 지점소재지 중 보험계약자 또는 피보험자가 선택하는 대한민국내의 법원을 합의에 따른 관할법원으로 합니다. 다만, 보험계약자에 대하여 회사와 관할법원에 관한 별도의 합의가 있는 때에는 그에 따릅니다.

제 16 조 (준거법) 이 약관에 정하지 아니한 사항은 대한민국 법령을 따릅니다.

보험금지급특별약관

제 1 조 (적용범위) 이 특별약관은 다음 각 호의 1 을 피보험자로 하는 이행(계약)보증보험계약에 한하여 적용합니다.
   ① 국가 또는 지방자치단체
   ② 국가 또는 지방자치단체가 자본금의 50% 이상을 출자한 기관(이하 "정부투자기관"이라 합니다)
   ③ 국가, 지방자치단체 또는 정부투자기관이 단독 또는 공동으로 출자한 총액이 자본금의 20% 이상인 기관
   ④ 국가 또는 지방자치단체가 직접 또는 간접적으로 출연금·보조금·장려금·조성금 등을 재정지원하는 기관

① 계약당사자(보험계약자, 피보험자)의 변경
② 계약금액의 증액
③ 계약기간의 변경
④ 기타 중요한 계약내용의 변경

제 12 조 (손해의 조사) (1) 회사는 보험계약자 또는 피보험자에 대하여 손해의 조사에 관하여 필요한 협조를 요구할 수 있습니다.

(2) 피보험자가 정당한 이유없이 위 (1)의 협조를 하지 아니함으로써 증가된 손해는 보상하여 드리지 아니합니다.

제 13 조 (구상 및 대위) (1) 회사는 보험금을 지급한 때에는 보험계약자에 대하여 구상권을 가지며, 피보험자의 이익을 해치지 아니하는 범위안에서 피보험자가 보험계약자에 대하여 가지는 권리를 대위하여 가집니다.

(2) 피보험자는 위 (1)의 권리를 보전하거나 행사하는데 필요한 서류를 회사에 제출하고 회사가 요청하는 필요한 조치를 취하여야 합니다.

(3) 회사는 피보험자가 정당한 이유없이 위 (2)의 규정에 위반한 때에는 회사가 위 (1)의 대위권에 의한 권리행사로 취득할 수 있었을 금액 중 그 위반으로 취득하지 못한 금액을 피보험자에 대하여 청구할 수 있습니다.

제 14 조 (분쟁의 조정) 이 보험계약의 내용 또는 보험금의 지급 등에 관하여 회사와 보험계약자, 피보험자, 기타 이해관계인과의 사이에 분쟁이 있는 경우에는 금융감독원에 설치된 금융분쟁조정위원회의 조정을 받을 수 있습니다.

제 15 조 (관할법원) 이 보험계약에 관한 소송은 회사의 본점 또는 지점소재지 중 보험계약자 또는 피보험자가 선택하는 대한민국내의 법원을 합의에 따른 관할법원으로 합니다. 다만, 보험계약자에 대하여 회사와 관할법원에 관한 별도의 합의가 있는 때에는 그에 따릅니다.

제 16 조 (준거법) 이 약관에 정하지 아니한 사항은 대한민국 법령을 따릅니다.

보험금지급특별약관

제 1 조 (적용범위) 이 특별약관은 다음 각 호의 1 을 피보험자로 하는 이행(계약)보증보험계약에 한하여 적용합니다.

① 국가 또는 지방자치단체
② 국가 또는 지방자치단체가 자본금의 50% 이상을 출자한 기관(이하 "정부투자기관"이라 합니다)
③ 국가, 지방자치단체 또는 정부투자기관이 단독 또는 공동으로 출자한 총액이 자본금의 20% 이상인 기관
④ 국가 또는 지방자치단체가 직접 또는 간접적으로 출연금·보조금·장려금·조성금 등을 재정지원하는 기관

이행(하자)보증보험

보통약관

Ⅰ. 피보험자 관련사항

제1조 (보상하는 손해) 우리회사(이하 "회사"라 합니다)는 채무자인 보험계약자가 도급계약 또는 매매계약에 대하여 준공검사 또는 검수를 받은 후 하자담보 책임기간 안에 발생한 하자에 대하여 그 보수 또는 보완청구를 받았음에도 불구하고 보험증권에 기재된 계약(이하 "주계약"이라 합니다)에 따라 이를 이행하지 아니함으로써 채권자인 피보험자가 입은 손해를 보험증권에 기재된 사항과 이 약관에 따라 보상하여 드립니다.

제2조 (보상하지 아니하는 손해) 회사는 아래와 같은 손해는 보상하여 드리지 아니합니다.

① 천재지변·전쟁·내란 기타 이와 비슷한 변란으로 하자를 보수 또는 보완하지 못함으로써 생긴 손해
② 피보험자의 책임 있는 사유로 생긴 손해
③ 제10조의 (2)에 규정된 사유에 기인한 손해

제3조 (손해의 방지와 경감의무) (1) 피보험자는 보험기간 중 보험사고의 방지에 힘써야 하며 보험사고가 생긴 때에는 손해의 방지와 경감에 힘써야 합니다.

(2) 피보험자가 위 (1)의 손해의 방지 또는 경감을 위하여 회사의 동의를 얻어 지출한 필요하고도 유익한 비용은 보험가입금액을 초과한 경우라도 회사가 보상하여 드립니다.

제4조 (보험금의 청구) (1) 피보험자는 보험사고가 생긴 경우 지체없이 이를 회사에 알리고 아래의 서류를 갖추어 회사에 보험금을 청구하여야 합니다.

① 보험금 청구사유, 청구금액 등을 기재한 보험금 청구서(피보험자가 작성하는 서식)
② 보험증권 또는 그 사본
③ 손해액을 증명하는 서류

(2) 이 보험계약과 관련된 보험금 청구권은 2년간 행사하지 아니하면 소멸시효가 완성합니다.

제5조 (보험금 지급액) (1) 회사가 지급할 보험금은 보험증권에 기재된 계약의 하자보수에 실제로 소요되는 비용으로서 일반적으로 타당하다고 인정되는 금액으로 합니다.

(2) 위 (1)의 지급보험금은 보험가입금액을 한도로 합니다.

(3) 회사는 보험금을 지급한 후에도 잔존보험가입금액 범위안에서 보험기간 안에 입은 피보험자의 손해를 보상하여 드립니다.

제6조 (보험금의 지급시기) 회사는 보험금 청구를 받은 경우, 피보험자로부터 손해액 산정과

관련된 서류를 제출받아 보험금 지급에 필요한 조사를 마친 후 지체없이 지급할 보험금을 결정하고 지급할 보험금이 결정되면 10 일이내에 이를 지급하여 드립니다. 그러나, 보험금 지급에 필요한 조사를 마치지 못하였을 때에는 회사가 추정하는 보험금의 50% 이상을 가지급보험금으로 지급하여 드립니다.

Ⅱ. 보험계약자 관련사항

제 7 조 (보험료) 보험료는 다른 약정이 없으면 보험계약을 체결할 때에 내어야 합니다.

제 8 조 (보험료의 환급) (1) 회사는 이 보험계약에 관하여 아래와 같은 사유가 생긴 때에는 보험료를 돌려 드립니다.

① 보험계약의 효력이 상실된 때
② 보험계약자가 보험사고 발생 전에 피보험자의 동의를 얻거나, 회사의 책임이 소멸되었음을 증명하여 이 보험계약을 해지한 때

(2) 보험계약자는 보험료의 환급을 청구할 때에는 보험증권과 위 (1)의 환급사유를 증빙하는 서류를 제출하여야 합니다. 다만, 피보험자의 사정으로 보험증권 제출이 어려운 때에는 이를 생략할 수 있습니다.

(3) 회사가 돌려드릴 보험료는 이미 받은 보험료에서 보험기간 개시일로부터 보험증권이 반환된 날까지의 경과기간에 대하여 일단위로 계산한 보험료(최저보험료가 경과기간에 대하여 일단위로 계산한 보험료 보다 많은 때에는 최저 보험료)를 뺀 금액으로 합니다.

(4) 이 보험계약과 관련된 보험료 환급청구권은 2 년간 행사하지 아니하면 소멸시효가 완성됩니다.

(5) 회사가 부담하는 보험사고가 발생하는 경우에는 보험료를 돌려드리지 아니합니다.

Ⅲ. 공통사항

제 9 조 (보험계약의 효력상실) 이 보험계약의 주계약에 관하여 아래와 같은 사유가 발생하여 회사가 부담하는 위험이 변경 또는 증가된 때에는 그때부터 이 보험계약의 효력은 상실됩니다. 그러나 서면으로 회사의 승인을 받은 경우에는 그러하지 아니합니다.

① 계약당사자(보험계약자, 피보험자)의 변경
② 계약금액의 증액
③ 계약기간의 변경
④ 기타 중요한 계약내용의 변경

제 10 조 (손해의 조사) (1) 회사는 보험계약자 또는 피보험자에 대하여 손해의 조사에 관하여 필요한 협조를 요구할 수 있습니다.

(2) 피보험자가 정당한 이유없이 위 (1)의 협조를 하지 아니함으로써 증가된 손해는 보상하여 드리지 아니합니다.

제 11 조 (구상 및 대위) (1) 회사는 보험금을 지급한 때에는 보험계약자에 대하여 구상권을 가

지며, 피보험자의 이익을 해치지 아니하는 범위안에서 피보험자가 보험계약자에 대하여 가지는 권리를 대위하여 가집니다.

(2) 피보험자는 위 (1)의 권리를 보전하거나 행사하는 데 필요한 서류를 회사에 제출하고 회사가 요구하는 필요한 조치를 취하여야 합니다.

(3) 회사는 피보험자가 정당한 이유없이 위 (2)의 규정에 위반한 때에는 회사가 위 (1)의 대위권에 의한 권리행사로 취득할 수 있었을 금액 중 그 위반으로 취득하지 못한 금액을 피보험자에 대하여 청구할 수 있습니다.

제 12 조 (분쟁의 조정) 이 보험계약의 내용 또는 보험금의 지급 등에 관하여 회사와 보험계약자, 피보험자, 기타 이해관계인과의 사이에 분쟁이 있는 경우에는 금융감독원에 설치된 금융분쟁조정위원회의 조정을 받을 수 있습니다.

제 13 조 (관할법원) 이 보험계약에 관한 소송은 회사의 본점 또는 지점소재지 중 보험계약자 또는 피보험자가 선택하는 대한민국내의 법원을 합의에 따른 관할법원으로 합니다. 다만, 보험계약자에 대하여 회사와 관할법원에 관한 별도의 합의가 있는 때에는 그에 따릅니다.

제 14 조 (준거법) 이 약관에 정하지 아니한 사항은 대한민국 법령을 따릅니다.

보험금지급특별약관

제 1 조 (적용범위) 이 특별약관은 다음 각 호의 1 을 피보험자로 하는 이행(하자)보증보험계약에 한하여 적용합니다.

① 국가 또는 지방자치단체
② 국가 또는 지방자치단체가 자본금의 50% 이상을 출자한 기관(이하 "정부투자기관"이라 합니다)
③ 국가, 지방자치단체 또는 정부투자기관이 단독 또는 공동으로 출자한 총액이 자본금의 20% 이상인 기관
④ 국가 또는 지방자치단체가 직접 또는 간접적으로 출연금·보조금·장려금·조성금 등을 재정지원하는 기관
⑤ 민법 또는 상법 이외의 다른 법률의 규정에 의하여 설립되거나, 국가 또는 지방자치단체로부터 업무의 인가·승인·관리·감독 등을 받는 기관

제 2 조 (보험금 지급액) (1) 회사는 피보험자가 하자보증금을 귀속시켜야 할 사유가 발생하였을 때에는 이행(하자)보증보험 보통약관의 면책에 관한 규정에 불구하고 피보험자가 귀속시켜야 할 금액을 지급하여 드립니다.

(2) 위 (1)의 지급보험금은 보험가입금액을 한도로 합니다.

제 3 조 (준용규정) 이 특별약관에 정하지 아니한 사항은 이행(하자)보증보험 보통약관을 따릅니다.

보험료분할납입특별약관

제 1 조 (보험료의 분할납입) 보험계약자는 이 보험계약에 대한 보험료를 회사와 보험계약을 체결할 때 합의한 방법에 따라 보험기간 안에 연간 4 회 이내로 분할하여 납입할 수 있습니다. 그러나, 초회분은 보험계약을 체결할 때 납입하여야 합니다.

제 2 조 (준용규정) 이 특별약관에 정하지 아니한 사항은 이행(하자)보증보험 보통약관을 따릅니다.

환율적용특별약관

제 1 조 (보험금 지급) 회사는 보험가입금액 한도내에서 보험금지급 당일의 한국외환은행 1 차고시 대고객전신환 매도율을 적용하여 환산한 원화로 보상하여 드립니다. 단, 주계약서에 적용환율에 대한 별도의 기준을 정하고 있는 경우에는 그에 따릅니다.

제 2 조 (보험료 영수) 보험료를 원화로 영수할 때에는 보험료 영수 당일(보험료 분납 또는 보험계약 배서시에는 당해 분납 또는 추가보험료 영수 당일)의 한국외환은행 1 차 고시 대고객전신환 매도율을 적용하여 환산한 원화로 합니다.

제 3 조 (보험료 환급) 환급보험료는 당초의 외화보험료에서 당해 외화의 경과보험료를 공제한 외화 환급보험료에 대하여 환급 당일의 한국외환은행 1 차 고시 대고객전신환매도율을 적용하여 환산한 원화로 지급하여 드립니다.

제 4 조 (준용규정) 이 특별약관에 정하지 아니한 사항은 이행(하자)보증보험 보통약관을 따릅니다.

이행(선금급)보증보험

보통약관

Ⅰ. 피보험자 관련사항

제 1 조 (보상하는 손해) 우리회사(이하 "회사"라 합니다)는 채무자인 보험계약자가 보험증권에 기재된 계약(이하 "주계약"이라 합니다)에서 정한 채무를 이행하지 아니함으로써 채권자인 피보험자가 반환받아야 할 선금(전도금) 또는 전도자재대가를 보험증권에 기재된 사항과 이 약관에 따라 보상하여 드립니다.

제 2 조 (보상하지 아니하는 손해) 회사는 아래와 같은 손해는 보상하여 드리지 아니합니다.
 ① 천재지변·전쟁·내란 기타 이와 비슷한 변란으로 채무를 이행하지 못함으로써 생긴 손해
 ② 피보험자의 책임 있는 사유로 생긴 손해
 ③ 제 4 조의 (2) 또는 제 11 조의 (2)에 규정된 사유에 기인한 손해

제 3 조 (손해의 방지와 경감의무) (1) 피보험자는 보험기간 중 보험사고의 방지에 힘써야 하며 보험사고가 생긴 때에는 손해의 방지와 경감에 힘써야 합니다.

 (2) 피보험자가 위 (1)에 손해의 방지 또는 경감을 위하여 회사의 동의를 얻어 지출한 필요하고도 유익한 비용은 보험가입금액을 초과한 경우라도 회사가 보상하여 드립니다.

제 4 조 (보험금의 청구) (1) 피보험자는 보험사고가 생긴 경우 지체없이 이를 회사에 알리고 아래의 서류를 갖추어 회사에 보험금을 청구하여야 합니다.

 ① 보험금 청구사유, 청구금액 등을 기재한 보험금 청구서(피보험자가 작성하는 서식)
 ② 보험증권 또는 그 사본
 ③ 손해액을 증명하는 서류

 (2) 회사는 피보험자가 정당한 이유없이 위 (1)의 청구를 게을리함으로써 증가된 손해는 보상하여 드리지 아니합니다.

 (3) 이 보험계약과 관련한 보험금 청구권은 2 년간 행사하지 아니하면 소멸시효가 완성합니다.

제 5 조 (보험금 지급액) (1) 회사가 지급할 보험금은 당해 선금(전도금) 또는 전도자재 대가에서 주계약의 이행부분에 상당하는 금액 중 미정산 기성금액을 뺀 금액으로 합니다. 다만, 관계법령이나 주계약에 선금(전도금) 또는 전도자재대가 반환에 관한 규정이 있을 때에는 그에 따릅니다.

 (2) 위 (1)의 지급보험금은 보험가입금액을 한도로 합니다.

제 6 조 (보험금의 지급시기) 회사는 보험금 청구를 받은 경우, 피보험자로부터 손해액 산정과 관련된 서류를 제출받아 보험금 지급에 필요한 조사를 마친 후 지체없이 지급할 보험금을 결정하고 지급할 보험금이 결정되면 10 일 이내에 이를 지급하여 드립니다.

Ⅱ. 보험계약자 관련사항

제 7 조 (보험료) 보험료는 다른 약정이 없으면 보험계약을 체결할 때에 내어야 합니다.

제 8 조 (보험료의 환급) (1) 회사는 이 보험계약에 관하여 아래와 같은 사유가 생긴 때에는 보험료를 돌려 드립니다.

① 보험계약의 효력이 상실된 때
② 보험계약자가 보험사고 발생 전에 피보험자의 동의를 얻거나, 회사의 책임이 소멸되었음을 증명하여 이 보험계약을 해지한 때
③ 보험계약자가 보험증권을 발급 받았으나 주계약이 체결되지 아니한 때

(2) 보험계약자는 보험료의 환급을 청구할 때에는 보험증권과 위 (1)의 환급사유를 증빙하는 서류를 제출하여야 합니다. 다만, 피보험자의 사정으로 보험증권 제출이 어려운 때에는 이를 생략할 수 있습니다.

(3) 회사가 돌려드릴 보험료는 이미 받은 보험료에서 경과보험료(최저보험료가 경과보험료보다 많은 때에는 최저보험료)를 뺀 금액으로 합니다. 다만, 위 (1)의 ③의 경우에는 최저보험료를 뺀 금액으로 합니다.

(4) 위 (3)의 경과보험료는 아래와 같이 계산한 금액으로 합니다.

① 주계약에서 정한 보험계약자의 채무가 소멸하여 보험계약을 해지한 때 : 보험기간 개시일로부터 주계약에서 정한 채무가 소멸한 날까지의 경과기간에 대하여 일단위 계산
② 기타 사유로 보험계약을 해지한 때 또는 보험계약의 효력이 상실된 때 : 보험기간 개시일로부터 보험료 환급청구 서류를 접수한 날까지의 경과기간에 대하여 일단위 계산

(5) 이 보험계약과 관련된 보험료 환급청구권은 2 년간 행사하지 아니하면 소멸시효가 완성됩니다.

(6) 회사가 부담하는 보험사고가 발생하는 경우에는 보험료를 돌려드리지 아니합니다.

Ⅲ. 공통사항

제 9 조 (보험계약의 해지등의 금지) 보험계약자 또는 회사는 피보험자의 동의없이 임의로 이 보험계약을 해지할 수 없습니다. 다만, 보험사고 발생 전에 피보험자의 동의를 얻거나, 회사의 책임이 소멸되었음을 증명하는 경우에는 그러하지 아니합니다.

제 10 조 (보험계약의 효력상실) 이 보험계약의 주계약에 관하여 아래와 같은 사유가 발생하여 회사가 부담하는 위험이 변경 또는 증가된 때에는 그때부터 이 보험계약의 효력은 상실됩니다. 그러나 서면으로 회사의 승인을 받은 경우에는 그러하지 아니합니다.

① 계약당사자(보험계약자, 피보험자)의 변경
② 계약금액의 증액
③ 계약기간의 변경
④ 기타 중요한 계약내용의 변경

제 11 조 (손해의 조사) (1) 회사는 보험계약자 또는 피보험자에 대하여 손해의 조사에 관하여 필요한 협조를 요구할 수 있습니다.

(2) 피보험자가 정당한 이유없이 위 (1)의 협조를 하지 아니함으로써 증가된 손해는 보상하여 드리지 아니합니다.

제 12 조 (구상 및 대위) (1) 회사는 보험금을 지급한 때에는 보험계약자에 대하여 구상권을 가지며, 피보험자의 이익을 해치지 아니하는 범위 안에서 피보험자가 계약자에 대하여 가지는 권리를 대위하여 가집니다.

(2) 피보험자는 위 (1)의 권리를 보전하거나 행사하는데 필요한 서류를 회사에 제출하고 회사가 요구하는 필요한 조치를 취하여야 합니다.

(3) 회사는 피보험자가 정당한 이유없이 위 (2)의 규정에 위반한 때에는 회사가 위 (1)의 대위권에 의한 권리행사로 취득할 수 있었을 금액 중 그 위반으로 취득하지 못한 금액을 피보험자에 대하여 청구할 수 있습니다.

제 13 조 (분쟁의 조정) 이 보험계약의 내용 또는 보험금의 지급 등에 관하여 회사와 보험계약자, 피보험자, 기타 이해관계인과의 사이에 분쟁이 있는 경우에는 금융감독원에 설치된 금융분쟁조정위원회의 조정을 받을 수 있습니다.

제 14 조 (관할법원) 이 보험계약에 관한 소송은 회사의 본점 또는 지점소재지 중 보험계약자 또는 피보험자가 선택하는 대한민국내의 법원을 합의에 따른 관할법원으로 합니다. 다만, 보험계약자에 대하여 회사와 관할법원에 관한 별도의 합의가 있는 때에는 그에 따릅니다.

제 15 조 (준거법) 이 약관에 정하지 아니한 사항은 대한민국 법령을 따릅니다.

보험금지급특별약관

제 1 조 (적용범위) 이 특별약관은 다음 각 호의 1 을 피보험자로 하는 이행(선금급)보증보험 계약에 한하여 적용합니다.

① 국가 또는 지방자치단체
② 국가 또는 지방자치단체가 자본금의 50% 이상을 출자한 기관(이하 "정부투자기관"이라 합니다)
③ 국가, 지방자치단체 또는 정부투자기관이 단독 또는 공동으로 출자한 총액이 자본금의 20% 이상인 기관
④ 국가 또는 지방자치단체가 직접 또는 간접적으로 출연금·보조금·장려금·조성금 등을 재정지원하는 기관

⑤ 민법 또는 상법 이외의 다른 법률의 규정에 의하여 설립되거나, 국가 또는 지방자치
단체로부터 업무의 인가·승인·관리·감독 등을 받는 기관

제 2 조 (보험금 지급액) ⑴ 회사는 피보험자가 선금(전도금) 또는 전도자재대가를 반환 받아
야 할 사유가 발생하였을 때에는 이행(선금급)보증보험 보통약관의 면책에 관한 규정에 불구
하고 피보험자가 반환 받아야 할 금액을 지급하여 드립니다.

⑵ 위 ⑴의 지급보험금은 보험가입금액을 한도로 합니다.

제 3 조 (준용규정) 이 특별약관에 정하지 아니한 사항은 이행(선금급)보증보험 보통약관을 따
릅니다.

보험료분할납입특별약관

제 1 조 (보험료의 분할납입) 보험계약자는 회사의 승인을 얻어 이 보험계약에 대한 보험료를
회사와 보험계약을 체결할 때 합의한 방법에 따라 보험기간안에 연간 4 회 이내로 분할하여 납
입할 수 있습니다. 그러나, 초회분은 보험계약을 체결할 때 납입하여야 합니다.

제 2 조 (준용규정) 이 특별약관에 정하지 아니한 사항은 이행(선금급)보증보험 보통약관을
따릅니다.

추가위험부담특별약관

제 1 조 (적용범위) 이 특별약관은 보험증권에 기재된 계약(이하 "주계약"이라 합니다)이 물
건 또는 용역을 주계약 기간 동안 계속적으로 공급함으로써 채무의 발생과 이행이 계속적으로
이루어지는 공급계약인 경우에 적용합니다.

제 2 조 (보상하는 손해) ⑴ 우리회사는 이행(선금급)보증보험 보통약관 제 1 조의 규정에 의
한 손해를 보상하는 외에 채무자인 보험계약자가 보험증권에 기재된 보험기간 안에 발생시킨
채무중 지급기일이 보험기간 종료일 익일부터 90 일이내에 도래하는 채무를 이행하지 아니함
으로써 채권자인 피보험자가 입은 손해에 대하여도 보험가입금액을 한도로 보상하여 드립니다.

⑵ 이 특약이 첨부된 보험계약의 보험기간안에 연이어 갱신보험계약이 체결된 경우에는 갱
신보험계약 직전 보험계약에 대한 회사의 보험책임은 종료하며 갱신보험계약의 보험기간 개시
전에 발생한 채무에 대하여는 갱신보험계약의 보험가입금액을 한도로 보상하여 드립니다.

제 3 조 (준용규정) 이 특별약관에 정하지 아니한 사항은 이행(선금급)보증보험 보통약관을 따
릅니다.

환율적용특별약관

제 1 조 (보험금 지급) 회사는 보험가입금액 한도내에서 보험금지급 당일의 한국외환은행 1 차고시 대고객전신환 매도율을 적용하여 환산한 원화로 보상하여 드립니다. 단, 주계약서에 적용환율에 대한 별도의 기준을 정하고 있는 경우에는 그에 따릅니다.

제 2 조 (보험료 영수) 보험료를 원화로 영수할 때에는 보험료 영수 당일(보험료 분납 또는 보험계약 배서시에는 당해 분납 또는 추가보험료 영수 당일)의 한국외환은행 1 차 고시 대고객전신환 매도율을 적용하여 환산한 원화로 합니다.

제 3 조 (보험료 환급) 환급보험료는 당초의 외화보험료에서 당해 외화의 경과보험료를 공제한 외화 환급보험료에 대하여 환급 당일의 한국외환은행 1 차 고시 대고객전신환매도율을 적용하여 환산한 원화로 지급하여 드립니다.

제 4 조 (준용규정) 이 특별약관에 정하지 아니한 사항은 이행(선금급)보증보험 보통약관을 따릅니다.

■ 저 자 소 개 ■

이 동 헌

- 영남대학교 사법학과
- 고려대학교 법무대학원
- 현 전문건설공제조합 근무
- www.e-chin9.com 운영자

- 문의 : haemoseub@naver.com

建設判例의 整理와 疑問의 提起

- 초판 인쇄 | 2006년 5월 1일
- 초판 발행 | 2006년 5월 1일

- 지 은 이 | 이동헌
- 펴 낸 이 | 채종준
- 펴 낸 곳 | 한국학술정보㈜
  경기도 파주시 교하읍 문발리 526-2
  파주출판문화정보산업단지
  전화   031) 908-3181(대표) · 팩스   031) 908-3189
  홈페이지   http://www.kstudy.com
  e-mail(출판사업부)   publish@kstudy.com
- 등   록 | 제일산-115호(2000. 6. 19)
- 가   격 | 42,000원

ISBN   89-534-5054-3 93360 (Paper Book)
          89-534-5055-1 98360 (e-Book)